O AMIGO
ALEMÃO

ADAM MAKOS
com LARRY ALEXANDER

O AMIGO ALEMÃO

tradução: Karla Lima

GERAÇÃO

Título original:
A higher call

Copyright © 2014 by Adam Makos and Larry Alexander
Copyright desta edição © 2015, Geração Editorial Ltda.

1ª Edição – Maio de 2017

Grafia atualizada segundo o Acordo Ortográfico da Língua Portuguesa
de 1990, que entrou em vigor no Brasil em 2009

Editor e Publisher
Luiz Fernando Emediato

Diretora Editorial
Fernanda Emediato

Assistente Editorial
Adriana Carvalho

Capa e Projeto Gráfico
Alan Maia

Diagramação
Kauan Sales

Revisão
Juliana Amato
Patrícia Sotello

Indicação
Elio Gaspari

DADOS INTERNACIONAIS DE CATALOGAÇÃO NA PUBLICAÇÃO (CIP)
(Câmara Brasileira do Livro, SP, Brasil)

Makos, Adam
O amigo alemão : a apaixonante história de como um piloto nazista poupou a vida de um piloto americano na II Guerra Mundial e ganhou um amigo para sempre / Adam Makos, Larry Alexander ; tradução Karla Lima.
-- São Paulo : Geração Editorial, 2015.

Título original: A higher call
Bibliografia.

ISBN 978-85-8130-321-5

1. Bombardeio aéreo - Alemanha - História 2. Brown, Charlie, 1912-2008 3. Guerra Mundial, 1939-1945 - Operações aéreas alemãs 4. Guerra Mundial, 1939-1945 - Operações aéreas norte-americanas 5. Pilotos de bombardeiro - Estados Unidos - Biografia 6. Pilotos de caça - Alemanha - Biografia 7. Stigler, Franz, 1916-2008 I. Alexander, Larry. II. Título.

15-06315   CDD: 940.544092

Índice para catálogo sistemático

1. Pilotos de guerra : Guerra Mundial, 1939-1945 :
História e memórias   943.086092

GERAÇÃO EDITORIAL LTDA.
Rua Gomes Freire, 225 – Lapa
CEP: 05075-010 – São Paulo – SP
Telefax: + 55 11 3256-4444
E-mail: geracaoeditorial@geracaoeditorial.com.br
www.geracaoeditorial.com.br

Impresso no Brasil
Printed in Brazil

Créditos das fotos: Franz Stigler cortesia da coleção de Franz Stigler. Charlie Brown e equipe do Charlie Brown cortesia da coleção de Charlie Brown. The painting A Higher Call copyright © Valor Studios and John D. Shaw, 2009. As fotos nas páginas 383 – 384 são da coleção de Franz Stigler.

No cemitério de uma igreja em Garmisch, Alemanha, uma lápide se eleva contra os Alpes, ao fundo. Engastada na pedra está uma fotografia emoldurada por um aro de porcelana, a imagem de um menino de fazenda abraçando uma vaca. Ele foi morto enquanto servia na Segunda Guerra Mundial. Este livro é dedicado a ele e a todos os jovens que atenderam ao chamado de seus países, mas que nunca desejaram a guerra.

SUMÁRIO

Introdução 9

1 **Um forasteiro em meu próprio país** 17
2 **Siga as águias** 27
3 **Uma pluma ao vento** 33
4 **Liberados para fumar** 51
5 **O parque de diversões do deserto** 67
6 **As estrelas da África** 79
7 **A volta para casa** 99
8 **Bem-vindos ao Olimpo** 103
9 **A mão invisível** 119
10 **O urso de Berlim** 141
11 **Menino de fazenda** 147
12 **Os Calados** 155
13 **A vida de nove** 167
14 **O boxeador** 187

15 **Um chamado superior** 205
16 **O terceiro piloto** 221
17 **Orgulho** 239
18 **Fique perto de mim** 257
19 **A derrocada** 271
20 **O Hospício Voador** 291
21 **Nós somos a Força Aérea** 309
22 **O Esquadrão dos Especialistas** 321
23 **Os últimos dos pilotos de caça alemães** 341
24 **Onde as bombas haviam caído** 355
25 **Valeu a pena?** 363

Posfácio 381
Agradecimentos 395
Para saber mais 398
Notas 400
Referências 404

INTRODUÇÃO

Em 20 de dezembro de 1943, no meio da Segunda Guerra Mundial, uma época de sofrimento, morte e tristeza, um ato de paz e nobreza se desenrolou nos céus sobre o norte da Alemanha. A tripulação de um bombardeiro norte-americano voava com grande dificuldade de volta para casa, em seu B-17 severamente danificado, depois de bombardear a Alemanha. Um piloto de combate alemão, em seu Bf-109, encontrou-os. Eles eram inimigos, destinados a atirar um contra o outro pelo céu afora. Porém, o que houve entre o piloto de combate e a tripulação do bombardeiro naquele dia, e a maneira como a história transcorreu ao longo das décadas seguintes, desafiam a imaginação. Nunca havia acontecido antes, e não voltou a acontecer. O que ocorreu, de modo geral, pode muito bem ser uma das mais extraordinárias histórias de guerra.

Por mais extraordinária que seja, é uma história que eu nunca quis contar.

* * *

Quando eu era pequeno, amava as histórias dos meus avós sobre a Segunda Guerra Mundial. Um deles tinha sido tripulante em B-17s e o outro, Marine. Eles construíam comigo e com meu irmão mais novo aviões de modelismo que nós invariavelmente destruíamos. Eles nos levavam a exibições de acrobacias aéreas. Plantaram uma semente de interesse por aquela época em preto e branco. Eu fiquei obcecado. Lia todos os livros sobre a Segunda Guerra Mundial em que conseguia pôr as mãos. Eu sabia que a Grande Geração[1] eram os caras bonzinhos, cavaleiros que combatiam a maldade em uma cruzada mundial. Seus inimigos eram os cavaleiros negros, os alemães e os japoneses. Eles eram malvados, todos, sem exceção, e irrecuperáveis. Para uma guerra complexa, ela parecia bem simples.

Em um dia chuvoso minha vida mudou um pouco. Eu tinha quinze anos e morava na zona rural da Pensilvânia. Meus irmãos, meu melhor amigo e eu estávamos entediados, então decidimos nos tornar jornalistas. Naquele dia, começamos um jornal no computador dos meus pais, escrevendo sobre o nosso assunto favorito: a aviação da Segunda Guerra Mundial. Imprimimos nossa publicação em uma impressora a jato de tinta. Tinha três páginas e uma circulação de doze leitores.

Um ano mais tarde, minha vida mudou bastante. Era o verão depois do meu primeiro ano no ensino médio quando meu vizinho, meus colegas de classe e a professora foram mortos. Sobre a nossa pequena cidade de Montoursville, abateu-se uma enorme tragédia chamada TWA Voo 800. Dezesseis dos meus colegas e a minha professora favorita estavam viajando para a França a bordo de um 747. Todos eram membros do Clube Francês da escola. O avião explodiu no ar, além da costa de Long Island.

Eu havia planejado estar com eles. Tinha feito a inscrição para a viagem, mas enfrentei uma escolha difícil. Em seu trabalho de meio período, minha mãe vendera suficientes produtos da Pampered Chef para ganhar umas férias para nossa família na Disney World. O problema era que a viagem para a Disney seria na mesma semana que a viagem da escola para a França. Escolhi a Disney com a família. Eu estava na Disney quando o jornal *USA Today* apareceu no chão, do lado de fora do nosso quarto no hotel, anunciando o acidente, as 230 mortes e a primeira referência a uma pequena cidade da Pensilvânia esmagada pela dor. Quando voltei para casa, a secretária eletrônica dos meus pais estava repleta de mensagens de condolências. Na pressa de identificar quem havia partido com o Clube Francês, alguém publicara a lista dos alunos inicialmente inscritos para a viagem, e meu nome estava lá.

Os enterros foram trágicos. Quando voltamos às aulas, a minha vizinha Monica não estava no ponto de ônibus. A Jessica sempre embarcava antes de

---

[1] A "Grande Geração" norte-americana diz respeito às pessoas que sofreram os impactos da Depressão de 1929 e depois lutaram na Segunda Guerra Mundial. (N. da T.)

nós, mas ela se fora. Minha melhor amiga entre todas as garotas, Claire, já não se sentava ao meu lado na classe. E a senhora Dickey já não conduzia as aulas. Ela era uma grande dama, bem parecida com Paula Deen, a alegre *chef* da Southern TV. Quando indicamos os nomes franceses que adotaríamos durante as aulas, eu escolhi Fabio. Sequer era francês. Mas era divertido, e a senhora Dickey me deixou mantê-lo. Eis o tipo de dama que ela era.

O voo 800 me ensinou que a vida é preciosa porque é frágil. Não posso dizer que acordei certa manhã e comecei a viver intensamente e a trabalhar mais depressa para provocar algum impacto no mundo. Esse tipo de coisa nunca acontece de uma hora para a outra. Porém, olhando para trás, vejo que foi gradual. No fim do ensino médio, meus irmãos, meu amigo e eu havíamos transformado um boletim noticioso de folhas grampeadas em uma revista caprichosamente encadernada com tiragem de 7 mil exemplares. Enquanto nossos amigos estavam em festas ou jogando bola, nós saíamos para entrevistar veteranos da Segunda Guerra Mundial.

Continuamos com a revista enquanto estávamos na faculdade e perdemos todas as festas gregas ou seja lá o que for que a moçada faz na faculdade, porque estávamos nos encontrando com veteranos durante os fins de semana, nas exibições de acrobacias aéreas, em museus e reuniões. Nós entrevistamos pilotos de combate, artilheiros, a tripulação que fazia o transporte e qualquer pessoa que voasse. Na capa da revista, registramos a nossa missão: "Preservando os sacrifícios dos veteranos dos Estados Unidos".

As pessoas começaram a notar nossa pequena revista. Tom Brokaw, que escreveu o livro *A grande geração*, mandou uma carta para dizer que estávamos fazendo um bom trabalho. Tom Hanks nos encontrou na cerimônia de início da construção do Memorial da Segunda Guerra Mundial, em Washington, e nos encorajou a seguir em frente. Harrison Ford nos encontrou na apresentação aérea de AirVenture, em Oshkosh, no Wisconsin. Ele leu nossa revista lá mesmo e nos fez um *joinha* com o polegar. Assim como James Cameron, o diretor de *Titanic*, quando o conhecemos na cidade de Nova York.

Depois da faculdade, trabalhamos na nossa revista em período integral. Trabalhávamos mais rápido e com mais afinco porque sabíamos que os veteranos da Segunda Guerra Mundial estavam desaparecendo. Como editor da revista, eu impunha as regras aos nossos três jornalistas: apurem os fatos corretamente, contem histórias que mostrem nossos militares sob uma luz favorável, ignorem o inimigo — nós não lhes prestamos nossos respeitos. Quanto a esta última regra, nunca precisamos nos preocupar em ignorar os veteranos japoneses — não havia nenhum nos Estados Unidos, até onde sabíamos. Mas os veteranos alemães eram diferentes. Cruzamos com eles várias vezes.

Na apresentação aérea em Geneseo, Nova York, um velho piloto de combate alemão da Segunda Guerra Mundial chamado Oscar Boesch conduziu seu planador em direção à multidão. Ele fez belas manobras, aos setenta e sete anos. Mas eu fui lá conversar, quando ele estava de pé, sozinho, junto ao avião? De jeito nenhum. Em Doylestown, Pensilvânia, conheci um velho piloto alemão de avião motorizado, doutor Kurt Fox, em um museu, falando sobre um avião alemão restaurado. Interessei-me pelo que ele havia visto ou feito? Sem chance.

Eu lera sobre alemães como eles nos meus livros, vira-os em filmes, e isso bastava. Concordava com Indiana Jones quando ele dizia: "Nazistas. Eu odeio esses caras". Para mim, os alemães eram todos nazistas. Eram zumbis de coturno que se amontoavam em rebanhos para saudar Hitler em Nuremberg. Eles administravam campos de concentração. Eles reverenciavam Hitler. Pior, eles tentaram matar meus amigos, os veteranos da Segunda Guerra Mundial com oitenta e tantos anos, que haviam se tornado meus heróis.

Mas uma coisa começou a me intrigar. Percebi que os envelhecidos pilotos norte-americanos da Segunda Guerra falavam de seus pares — os velhos pilotos alemães da Segunda Guerra — com um estranho tipo de respeito. Falavam da bravura dos pilotos alemães, de sua decência e do código de honra que eles supostamente partilhavam. Alguns veteranos norte-americanos até voltaram para a Alemanha, para os lugares onde tinham sido abatidos, para encontrar os antigos adversários e trocar apertos de mão.

O senhor está brincando comigo?, pensava. *Eles estavam tentando matá-lo! Eles mataram seus amigos. Em tese, o senhor nunca perdoaria isso.* Mas os veteranos que voaram contra os alemães pensavam de outro jeito. Pela primeira vez, achei que a Grande Geração era doida.

* * *

Ainda não fazia um ano que eu tinha saído da faculdade quando telefonei a um velho piloto de bombardeiro norte-americano chamado

Charlie Brown. Escutara falar dele e enviara um exemplar da revista e uma carta perguntando se poderia entrevistá-lo. Corria a lenda de que o bombardeiro de Charlie fora atingido e feito em pedaços e então tinha havido algum tipo de reviravolta, mas não consegui entender a história completa de imediato. Supostamente, ele mantinha uma ligação incomum com um piloto alemão chamado Franz Stigler, a quem chamava de "irmão mais velho".

Charlie concordou em conceder uma entrevista e em seguida me pegou de jeito:

— Você realmente quer a história completa sobre o que aconteceu comigo e com a minha tripulação? — perguntou.

— Pode apostar que sim — respondi.

— Então não acho que você deveria começar falando comigo — Charlie disse.

— Sério? — perguntei.

— Se você realmente quer conhecer a história toda, informe-se sobre Franz Stigler primeiro — Charlie disse. — Ele ainda está vivo. Descubra como ele foi criado e como se tornou o homem que era quando nós nos conhecemos sobre a Europa. Melhor ainda, vá visitá-lo. Ele e a esposa estão morando em Vancouver, Canadá. Quando você tiver a história dele, venha me visitar, e contarei a minha.

Estava prestes a dar uma desculpa e dizer a Charlie que eu tinha pouco interesse no ponto de vista de um piloto de combate alemão, quando ele disse algo que me fez calar a boca.

— Nesta história — Charlie disse —, eu sou apenas um personagem. *Franz Stigler é o verdadeiro herói.*

* * *

Quando reservei a minha passagem para Vancouver, em fevereiro de 2004, precisei explicar aos meus jovens sócios na revista por que estava gastando seiscentos dólares dos nossos parcos recursos para atravessar o continente e quebrar a regra que eu mesmo impusera. Eu estava indo entrevistar, em minhas próprias palavras, "um piloto nazista". Eu tinha vinte e três anos. Voei para Vancouver e tomei um táxi até o interior. Chovia, estava escuro. Na manhã seguinte, saí do hotel para conhecer Franz Stigler.

Eu nunca imaginei que Charlie Brown havia me jogado em uma das mais extraordinárias e ainda não contadas histórias de toda a história militar.

Acabei passando uma semana com Franz. Ele foi gentil e correto. Admiti para ele que, antes de conhecê-lo, achava que ele era um nazista. Ele me contou o que um nazista era, de verdade. Um nazista era alguém que escolhera ser nazista. Nazista era abreviação de nacional-socialista. Os nacional-socialistas eram um partido político. Assim como os partidos políticos nos Estados Unidos, você tinha a escolha de afiliar-se ou não. Franz nunca se afiliou a eles. Os pais de Franz votaram contra os nazistas antes de os nazistas tornarem todos os outros partidos ilegais. E eu achando que aquilo estava no sangue de todo alemão. Nunca mais chamei Franz de nazista de novo.

* * *

Depois da minha semana com Franz, voei para Miami e passei uma semana com Charlie. Ele ficava baqueado e tomava uísque toda noite depois das nossas conversas. Nós publicamos a história de Charlie e Franz na nossa revista. Os leitores amaram. Mas não bastava. Nossos leitores queriam mais. Então perguntei a Charlie e Franz se eles permitiriam que eu escrevesse a história deles em um livro, como a narrativa de dois inimigos. Eles concordaram.

Mal sabíamos nós que o processo de escrever este livro se prolongaria por oito anos.

O que você lerá nas páginas a seguir foi escrito com base em quatro anos de entrevistas com Charlie e Franz e quatro anos de pesquisas, dentro e fora. Digo "dentro e fora" porque eu ainda estava ocupado com a Valor Studios, a editora de publicação militar na qual a nossa antes modesta revistinha havia se transformado. Entrevistei Franz e Charlie em suas casas, durante apresentações acrobáticas, por telefone e por cartas.

Charlie e Franz foram sempre corteses e pacientes. Se eu fosse eles, teria me chutado para fora, dizendo: "Já chega!". Mas Charlie e Franz continuaram falando, lembrando-se de coisas que os faziam rir e chorar. É meu dever ressaltar que apenas compilei a história. Foram eles que a viveram. Por meio das histórias que me contaram, eles reviveram um período doloroso de suas vidas — a Segunda Guerra Mundial — porque sabiam que um dia *você* leria este livro, mesmo que eles não estivessem mais aqui para ler pessoalmente a versão final. Este livro é o presente deles para nós.

Em complemento às entrevistas de base com Charlie e Franz, dúzias de outros veteranos da Segunda Guerra Mundial ofereceram seu tempo para conversar comigo e com a minha equipe — desde "Doc", o navegador do bombardeiro de Charlie, até um artilheiro antiaéreo, na época com catorze anos, chamado Otto. Por três vezes, minha pesquisa me levou à Europa, onde grande parte desta história acontece. Visitei bases de bombardeadores na Inglaterra, em companhia de pilotos de B-17 de oitenta anos; escalei o Monte Erice, na Sicília, procurando uma caverna que certa vez fora usada como quartel-general. Segui historiadores através de campos de aviação e para dentro de *bunkers* bolorentos na Alemanha e na Áustria. Os arquivistas do German Bundesarchivs, do National Archives of England e da U.S. Air Force Historical Research Agency me ajudaram a localizar documentos raros.

Tive de me retirar das minhas aventuras no mundo das revistas. A Força Aérea me deixou voar com um piloto instrutor para aprender táticas de combate. Voei em um bombardeiro B-17 restaurado para sentir como ele respondia a uma guinada e andei em um bombardeiro B-24 também. Em setembro de 2008, voei para Bagdá, Iraque, na cabine de um cargueiro C-17. De lá eu viajei até Campo Anaconda para sentir o calor do deserto e ter uma noção da vida de soldado, acompanhando-os em patrulhas. Percebi que seria impossível escrever sobre assuntos de guerra sem ter ouvido o barulho da artilharia.

O que vem a seguir é um livro que o antigo eu, com meus velhos preconceitos, jamais teria escrito. Quando pela primeira vez telefonei para o piloto de bombardeiro da Segunda Guerra Mundial chamado Charlie Brown, tudo o que queria eram trinta minutos do tempo dele. Mas o que eu descobri foi uma bela história, que vale cada minuto de oito anos. A história levanta muitas perguntas sobre a prudência da guerra e a pessoa a que chamamos de inimigo. Mas, principalmente, ela propõe uma questão sobre benevolência.

É possível encontrar homens bons nos dois lados de uma guerra ruim?

ADAM MAKOS
Denver, Colorado
Setembro de 2012

1
UM FORASTEIRO EM MEU PRÓPRIO PAÍS

Março de 1946, Straubing, Alemanha

Franz Stigler enterrou as mãos nos bolsos do casaco de lã comprido e gasto e caminhou pelas ruas da pequena cidade bombardeada. O ar frio congelava sua respiração ao sol daquele início de manhã. Ele andava a passos curtos e acelerados e se abraçava para permanecer aquecido contra o vento.

Franz tinha trinta anos, mas parecia mais velho. O queixo forte estava descarnado pela perda de peso e seu nariz, agudo como o bico de uma águia, parecia ainda mais pontudo no ar gélido. Os olhos escuros exibiam traços de exaustão, mas ainda cintilavam de otimismo. Um ano após o fim da guerra, a economia da Alemanha continuava falida. Franz estava desesperado por trabalho. Em uma terra devastada e precisando ser reconstruída, a fabricação de tijolos se tornara a principal indústria de Straubing. Naquele dia, ele ouvira dizer que a olaria estava contratando trabalhadores diaristas.

Apressado, Franz cruzou o imenso largo da cidade, a Praça Ludwig, as botas pretas de couro batendo contra as pedras do pavimento. A praça era virada para o leste e recebia de bom grado o sol matutino. No meio ficava a prefeitura, um ornamentado edifício verde com uma grande torre branca com um relógio. As janelas altas e os querubins entalhados brilhavam. O prédio da prefeitura tinha sido um dos poucos edifícios a serem poupados. Em volta de Franz, outras construções se amontoavam nas sombras, vazias e destelhadas, com as esquadrias das janelas carbonizadas pelas bombas e pelo fogo.

Straubing havia certa vez sido uma cidade de conto de fadas na Baviera, a região católica do sul da Alemanha onde as pessoas adoravam cerveja e qualquer desculpa para um festival. A cidade era então um arco-íris de casas com telhados vermelhos, edifícios comerciais com domos bizantinos verdes e igrejas com torres góticas brancas. Porém, em 18 de abril de 1945, chegaram os pesados bombardeiros norte-americanos, aviões que os alemães chamavam de "Quatro Motores". Ao bombardearem as instalações ferroviárias da cidade, acabaram destruindo um terço da cidade em si. Duas semanas mais tarde, a Alemanha se renderia, mas não antes que Straubing perdesse seus telhados coloridos.

O relógio soou e o eco reverberou por toda a praça — eram 8 horas. Uma fila de alemães civis se estendia ao longo da praça a partir da prefeitura, onde militares norte-americanos distribuíam vales-alimentação. A maior parte das pessoas esperava pelo vale em silêncio. Algumas brigavam. Dez anos antes, Hitler prometera cuidar do povo alemão, proporcionar a eles comida, abrigo e segurança. Ele lhes entregou a ruína. Agora, em vez disso, eram os Aliados do Oeste — norte-americanos, britânicos e franceses — que cuidavam do povo alemão. Os Aliados chamavam sua iniciativa de "a reconstrução da Alemanha". A reconstrução era principalmente um empreendimento humanitário, mas também estratégico. Os Aliados precisavam que a Alemanha estivesse à frente da Guerra Fria contra a União Soviética. Então os norte-americanos, que ocuparam o sul da Alemanha e a Baviera, decidiram consertar o que estava quebrado — no interesse da Alemanha, mas também no próprio.

Em vez de contornar a fileira de pessoas melancólicas, Franz a atravessou. Alguns gritaram com ele, pensando que ele estava tentando furar a fila. Ele continuou cruzando a multidão. Percebeu que os olhos das pessoas estavam pregados às suas botas.

O casaco de Franz tinha buracos de traça — havia sido de seu pai. Suas calças bávaras verdes tinham remendos nos joelhos. Mas as botas eram incomuns. Elas cobriam as panturrilhas e de cima escapava pele de carneiro amarela. Um zíper prateado subia pela parte interna de cada uma, e uma tira preta dava a volta por cima do tornozelo e terminava em uma fivela.

Suas botas eram a marca de um piloto. Um ano antes, Franz as calçara orgulhosamente, no ar rarefeito a quase 32 mil pés acima da terra. Ali ele pilotava um caça Messerschmitt 109 com um gigantesco motor Daimler-Benz. Enquanto outros homens andavam na guerra, ele voava a 643 quilômetros por hora. Franz conduzira três esquadrões de pilotos — cerca de quarenta homens — contra formações de mil bombardeiros norte-americanos ao longo de 160 quilômetros. Em três anos, ele participara de 487 combates, fora ferido duas vezes e queimado uma, e, de algum jeito, sempre conseguira voltar para casa. Mas ele havia trocado a jaqueta preta de couro de piloto, o lenço de seda e seu quepe cinza de oficial pelas roupas sujas e largas de um trabalhador. Ficou com as botas de piloto — eram o único calçado que possuía.

Conforme percorria a rua, Franz viu homens e mulheres reunidos em torno do painel de avisos para ler as notas, presas com tachinhas por causa do vento. Já não havia serviço de correio nem linhas telefônicas, então as pessoas se voltavam para o painel em busca de notícias sobre os membros desaparecidos das famílias. Cerca de 7 milhões de pessoas eram sem-teto na Alemanha. Franz viu um grupo de mulheres em pé atrás de um caminhão do Exército Norte-Americano. De dentro da caçamba coberta, militares mascando chiclete entregavam trouxas de roupa para as mulheres, enquanto treinavam o alemão dizendo frases gentis. As mulheres riam e partiam, cada uma levando dois fardos. Elas se dirigiam ao velho parque no norte de Straubing, onde um braço do Rio Danúbio fazia uma curva e passava pela cidade. Ali, ajoelhavam-se nas margens e esfregavam a roupa suja dos militares na água gelada. Era um trabalho congelante, mas os norte-americanos pagavam bem.

A rua principal da cidade seguia para o norte, em direção ao rio. Franz se virou, começou a percorrê-la e encontrou um novo agrupamento humano. Ele estancou e engoliu em seco. Estava atrasado. Em todos os prédios do quarteirão havia uma longa fila de homens. Estavam todos procurando trabalho. Alguns sopravam as mãos. Outros se mexiam para a frente e para trás, para se aquecer. A maioria era de veteranos e vestia as mesmas túnicas cinzentas e os mesmos longos casacos que haviam usado na guerra. Nos lugares de onde os emblemas haviam sido arrancados, fiapos arrebentados de linha ainda eram visíveis. Assim como Franz, eles estavam disputando o refugo de uma economia devastada.

A olaria era mais adiante na rua, e Franz esperava que a fila ali estivesse menor. Ele continuou a andar e passou por pessoas trabalhando em um prédio bombardeado cuja parede estava caída na rua. Sob uma lona impermeável, homens em roupas de frio se amontoavam em suas mesas e consertavam pequenos motores. Uma mulher sem um dos braços andava entre eles, distribuindo as ordens de serviço.

Uma buzina estridente fez que Franz pulasse para a calçada, e um jipe norte-americano, a patrulha da força policial, passou em alta velocidade — os militares lá dentro com capacetes limpos, brancos. Eles cuidavam da lei e da ordem, enquanto uma pequena força não armada de policiais alemães ajudava com os assuntos "locais". Alguns veteranos alemães ainda desviavam o olhar quando esses jipes passavam.

Adiante, sentado no banco onde antes os ônibus costumavam parar, Franz viu o veterano sem pé. Todo dia o mesmo homem sentava-se ali, usando seu uniforme militar esfarrapado. Ele aparentava quarenta anos, mas poderia ter vinte. O cabelo era comprido, a barba, grisalha, e seus olhos piscavam nervosamente, como se ele tivesse visto mil infernos. Era a visão de um passado horrível que todos desejavam esquecer.

O veterano sem pé agitou no ar seus utensílios de cozinha, pedindo uma ajuda. Franz vasculhou o bolso e colocou um vale-alimentação no prato vazio. Franz fazia isso toda vez que avistava o veterano, e se perguntava se essa seria a razão pela qual o homem sempre se sentava no mesmo banco. Ele nunca agradecia ou sorria. Apenas encarava Franz com expressão desamparada. Por um momento, Franz se sentiu grato por ter lutado acima dos campos de guerra. Seis anos de luta corpo a corpo e meses em campos de prisioneiros dos Aliados haviam deixado incontáveis veteranos no mesmo apuro daquele segurador de panela, letárgicos e aleijados. Mas estes eram os sortudos. Os homens capturados pelos soviéticos ainda estavam desaparecidos.

Franz apalpou o almoço em seu bolso — duas fatias de pão de aveia. Ele não era orgulhoso demais para aceitar a ajuda dos vitoriosos. A ajuda significava oitocentas calorias de alimento por dia, e sobrevivência. Quando Franz voava, era bem alimentado — uma tradição inaugurada na Primeira Guerra Mundial, quando os pilotos eram aristocratas que deveriam viver bem, se era para morrerem tão dolorosamente. Na Segunda Guerra Mundial, a boa comida era considerada um benefício trabalhista, já que nenhuma quantia em dinheiro poderia convencer um homem a fazer o que os pilotos faziam. Durante a guerra, Franz tivera para o jantar champanhe, conhaque, pão torrado, salsichas, leite frio, queijo fresco, carne de caça e tantos chocolates e cigarros quanto conseguisse segurar. Depois da guerra, Franz se esquecera de como era sentir-se saciado.

Uma longa fila de trabalhadores já se formara em frente à construção. Franz gemeu. A fila serpenteava ao longo de toda a extensão da calçada, a partir do prédio destruído que havia sido transformado na olaria. Naqueles dias, os tijolos não precisavam ir muito longe para ser úteis — apenas um ou dois quarteirões —, então a fabriqueta brotou bem no meio da cidade.

Os homens na fila compunham uma mistura bruta de trabalhadores. Assar e distribuir tijolos era trabalho duro. Conforme Franz se aproximou, eles observaram suas botas em um julgamento silencioso. Franz fingiu não perceber. Tudo o que ele desejava era trabalhar e se misturar. Ele nascera a uma hora de distância dali, na pequena Amberg, Alemanha, onde a namorada estava agora morando com a mãe dele. Franz tentara se encaixar ali depois da guerra, mas as pessoas sabiam que ele tinha sido um piloto de combate e o culpavam pela destruição do país. "Os senhores, pilotos de combate, falharam!", elas gritavam. "Os senhores não impediram que as bombas caíssem!" Então Franz decidiu recomeçar em Straubing, onde era um forasteiro. Foi inútil. As pessoas de Straubing estavam tão desencantadas com os pilotos de combate quanto todo mundo na Alemanha. Houvera uma época em que os pilotos de combate eram os heróis do país. Agora, o olhar hostil dos homens ao redor de Franz confirmava uma nova realidade. Pilotos de combate haviam se tornado os vilões do país. Franz desviou o olhar dos homens que o encaravam.

Dois militares norte-americanos desceram a rua levando moças alemãs pelo braço. À luz do dia, eles podiam fazer isso com segurança, mas à noite corriam o risco de ser atacados. As moças sentiam frio e fome como todo mundo, mas podiam fazer uma escolha: sair com um alemão e morrer de fome ou sair com um norte-americano que lhes daria café, manteiga, cigarros e chocolate. Perto dos jovens conquistadores da nação mais rica do mundo, Franz e outros alemães em suas filas de trabalho pareciam destituídos de virilidade. "Ele tombou por sua pátria; ela, por cigarros", gracejavam, amargamente, os homens alemães.

Finalmente a fila avançou, e Franz se viu em frente a uma mesa dobrável de madeira dentro da olaria. Atrás da mesa estava o gerente, um homem calvo que usava óculos. Atrás dele, Franz viu os trabalhadores colocando a argila vermelha dentro de moldes e empurrando carrinhos com pilhas de tijolos. Franz entregou seus papéis ao gerente e olhou para as próprias botas, torcendo para que o homem ainda não tivesse reparado nelas. A documentação de Franz dizia: "Primeiro-tenente, Piloto, Força Aérea". Na sequência do fim da guerra, Franz havia se rendido aos norte-americanos, que estavam em seu encalço porque ele era um dos melhores pilotos da Alemanha a ter voado nas últimas aeronaves do país. Os norte-americanos queriam o conhecimento que ele possuía. Franz cooperou, e seus captores lhe deram papéis de soltura que diziam que ele era livre para viajar e para trabalhar. Eles o libertaram porque seu histórico estava limpo — ele jamais fora membro do Partido Nacional-socialista (os nazistas).

— Então o senhor era piloto e oficial? — O gerente perguntou.

— Sim, senhor — respondeu Franz, olhando para o chão.

— Bombardeiro?

— Caça — completou Franz.

Ele sabia que o homem estava sendo provocativo, mas não estava disposto a mentir. Os outros trabalhadores da fila começaram a cochichar.

— Então um piloto de combate quer sujar as mãos? Quer limpar a sujeira que causou?

— Senhor, eu só quero trabalhar — disse Franz.

Apontando para a cidade arruinada em volta, o gerente recitou a fala que Franz ouvira incontáveis vezes.

— O senhor não impediu que as bombas caíssem!

Mordendo o lábio, Franz disse ao gerente:

— Eu só quero trabalho.

— Vá procurar em outro lugar! — O gerente falou.

— Eu preciso deste trabalho — Franz acrescentou. Ele se curvou para ficar mais perto do gerente. — Tenho pessoas que dependem de mim. Vou trabalhar duro, mais duro do que qualquer outro.

Os outros homens da fila resmungaram e se aproximaram.

— Sai andando — gritou uma voz atrás dele, e alguém o empurrou.

— Pare de atravancar a fila — gritou outra voz.

Eles estavam bravos por terem perdido a guerra. Estavam bravos por terem sido enganados por Hitler. Estavam bravos porque outro país estava agora ocupando o deles. Mas nenhum dos homens que cercavam Franz admitiria isso. Eles precisavam de um bode expiatório, e um piloto de combate estava bem ali na frente deles.

— Saia! — O gerente sibilou. — Os senhores, nazistas, já causaram problemas suficientes.

Nazista — a palavra fez com que os olhos de Franz se estreitassem de fúria. "Nazista" era o novo xingamento que os alemães haviam aprendido com os norte-americanos. Franz não era um nazista. Para ele, os nazistas eram conhecidos como "O Partido", os nacional-socialistas, políticos e burocratas famintos por poder que haviam dominado a Alemanha no rastro dos punhos violentos e desencantados das massas. Eles jamais deveriam ter assumido. Só chegaram ao poder depois das eleições de 1933, quando doze partidos disputaram os assentos do parlamento alemão. Cada partido recebeu uma parcela dos votos — não houve vencedor majoritário. No fim, os nacional-socialistas receberam a maior parte dos votos — 44% dos alemães tinham votado neles. Estes 44% deram aos nazistas e a seu líder, Adolf Hitler, suficientes cadeiras no parlamento para que se arrogassem poderes ditatoriais. Logo depois, Hitler e seus nazistas tornaram ilegais todas as eleições futuras e todos os partidos políticos, exceto o deles, que passou a ser conhecido como "O Partido". Hitler e O Partido subjugaram a Alemanha depois de 56% terem votado contra eles no país.

Franz sentiu o sangue começar a ferver atrás das orelhas. Ele só tinha dezessete anos, era jovem demais para votar na eleição de 1933 e seus pais haviam votado contra O Partido. Quando atingiu a idade, Franz nunca se afiliou ao Partido. O Partido arruinara sua vida.

— Eu não sou um nazista! — Franz protestou com o gerente. — Tudo o que quero é trabalhar.

— Aja como homem e vá embora — gritou alguém na fila.

Outros empurraram Franz. Ele sentiu o vento da cólera soprar em sua nuca.

— Afastem-se! — Franz gritou, agitando os ombros.

Nada o aborrecia mais do que sentir alguém perto demais de suas costas. Fazia parte de seu instinto de sobrevivência como piloto de combate temer qualquer pessoa ou coisa que se aproximasse por trás. Franz sabia que, se virasse o rosto e encarasse os homens irritados, começaria uma briga, então ele evitou contato visual com qualquer um na fila.

O gerente pegou um telefone instalado na parede. O fio atravessava a janela estilhaçada e saía para a rua. Ele fez uma ligação e, em seguida, falou para os outros trabalhadores:

— A polícia está vindo.

— Por favor, não faça isso — Franz pediu. — Eu tenho uma família para cuidar.

O gerente simplesmente se recostou e cruzou os braços. Franz tirou o quepe, revelando uma marca funda na testa, onde uma bala norte-americana de calibre 0.50 o atingira, em outubro de 1944, após perfurar o para-brisa blindado do avião. Ele apontou o local afundado e disse:

— Não me irrite!

O gerente riu. Franz vasculhou o bolso e jogou um pedaço de papel na mesa. Era um documento feito por um antigo médico da base aérea, que havia escrito que o ferimento na cabeça de Franz, e o consequente trauma cerebral, "poderiam provocar um comportamento hostil". Na verdade, Franz não sofrera nenhum trauma cerebral, apenas tivera afundamento craniano. O médico havia lhe dado aquilo como uma espécie de passe para sair livre da cadeia, caso Franz dissesse ou fizesse algo errado.

O gerente pegou o papel, leu e o amassou.

— Uma desculpa para a covardia, isso sim!

— O senhor não tem ideia do que nós fizemos! — Franz respondeu, fechando os punhos.

Ele vira seus companheiros pilotos lutarem bravamente até a morte, um após o outro, enquanto a liderança do Partido os chamava de covardes, desviando para eles a culpa pela destruição das cidades alemãs. Na realidade, Franz e seus companheiros nunca tiveram a menor chance contra o poder industrial e os infinitos aviões militares dos Aliados. Dos 28 mil pilotos de combate alemães que lutaram na Segunda Guerra, apenas mil e duzentos sobreviveram à guerra.

Franz se inclinou para o gerente e cochichou na orelha dele[2]. Recostado em sua cadeira, o gerente disse:

— Vá em frente, experimente.

Em um único movimento, Franz agarrou o gerente pelo colarinho, puxou-o por sobre a mesa e lhe acertou um soco entre os olhos.

O gerente cambaleou para trás e caiu dentro de um armário. Os trabalhadores cercaram Franz e o derrubaram. Um deles chutou Franz nas costelas. Outro, socou seu rim. Juntos, eles prenderam seu rosto contra o chão coberto de pó.

— Os senhores não têm ideia, não têm ideia! — Franz gritou, a bochecha pregada contra o pavimento.

* * *

Três policiais alemães chegaram e sopraram seus apitos para dispersar a multidão. Os trabalhadores suspenderam os joelhos das costas de Franz. A polícia o pôs de pé. Os homens eram fortes e bem alimentados por seus supervisores norte-americanos. Franz quis fugir, mas não conseguiu escapar.

Com lágrimas nos olhos, o gerente contou aos policiais que Franz havia exigido trabalho à frente dos demais, e que se recusara a ir embora. A multidão, irada, confirmou a história.

Franz negou as acusações, mas reconhecia uma batalha perdida quando via uma. Ele iria para a prisão. Mas antes precisava resgatar seus papéis. Franz contou ao policial encarregado que seus documentos estavam com o gerente.

O policial gesticulou ao colega que levasse Franz embora.

— Espere! Ele ainda está com o meu prontuário! — Franz objetou.

O gerente entregou a folha amarrotada. O policial a desamassou e leu para os demais: "... ferimento na cabeça, sofrido em combate aéreo". O policial guardou no bolso os dois documentos e anunciou:

— Ainda assim o senhor vem conosco.

Ele sabia que era inútil resistir. Os policiais o arrastaram para a rua, passando pela fila de trabalhadores. Uma corrente de medo perpassou a

---

[2] Franz recordou o que disse ao gerente: "Veja, eu tenho um buraco aqui, e, se o senhor não se calar, não respondo pelo que posso fazer".

mente de Franz. *Como vou conseguir trabalho, tendo sido preso e fichado? O que vou dizer à minha namorada e à minha mãe? Como vou cuidar delas?*

Exausto após a briga com a multidão, ferido pelas pancadas e arrasado de tristeza, Franz sentia-se pastoso, enquanto os oficiais o puxavam para longe dali. A ponta de suas pesadas botas pretas de aviador raspava contra as pedras ásperas, viradas de cabeça para baixo nos trechos onde bombas haviam caído.

2
SIGA AS ÁGUIAS

Dezenove anos antes, verão de 1927, sul da Alemanha

O garotinho corria pelo pasto amplo, os pés em pequenos sapatos marrons. Ele perseguia um planador de madeira que subia cada vez mais conforme o piloto ganhava os céus. O menino usava meias bávaras de tricô que subiam até os joelhos, uma jardineira verde e uma camisa branca de mangas curtas. Corria com os braços estendidos à frente.

— Vai! Vai! Vai! — Ele gritava, acenando em incentivo ao piloto.

O planador parecia o esqueleto de um dinossauro, com uma teia de fios percorrendo seu interior. Voava a cem pés de distância do chão e deixava atrás de si um rastro sonoro de tecido estalando no ar. O menino seguiu o planador até o fim do pasto e parou quando não podia ir além. Ele observou o aparelho diminuir a distância, por cima das montanhas onduladas da Baviera.

Provocando um ruído de vento, o planador ganhou altitude enquanto passava por cima de um rebanho de vacas. Um menino mais velho conduzia o aparelho sentado em uma cadeira de vime, posicionada sobre um esqui que tinha o mesmo comprimento do planador. Não havia para-brisa nem painel de instrumentos de navegação, e apenas umas tiras cruzadas sobre os ombros do jovem piloto seguravam-no dentro do espartano avião. Minutos mais tarde, o piloto manobrou a máquina para aterrissar. Ele mirou uma faixa de grama branca já desbotada, no campo verdejante onde muitos pousos tinham sido realizados antes. Ali, em um morro perto da faixa de aterrissagem, ficava um abrigo baixo e largo, o galpão onde os mais jovens, e seus instrutores adultos do aeroclube, estavam terminando um piquenique. O garotinho esperava no galpão segurando entre as mãos uma boina de *tweed*. O piloto baixou de cem pés para cinquenta, depois para vinte e cinco, e, com três batidas suaves, concluiu o pouso. O piloto pôs as pernas para baixo, para evitar que o planador virasse, enquanto o garotinho disparava em direção à máquina e se abrigava sob a asa. O menino era Franz Stigler, aos doze anos. O piloto era seu irmão de dezesseis, August.

Franz estava em pé junto à cadeira do piloto. August removeu as tiras brancas de segurança, pôs os pés no chão e cuidadosamente baixou o planador até que ele ficasse apoiado na ponta da asa. Franz entregou a boina para August, que tirou os óculos de proteção e colocou a boina como se fosse um ás da aviação depois de uma patrulha bem-sucedida. Estava vestido como Franz, com meias até os joelhos, jardineira e camisa branca de colarinho.

Os irmãos eram verdadeiros bávaros: ambos tinham olhos castanho-escuros, cabelos castanhos e rostos ovais. O rosto de August era mais longo e mais delicado do que o de Franz. August tinha altos padrões morais, gostava de pensar e frequentemente usava óculos. Franz tinha um rosto jovial e bochechudo, era calmo, mas ria com facilidade. O nome de August era Gustel Stigler, mas ele preferia August. Franz era Ludwig Franz Stigler, mas ele adotava Franz, o que horrorizava a forte, firme e profundamente católica mãe de ambos. O pai era mais tranquilo, e permitia que os meninos se nomeassem como quisessem.

Franz elogiou o voo, fazendo um relato requintado do que vira, como se August não estivesse presente. August respondeu que ficava contente que o irmão tivesse prestado atenção, porque a próxima vez seria a dele. Os outros oito meninos do aeroclube reuniram-se em volta dos irmãos e ajudaram a carregar o planador morro acima, para o trecho plano no topo que servia de ponto de decolagem. August era o mais velho e líder do grupo[3]. Alguns dos meninos tinham apenas nove anos, e ainda não

---

[3] "Ele era o melhor piloto de planador que tínhamos", Franz recordaria. "Nós éramos irmãos e melhores amigos."

tinham permissão para voar. Porém, naquele dia, Franz — de doze — foi escalado para se tornar o piloto mais jovem do grupo.

Dois adultos do clube subiram o morro com os garotos. Eles carregavam um pesado cabo preto de borracha, usado para lançar o planador. Um dos adultos era o pai de Franz, também chamado Franz. Era um homem magro, com bigode fino e óculos redondos cujas hastes se curvavam sobre grandes orelhas. Ele abraçou August e ajudou Franz a se amarrar à pequena cadeira de vime, que mais parecia um cesto. O outro adulto era o senhor Josef, padre e professor dos meninos, responsável pelo quinto ao oitavo anos do internato católico onde estudavam. O padre Josef estava na casa dos cinquenta e seu cabelo era grisalho nas laterais e atrás da cabeça. Tinha um rosto forte, olhos azuis e amigáveis. Quando o padre Josef estava planando, ele trocava a vestimenta preta e o chapéu de abas retas por uma camisa branca e calças de montanhismo. Uma grande cruz de madeira pendia de seu pescoço e ficava balançando. Ele contornou o planador, conferindo a integridade da estrutura. Os dois homens haviam voado na Força Aérea Alemã na Primeira Guerra Mundial. O pai de Franz fora piloto de reconhecimento. O padre Josef, piloto de combate.

Os dois homens tinham o costume de minimizar seus feitos militares. De sua perspectiva aérea, eles haviam visto pilhas de corpos enlameados entre as trincheiras. Quando a Alemanha perdeu a Primeira Guerra, ambos perderam seus empregos. Sob o Tratado de Versalhes, os vitoriosos franceses, britânicos e norte-americanos estipularam que a Força Aérea Alemã fosse dissolvida e que o Exército e a Marinha fossem desarmados. A Alemanha precisou também transferir o domínio de suas colônias ultramarinas, permitir que tropas estrangeiras ocupassem as fronteiras ocidentais e pagar 132 bilhões de marcos pelos danos causados (cerca de 400 bilhões de dólares, hoje). Ao pagar o preço pela guerra perdida, a Alemanha mergulhou em uma severa depressão econômica, muito antes do colapso financeiro global de 1929.

O pai de Franz e o padre Josef tinham criado o aeroclube para ensinar aos meninos a única coisa boa que a guerra tinha ensinado a eles: pilotar. Quando eles começaram, nenhum dos dois tinha dinheiro para comprar um planador para os garotos. O pai de Franz cuidava de cavalos em uma propriedade próxima. O padre Josef havia abandonado a carreira militar pela vocação religiosa. Eles disseram aos garotos que, se quisessem aprender a voar, teriam de construir um planador com as próprias mãos. Depois da escola, todos os dias, durante meses, August, Franz e os outros meninos coletavam restos de metal e os vendiam, para comprar os desenhos de projeto de um planador Stamer Lippisch "de estudo". O padre Josef negociou para eles a compra de um galpão no topo de um morro a oeste de Amberg, a antiga e enfeitada cidade bávara que eles chamavam de lar. Ali no galpão, nos finais de semana e feriados, os meninos começaram a construir o planador. Pilhas de madeira e tecido vieram primeiro. Com os desenhos técnicos em mãos, levaram um ano para concluir o projeto. Em seguida vieram as vistorias de segurança. Os administradores do Departamento de Transporte não permitiriam que os meninos voassem em um aparelho não certificado. O veredito foi dado. Os meninos haviam trabalhado bem e estavam autorizados a decolar.

No topo do morro, Franz lutava com as tiras que manteriam seus ombros presos ao encosto do assento do planador. Dois outros meninos seguravam a ponta das asas para que o aparelho não emborcasse. O pai de Franz passou o cabo de borracha por um gancho no nariz do planador, perto de onde o esqui de aterrissagem se curvava para cima. O padre Josef e os outros meninos seguraram nas duas pontas do grande elástico, três pessoas de cada lado. August ajoelhou perto do irmão. Com uma mão no ombro de Franz, ofereceu-lhe alguns conselhos iniciais:

— Mantenha-se abaixo de trinta pés. Não tente fazer curvas, apenas sinta o voo e pouse.

Franz assentiu, assustado demais para falar. August foi tomar seu lugar entre os que seguravam o cabo. O pai de Franz ainda o lembrou:

— Aterrisse antes de chegar ao fim do campo.

Franz assentiu de novo. Seu pai sentou-se no chão e segurou a cauda do planador. Ele era o homem maior e fazia o papel de âncora. Gritou para que o padre Josef e os demais puxassem o cabo. Com o planador no centro, eles começaram a descer o morro retesando a corda em V, cada vez mais apertada, até que a borracha vibrasse.

Franz levantou os pés do chão e esticou as pequenas pernas até o suporte do leme. Agarrou o manche de madeira que subia por entre suas coxas a partir de uma caixa presa ao esqui. A barra de controle era presa a fios que se ligavam às asas e à cauda e permitiam as manobras.

O padre Josef e os meninos seguravam o cabo com toda a força, eliminando qualquer centímetro de frouxidão. A corda tremia.

— Muito bem, Franz — o padre Josef gritou para ele. — Vamos no três!

Franz acenou. Seu coração estava aos pulos. O padre liderou a contagem.

— Um! Dois! Três! — E todos que seguravam o cabo desceram o morro correndo.

O cabo se esticou com a energia elástica e o pai de Franz soltou a cauda.

Franz foi projetado para a frente — e, no mesmo instante, para cima. Alguma coisa estava seriamente errada. Em vez de fazer uma partida gradual, nivelada, o planador irrompeu verticalmente como um míssil, levando seu passageiro de trinta quilos rumo ao sol.

— Empurre! — O pai de Franz berrou. — Empurre para a frente!

Franz empurrou o manche com força. O planador se nivelou, depois o nariz abaixou e em seguida ele mergulhou. Congelado de medo, Franz voou direto para o chão. *Ploft*. O bico do planador fez um sulco no solo. O aparelho emborcou, a asa bateu com estrondo no chão, acima da cabeça de Franz.

O pai e o irmão de Franz e o padre Josef correram até o planador. Os outros meninos ficaram imóveis, paralisados pelo choque. Tinham certeza de que Franz estava morto. Só conseguiam ver a face superior das asas e a cauda projetando-se no ar.

Os dois homens desviraram a máquina pela asa e Franz tombou para trás, ainda preso ao assento. Estava zonzo e confuso. August desamarrou e puxou para fora o corpo frouxo do irmão. Lentamente, Franz abriu os olhos. Estava atordoado, mas não ferido. Seu pai o apertou, chorando e abraçando ao mesmo tempo.

— É culpa minha, não sua — ele o tranquilizou. E, virando-se para o padre Josef, acrescentou: — O planador foi projetado para um passageiro mais pesado, e nós nos esquecemos de compensar.

O padre assentiu em silêncio. Depois de alguns minutos, Franz andou cambaleando para longe do destroço, com a ajuda de August. Ele tivera seu primeiro voo e seu primeiro acidente de uma única vez.

— Acho que você foi muito bem — August lhe disse, sorrindo. — Ao menos você ficou abaixo de trinta pés e não tentou fazer curvas!

* * *

O planador podia ser reconstruído, então os meninos trabalharam nisso do mesmo modo como haviam trabalhado em sua construção. Todo fim de semana eles carregavam a asa para fora do galpão, apoiavam-na nos cavaletes no gramado e substituíam as partes quebradas. A tarefa de Franz era colar novamente as travas, enquanto aos meninos mais velhos cabiam trabalhos de maior precisão, como cortar e encaixar os novos suportes. Franz espalhava a cola generosamente pelas emendas da madeira, calculando que não falharia em nenhum mínimo pedaço se recobrisse tudo. Seu pai aparecia de quando em quando para inspecionar como iam progredindo. Ao se aproximar do posto de trabalho de Franz, o pai avaliou longa e demoradamente as bolhas que se acumulavam sobre cada emenda. Franz recuou alguns passos, orgulhoso.

— Está um pouco ensopado, não acha? — O pai comentou.

— Não pulei nem um trechinho — Franz garantiu.

— Há cola em lugares onde não era necessário — o pai observou.

— Não tem problema, o tecido vai esconder.

O pai lhe ensinou uma lição.

— Sempre faça a coisa certa, mesmo que ninguém esteja vendo.

Franz admitiu que estava um pouco úmido demais, mas prometeu:

— Ninguém vai saber.

— Conserte — o pai o aconselhou. — Porque você vai saber.

Naquele dia e nos muitos que se seguiram, quando os outros meninos faziam pausas no trabalho para jogar futebol, Franz continuou trabalhando. Seus dedos ficaram ensanguentados de tanto remover o excesso de cola com lixa. Ele alisou com perfeição as emendas de cada uma das vinte e tantas travas. Quando as asas foram revestidas com o novo tecido e o tecido foi recoberto com o verniz que selaria para sempre o esqueleto do planador, ninguém sabia do trabalho meticuloso de Franz — exceto seu pai e ele mesmo.

Vários meses mais tarde, Franz partiu rumo ao céu com um saco de areia preso à cintura. Desta vez ele subiu a cem pés acima da Baviera. August corria embaixo, incentivando o irmão com gestos. Franz viu as asas curvarem por causa da turbulência. A leste, viu uma curva que o Rio Danúbio fazia. Virando para o sul, viu as montanhas menores aos pés dos Alpes. Ao voltar-se para oeste, viu surgir uma clareira na floresta adiante, então deu uma guinada para evitá-la. O ar não subia de uma floresta ou de um rio, todo piloto de planador sabia disso — para elevar suas asas, você deveria procurar campos e montanhas, de onde as lufadas sopravam. August tinha lhe dito:

— As águias sabem onde está o ar bom. Siga-as.

3
UMA PLUMA AO VENTO

Cinco anos mais tarde, outono de 1932, perto de Amberg

Franz aguardava no banco de pedra. Passava um pouco do horário da refeição do meio-dia, e os muros altos do internato católico agigantavam-se ao redor dele. Árvores frondosas erguiam-se acima dos muros e lançavam densas sombras. Os frades, em seus mantos marrons, passavam apressados pelos corredores. Franz estava de uniforme, mas as calças cinzentas estavam sujas de grama e a camisa branca estava manchada e amarrotada. Franz tinha então dezessete anos. A gordura infantil tinha derretido de suas bochechas e cedido lugar a um maxilar forte e magro. Uma orelha estava vermelha e parecia inflamada.

Anna o matriculara na escola. Com August na universidade estudando para se tornar professor, a mãe dos meninos decidira que Franz seguiria a carreira clerical. Ela queria um padre ou frade na família, e Franz não tinha problema com este plano. Ele amava a mãe e cuidava com carinho da própria fé. Planejava começar o noviciado assim que se formasse. Havia apenas um obstáculo no caminho. Ele tinha uma namorada — e isso era segredo. Até agora.

Vestindo seu manto preto, o padre Josef se aproximou do banco em que Franz estava. No rosto do religioso havia uma expressão incomum de severidade. Faltavam seis meses para a formatura, e Franz sabia que corria o risco de ser expulso. O padre Josef lecionava para os mais jovens; apesar de Franz não ser mais seu aluno, ele já havia saído em sua defesa certa vez, quando Franz havia sido pego escapulindo da escola para ir voar de planador em um dia sem vento. Mas isto era diferente. Franz havia fugido durante o almoço e engatinhado até a cervejaria no fim da rua. Teria rastejado de volta sem que ninguém desse por sua falta, não fosse o mestre cervejeiro ter flagrado Franz nos arbustos com a sua filha. O cervejeiro era um homem parrudo, e arrastou o rapaz de volta à escola antes do fim da hora do almoço — pela orelha.

O padre Josef sabia que Franz era bom aluno e um filho dedicado para seus pais e perante Deus. Aos domingos, ele cantava no coral de meninos da Catedral de São Pedro, em Regensburg, a cerca de 65 quilômetros de sua casa. Nas missas diárias no internato, ele era coroinha.

— Já é tempo de portar-se como um homem — ele disse a Franz. — Um futuro padre não pode escapar dessa maneira.

— O senhor tem razão, padre — Franz respondeu, com a cabeça baixa de vergonha.

— Um homem pensa e age por si mesmo — o religioso continuou. — Porque sabe que só deve satisfação a Deus.

Franz assentiu.

— Você tem certeza de que deseja tornar-se padre?

— Acredito que sim, padre Josef.

— Não estou seguro de que você queira — o padre disse. — Sua mãe quer que você seja padre. O que é que *você* quer fazer da vida, Franz?

— Eu amaria voar todos os dias — Franz respondeu depressa.

— Então vá fazer isso. Sua mãe vai superar.

* * *

Quase cinco anos depois, 1937

O rugido abafado dos três motores radiais BMW anunciou a chegada do avião Ju-52 ao refinado terminal da Lufthansa no Aeroporto de Munique. Um após o outro, os passageiros entraram no terminal, as mulheres usando casacos de pele e chapéus de longas abas moles, os homens em ternos completos e chapéus de feltro. Atrás deles vinham os carregadores, vestindo avental branco e transportando as bagagens com mãos enluvadas. Os aromas de charuto, brilhantina e perfume francês enchiam o ambiente já alvoroçado pelo clima de excitação enquanto um animado piano, tocado em um saguão próximo, marcava o ritmo dos passos. Assim era a vida na Alemanha depois da Depressão dos anos 1930. Nesta era de renovado otimismo e crescente poder, o avião, assim como as autoestradas, eram símbolos do orgulho e da promessa nacionais.

Comissárias de bordo da Lufthansa, imaculadamente penteadas, em saias azul-marinho, blusas de gola florida e quepes elegantes, cruzavam umas com as outras pelos corredores, algumas indo embora do aeroporto, outras se dirigindo aos portões de embarque. Pilotos de toda a Europa passavam, céleres, de um lado a outro. Entre eles estava o piloto da Lufthansa Franz Stigler, agora com vinte e dois anos. Envergando um paletó azul-marinho com listras amarelas nos punhos, gravata carmesim e o emblema dourado de aviador resplandecente no peito, Franz era um piloto de pôster para a companhia aérea. Ele percorrera um longo caminho depois da conversa com padre Josef, que havia mudado sua vida.

Depois de se formar na escola, Franz foi estudar engenharia aeronáutica na universidade em Würzburg, duas horas a noroeste de sua Amberg natal. Ele gostava muito do curso, mas novamente se viu enredado em problemas. Certo dia, depois da aula, um amigo chamou Franz de lado e o convidou a comparecer à reunião de um clube secreto de estudantes. Franz acompanhou o amigo e descobriu um clube de duelos subterrâneo, no qual os rapazes lutavam com espadas afiadas. Os jovens cobriam o rosto e o pescoço e usavam mangas longas e luvas, porém, ainda assim, as espadas eram de verdade. As regras eram simples: eles podiam se golpear mutuamente com o gume, mas nunca apunhalar com a ponta da espada. Franz se juntou ao grupo porque gostava da ideia de fingir ser um cavaleiro. Recebeu alguns cortes no alto da cabeça, mas nenhum no rosto.

O que Franz não sabia era que a Igreja Católica havia expedido um édito tornando os duelos ilegais. Quando o clube foi descoberto, ele foi pego. As autoridades da igreja o excomungaram. Ele não se aborreceu por causa do édito — era apenas parte das regras da igreja, raciocinou. Sua fé permanecia intacta. Mas Franz se sentiu envergonhado por sua mãe, pois ficou sabendo que todo domingo, durante seis semanas, seu nome tinha sido lido em voz alta durante a missa na catedral de Regensburg, como integrante da lista dos excomungados.

  Superado o constrangimento, Franz começou a se concentrar exclusivamente em seu objetivo de voar. Aos finais de semana, começou o treinamento de voo no aeroporto local. Chamava-se Escola de Pilotos Comerciais e os instrutores lhe ensinaram sem custo a pilotar aviões motorizados. O governo pagava por esse treinamento porque queria formar pilotos. Tendo de escolher entre aprender sobre voos sentado em um banco escolar e, efetivamente, voar, Franz abandonou a universidade e completou seu treinamento. Quando a maior companhia aérea da Europa, a Lufthansa, ofereceu um emprego a Franz, ele agarrou a oportunidade.

  Durante quatro anos e duas mil horas Franz trabalhou na empresa. Seu trabalho não era típico. Em vez de dirigir aviões comerciais comuns, ele pilotava navegadores como comandante responsável pela conferência de rotas internacionais. Seu papel era estabelecer as rotas de voo mais rápidas e mais seguras entre Berlim e Londres, e sobre os Alpes para Roma e Barcelona. Durante essas longas jornadas, seu livro de registros ficou repleto de carimbos e horários de voo. Ele nunca foi tão feliz quanto naquele período glamouroso das viagens aéreas, quando zepelins, trimotores e aviões anfíbios cruzavam os céus.

  Naquele dia, porém, enquanto Franz andava pelo aeroporto, percorrendo os saguões em *art déco*, um oficial da Força Aérea Alemã acenou e se aproximou. O oficial estava vestido de modo semelhante ao de Franz, com um paletó cinza-azulado e gravata preta, mas seu cinto era marrom, e ele usava uma calça de montaria enfiada em compridas botas pretas. Até dois anos antes, não existia uma Força Aérea Alemã. Na verdade, não existira uma Força Aérea Alemã durante dezessete anos. Então, em um dia de 1935, Hitler desafiou o Tratado de Versalhes e, com uma canetada, reinstituiu a Luftwaffe.

  O oficial entregou a Franz um envelope lacrado.

  — Suas ordens — ele disse, com um sorriso. — Seu país precisa de seus serviços.

  Franz suspeitara que aquele dia chegaria[4]. Esta era a razão pela qual o governo subsidiara seu treinamento. Depois que o Tratado de Versalhes baniu

---

[4] "Você não decidia quando entrar na Força Aérea", Franz recordaria. "Eles decidiam por você."

a Força Aérea, o governo alemão secretamente treinou diversos pilotos como ele e financiou uma companhia aérea nacional — a Lufthansa —, para que o país tivesse pilotos experientes para um dia reconstruir a Força Aérea. As rotas e horários que Franz vinha calculando para a Lufthansa sem dúvida tinham também encontrado seu caminho até os domínios da Força Aérea.

O oficial informou a Franz que ele serviria como instrutor de voo. Ele ensinaria jovens pilotos a voar por longas distâncias usando instrumentos. Franz continuaria a ser um civil, o oficial lhe assegurou. Ele pilotaria seu Ju-52 sob a bandeira da companhia aérea, embora suas missões fossem servir à Força Aérea. O oficial garantiu a Franz que eles contavam com a bênção da Lufthansa.

— Para onde vou voar? — Franz quis saber.

— O senhor gosta das rotas para a Espanha?

— Eu as conheço.

Franz sabia por que a Força Aérea estava interessada na Espanha. Um ano antes estourara a Guerra Civil Espanhola entre os republicanos, de inclinação socialista, e os nacionalistas, de tendência fascista. A Alemanha estava extraoficialmente mandando "voluntários" para lutar do lado fascista.

— O senhor acha que é inteligente treinar pilotos mandando-os para uma zona de guerra? — Franz perguntou.

— Pode ser que também haja *suprimentos* no interior de seu avião — o oficial respondeu.

O oficial encarou Franz à espera de uma resposta. Franz assentiu e aceitou a missão, sabendo que nunca tivera escolha, para começo de conversa.

* * *

Um ano depois, verão de 1938, leste da Alemanha

Mil pés acima das árvores, à luz do entardecer, o bimotor prateado sobrevoava a natureza preservada dos subúrbios da cidade de Dresden. Os pilotos ficavam em duas cabines abertas, um na frente do outro. O instrutor sentava-se na frente e o aluno ficava atrás. O avião era o casamento perfeito da beleza com a funcionalidade feiosa. O motor radial ficava exposto, e seus aros apontavam para fora em todos os ângulos de um relógio. Seu equipamento de pouso ficava fixa e incomodamente instalado na parte inferior. As laterais eram compridas e prateadas e traziam a grande cruz preta que era o emblema da Força Aérea. Pintada na cauda elegantemente curva vinha, em menor tamanho, o símbolo cheio de ângulos do Partido, a suástica. O aparelho era um Heinkel 72 "Cadete", projetado para a Força Aérea como um avião de treinamento.

Franz pilotava o avião do assento dianteiro. Na cabine atrás dele, sentava-se o aluno. Depois de suas missões bem-sucedidas para a Espanha, a Força Aérea quis mantê-lo treinando pilotos, e assim ele seguiu como instrutor. Franz tentou voltar para os voos comerciais, mas não conseguiu — a companhia cedera-o para a Força Aérea, que fez dele o instrutor-chefe da escola de pilotagem para oficiais, em Dresden. Os alunos de Franz eram chamados de cadetes, mas eles formavam a elite da elite — alguns já eram oficiais, e os que ainda não eram passariam a ser assim que se formassem.

Nesta noite Franz deveria estar de folga, mas ele havia se apresentado como voluntário para dar algumas horas extras de prática a um aluno aflito. O rapaz era um dos piores em sua turma, que tinha vinte pilotos em treinamento. Sob o capacete cinza de lona o jovem exibia um queixo forte, mas o restante do rosto era carnudo como o de uma criança. Seus olhos azul-escuros flamejavam de nervosismo. O nome dele era Gerhard Barkhorn, mas fora da classe todos o chamavam de Gerd. Ele era da Prússia Oriental e tinha boas maneiras. Rapaz tímido de dezenove anos, Barkhorn contara a Franz que desejava um dia pilotar aviões de combate. Franz considerava isso improvável, mas deu-lhe aulas práticas extras para ajudá-lo a conquistar seu objetivo.

Franz lecionava no nível B, também chamado de segundo nível. No nível A do treinamento, pilotos como Barkhorn aprendiam o básico sobre pilotagem e faziam quarenta voos de curta distância. O trabalho de Franz no momento, no decurso de cinco meses, era ensinar aos cadetes o ajuste fino: voos de longa distância, navegação, como lidar com emergências e táticas acrobáticas avançadas. O nível B era coisa séria — se um cadete fosse reprovado não haveria segunda chance, e só lhe restaria a infantaria. A Alemanha ainda não estava em guerra, mas todo mundo pressentia que a nação estava se preparando para uma.

Enquanto eles voavam, Franz se perguntava como era possível que Barkhorn tivesse conseguido pilotar no nível A. Ele era nervoso e sujeito a faniquitos. *Este menino é um piloto terrível*, Franz pensou. *Devia ser dispensado.* Franz já havia apontado os problemas de Barkhorn. O jovem cadete estava se enforcando na própria corda. Ele precisava desligar a mente e voar por instinto.

O He-72 não dispunha de radiocomunicador, então Franz virou o rosto e encarou Barkhorn.

— Relaxe! — Franz gritou, por cima do ruído do vento. — Sinta o avião no assento, no manche, no estômago. Pare de se preocupar!

Barkhorn assentiu, mas Franz percebeu que as manobras dele continuavam rígidas, tensas. Sinalizou com as mãos que estava reassumindo o controle. Barkhorn apoiou a cabeça no encosto, derrotado. Franz fez uma curva fechada e voou em direção ao norte, rumo ao campo de pousos e decolagens. Mas não aterrissou. Em vez disso, continuou voando até que eles sobrevoaram vários pequenos lagos escondidos aqui e ali na floresta. Entre as árvores junto a um dos lagos ficava uma série de construções de madeira. Franz baixou o avião e sobrevoou as casas. Conforme ele inclinava a asa para obter uma visão melhor, Barkhorn sorriu. As pessoas vinham para fora acenando. E estavam todas nuas! Barkhorn sabia que estava observando o campo de nudismo para onde os instrutores às vezes levavam os alunos como recompensa. Franz tateou a cabine e pegou o papel higiênico que havia guardado ali. Antes do voo, Barkhorn vira o rolo no chão da cabine, mas pensara que era para o caso de eles pousarem em algum campo afastado e precisarem atender ao chamado da natureza.

Franz baixou o avião de novo para mais uma passagem sobre os nudistas. Enquanto cruzava o campo, atirou o rolo pela borda da cabine. Os nudistas estavam habituados a isso e incentivavam suas crianças a correr e pegar as tiras de papel branco que caíam.

Barkhorn e Franz riram. Dando a volta, Franz se preparou para mais uma vez circular sobre a colônia. Fez um gesto de arremesso e Barkhorn, captando a dica, atirou um rolo de papel higiênico, observando a formação da espiral e as crianças correndo em direção à faixa branca que despencava. Ao voltar para a base, Franz balançou as asas em aceno de despedida aos nudistas. Sinalizou para que Barkhorn reassumisse o controle. Barkhorn estava tão ocupado rindo que pilotou suavemente, como um piloto instintivo.

***

Franz gostava de ser instrutor de voo. Toda manhã, quando entrava na sala de aula, ele supervisionava quatro outros instrutores, os quais cuidavam, cada um, de quatro alunos. A Força Aérea permitira que ele continuasse como civil. Pagavam-lhe o salário que ele teria na companhia aérea — equivalente ao valor recebido por um major, e que lhe conferia a autoridade de um major também. Era o relatório final de Franz que determinava se um cadete ganharia o emblema de aviador. Quanto melhor fosse a avaliação, maior seria a chance de o jovem ser aceito na etapa seguinte do treinamento, que tanto poderia ser em monomotores quanto em aparelhos de motores múltiplos. Todos os cadetes disputavam vagas nos treinamentos de monomotores, pois isso significava aviões de combate, enquanto que as aeronaves de vários motores podiam ser bombardeiros, cargueiros ou aviões de reconhecimento. No fim, Franz deu a Barkhorn boas notas, e o jovem piloto se qualificou para a escola de monomotor.

***

A única coisa de que Franz sentia falta em seu novo papel era a patente — e o respeito que vinha com ela, do qual ele não gozava, por ser civil. Embora a maior parte de seus alunos fosse de cadetes que viriam a se tornar oficiais um dia, alguns eram oficiais já que estavam na carreira militar havia muitos anos quando decidiram ser pilotos. Eles representavam o maior desafio do instrutor. Um dia, Franz estava dando uma aula de navegação. Durante todo o tempo, um capitão ficou sentado no fundo da sala lendo jornal, ignorando-o abertamente.

Franz chegou ao limite.

— Capitão — ele chamou. — O senhor quer vir aqui para a frente da sala ler seu jornal em voz alta, para que todos saibamos o que está acontecendo no mundo?

O capitão dobrou o jornal e avançou até Franz na frente dos outros.

— O senhor não tem o direito de me dar ordens — ele disse. — O senhor é só um civil.

Franz sentiu a nuca ficar quente. Encerrou a aula, dispensou os alunos e foi direto ao general que administrava a escola. O general era um homem corpulento que gostava de Franz porque Franz o levava de avião até Munique toda sexta-feira, para que se consultasse com seu médico. Franz explicou o problema com o capitão desrespeitoso.

— Pegue seu livro de registros — o general disse a Franz. — Agora escreva "soldado" na frente do seu nome.

Franz fez o que lhe foi dito e olhou para o general, confuso.

— Cuidarei pessoalmente da papelada do seu alistamento — o general afirmou. — Agora o senhor é oficialmente um membro da Força Aérea.

Franz abriu a boca, mas não encontrou palavras.

— Quanto ao capitão insubordinado — o general continuou —, o senhor agora pode mandá-lo embora.

Franz fez exatamente isso, e expulsou o capitão da escola.

No dia seguinte, o capitão foi atrás de Franz para protestar. Estava furioso que um simples soldado raso o tivesse expulsado, e impedido para sempre que ele se tornasse piloto. Franz vestia agora o uniforme azul da Lufthansa para homens alistados, com quepe, detalhes vermelhos na gola da túnica, cinto com fivela prateada e botas pretas.

— Se o senhor, como capitão, não sabe se comportar — disse Franz —, como poderíamos transformá-lo em um bom piloto?

O capitão xingou Franz enquanto se afastava da escola carregando seus pertences.

Franz achou que a nova patente resolvia alguns problemas, mas ser um soldado apenas o levava até aquele ponto. Algumas semanas mais tarde, voando para casa depois da consulta com o médico em Munique, o general perguntou a Franz que tal era ser soldado. Franz respondeu que ajudava, mas tantos de seus alunos eram majores e capitães que eles ainda o olhavam com desprezo. O general estava de bom humor, e então, em pleno ar, promoveu Franz a cabo.

* * *

No início de 1939, o cadete que se tornaria o aluno mais querido de Franz aguardava-o enquanto ele saía do avião após uma aula. Franz ficou chocado ao ver seu irmão mais velho, August, parado à sua frente na pista de pouso. Franz sabia que August se alistara na Força Aérea, contra a vontade da mãe de ambos, mas a probabilidade de que ele fosse enviado para ser treinado por Franz era mínima e inacreditável.

Franz não tinha encontrado August desde que o irmão partira para o campo de treinamento militar. August estava a caminho de tornar-se um oficial[5]. Ele havia progredido com facilidade e passara no estágio A. Agora, passaria oito meses sob a tutela de Franz para conquistar seu emblema de aviador.

Franz sabia por que August havia se alistado: todos os homens jovens estavam sendo recrutados para as Forças Armadas, e August sabia que, alistando-se antes, poderia escolher o tipo de trabalho que faria. August tinha muito a perder. Ele estava noivo da sobrinha de um cardeal, um arranjo feito pela mãe. Tinha um diploma, tinha um emprego como professor do ensino médio, tinha sua igreja e a própria liberdade. "Por que arriscar tudo isso?", Franz havia perguntado. August dissera que estava seguro de que uma guerra era iminente e de que seria convocado. Já que seria obrigado a combater, preferia que fosse como piloto.

Para ser imparcial, Franz poderia ter encaminhado August para outro instrutor. Mas Franz não se importava com o que os outros cadetes diriam à boca miúda. Ele era assombrado pela ideia de que a sobrevivência do irmão em combate poderia, um dia, depender do treinamento recebido. Então Franz tomou August como um de seus alunos pessoais. Por meses, ensinou-lhe técnicas de acrobacias aéreas, voos em grandes altitudes e procedimentos de emergência.

Quando o treinamento se aproximava do fim, August contou a Franz que planejava candidatar-se a comandar um bimotor, uma aeronave que permitia ao piloto "aproveitar a viagem", por oposição aos mergulhos e volteios que um enfrentamento a curta distância exigia dos pilotos de combate. Franz sabia que faltava a August o instinto assassino que um piloto de combate precisava ter, mas a seus olhos isso era uma qualidade. Tendo apenas umas poucas semanas para ficarem juntos, Franz deu a August lições extras após as aulas regulares, para afiar as habilidades necessárias a um piloto de bombardeiro: voo de grandes distâncias, voo noturno e voo cego (feito exclusivamente por aparelhos). Franz treinou August mais intensamente do que qualquer outro instrutor teria treinado. Ele exigia perfeição.

---

[5] August estava qualificado para o posto de oficial, ao contrário de Franz, que não concluíra a universidade e teria de subir de patente em patente. A Força Aérea Alemã não era tão rígida quanto as demais forças aéreas, de modo que mesmo soldados rasos e cabos poderiam tornar-se pilotos de combate.

August ganhou uma semana de férias antes dos exames finais. Decidiu voltar para casa e ficar com a noiva. Era uma sexta-feira, e naquela manhã Franz o havia mandado para um treinamento de longa distância, no qual August havia seguido um mapa de campo de pouso a campo de pouso. Em cada um dos campos, ele precisava aterrissar e obter do oficial de serviço um carimbo em seu livro de registros, como prova. Quando August voltou no fim do dia, junto com os demais alunos, Franz descobriu que um único piloto não tinha todos os carimbos: seu irmão. August explicou que não conseguira encontrar o oficial de plantão, e que acabara partindo sem o carimbo. Franz sabia que o irmão tinha estado com pressa. August admitiu que era verdade.

— Em um avião, a pressa pode levá-lo à morte — Franz o alertou.

Na frente dos outros cadetes, Franz rasgou a licença de August e cancelou suas férias. August ficou chocado e bravo. Franz disse ao irmão que fosse preparar um avião para mais um treinamento. August obedeceu e, zangado, saiu da sala.

Os irmãos ganharam os céus, Franz na frente, August atrás, para praticar o exercício de que August menos gostava: o voo cego. Pouco depois da decolagem, Franz ordenou a August que fosse "para baixo do capuz". August puxou uma alça e um tecido preto recobriu sua capota, fechando-o em uma cabine iluminada apenas pelos instrumentos. Franz conduziu o avião durante algum tempo para desorientar August. Em seguida gritou suas ordens entre as cabines, dizendo a August qual rumo tomar, e por quanto tempo. Franz sabia que August não fazia a menor ideia de para onde estava indo.

Uma hora e meia depois, Franz informou a August que estava retomando o controle do avião. August pediu para remover o capuz, como era a praxe, mas Franz negou o pedido. Franz pousou, taxiou e parou, e só então autorizou que August removesse a cobertura de tecido. August começou a vociferar com o irmão por ter sido mantido no escuro por tanto tempo, mas se interrompeu no meio da frase.

Esperando por ele junto ao hangar da pista de pouso estava sua noiva. August imediatamente reconheceu o aeroporto de Regensburg — eles não estavam de volta a Dresden, estavam em casa. A noiva de August riu da surpresa no rosto dele. Ela sabia o que Franz tinha feito[6].

---

[6] "Eu havia telefonado para a namorada dele, para sua noiva, e dito: 'Estamos indo para casa'", Franz recordaria depois.

August abraçou a noiva e tentou despentear Franz, que se esquivou. Eram como meninos de novo.

Durante a semana de férias, eles ficaram na casa de sua infância, em uma rua tranquila de Amberg. Enquanto procurava por August certa tarde, Franz entrou no quarto do irmão. Ali, sobre a escrivaninha de August, encontrou uma pilha de cartas. Pegou uma e leu. Suas mãos começaram a tremer. A carta era uma cópia de "Com profunda preocupação", a mensagem secretamente composta pelo Vaticano para todos os católicos alemães. No Domingo de Ramos de 1937, a carta havia sido lida por todos os padres, bispos e cardeais para suas congregações em toda a Alemanha, e 300 mil cópias tinham sido distribuídas. Redigido pelo Cardeal de Munique, von Faulhaber, e pelo Papa Pio XI, o texto dizia aos católicos alemães, em termos cuidadosamente velados, que o Nacional-socialismo era uma religião do mal, baseada em racismo e contrária aos ensinamentos da igreja e ao direito de todo homem à igualdade. Sem mencionar Hitler, fazia referência a "um profeta insano e arrogante". Quando Hitler tomou conhecimento da carta, ele e O Partido rugiram em vingança, decretaram que a carta era ilegal e perseguiram monges, padres e todas as gráficas que haviam participado da impressão.

A cabeça de Franz estava a mil quando ele devolveu a carta à pilha. Ele queria queimar — não só aquela, mas todas as outras. Ele queria correr. Em vez disso, porém, esperou nos degraus da frente da casa que August voltasse. Franz suspeitava que as cartas, na verdade, pertencessem à noiva de August, a sobrinha do cardeal. O clero católico da Alemanha era um conhecido inimigo do Partido, graças aos sermões em que criticava Hitler; a Gestapo, a polícia secreta; e os primeiros crimes cometidos pelo Terceiro Reich. Franz tinha certeza de que a noiva de August, por meio do tio dela, estava arrastando seu irmão para algo perigoso: a oposição.

Quando August voltou, Franz o confrontou, perguntando o que ele estava fazendo de posse de uma literatura de tão alto risco. August dispensou Franz com um aceno e disse que havia encontrado as cartas, e que as guardara como curiosidade. Franz relembrou o irmão sobre o perigo daquilo.

— Você quer acabar em Dachau? — Franz questionou.

August franziu a testa. Ambos sabiam sobre Dachau e os campos de concentração, que existiam para "concentrar" em um lugar único qualquer alemão que irritasse O Partido.

A existência dos campos era de conhecimento corrente na maioria dos lares alemães. O Partido queria que os campos fossem conhecidos como meio de dissuasão e havia divulgado Dachau como "campo modelo". O Partido construíra Dachau em 1933. Qualquer alemão, independentemente de religião ou histórico, poderia ser considerado um inimigo político e aprisionado ali. Um ano depois de tomar o poder, em 1934, O Partido tinha aprovado uma lei que tornava qualquer crítica a ele, privada ou pública, um crime punível com uma sentença no campo.

O Partido se esforçara bastante para mostrar aos alemães e ao mundo que Dachau era um campo "civilizado". A equipe de segurança particular do Partido, a SS, administrava os campos, e chegou a convidar representantes da Cruz Vermelha e diretores de prisões norte-americanas para conhecerem Dachau. Os visitantes internacionais foram embora impressionados com o que viram: prisioneiros bem alimentados que assoviavam enquanto marchavam para o trabalho, alojamentos limpos, camas floridas e até uma loja, onde os encarcerados podiam comprar comida enlatada. Quando eram libertados, a SS lhes devolvia seus pertences. Esta era a imagem de campo de concentração que O Partido vendera para Franz, August, outros cidadãos alemães e o mundo todo nos anos 1930. Os campos foram tão bem divulgados que as mães alemãs costumavam dizer a seus filhos que, se eles não se comportassem, seriam mandados para Dachau[7].

Vendo a perturbação de Franz, August prometeu livrar-se das cartas. Franz não culpava August pela oposição a Hitler. Ele sabia que os pais de ambos também se opunham, e sempre diziam que Hitler não era o líder deles. Em 1933, eles tinham votado no BVP (Bayerische Volkspartei [Partido do Povo da Baviera]), o partido católico que recebera 1 milhão de votos, mas ainda assim perdera dos 44% obtidos pelos nacional-socialistas. Sendo um adolescente, Franz prestara pouca atenção às eleições de 1933. Era apático em relação à política e inicialmente não se

---

[7] Os civis alemães não foram os únicos a serem enganados a respeito dos campos. Em um discurso para o Exército Alemão em 1937, o líder da SS Heinrich Himmler contou como os prisioneiros eram tratados: "Nestes campos, o treinamento ocorre de um modo ordenado. Os homens vivem em tendas asseadas. Só os alemães seriam capazes de tal feito. Nenhuma outra nação seria tão humana. As roupas são trocadas com frequência. Os homens são ensinados a se lavar duas vezes ao dia e a usar escova de dentes, algo que a maioria não conhecia, antes". [Cap 3, nota 1] Em um capítulo mais à frente, abordaremos quando e como Franz saberia a verdade sobre o que estava realmente acontecendo nos campos.

alarmou com a vitória dos nacional-socialistas[8]. Mas agora, como um homem de vinte e quatro anos na primavera de 1939, Franz começava a pensar sobre O Partido de um modo diferente daquele do menino que era seis anos antes. Ele vinha concluindo que O Partido fizera da própria Alemanha um campo de concentração. Não havia eleições. Não havia liberdade de imprensa. Não havia liberdade de expressão. Não havia liberdade para viajar. Não havia liberdade para se alistar ou não. Nenhuma liberdade para mudar nada. Naqueles dias em que possuir uma carta banida podia render a qualquer um uma sentença de prisão em um campo, o melhor que Franz fazia era manter-se longe da linha de fogo, de modo que nem ele nem o irmão terminassem em Dachau.

* * *

Naquele verão, quando August se formou na escola de voo, Franz espetou o emblema de aviador no uniforme do irmão. August recebeu a insígnia a tempo de exibi-la quando se casou com a noiva, pouco depois. Durante a cerimônia, Franz não conseguia se forçar a olhar para a cunhada com muita afeição. Ele ainda se preocupava. Depois do casamento, August foi para a escola de bimotores, o caminho para um piloto de bombardeiro, e Franz continuou a ser instrutor.

* * *

No outono de 1939, os cadetes de Franz entraram no refeitório e se aproximaram dele agitando jornais. A grande manchete em letras góticas anunciava: GUERRA COM A POLÔNIA! Os jovens riam e gritavam. Eles queriam a opinião de Franz: o treinamento seria acelerado para que eles pudessem ir para a guerra? Franz não partilhava daquele entusiasmo. Guerra era a última coisa que ele queria. Contudo, na mente dos cadetes da escola de pilotagem, os assuntos mundiais eram simples. De acordo com os jornais da Alemanha, os poloneses haviam ameaçado fazendeiros alemães na fronteira. Tropas polonesas haviam atacado uma estação de rádio alemã para

---

[8] Franz recordaria: "Sendo uma família católica e estudada, nós simplesmente não compramos a propaganda. Minha família foi antinazista desde o princípio. Para ser honesto, devo admitir que eu era indiferente, e pensava que aquilo não passava de uma grande bobagem". [Cap 3, nota 2]

transmitir notícias falsas e ofensas contra os alemães, e Hitler não tinha saída a não ser declarar guerra. Os cadetes achavam que Hitler estava certo, assim como acreditavam que outros vizinhos da Alemanha, a Tchecoslováquia e a Áustria, tinham desejado fazer parte do novo império alemão. A anexação destes países, naquele ano e no anterior, tinha sido sem sangue.

Na realidade, os austríacos e os tchecos não tiveram escolha. A Alemanha fora militarmente reconstruída e parecia invencível. As "tropas polonesas" que tinham tomado de assalto a estação de rádio eram na verdade comandos alemães usando uniformes da Polônia. Fora Hitler quem ordenara aquilo. Ele queria uma guerra de expansão e mentira ao próprio povo para obtê-la. O que nem Franz nem nenhum dos cadetes poderiam imaginar era que Hitler havia conscientemente procurado briga com a maior parte do resto da Europa, mergulhando a Alemanha em uma repetição da guerra travada pela geração anterior. A Grã-Bretanha e a França haviam prometido que, se a Polônia fosse atacada, lutariam ao lado dos poloneses. Hitler atacara a Polônia mesmo assim. Esta bravata acabaria custando a vida de mais de 4 milhões de soldados alemães e mais de 1 milhão de civis. A Segunda Guerra Mundial havia oficialmente começado.

* * *

Um ano depois, em meados de outubro de 1940

Franz estava trabalhando sozinho em sua mesa na sala de aula vazia. Seus instrutores estavam fora, cada um preparando seu grupo de alunos para a guerra. As tropas alemãs ocupavam toda a Europa desde a Polônia até a França, e haviam escorraçado os ingleses de volta para a ilha deles. A Batalha da Grã-Bretanha, como os britânicos a chamaram, estava encerrada. A batalha ocorrera no fim daquele verão, quando os alemães haviam tentado destruir a RAF (Royal Air Force [Força Aérea Real]) no ar e bombardear seus campos de aviação em terra. Porém, antes que a Força Aérea Alemã obtivesse sucesso, o foco acabou desviado por uma falha lamentável. Durante um ataque noturno, um bombardeiro alemão errou o alvo, que era um depósito de óleo no leste de Londres, e bombardeou diversas casas no bairro londrino de East End. Hitler havia ordenado que as cidades britânicas não fossem atacadas, uma grande diferença em relação ao que havia definido quanto aos indiscriminados procedimentos de guerra contra civis poloneses. Entretanto, alguns dias mais tarde, outro bombardeiro alemão atingiu lares britânicos. Em resposta, os britânicos enviaram bombardeiros para atacar Berlim, uma incursão que também errou o alvo militar e acertou os civis da cidade. Em um discurso, Hitler alertou a Grã-Bretanha para que suspendesse os ataques às cidades alemãs, mas era tarde demais — ambos os lados haviam cruzado a linha. Cidades e civis logo se tornariam alvos legítimos.

Dali em diante, os dois lados bombardeavam as cidades um do outro à noite e chamavam-se mutuamente de "bombardeadores terroristas". Franz sabia que August estava na linha de frente pilotando um bombardeiro Ju-88, um bimotor rápido com tripulação de quatro homens. August e sua equipe haviam sido designados para o grupo de bombardeadores KGr-806 e ficavam baseados em Caen, França, de onde atacavam a Inglaterra à noite. No começo, seus alvos eram campos de pouso e docas. Em seguida, receberam ordens de bombardear cidades. Franz sabia que August não devia ter gostado nem um pouco disso, mas que não teria tido escolha.

Franz levantou o rosto, surpreso, ao ouvir a porta da sala de aula ser aberta com delicadeza. Os cadetes em geral escancaravam-na alegremente, ao voltarem de uma missão. Franz viu o padre Josef parado na passagem. O religioso estava em roupas civis, mas ainda trazia a grande cruz de madeira ao pescoço. Franz foi em direção a ele com o coração aos pulos. Então estancou. O padre Josef não estava sorrindo.

— Sente-se, Franz — ele disse.

Franz permaneceu como estava, os pés congelados. O padre Josef era o melhor amigo de seu pai. Franz pressupôs que algo acontecera a ele.

Os olhos do religioso estavam transbordando de lágrimas.

As pernas de Franz ficaram moles, como se seu corpo soubesse a resposta mesmo antes que sua mente elaborasse a pergunta. O padre Josef foi até ele e o conduziu até um dos muitos assentos vazios da sala.

— August está com Deus — ele disse.

* * *

Franz não permitiu que o padre Josef lhe contasse nenhum detalhe até o dia seguinte, quando recobrou o controle sobre as próprias emoções.

O padre Josef relatou a Franz que August explodira ao decolar rumo a Londres para uma missão noturna vários dias antes, em 10 de outubro. Ele e toda a equipe haviam morrido. As razões da explosão continuavam desconhecidas. Ocorrera à noite, e tudo o que as testemunhas tinham visto fora o clarão.

Não haveria um funeral. August já fora enterrado em Caen, França. O padre Josef entregou a Franz uma carta escrita pelo comandante de August, que dizia que ele morrera "como herói". Franz amassou a carta e a atirou de lado.

Franz culpava a si mesmo pelo acidente. Ele treinara August. *O que eu posso ter deixado escapar?*

Ele culpava as pessoas que haviam construído o avião de August. *Teriam eles cometido um erro?*

Ele culpava a guerra. Ele acreditava no que Hitler dizia, que a Alemanha havia atacado a Polônia em autodefesa. Franz culpava os britânicos. Em sua mente, eles haviam transformado a guerra entre dois países em uma guerra mundial. August vinha voando à noite, partindo de campos de decolagem de grama, em condições arriscadas, *por culpa deles*. O pesar de Franz se transformou em ódio.

Antes de ir para casa consolar os pais, Franz foi conversar com o general. O general ofereceu o próprio avião a Franz, mas ele recusou, para poder voltar com o padre. Franz agradeceu ao general por sempre ter sido tão bom para ele, e anunciou que estava se demitindo. O general ficou chocado. Franz era seu melhor instrutor. Ele relembrou a Franz que poderia ficar afastado durante o tempo que precisasse. Quando voltasse, teria garantido seu emprego como instrutor — distante da guerra.

— Prometa que vai pensar no assunto — o general disse a Franz, enquanto ele se dirigia para a porta.

Porém, quanto mais Franz pensava a respeito, mais sabia o que queria.

4
LIBERADOS PARA FUMAR

Dezoito meses mais tarde, 7 de abril de 1942, costa da Líbia

Baixos e rápidos, os doze caças dourados Messerschmitt Bf-109 surgiram nas praias brancas da Líbia. Sobrevoando os rochedos íngremes, eles chegaram ao topo das ruínas e colunas helênicas da antiga cidade grega de Apolônia. Um dos 109, atrasado na formação, voava em um ângulo estranho, inclinado lateralmente, com uma das asas apontada para o chão.

— Stigler, endireite-se! — Rugiu no rádio o líder do voo, tenente Werner Schroer.

Franz nivelou seu 109, o avião de combate alemão mais poderoso daqueles dias. O corpo do aparelho era liso, sem saliências, exceto por um filtro de ar na lateral do bico.

Fazia muito tempo que Franz não se sentia tão feliz. Por cima do ombro, ele observava as ruínas que desapareciam atrás da cauda. Durante sua época na Lufthansa, ele tinha adorado explorar as velhas cidades do mundo antigo.

— Compre um cartão postal — Schroer disse a Franz, pelo rádio.

Todos os pilotos estavam alvoroçados, exceto Schroer, que já voava no deserto fazia um ano. Schroer tinha em sua ficha quatro "mortes", ou destruição de aeronaves inimigas.

Franz era sargento, um piloto de combate de fato e de direito, plenamente estabelecido, graduado no campo de treinamento e na escola de combate com uma promoção. Com uma experiência acumulada de mais de 4 mil horas de voo, ele poderia ter pilotado aviões de carga ou de resgate em ar e mar, ou ter permanecido como instrutor indefinidamente. Mas escolhera ser transferido para a zona de guerra. O motivo não era segredo para ninguém. Ele queria vingança.

Alguns dias antes, ele havia tomado posse de seu avião na fábrica de Munique, onde o aparelho fora construído. Franz o encontrou ali, esperando por ele em uma rampa, já pintado com as cores de camuflagem do deserto: branco no nariz, junto à hélice; fuselagem dourada e parte inferior azul, como um ovo de tordo. O 109 era um novo modelo da linha F, apelidado de "Friedrich", o 109 mais rápido da época. O caça não tinha número de identificação nas laterais — disseram a Franz que isso seria providenciado quando ele chegasse ao esquadrão. Na fuselagem e nas asas, o aparelho trazia a grande cruz preta de contorno branco, a marca da Força Aérea Alemã.

Schroer havia conhecido Franz e os demais recém-chegados quando eles chegaram à Sicília, ilha localizada no bico da bota italiana. Da Sicília, ele os havia conduzido pelo Mediterrâneo até a África. Na Tunísia, Schroer virou para leste, e os pilotos voaram ao longo da costa.

Depois de sobrevoar a Apolônia, Franz viu surgirem as Montanhas Verdes, a Cordilheira de Al Jabal al Akhdar. As montanhas eram uma anomalia de exuberância em meio ao ressecado e rugoso norte da Líbia. O avião passou sobre a antiga cidade islâmica de Derna, onde o sol iluminava os quarenta e dois minaretes da mesquita local. Schroer virou para o sul, conduzindo a formação para o deserto seco e pedregoso, com seu solo varrido e repleto de sulcos.

Quando Franz viu o deserto pela primeira vez pensou nos cavaleiros cristãos e em sua cruzada para a Terra Prometida. Na escola de combate, os velhos instrutores, eles próprios ases da Primeira Guerra Mundial, haviam contado a Franz e aos demais novatos que a cruz negra nas asas e na fuselagem de seus aviões era uma homenagem aos Cavaleiros Teuto-Germânicos, cujos mantos brancos exibiam uma cruz preta.

— Os senhores são os descendentes deles — haviam dito aos alunos.

Os antigos pilotos da Primeira Guerra Mundial eram chamados de "os velhos cavaleiros" e falaram sobre seu código. Não era escrito nem discutido. Apenas podia ser testemunhado e incorporado. Tratava-se de um código de honra e de cavalheirismo em batalha.

Chegando ao deserto, Franz pensou que aquelas histórias não eram mais do que os ideais excêntricos de veteranos idosos. Mas ali, acima das areias, ele aprenderia que não era bem assim.

* * *

À frente, no horizonte esbranquiçado, Franz viu o topo das tendas amarelas da Base Aérea de Martuba, seu novo lar. Ao tomar posição na fila de aterrissagem, estava contrariado — Martuba era como um acampamento amplo e isolado. Possuía centenas de tendas pontiagudas reunidas em grupos, como vilarejos; nenhum hangar e apenas uma modesta torre de controle caiada. Uns galpões feitos de tijolo de lama abrigavam os caças ao longo da pista de decolagem, mas a maioria dos aviões ficava na areia tostando ao sol.

Seguindo Schroer para baixo, Franz aterrissou na pista ensolarada de Martuba, que tinha marcas visíveis de bombardeios. Taxiando, Franz viu sua cabine ser envolvida pela areia levantada pelo motor Daimler-Benz de seu avião. Ele parou quando um membro sem camisa da equipe de terra se aproximou através do redemoinho atordoante. O homem escalou a asa direita, sentou-se na ponta e apontou para adiante, gesticulando para que Franz avançasse mais um pouco. Ainda com sinais de mão, instruiu Franz a estacionar ao lado dos demais recém-chegados. Franz desligou o motor, desafivelou o cinto e se lançou para fora da cabine. Ele deslizou pela asa, queimando as mãos no contato com o metal quente. Um homem intensamente bronzeado pegou o paraquedas de Franz, que fazia alongamentos para livrar-se das câimbras. Tirou a jaqueta de couro e sentiu o escaldante calor africano. Ao redor, outros caças ao longo da pista exibiam no leme as marcas de suas vitórias: barras verticais brancas, uma para cada avião abatido. Franz estudou aqueles sinais. Eram necessários cinco riscos para formar um ás. Alguns caças tinham quatro vezes isso.

Schroer se aproximou. Seu rosto em forma de V era sério, mas os olhos eram amigáveis e tímidos. Ao remover o quepe para enxugar a testa, revelou uma calvície incipiente que o fazia parecer velho, embora fosse jovem. Ele parecia não se incomodar com o sol, enquanto Franz precisava manter os olhos apertados. Schroer observou os giros analíticos de Franz e contou que, antes, bastavam vinte "vitórias mágicas" para ganhar a Cruz de Cavaleiro, mas que agora o padrão estava mais elevado: eram no mínimo trinta, graças aos pilotos da Frente Leste, cujos excelentes resultados contra adversários medíocres estavam estragando o sonho de todo mundo. Franz sabia que a Cruz de Cavaleiro era o mais alto prêmio da Alemanha para a bravura e o heroísmo, uma medalha usada no pescoço, inspirada pelos antigos Cavaleiros Teutônicos.

Schroer disse a Franz que era hora de se inteirar sobre a guerra. Ele se dirigiu à torre de controle, onde alguns *kuebelwagens* Volkswagen — o equivalente alemão dos jipes — estavam estacionados. Franz apanhou seus apetrechos no avião e o seguiu. A torre, ele ficou sabendo, era apenas um posto administrativo. A verdadeira coordenação entre terra e ar acontecia em um abrigo subterrâneo ao lado, disfarçado pela areia e identificável apenas pelo zumbido de um gerador. Franz viu tripulantes e ordenanças emergirem do abrigo e protegerem os olhos da luz ofuscante do sol. Este era o quartel-general do Esquadrão de Caças 27, (*Jagdgeschwader* 27 ou JG-27), o lendário Esquadrão do Deserto romanceado nos programas noticiosos exibidos nos cinemas. O JG-27 tinha apenas cento e vinte pilotos. Eles eram a principal força de combate na África e tinham uma missão estratégica. Os alemães queriam tomar dos britânicos o Canal de Suez, no Egito. Quem controlasse o canal controlaria um dos dois caminhos por mar até o Mediterrâneo. Os combates na África do Norte já duravam um ano. Era uma competição de empurra-empurra: os alemães empurravam os britânicos 150 ou 300 quilômetros para longe do canal, em direção ao Egito arenoso, e em seguida os britânicos empurravam os alemães, pela mesma distância, em direção à Líbia pedregosa. A missão do JG-27 era temerária. Eles deveriam manter desimpedido o espaço aéreo acima do comando do Exército Alemão conhecido como Corpo Africano. O adversário do JG-27 era a Força Aérea do Deserto, uma unidade mista de esquadrões ingleses e de outros países da coroa britânica. A Força Aérea do Deserto suplantava os pilotos do JG-27 na proporção de cinco para um.

Franz entrou na torre. A sala estreita era mobiliada com bancos de madeira. O teto alto era mantido suspenso por grossas vigas. Pendurado na parede estava um painel de metal amarelo tirado de um caça britânico abatido.

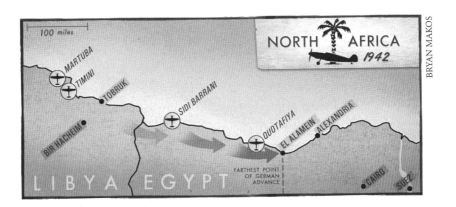

Pintado no metal estava o desenho do nariz do avião: um escudo azul com um sabre curvo. Franz se juntou aos outros recrutas em uma fila, atento, e três oficiais entraram, postaram-se à frente do grupo e anunciaram as atribuições dos novos pilotos. Os oficiais vestiam largas camisetas beges e calças verdes folgadas. Sob o braço, haviam encaixado quepes brancos semelhantes aos usados pelos comandantes dos submarinos alemães. Um oficial havia aparado a barba preta em forma de um cavanhaque pontudo. Era o capitão Ernst Maak. Franz jamais vira um oficial com pelos no rosto na Alemanha. A expressão de Maak era de uma seriedade pétrea. O capitão vociferou alguns nomes de sua lista, e os pilotos chamados deram um passo à frente. Maak lhes disse que eles agora pertenciam ao Esquadrão 2. A sala mergulhou no silêncio.

Maak escolheu um de seus novos pilotos, um aviador chamado Helmut Beckmann, e começou a falar com ele em um tom de voz alto e cheio de sarcasmo.

— Você conseguiu conduzir seu avião sem causar danos?

— Sim, senhor! — Beckmann disse.

— Você pousou sobre as rodas ou se arrastou de barriga?

— Nós não encontramos o inimigo — Beckmann respondeu, sabiamente.

Franz se pegou desejando que Maak não o abordasse.

— Qual a sua inclinação política?

— Estive na força aérea da JH [Juventude Hitlerista], senhor! — Beckmann informou.

— Não estou interessado nisso — Maak disse. — Estou perguntando se você é um membro do Partido!

— Não, senhor!

— Mais uma grande vantagem para você! — Maak sorriu. — Continue assim e você vai se sair bem!^[Cap 4, nota 1]

— Stigler? — Um primeiro-tenente chamou, calmamente, olhando em volta.

Mais baixo e menos corpulento do que Maak, o oficial parecia serenamente confiante. Tinha cabelos pretos e espessos, muito curtos na parte de trás, e um rosto quadrado de menino. Os olhos estreitos lhe davam um ar sensível e preocupado. A Cruz de Cavaleiro pendia de seu pescoço sobre a gola da amarrotada camiseta bege. Franz deu uma boa olhada na cruz negra, grossa, e no cordão vermelho e branco no qual estava pendurada e decidiu que ele também, um dia, usaria uma daquelas. Estalou o salto das botas e começou a saudação, mas se interrompeu quando o tenente deu um passo à frente e esticou a mão, dizendo:

— Bem-vindo ao Esquadrão 4. Siga-me.

Franz sorriu e acomodou a sacola no ombro, aliviado por não estar na equipe de Maak. Apoiado no batente da porta, Schroer desejou boa sorte a Franz.

Fora do abrigo, o oficial enterrou na cabeça o quepe branco já desbotado. Ele se apresentou como tenente Gustav Roedel. Franz viria a saber que Roedel era de Merseburg, leste da Alemanha, perto da Polônia. Ambos tinham a mesma idade. Franz subiu no *kuebelwagen* de Roedel para dar uma volta pela base. Um recruta dirigia enquanto Roedel explicava a Franz que três meses antes aquela base pertencia aos britânicos, antes que a Raposa do Deserto a conquistasse de volta para os alemães. Franz sabia que a Raposa do Deserto era o general Erwin Rommel, o comandante do Corpo Africano.

— Posso lhe fazer uma pergunta estranha, tenente?

Roedel assentiu.

— Qual era o objetivo de Maak ao perguntar ao piloto se ele era membro do Partido?

— Nunca ouviu alguém de uniforme falar tão descaradamente, não é? — Roedel disse.

Franz assentiu, e Roedel explicou que desde a Batalha da Grã-Bretanha circulavam rumores segundo os quais O Partido iria infiltrar "oficiais políticos" nos esquadrões da Força Aérea para identificar os que discordavam.

— Maak detesta essa ideia, assim como todos nós — Roedel acrescentou. — Deixe-me perguntar: você é membro do Partido, Stigler?

— Não — Franz respondeu. — Eu não preciso que um político me faça ir para a guerra.

Roedel sorriu e assentiu.

Roedel, Maak e os outros sabiam que um piloto de combate membro do Partido era uma raridade e, muito provavelmente, um fanático. Para ser um nazista na Força Aérea Alemã a pessoa precisava ter se afiliado ao Partido antes de se apresentar ou ser convocado, geralmente ainda muito jovem. Uma vez que um homem se juntava à Força Aérea, a Lei de Defesa Alemã, de 1938, proibia que ele se afiliasse ao Partido[9]. Os civis alemães podiam se afiliar ao Partido a qualquer tempo, assim como os membros da SS e da Gestapo. Mas, na Força Aérea, um piloto nazista era raríssimo. A filosofia de Roedel, assim como a de Maak, era identificar esses pilotos imediatamente, e ficar de olho neles.

Quando o motorista de Roedel passou por um grupo de 109s, cujos motores eram cobertos por capas de proteção metálicas decoradas com imagens de cabeças de leopardo, rostos de nativos assustados e o contorno do mapa da África, Roedel informou a Franz que aqueles aviões pertenciam ao Esquadrão 3, o lar do mais famoso piloto de combate alemão da época — o tenente Hans-Joachim Marseille, o ás de vinte e dois anos conhecido como o "virtuose de todos os pilotos de caça". Ele já abatera mais de cinquenta aviões inimigos.

— Já ouviu histórias sobre ele? — Roedel quis saber.

Franz assentiu. Ele lera tudo o que pudera sobre "A Estrela da África", como os jornais chamavam Marseille.

---

[9] Isto se devia a uma tradição alemã chamada *Überparteilichkeit*, ou "imparcialidade", a separação entre militarismo e política.

Roedel contou a Franz que as fofocas sobre o espírito indômito de Marseille eram reais. Certa vez, de brincadeira, Marseille passara por cima da tenda de Schroer com seu *kuebelwagen*. Em outra ocasião, ao receber uma promoção, ele havia disparado a partir de seu avião contra a área das tendas do líder de seu esquadrão. E destruíra mais de um avião no deserto por voar de maneira arriscada além dos limites.

— Porém, a despeito de todas as dores de cabeça que ele causa aos comandantes — Roedel disse —, ele é simplesmente bom demais para ficar em terra.

O motorista diminuiu a velocidade até parar o carro na frente de um 109 marcado, como os demais à volta dele, com um emblema vermelho e branco na capa de proteção. Roedel contou a Franz que aqueles eram os aviões da unidade deles, o Grupo II. As penas em cada capa faziam parte do brasão da cidade de Berlim, a cidade natal da unidade. A insígnia era branca com um contorno vermelho e no centro estava pintado um urso negro, de pé, com a língua esticada para fora. Roedel explicou que havia três esquadrões no Grupo II. Ali estava o de Franz — o Esquadrão 4 —, assim como o Esquadrão 5 e o Esquadrão 6. Atrás das aeronaves, Franz viu o quartel-general dos esquadrões — uma cabana de madeira, várias tendas grandes e um mastro de onde pendia, frouxa, uma bandeira.

Roedel abriu a porta minúscula e saiu do carro, indicando a Franz que permanecesse sentado. Ele disse ao motorista que ajudasse Franz a se situar em sua nova casa. Roedel caminhou até seu 109, um caça com o número 4 pintado de amarelo nas laterais. Franz observou que o caça de Roedel não tinha nenhuma marca de vitória na cauda. Quando Roedel se afastou para além do alcance de sua voz, Franz aproveitou a oportunidade para indagar ao motorista, incrédulo, como é que Roedel podia usar a Cruz de Cavaleiro sem ser um ás. O motorista sorriu de prazer ante a possibilidade de colocar mais um novato em seu devido lugar, e contou a Franz que Roedel tinha trinta e sete vitórias, algumas conquistadas na Espanha durante a guerra civil, algumas na Polônia, algumas na Grécia, algumas na União Soviética e o restante no deserto mesmo, incluindo uma no dia anterior.

— Ele é um dos nossos melhores — o motorista afirmou. — Apenas prefere não se pavonear.

O motorista engatou a marcha do *kuebelwagen* e pôs o veículo em movimento. No banco de trás, Franz subitamente se sentiu muito idiota.

* * *

Dois dias mais tarde, 9 de abril de 1942

A tenda empanada de areia farfalhava sob as lufadas do frio ar noturno. Dentro dela, Franz estava deitado em sua estreita cama portátil, acordado pelo ruído da lona batendo ao vento. Ele procurou o isqueiro, acendeu e consultou o relógio de pulso à luz tremulante da chama. Eram 4 horas da manhã. Ele se encolheu debaixo do cobertor, tremendo.

O deserto era penosamente gélido até o nascer do sol. Franz lembrou que deveria se apresentar na pista às 6 horas para sua primeira missão, tendo feito um voo de orientação no mesmo horário no dia anterior. Os ases do JG-27 gostavam de domesticar os novatos rapidamente, e Franz preferia isso a ficar à toa.

Em ritmo acelerado ele se levantou, vestiu a blusa bege e a jaqueta de couro preta de aviador. Banhos eram permitidos apenas a cada poucos dias, então com isso ele não precisava se incomodar. Enfiou-se na pesada calça de voo azul pálido, que em cada coxa tinha um bolso para mapas que ia até o joelho. Franz sacudiu as longas botas pretas para se certificar de que não havia nenhum escorpião, mas só caiu areia. Puxou os zíperes para cima e apanhou o rosário de cima do engradado que lhe servia de criado-mudo. A mãe lhe dera o terço após sua crisma. Um crucifixo de prata pendia de uma corrente de contas pretas retangulares. Franz guardou o rosário no bolso da jaqueta, sobre o coração, e saiu da tenda.

Na escuridão antes da alvorada, ele vagueou pela espartana cidade de tendas que era o lar do JG-27 no deserto. Todas as tendas eram parecidas. Localizando afinal a que servia de refeitório, Franz passou pelas abas de entrada, imediatamente sentiu o calor dos fornos a óleo e notou a animada conversa de um punhado de pilotos que comiam aveia e bebiam café quente. Roedel sorvia seu café no canto, revisando um mapa de batalha. Cada esquadrão sentava junto, como um time. Quando completo, um esquadrão reunia dezesseis pilotos e igual número de aviões, mas as quantidades estavam sempre reduzidas devido às baixas. O moral dos pilotos permanecia alto, porém — eles acreditavam que ainda poderiam vencer a guerra.

Depois de encher o prato até a borda com mingau de aveia e torrada na fila do rango, Franz se sentou, com a tigela à frente. Uma mordida mais tarde, ele foi tomado pelo espanto. O mingau tinha gosto de poeira. O café tinha gosto de enxofre. Os cozinheiros haviam usado a tradicional água marrom para preparar ambos.

O JG-27 tinha muitos bávaros e austríacos entre seus pilotos, e então, como cidadãos do mesmo estado, Franz achou que poderia puxar uma conversa descompromissada com eles. Muitos estavam na África havia mais de um ano. Um dos veteranos contou a Franz a piada da vez:

— Um piloto britânico é capturado e pergunta ao alemão que o pegou: "O que vocês querem na África, afinal?", e o alemão responde: "O mesmo que vocês!". Depois de pensar um pouco, ambos dão de ombros sem ter a menor ideia da resposta.

Os veteranos explodiram em uma gargalhada. Franz deu uma risada fingida. Ele não entendia qual era a graça, ao menos não por enquanto.

Franz mal tinha recomeçado a comer quando Roedel ficou de pé e disse a frase que Franz aprenderia a temer: "Liberados para fumar". Significava que os homens podiam ir dar suas baforadas e que o horário da refeição estava encerrado. Todos saíram do refeitório ao mesmo tempo. Franz foi o último a recolher sua louça. Ele foi ao balcão, em que um cozinheiro estava arrumando as coisas.

— Ouça — ele pediu. — Guarde um extra para mim, ou vou morrer de fome neste lugar.

Roedel esperava Franz do lado de fora.

— O que está fazendo, vestido assim? Você só vai voar à tarde.

Franz gemeu. O nervosismo o fizera se esquecer de que, na noite anterior, Roedel o havia tirado de um voo ao amanhecer e o realocara para uma missão às 2 horas. As missões vespertinas eram mais tranquilas e seguras, porque era o período mais quente do dia, e poucos queriam voar.

Durante várias horas, Franz bateu perna pela base. No meio da manhã a temperatura já passava dos 37 graus, mas ele não podia nem pensar em voltar para a tenda e simplesmente ficar lá sentado. Ele continuou andando, fazendo uma pausa somente para colocar uma camiseta sobre o rosto, por causa dos enxames de moscas. Depois do almoço ele se apresentou a Roedel no abrigo do esquadrão e o encontrou paramentado para voar. Roedel disse que iria pessoalmente acompanhar Franz em sua primeira missão, uma "caçada livre" em que ambos iriam sobrevoar o território inimigo e procurar encrenca. Juntos, eles caminharam até a pista. A oeste, as Montanhas Verdes pareciam amarelas sob o sol abrasador. Ao chegar à aeronave, Franz reparou que um número 12 fora pintado de branco nas laterais. De repente, "sua garota" tinha um nome — White 12.

Roedel se sentou no pneu do avião de Franz, na frente da asa, e convidou Franz a se acomodar também. Roedel olhava Franz como um pai olharia um filho.

— Toda vez que você subir, estará em desvantagem numérica — ele disse.

Franz assentiu, desejando que Roedel estivesse exagerando, mas sabendo que não estava.

— Essa disparidade pode levar um homem a jogar sujo para sobreviver — Roedel continuou, retorcendo entre as mãos um par de luvas de couro. — Mas permita que o que estou prestes a lhe dizer sirva como alerta. Honra é tudo, aqui.

Franz se remexeu, inseguro sobre o rumo que Roedel estava dando à conversa.

— O que você vai fazer, Stigler, se, por exemplo, encontrar seu inimigo flutuando em um paraquedas?

— Creio que ainda não fui tão longe em meus pensamentos — Franz respondeu.

— Se alguma vez eu vir ou souber que você atirou em um homem em um paraquedas — Roedel prosseguiu —, vou pessoalmente derrubar seu avião.

As palavras o espetaram[10].

— Você cumpre as regras de guerra por *si*, não por seu inimigo — Roedel disse. — *Você combate segundo as regras para preservar sua humanidade* — Roedel bateu uma luva contra a palma da mão. — Mantenha-se por perto e voltaremos para casa juntos.

---

[10] Havia uma lógica por trás do aviso de Roedel. Quando um piloto poupava um inimigo indefeso em um paraquedas, como havia sido a prática subentendida na Batalha da Grã-Bretanha, se o piloto inimigo voltasse a combater estaria mais propenso a repetir o gesto. Era por esta mesma razão que a Grã-Bretanha tentava tratar bem os aviadores alemães capturados, hospedando-os em castelos e mansões de prisioneiros de guerra. Os alemães mandavam cartas para casa contando sobre o bom tratamento que recebiam e, assim, a esperança era que o tratamento dispensado aos prisioneiros de guerra britânicos fosse melhorado também.

Ele pulou do pneu. A aula estava encerrada.

Um membro da equipe de terra ajudou Franz a prender o paraquedas que repousava sobre o assento da cabine. Ao fechar a capota quadrada de vidro, Franz foi invadido por um novo temor, como se houvesse lacrado o próprio caixão. Franz empurrou o afogador e elevou o polegar para dois ajudantes em terra, que giraram a manivela e deram a partida. O motor gorgolejou. O avião soltou um arroto de fumaça branca. As hélices começaram a girar.

* * *

Altitude era tudo para um piloto no deserto. Havia muito poucas nuvens para bloquear o sol, então, sempre que o inimigo olhasse para cima, ficava cego. Franz usava óculos de sol, mas ainda assim posicionava a mão por cima do capacete, para proteger os olhos, enquanto voava acompanhando a asa esquerda de Roedel.

O avião de Roedel oscilou pela turbulência. O urso berlinense no nariz da aeronave parecia dançar. O olhar de Franz abarcou o deserto sob suas asas. Os matizes do solo se alternavam entre marrom e dourado, indicando sulcos e promontórios rochosos. Ao norte ficavam os montes costeiros raquíticos e nus, e, além, o azul pálido do Mediterrâneo.

Os pilotos dos caças Curtiss P-40 da Força Aérea do Deserto, de fabricação norte-americana, costumavam voar a 18 mil pés, então Roedel levou Franz para mais alto, para 25 mil pés, serpenteando entre os melhores pontos de caça. Franz seguia Roedel. Ambos os pilotos perscrutavam a terra marrom em busca das aeronaves inimigas, cujas asas eram pintadas de vermelho. Sobrevoaram a base principal, marcada apenas pela pequena coluna de fumaça provocada pelos cartuchos de artilharia. O rastro corria em direção ao sul, do oceano para o deserto.

Enquanto eles se dirigiam para o leste, a voz de Roedel estalou pelo rádio. Ele apontou para o porto britânico de Tobruk, ao norte. Na distância enevoada, Franz viu a cidade plana e branca construída perto do mar. Tobruk era a recompensa estratégica da África do Norte, uma porta através da qual os suprimentos e o combustível fluíam do mar para as linhas de frente.

— Indianos, 12 horas, inferior — Roedel disse as palavras-código para a localização do inimigo.

Franz viu quatro caças Curtiss abaixo, ondulando suavemente para a esquerda e para a direita, em um traçado em S, voando em uma missão de reconhecimento das posições alemãs. Os aviões da Força Aérea do Deserto eram na maioria das vezes conduzidos por pilotos ingleses e sul-africanos, mas a equipe também contava com voluntários australianos, canadenses, neozelandeses, escoceses, irlandeses, poloneses livres, franceses livres e até norte-americanos. A grande distância, lá de cima, Franz conseguia enxergar a ponta aguda e vermelha do nariz da hélice dos P-40s, e o desenho de dentes e dos olhos apertados de um tubarão, uma assustadora pintura de guerra que os Tigres Voadores norte-americanos na China haviam tomado emprestado da Força Aérea do Deserto.

Franz viu os círculos concêntricos em vermelho, amarelo e azul nas asas, o símbolo que claramente os identificava como o adversário.

Roedel avisou pelo rádio que iria atacar, e que Franz deveria manter-se próximo. Ele saiu da formação e mergulhou em direção ao inimigo. Franz foi atrás, com o coração acelerado. Sua missão era "mergulhar, atingir, ascender, repetir". Este era o estilo de voo do 109, um avião que não podia fazer volteios e dançar com o inimigo em um combate em espiral, mas que era mais rápido e podia voar mais alto do que a maioria deles.

Setecentos pés abaixo, os pilotos dos P-40s identificaram os 109s vindo em sua direção. Franz viu os caças quebrarem a formação e dispararem verticalmente a grande velocidade, apontando suas bocas de tubarão diretamente para ele e Roedel. Mil pés passaram em uma fração de segundo. A agulha no altímetro de Franz saltou depressa em sentido anti-horário, 22 mil pés, 20 mil, 18 mil.

O avião de Roedel encobria metade do para-brisa de Franz, pois voava bem à sua frente. Os P-40s pareciam cada vez maiores, conforme ganhavam altitude até a rota de colisão. Haviam dito a Franz que ficar bico a bico com um P-40 era um erro fatal, porque cada um carregava seis pesadas metralhadoras de calibre .50, um poder de fogo superior às duas metralhadoras do 109 e à artilharia de um só canhão que disparava a partir do nariz. Mas Roedel parecia ter outra informação.

Roedel atirou primeiro. Chamas flamejaram do nariz de seu caça. O barulho do canhão assombrou Franz. As asas dos P-40s cintilaram em resposta. Franz sabia que um conjunto de vinte e quatro armas estava agora mirando nele. Ele lançou um disparo apavorado, cego. Em treinamento, ele havia atirado contra alvos de tecido rebocados por bimotores, mas nunca enquanto mergulhava em direção à terra e com o alvo partindo para cima dele. Os cartuchos do disparo de Roedel açoitaram o para-brisa de Franz como uma chuva de pregos de bronze. Um P-40 explodiu. Os rastreadores dos P-40s se reuniram em torno do avião de Franz como um nó. Ele jurou que estavam prestes a colidir.

Franz não aguentou mais. Entrou em pânico. Puxando o manche para trás, pôs seu caça em rota de subida aguda, para cima e para longe de um inimigo cada vez mais próximo.

Apontando o nariz de seu avião para o azul, ele fugiu para o céu.

Franz enterrou o pescoço entre os ombros e se preparou para o estrondo do chumbo contra seu apoio de cabeça blindado, mas nenhuma bala o perseguiu. "*Horrido!*", Roedel gritou pelo rádio. Franz sabia que este grito de guerra significava que ele derrubara um avião inimigo e queria que Franz confirmasse visualmente a destruição. Mas Franz estava muito longe, incapaz de enxergar o que quer que fosse.

Franz sentiu enjoo. As alças sobre seus ombros, a cabine apertada do 109, a jaqueta de couro pesada e o sol intenso pareciam se combinar para espremê-lo. Desenterrando o pescoço do meio dos ombros e olhando para trás, ele teve a visão que lhe permitiu respirar de novo. Os P-40s não o tinham seguido. Em vez disso, eles orbitavam em um círculo defensivo cerca de um quilômetro abaixo, protegendo-se mutuamente, esperando por um combate a curta distância que não iria acontecer.

Quando Franz nivelou o avião, foi invadido por uma nova onda de náuseas. Ele se deu conta de que abandonara seu companheiro de voo. Pior: o companheiro era seu líder. Pior ainda: ele agora estava sozinho e desorientado, presa fácil caso o inimigo viesse em sua direção. O combate havia terminado em poucos minutos, como costumavam terminar, no deserto. Franz virou a White 12 na direção de Martuba. Confiando no oceano como indicador dianteiro e no sol como referência traseira, Franz calculou que sua base ficava em algum lugar no meio do horizonte.

O sol o cozinhava através do vidro da cabine. Ele estreitou os olhos e sentiu a cabeça pesada de vergonha. Franz se remexeu sobre o paraquedas. Sentiu algo molhado no assento. Seu primeiro pensamento foi que o avião fora atingido e que o que ele estava sentindo era o líquido de resfriamento do motor. Então ele tocou em um ponto escuro e morno em sua virilha. Ele perdera o controle da bexiga. Franz voou até ver as Montanhas Verdes. Em algum lugar lá embaixo, ele sabia, estava seu lar. A navegação por uma terra sem florestas, ferrovias ou ruas era um desafio que Franz jamais previra quando estava ensinando os cadetes a voar.

— Aí está você — veio a voz de Roedel pelo rádio.

Franz perscrutou o céu e sorriu quando olhou sobre o ombro em direção ao sol. Era de lá que vinha Roedel — por hábito. Um piloto poderia viver mais tempo se sempre se aproximasse vindo do sol.

Roedel se posicionou acima da asa esquerda de Franz, o lugar do líder. Pelo modo como Franz estava pilotando, Roedel sabia que ele estava assustado: seu avião estava instável e sacolejando.

— Você lidera — ele disse a Franz, e lhe deu a dianteira.

Franz preferiria seguir, mas cumpria ordens, e seguiu adiante até que enxergou luzes brilhando na terra árida. Apertando os olhos, Franz viu pequenos aviões alinhados ao longo de uma pista no deserto. Estavam em casa. Franz pousou primeiro, e Roedel em seguida.

Franz desligou o motor pessoalmente e permaneceu na cabine com a capota erguida. Fechou os olhos e apoiou a cabeça no encosto de couro encharcado de suor. Ao se suspender e sair, Franz viu a equipe de terra se aproximando, então, apressou-se a passos largos em direção à tenda, torcendo para evitar o constrangimento que a exibição de suas calças molhadas provocaria.

— Stigler! — Roedel gritou, de trás.

Franz parou e se aproximou com a cabeça caída, preparado para levar uma sova verbal. Entretanto, ao contrário, ele foi recebido com um sorriso.

— Hoje foi um sucesso — Roedel falou. — Você sobreviveu. Você trouxe a si mesmo para casa. E, se pensar bem, nunca mais na vida vai ficar tão assustado.

— Irei confirmar visualmente a sua destruição, senhor — Franz respondeu. — Mas antes preciso trocar de calças[11].

Roedel riu e deu um tapinha no ombro de Franz.

— Você não é o primeiro a quem isso acontece!

Franz abriu as abas da tenda. Um bafo de calor o atingiu em cheio no rosto. Ele foi direto para cama, fechou os olhos e caiu no sono

---

[11] "Muitas vezes os pilotos voltavam, eu próprio incluído, e precisávamos trocar de calças", Franz recordaria, "e não só quando éramos novatos em combate".

imediatamente. Naquela noite ele foi à tenda que servia de refeitório. Percorreu o balcão da comida e viu que o jantar era igual ao almoço — uma tigela de bife italiano que seus companheiros chamavam de "bunda do Mussolini". Na casa de seus pais, Franz costumava ser chato e dizer à mãe: "Não vou comer nada que voe ou nade". Mal sabia ele como viria a se arrepender daquelas palavras.

Encabulado, ele se sentou distante de Roedel e os outros. Antes de cada garfada, tentava espantar as moscas de sua comida. Observando de esguelha os outros pilotos, viu que eles comiam sem afugentar os insetos, engolindo alguns com cada bocado da carne dura e pegajosa.

Franz tinha dado somente umas poucas garfadas livres de moscas quando Roedel ficou de pé e anunciou:

— Liberados para fumar!

Franz olhou para Roedel contrariado, o garfo suspenso no ar, congelado a meio caminho.

Roedel viu os olhos de Franz arregalados e o prato cheio, e gritou uma frase que usaria em todas as refeições depois daquela, fosse ou não necessário:

— Liberados para fumar. Exceto o Stigler!

Os outros pilotos riram. Alguns golpearam as costas de Franz com tapas amistosos enquanto saíam. Com alívio, Franz terminou seu jantar solitariamente, mas sabendo que agora não estava mais sozinho.

O P-40 que Roedel abatera fora a única vitória alemã na África naquele dia, mas o leme de seu 109 permaneceu sem marcas.

5

O PARQUE DE DIVERSÕES DO DESERTO

Nove dias mais tarde, 18 de abril de 1942

O sol ardente se infiltrava através da lona da tenda de Franz. Seu relógio indicava que passava pouco das 4 da tarde. Ele estava deitado tentando ler o único livro, além da Bíblia, que levara para o deserto. Era sobre a vida dos santos católicos, os heróis da igreja. O suor escorria de sua testa e pingava nas páginas. Franz enxugava o rosto constantemente. As moscas o incomodavam mais do que o calor. Elas zumbiam em volta de sua cabeça independentemente de quanto ele as afugentasse. Quanto mais lia, mais Franz se incomodava com a hipocrisia da guerra à qual se juntara, de pessoas que acreditavam no mesmo Deus lutando umas contra as outras.

Um som persistente do lado de fora estava distraindo Franz. Os Esquadrões 1, 2 e 3 do Grupo I estavam dando uma festa em sua cidade de tendas para comemorar o primeiro aniversário de sua temporada no deserto. Franz não tinha a menor intenção de comparecer à celebração, embora o Grupo I tivesse convidado todos os outros esquadrões e qualquer pessoa que tivesse servido em Martuba.

Uma batidinha na lona arrancou Franz de sua autopiedade. Ele olhou para cima e viu o tenente Ferdinand Voegl enfiando a cabeça na tenda, os olhos escuros e apertados vasculhando o ambiente e os lábios finos retorcidos em um sorriso travesso.

Eles chamavam Voegl de "o homem-pássaro", porque *vogel* significa pássaro, em alemão. Astuto e simpático, Voegl era austríaco e um dos principais líderes do Esquadrão 4. Voegl era também a ovelha negra da equipe, porque tinha cabelos pretos, olhos pretos e uma tendência ao humor negro.

Franz ainda não voara com Voegl, mas ele se levantou quando o oficial entrou. Depois de sete meses no deserto, Voegl havia marcado duas mortes, além das quatro vitórias obtidas na Batalha da Grã-Bretanha. Tal como Franz, Voegl usava uma camisa bege leve e *shorts*, mas, em lugar das botas, calçava sandálias com meias.

— O esquadrão vai à festa — Voegl falou. — Você vem conosco.

— Isso seria apropriado, senhor? — Franz indagou. — Não estou aqui há tanto tempo.

— Mas você já voou em combate, não?

— Sim senhor, uma vez.

— Então levante-se — Voegl disse. — Você é um de nós.

Franz obedeceu e seguiu Voegl para fora. Os dois rapidamente se juntaram aos demais membros do Esquadrão 4 enquanto os pilotos andavam em direção ao som da festança. Roedel já estava lá, em algum lugar no meio da folia. Um círculo de tendas e barracas havia sido montado no meio da vila dos esquadrões. Um cartaz os cumprimentava: "Bem-vindos ao parque de diversões do deserto do Neumann". Franz já ouvira falar do capitão "Edu" Neumann — o jovial e amado líder do Grupo I, mais uma figura paterna do que comandante. A festa fora ideia dele.

Se Franz não soubesse que estava sóbrio, poderia jurar que estava bêbado. Homens exaustos da infantaria e indivíduos de peito largo que combatiam nos tanques vieram, representando o Corpo Africano, assim como mecânicos em suas roupas de proteção cheias de graxa, e até os pilotos dos bombardeiros Stuka.

A trilha sonora era feita por uma banda de tripulantes de tanques cedidos pelo Corpo Africano. Franz batia a mão na coxa ao ritmo alegre da tuba e da sanfona, e desejava ter trazido o próprio acordeão de casa (sua mãe o obrigara a ter aulas). Um conversível barulhento, caindo aos pedaços, passou buzinando por eles. O carro estava lotado de pilotos, que acenavam imitando a realeza. Eles tinham caçarolas e barretes na cabeça, usavam peles de animais, saias feitas de grama e óculos de proteção — a melhor imitação possível de um grupo de lunáticos. O veículo havia sido resgatado de um monte de destroços e trazido de volta à vida. Oficiais e subalternos esperavam igualmente na longa fila para dirigi-lo.

Neumann instruíra seus homens a deixarem de lado a autoestima e agirem de modo excêntrico, esquecendo-se apenas por uma noite de onde estavam. Eles levaram a instrução ao pé da letra. O grupo de Neumann fora o primeiro a chegar à África. Tinham Marseille e mais ases do que qualquer outro grupo, devido ao período de permanência e à liderança de Neumann. Ele era um ás com treze vitórias, mas comandava melhor a partir do solo, orientando, analisando táticas e planejando missões. Ele sabia quando pressionar seus homens para extrair deles o que tinham de melhor, e quando precisavam de uma pausa.

Caminhando pela área, Franz e os demais viram pilotos andando em um frágil carrossel trazido de uma cidade costeira próxima. Outros aguardavam em frente às barracas de comida, que serviam minúsculas doses de vinho tinto e salsichas trazidas da Alemanha. Homens jogavam boliche, derrubando pinos em pistas rústicas. Ouvia-se o estalido dos rifles, que alguns estavam disparando contra alvos posicionados ao pé dos montes de areia. Esquadrões competiam entre si por uma garrafa de conhaque francês puxando um cabo de guerra, enquanto em outro morro arenoso os mecânicos disputavam o título de homem mais forte em um jogo ao estilo de Rei da Montanha, chamado "Derrube o Lukas".

No canto mais afastado da festa Franz viu o famoso quartel-general de Neumann, um vagão de circo. O vagão rodava sobre quatro pneus imensos. Neumann o localizara enquanto voava na Batalha da França, onde o veículo fora abandonado por uma trupe circense itinerante. De algum modo, o capitão conseguira que ele fosse embarcado para a África. O vagão tinha amplas janelas com venezianas multicores, e as palavras "O cabaré colorido do Neumann" pintadas nas laterais em letras compridas. Franz nunca havia estado lá dentro, mas ouvira histórias segundo as quais Neumann tinha uma pintura de garotas nativas nuas, e acima de cada uma ele havia rabiscado o nome de um piloto incorporado à sua unidade. A cada vitória, Neumann mandava que um de seus ordenanças pintasse uma folha de palmeira, como uma saia vegetal, na "namorada" do respectivo piloto.

Um toque de corneta levou os jogos a uma pausa. Neumann apareceu e subiu em um pequeno palco feito de engradados. Vestia roupas de camuflagem do deserto e o cabelo preto era bem curto. Ele tinha olhos azuis, calmos. O queixo era pequeno e, ao sorrir, ele contraía o rosto em uma expressão não admitida de felicidade.

— Em nenhum lugar ficou tão demonstrado que uma pessoa não consegue sobreviver sem a outra quanto no deserto — ele afirmou. — Em nenhum lugar o *esprit de corps* é mais importante do que aqui!

A multidão berrou em concordância.

— Declaro, portanto, que hoje é o dia da alegria! — Neumann gritou. — Hoje vocês todos podem, e devem, sair e se divertir à larga![Cap 5, nota 1]

Ecoaram aplausos e urros.

Os homens de Neumann o amavam. Ele era para o JG-27 o que Rommel era para o Corpo Africano. Todos chamavam Neumann de "Edu", uma corruptela de seu nome, "Eduardo", mas poucos conheciam sua história. Neumann ficara órfão na infância e fora criado pela avó. Crescer solitariamente lhe dera a sensibilidade que talvez fosse justamente a razão pela qual ele era capaz de controlar Marseille e de moldá-lo para se tornar a mais letal arma de combate do JG-27.

Ao cair da tarde, os homens se reuniram em um morro para assistir a um espetáculo. No fundo da plateia, de uma barraca feita de caixotes, o tenente Schroer fazia as vezes de mestre de cerimônias, narrando por meio de uma caixa de som cada lance da apresentação. Acima de sua cabeça estava pintado o nome da emissora: Rádio Martuba. Atrás de Schroer, técnicos ajustavam a sintonia para que o programa fosse transmitido para as unidades próximas.

No palco de areia, pilotos se arriscavam na comédia, enquanto soldados tentavam a sorte no teatro de variedades. Entre as cenas, Schroer contava piadas sujas. Neumann anunciou o capitão Maak, que trouxe seu "Maak's World Show" — uma série de esquetes representados por aviadores vestidos como dançarinas do ventre. A plateia gritava e gargalhava. No ponto alto do espetáculo, Neumann subiu ao palco fantasiado de gênio, e apresentou números de mágica enquanto era acompanhado pela música de Schroer.

Um guincho saiu dos alto-falantes e encobriu o som das risadas. A música de Schroer se transformou em ruído de estática e ele tirou os fones das orelhas. Ele informou à plateia que os britânicos deveriam ter escutado o espetáculo, e estavam interferindo na transmissão. Os humores se tornaram sombrios. Os homens se lembraram do que os jogos, as fantasias, a comida e a bebida haviam procurado fazê-los esquecer — eles ainda estavam em guerra.

* * *

Três semanas mais tarde, início de maio de 1942

Na escuridão, Franz tropeçou em cordas e pinos, enquanto se aventurava morro abaixo para o vale onde o Esquadrão 3 havia armado suas tendas. Ele divisou uma, maior que as demais, que servia como bar e cassino dos pilotos. Schroer dissera a Franz para aparecer no bar naquela noite, e ele o apresentaria a Marseille. Se o encontro corresse bem, Franz pretendia pedir-lhe um autógrafo.

O próprio bar do Esquadrão 3 era em si uma homenagem a Marseille, e acima da porta estava escrito "A estrela da Líbia". O letreiro fora posto ali durante a filmagem de um programa noticioso sobre Marseille, e ninguém quisera removê-lo.

Quando Franz entrou na tenda, foi envolvido pelo som da rumba que saía de um fonógrafo, embora músicas "norte-americanas" como aquela tivessem sido banidas na Alemanha. Tapetes orientais se alinhavam no chão. Nas paredes estavam penduradas fotografias de atrizes e modelos que haviam mandado cartas para Marseille. Franz tinha ouvido rumores de que Marseille dormira com todas elas.

Schroer já estava lá, observando dois homens que jogavam uma partida de xadrez. Ele viu Franz e fez sinal para que se aproximasse. Um dos jogadores era Marseille, o esguio, vivaz e boêmio berlinense. Tinha a aparência que seus antepassados franceses sugeriam que ele tivesse: rosto anguloso, sobrancelhas curvas, nariz pontudo e lábios finos. Era jovem, tinha apenas vinte e dois anos, e usava os longos cabelos presos atrás das orelhas. Se não os tivesse penteado para trás, jamais teria sido aprovado pelo regulamento. Ele usava uma Cruz de Cavaleiro no pescoço.

O outro enxadrista era um jovem africano de cabelo crespo e curto que usava a mesma camiseta bege e os mesmos *shorts* de Marseille, mas sem as divisas de patente nos ombros. Ele era o antigo cabo Mathew Letuku, conhecido no esquadrão como Matthias. Franz ouvira falar dele. Matthias havia combatido pelo Exército Sul-Africano antes que os alemães o capturassem, no verão anterior. De algum modo, Matthias conseguira ser empregado pelo Esquadrão 3 como motorista e atendente de bar nas festas da equipe, um destino muitíssimo melhor do que definhar em algum campo de prisioneiros. Durante o expediente, Matthias era como um dublê de mordomo para Marseille, e tinha o curioso trabalho de cozinhar para ele e de cuidar de sua roupa. Nas horas de folga, Matthias e Marseille socializavam e jogavam xadrez. Matthias ajudava Marseille a aprimorar o inglês, e Marseille ensinava alemão a Matthias. Ao longo do processo, eles haviam se tornado melhores amigos. Na Alemanha, isso teria violado as regras destinadas a manter as etnias separadas. Porém, no deserto, Marseille e os pilotos do JG-27 acolhiam Matthias como mais do que um prisioneiro — ele era amigo deles.

— Franz, puxe uma cadeira — Schroer disse.

Marseille e Matthias puseram o jogo de lado. Schroer apresentou Franz a Marseille, que estava sentado em uma cadeira com apoio para os braços, feita de engradados de carga, uma cortesia dos colegas da equipe de suprimentos. Marseille e Schroer haviam sido companheiros de quarto na escola de voo e companheiros de voo sobre o Canal. Marseille tinha uma garrafa de conhaque francês em uma mesa próxima, e mandou que um ordenança trouxesse um copo para que Franz tomasse um trago. Matthias pediu licença e se afastou para que os pilotos pudessem conversar.

Franz se surpreendeu por Marseille ser tranquilamente carismático e gracioso, bem diferente de sua reputação de figura cheia de energia.

— Franz é novo na unidade — Schroer falou.

— Você já marcou alguma vitória? — perguntou Marseille.

— Ainda não — Franz respondeu, constrangido.

Todo mundo sabia que era uma regra do JG-27 tentar que um piloto recém-chegado marcasse sua primeira vitória em até dez missões. Contudo, para Franz, dez tinham chegado e passado.

— Não há razão para pedir desculpas por jamais ter matado um homem — Marseille disse, servindo a Franz um copo alto de conhaque.

— Como soldados, somos obrigados a matar ou morrer, porém, quando uma pessoa passa a gostar de matar, está perdida. Depois da minha primeira vitória, eu me senti péssimo[12].

---

[12] Marseille escreveu uma carta para a mãe na noite de sua primeira vitória, na qual dizia: "Fico pensando em como a mãe deste jovem vai se sentir quando receber a notícia sobre a morte do filho. Eu sou o culpado pela morte dele. Estou triste, não feliz, com a minha primeira vitória". [Cap 5, nota 2]

Uma garrafa de conhaque depois, Marseille e Schroer compartilharam seus segredos de combate e de sobrevivência com Franz, que se inclinava para a frente com os olhos pesados pelo excesso de bebida.

— Dispare tão de perto quanto possível, setenta metros ou menos — eles lhe disseram.

— Beba litros e litros de leite, faz bem para os olhos.

— Olhe para o sol alguns minutos por dia, para criar resistência.

— Exercite as pernas e os músculos abdominais, para conseguir mais garotas.

Franz assentia, enquanto ia montando uma nebulosa lista mental.

Ele queria perguntar a Marseille se todas as histórias que ouvira eram verdadeiras, se Marseille possuía um apartamento onde distraía a esposa do general italiano, se havia dormido com a filha de um marechal de campo e se tinha saído com uma jovem senhora norte-americana que trabalhava como repórter. Entretanto, embora todos esses casos de flerte interessassem a Franz, uma pergunta gritava mais alto em sua mente.

— É verdade que você sobrevoou um campo britânico e lançou bilhetes para eles? — Franz quis saber.

Marseille sabia aonde Franz queria chegar, mas se limitou a dar de ombros e sorrir, com expressão culpada.

Franz tinha lido e ouvido a história, mas nunca conseguira uma confirmação. Segundo a lenda, Marseille atingiu um piloto britânico chamado Byers, que ficou gravemente queimado. Marseille levou pessoalmente Byers ao hospital de campo, onde a equipe médica lhe informou o nome do prisioneiro e a unidade à qual pertencia. Na mesma noite, Marseille voou por cima da artilharia antiaérea britânica para lançar um bilhete endereçado aos companheiros de Bayers. O bilhete dizia que Byers fora gravemente ferido, mas estava sendo cuidado. Duas semanas mais tarde, quando Byers morreu em decorrência dos ferimentos, Marseille se sentiu tão mal que novamente sobrevoou o fogo antiaéreo no campo britânico e lançou um segundo bilhete, no qual notificava os amigos de Byers sobre o falecimento e apresentava seu profundo pesar. Foi um gesto nobre que lhe granjeou o respeito de muitos na Força Aérea, exceto o de uma pessoa: o segundo homem mais poderoso do Partido e que atuava como o comandante da Força Aérea — o *Reichsmarschall* Hermann Goering. Goering fora um ás do esquadrão do Barão Vermelho na Primeira Guerra Mundial, mas desde então havia sido considerado por toda a Força Aérea com grande desdém. Alguém o apelidara de Balofo, devido a seu porte, e o nome tinha pegado. Goering expediu um comunicado proibindo que qualquer piloto jamais tentasse repetir o ato retardado que Marseille cometera.

— Essa história é real? — Franz indagou a Marseille.

Schroer assentiu discretamente, para que apenas Franz visse.

— Nós só temos de responder a Deus e a nossos camaradas — Marseille respondeu.

Para Franz, aquilo soou como algo que o padre Josef lhe dissera muitos anos antes. Curioso, Franz perguntou a Marseille se ele era um homem de fé. Marseille revelou que era católico também.

Conforme a conversa avançou, Franz percebeu que estava mais alcoolizado do que jamais estivera na vida. Ele não estava acostumado a beber destilados, pois fora criado com a cerveja bávara, e nunca tinha experimentado conhaque antes daquela noite. Franz se levantou, cambaleante, e pediu licença. Agradeceu a Marseille e a Schroer pela hospitalidade e tentou bater continência, mas posicionou a mão no ângulo errado. Marseille retribuiu a saudação tão mal quanto, com um sorriso. As continências de Marseille eram conhecidas por serem sempre malfeitas, estivesse ele sóbrio ou bêbado. Tropeçando na escuridão enquanto a brisa soprava a areia, Franz percebeu que se esquecera de pedir o autógrafo.

* * *

Várias noites depois

Voegl se cansou de ouvir Franz contar no bar do esquadrão sobre o encontro que tivera com Marseille.

— Quero lhe mostrar uma coisa — Voegl disse, e indicou que Franz fosse para fora.

Franz não estava com a menor vontade de andar nas areias esvoaçantes, mas seguiu o superior. Caminharam em silêncio pelas fileiras de aeronaves estacionadas e pararam diante da Yellow 14 de Marseille. Ali perto, uma equipe de manutenção trabalhava no motor de outro avião, usando holofotes cobertos por grossas lonas. Voegl apontou para o leme do aparelho de Marseille.

— Eu tenho doze mortes. Mas este menino tem sessenta e oito — ele disse a Franz. — Você realmente acredita que isso seja possível?

Franz contou silenciosamente as marcações. Certa vez, vira Marseille combatendo, sozinho, ao longe, enquanto o restante do esquadrão assistia a seu balé aéreo. Franz acreditava. Ele também sabia da grande ambição de Voegl. Apesar de ser fisicamente fraco, e filho de um funcionário do correio, Voegl havia dado um jeito de se casar com a filha do secretário de estado alemão em Berlim. Para Franz, Voegl parecia estar sempre tentando conseguir alguma coisa. Em vez de confrontá-lo, permaneceu calado.

— Não estou tentando difamar Marseille — Voegl falou. — O que estou dizendo é que, em um combate, raramente se tem a chance de ver a destruição do inimigo e, portanto, há espaço para dúvidas. Marseille concede a si mesmo o benefício desta dúvida.

Dando um tapa no leme de Marseille, Voegl se afastou na escuridão, de volta rumo ao bar.

* * *

Três semanas mais tarde, 31 de maio de 1942

Franz apontou o 109 para o solo desértico e aterrissou em meio às nuvens de poeira levantadas pelo caça de Voegl à sua frente. O sol nascente revelava sua nova casa, uma pista de pouso desamparada e ainda não concluída chamada Tmimi, cerca de 30 quilômetros a leste de Martuba, perto das frentes de combate. Rommel havia reunido o Grupo II em Tmimi. Ele estava planejando uma grande investida, mas antes precisava que os lentos e antiquados bombardeiros Stuka amolecessem as linhas inimigas. Para impedir que os Stukas fossem explodidos no ar, ele havia convocado o JG-27. Franz e seus camaradas tinham lamentado deixar para trás os confortos primitivos de Martuba, mas ordens eram ordens, especialmente quando dadas pelo novo comandante do Grupo II — Roedel. Recentemente promovido, Roedel agora liderava os três esquadrões do grupo, o 4, o 5 e o 6. Ao deixar o comando do Esquadrão 4, ele havia transferido a liderança para Voegl, devido à senioridade de Voegl, embora ainda tivesse dúvidas sobre ele.

Sorrindo, Franz escorregou pela asa de seu caça. Voegl correu em sua direção e lhe deu um tapinha nas costas. Voegl reuniu os chefes de tripulação e anunciou que Franz havia marcado sua primeira vitória. Eles tinham acabado de escoltar um Stuka para um local chamado Forte Acroma, a 27 quilômetros das linhas inimigas. Lá, com sete 109s, eles haviam vencido dezesseis caças da Força Aérea do Deserto, em meio a uma furiosa tempestade de areia. Exatamente como Marseille e Schroer o tinham aconselhado, Franz esperou até que um P-40 estivesse próximo — tão próximo que, na mira de tiro, a cauda do caça inimigo parecesse alta como um navio — e fez o disparo. Franz e Voegl se apressaram rumo ao quartel-general do Grupo II para se reunirem e conversarem.

Roedel enfiou a cabeça pela aba da tenda e perguntou como tinha corrido a missão.

— Consegui minha primeira morte, senhor — Franz disse.

O sorriso de Roedel se desfez lentamente. Franz se perguntou se teria dito algo errado.

— Eu fiz duas — Voegl acrescentou.

Roedel não parecia impressionado. Perguntou se houvera baixas.

— Três — Voegl respondeu. — Fluder, Krenzke e Gromotka.

Os pilotos desaparecidos eram do Esquadrão 6. Fluder era o líder do esquadrão e amigo de Roedel. Franz contou a Roedel que havia visto tanto o 109 de Fluder quanto o de Krenzke explodirem, e estava seguro de que ambos haviam sido mortos.

— Por que vocês dois estão sorrindo? — Roedel perguntou, com um olhar emocionado.

— Por causa da primeira morte dele — Voegl respondeu.

Roedel deixou cair os braços ao longo do corpo.

— Você marca *vitórias*, não mortes — Roedel disse a Voegl, frustrado. — Será que você não aprendeu nada? — E, virando-se para Franz, acrescentou: — Você atira em uma *máquina*, não em um homem.

Voegl resmungou qualquer coisa e fixou o olhar no horizonte.

Parecia que Roedel ainda diria mais alguma coisa, mas ele abanou a cabeça e se afastou.

Voegl murmurou algo sobre pôr as coisas em pratos limpos com Roedel e saiu pisando duro. Franz sabia que Voegl estava tentando preservar a própria dignidade e evitar ser humilhado. Mas sabia também que Roedel tinha razões para não gostar de Voegl. No dia anterior, Voegl pousara alegando ter abatido três aviões em catorze minutos, suas vitórias de números oito, nove e dez, tudo de uma vez só. O companheiro de voo e amigo de Voegl, um piloto chamado sargento Karl-Heinz Bendert, confirmara a história como testemunha. Mas outros no Esquadrão 4 duvidavam das alegações de Voegl.

— Marseille poderia derrubar três aviões nessa velocidade, mas não Voegl — eles cochichavam.

Roedel não tinha nenhuma prova para derrubar a reivindicação de Voegl, e, portanto, passou adiante para Berlim a informação sobre as vitórias.

De mau humor, Franz se recolheu à tenda, sozinho. Ele conquistara seu primeiro marco como piloto de combate e provara o gosto da vingança. Em vez de sentir-se realizado, ele se sentia oco.

6
AS ESTRELAS DA ÁFRICA

Um mês mais tarde, 25 de junho de 1942, Egito

O luar iluminava um círculo de tendas na face norte da Base Aérea Sidi Barrani. Franz, Roedel e um punhado de pilotos estavam sentados sobre grandes pedras e formavam um círculo menor, interno, em volta de uma fogueira. Eles brincavam e caçoavam uns dos outros, enquanto Franz comia sardinhas enlatadas. Ele aprendera a tolerar qualquer coisa comestível. Ao sul do acampamento ficavam as instalações temporárias do JG-27, Sidi Barrani, com sua pista de decolagem lotada brilhando à luz da Lua. Ao norte, o mar cintilava perto da costa e desvanecia na escuridão ao longe. Atrás das tendas ficava um forte pequeno e dilapidado.

Normalmente fogueiras eram proibidas, mas Roedel havia aprovado que acendessem uma, desta vez. Ele calculou que, se um avião de reconhecimento britânico visse o fogo, imaginaria tratar-se somente de uma fogueira beduína. Não havia mais ninguém ao longo de muitos quilômetros. Sidi Barrani fica no Egito, a aproximadamente 65 quilômetros da fronteira com a Líbia. Até poucos dias antes a base pertencia aos britânicos, fato evidenciado pelos maços de cigarro vazios que eles haviam deixado para trás quando partiram. A investida de Rommel tinha rompido a linha inimiga. Ele tomara posse de Tobruk, a capital britânica de batalha na parte oeste do deserto, e mandara os antigos ocupantes para fora da Líbia, de volta para o Egito. Agora Rommel estava a 150 quilômetros a leste, perseguindo os britânicos mais e mais profundamente dentro do Egito, tendo como objetivo o Canal de Suez.

Durante aquele mês, o JG-27 seguira Rommel como uma horda de nômades, decolando de novas bases aéreas quase uma vez por semana. Os homens voavam com renovado vigor, acreditando que o fim da guerra no deserto estava logo depois do horizonte. Eles estavam também sob as ordens de um comandante novo e inspirador, Edu Neumann, que fora promovido para liderar todos os nove esquadrões do JG-27. À noite, os homens dormiam sob as estrelas. De dia, a visão dos caças alinhados nas pistas arenosas levava Franz a pensar em férias no litoral. Entre as missões, os mecânicos abriam pequenos guarda-chuvas brancos sobre as cabines dos aviões, para manter os assentos frescos para os pilotos. Os pilotos tinham tempo para tomar sol, enquanto a equipe de terra, sentada na traseira dos caminhões, trabalhava nos motores. Sempre que Franz e os demais viam os mecânicos fechando rapidamente os guarda--chuvas, eles sabiam que era hora de voltar ao trabalho.

Durante uma dessas missões, Franz perdeu um avião pela primeira vez na guerra. Enquanto realizava um ataque, foi atingido por um disparo feito a partir do solo. Ele pousou de barriga entre linhas amigas e voltou para a base em um camelo, depois de ser resgatado por um beduíno. Os companheiros de esquadrão de Franz riram muito quando o viram claudicar, no dia seguinte, com as pernas ainda tortas pela viagem no lombo do animal.

Naquela noite em volta da fogueira o som dos bombardeiros Ju-88 fazendo a patrulha assegurava a Franz e seus camaradas que o céu estava amigável. O ruído lembrava Franz de seu irmão, que também havia pilotado Ju-88s. Lágrimas inundaram seus olhos, mas ele as secou. Um rádio estava ligado sobre caixotes atrás do grupo. Cabos ligavam o rádio a um gerador, que ronronava no distante agrupamento de veículos motorizados. O rádio tocava música e dava notícias militares. Outros pilotos se deixavam ficar ali por perto. Entre eles estavam dois dos comandantes de esquadrão de Roedel, Voegl e o tenente Rudi Sinner, sentados em volta do fogo. Sinner era baixo e humilde, com um nariz comprido e pontudo entre os olhos tranquilos. Ele era austríaco, como

Voegl, e tinha começado a carreira no Exército da Áustria, cuidando de cavalos que puxavam canhões. Desde aquela época ele se referia a si mesmo como "apenas um soldado comum", apesar de ser um ás com sete vitórias. Roedel julgara Sinner promissor e o designara para liderar o Esquadrão 6, substituindo o comandante que fora morto no dia em que Franz conseguira sua primeira vitória.

Com o rádio ligado, a fogueira acesa e tendas para protegê-los do vento, os homens desfrutavam de um luxo inexistente nas semanas anteriores. Faziam piadas sobre, pela primeira vez, estarem em melhores condições do que seus inimigos britânicos, que sabidamente recebiam folgas regulares e saídas de fim de semana com destino a cidades bem urbanizadas. De pilotos britânicos capturados, eles ouviram: "Se vocês alguma vez forem a Alexandria, fiquem no Hotel Cecil, e se por acaso estiverem no Cairo, precisam ir conhecer o Clube Esportivo Heliopolis".

— São cavalheiros — Sinner falou. — Não se pode ter um inimigo melhor.

Os demais concordaram. Sinner contou uma história que lhe fora contada pelo tenente Willi Kothmann, um ás do JG-27.

— Kothmann me avisou que é preciso ter cuidado com um piloto britânico capturado — Sinner disse —, porque ele está sempre planejando uma fuga de volta para seu cachorrinho Lulu da Pomerânia e para suas dívidas de jogo. Ele não se sentirá confortável na posição de prisioneiro até que tenha essas duas coisas.

Todos riram. Como os pilotos alemães falavam inglês mais facilmente do que outros idiomas, a interação entre os inimigos era comum. Certa vez, quando perguntaram a Marseille por que ele demonstrava tanto interesse pelos pilotos inimigos capturados, ele respondeu:

— Eu simplesmente gosto de conversar com eles.[Cap 6, nota 1]

— Onde está Kothmann agora? — Franz perguntou.

— Foi morto em abril passado — Sinner respondeu, triste.

Voegl fez uma careta. Ele não compartilhava do respeito leal que os demais demonstravam pelos inimigos. Ele invejava os inimigos. Eles tinham mais pilotos e melhores aviões, agora que os avançados caças Spitfire estavam chegando. Eles faziam turnos mais curtos e eram então enviados para a Inglaterra ou para a Austrália para serviços mais tranquilos. Franz bem sabia que os veteranos endurecidos ao redor dele fariam bom uso de uma pausa. Suas roupas estavam encharcadas; os rostos, descarnados; os olhos, esgotados. Roedel havia contado aos outros que teria uma saída dentro de um mês, mas que não estava ansioso por ela. Todos o encararam como se ele fosse louco.

Às 21h50, alguém sintonizou a Rádio Belgrado, uma estação da Iugoslávia captada pelo potente transmissor alemão. Toda noite, no mesmo horário, a emissora tocava um disco de Lale Andersen, uma alemã na casa dos trinta anos, cantando a música *Lili Marlene*. Um soldado alemão chamado Hans Liep tinha originalmente composto a letra da canção como um poema, durante a Primeira Guerra Mundial. Graças à interpretação de Andersen, a música se tornara o hino dos soldados alemães. Como muitos outros guerreiros com saudades de casa, os pilotos do JG-27 sintonizavam-na todas as noites. O mesmo faziam seus oponentes. No Egito, os pilotos britânicos estavam ouvindo a mesma emissora, no silêncio da tenda que lhes servia de refeitório. Às 21h55, pontual como uma deixa de teatro, a voz delicada e hipnoticamente sensual de Andersen fluiu do alto-falante. Soava maravilhosamente. Franz se inclinou para perto e grudou a orelha no rádio.

Andersen cantava sobre um soldado que sempre encontrava a namorada sob um poste do lado de fora de sua base, até que foi chamado para a guerra.

Chegou a hora da convocação
O tempo de nos separarmos
Querida, eu a acaricio
E a pressiono contra o meu coração
Sob o longínquo poste de luz
Eu a aperto com força
E lhe dou um beijo de boa-noite
Minha Lili do poste de luz
Minha Lili Marlene

Enquanto a música continuava, Franz se perguntava se Andersen estaria cantando para os homens nas estepes da Rússia, nos campos de

Creta ou nos promontórios da França. *Será que alguém pensou em nós, no deserto?*, questionou-se.

Repousando no alojamento
Atrás da linha de fogo
Mesmo depois de termos partido
Seus lábios estão perto dos meus
Você espera onde a luz brilha suavemente
E sua doce expressão parece
Rondar os meus sonhos
Minha Lili do poste de luz
Minha Lili Marlene

Sob as estrelas, longe de casa, Franz, assim como seus companheiros do lado inimigo ao longo do deserto, tinha lágrimas nos olhos, quando a canção foi sumindo até chegar ao fim[13].

* * *

Um mês mais tarde, 26 de julho de 1942, Quotaifiya, Egito

Franz parou seu 109 na pista de taxiar, que corria paralelamente à pista de pousos e decolagens. À frente, à luz amarela da manhã, Roedel ligou o motor de seu avião. Um redemoinho de areia soprava da parte de baixo da barriga do aparelho. O leme nu do caça de Roedel virou para a esquerda e para a direita, enquanto ele fazia a verificação pré-decolagem. Aquele leme deveria ter agora quarenta e cinco barras de vitória, mas continuava sem marcas. A missão deles naquele dia era igual à de muitos outros dias anteriores: escoltar os Stukas para além das linhas inimigas, a apenas dez minutos de voo de distância.

Um mês antes, o JG-27 tinha ido para Quotaifiya, uma base aérea plana e ardente no meio da costa egípcia. Bombardeiros britânicos haviam atingido o local apenas dois dias antes. Agora, pelo menos, caixotes e engradados caracterizavam o campo. Até então, ele tinha sido um solo

---

[13] Franz recordaria: "Metade dos homens estava chorando... Não consigo descrever. Nós nos sentíamos expulsos de tudo".

nu, esbatido pela areia branca. Mesmo com o mar tão perto, ao norte, o calor flutuava, suspenso como uma miragem.

Fora Rommel quem mandara o JG-27 para aquele lugar horrível. Ele havia empurrado os britânicos para trás, mas não o bastante para vencer a guerra na África do Norte. Quando o avanço perdeu força, os alemães se viram encarando os britânicos do lado de lá das trincheiras, que iam de uma estação ferroviária costeira chamada El Alamein até as profundezas do deserto. O grande progresso de Rommel seria também a origem de sua derrocada. Ele havia conduzido as equipes alemãs para longe de seus portos e de suas linhas de abastecimento, ao mesmo tempo em que empurrava os britânicos para mais perto dos portos e linhas deles. Conforme navios britânicos abriam passagem até o porto de Alexandria, trazendo pilotos e aviões novos para recompor a Força Aérea do Deserto, os alemães castigavam com crescente força os mesmos pilotos e os mesmos aviões, enviando-os para fazer a escolta dos Stukas com frequência, até três vezes por dia. As missões eram exaustivas, e esgotaram os pilotos do JG-27 até os ossos. Chegara o momento do ponto de virada da guerra aérea no deserto.

Nas semanas anteriores, Franz e Roedel tinham voado juntos quase diariamente. Em uma missão, Roedel abatera três Spitfires e Franz atingira um, sua terceira vitória. As vitórias quatro e cinco vieram pouco tempo depois, e ele se classificou como ás. No entanto, Franz manteve seu leme nu, em um gesto de imitação e homenagem a Roedel, que para ele havia se tornado maior que a vida.

Roedel fez com o punho um gesto para cima e para a frente, para informar a Franz e aos demais no grupo que ele estava levantando voo, um sinal silencioso para o caso de os britânicos estarem à espreita, de ouvido no canal do rádio. Ele deu início aos procedimentos de decolagem e a hélice de seu avião jogou uma torrente de areia branca no para-brisa de Franz. O caça de Roedel disparou pela pista abaixo até parecer encolher ao longe. Mas nem Roedel nem seus fatigados homens em terra, que haviam varrido a pista depois de um bombardeiro, tinham percebido um pedaço de entulho que estava no caminho do caça.

Roedel estava na máxima velocidade pré-decolagem quando atingiu o escombro retorcido. O avião guinou bruscamente para fora da pista e deu uma cambalhota acrobática na areia.

Franz passou um rádio para que o posto de controle mandasse bombeiros imediatamente. Ele e os outros desligaram seus motores e correram na direção de Roedel. Jamais esperavam vê-lo emergir do avião, mas foi o que ele fez, disparando na direção deles, gritando, apontando para o leste com um dos braços.

Quando os homens chegaram a Roedel, o olhar dele os fez estancar. Ele se agarrava às costelas com o outro braço, e sua cabeça sangrava.

— Os Stukas! — Ele gritou para Franz e os demais. — Não se interrompe uma missão por causa de um homem!

O sorriso de Franz desapareceu. Os Stukas estavam indo desacompanhados em direção às linhas britânicas. Era tarde demais para alcançá-los.

Quando os médicos chegaram, eles acalmaram Roedel e insistiram que ele se deitasse em uma maca à sombra da ambulância. Franz ficou por perto enquanto os médicos colocavam Roedel dentro do caminhão.

— Maldição, agora serei obrigado a ir para casa — disse Roedel, resignado, antes que os médicos fechassem as portas.

Franz sabia que Roedel não queria ir porque não confiava em nenhum outro oficial para cuidar da vida de seus homens.

Antes de partir, Roedel indicou um sucessor temporário entre seus três líderes de esquadrão, usando para esta escolha o único critério com o qual ele sabia que todos concordariam. Ele pegou o maior ás, o homem com o maior número de vitórias. Voegl, com vinte vitórias, ganhou o comando. O gesto de imparcialidade de Roedel em breve se provaria um de seus maiores erros.

* * *

Quando o incandescente mês de agosto chegou, a vida em Quotaifiya chegara a um ponto baixíssimo. Os homens viviam como animais. Já não dormiam em tendas ou ao ar livre sob as estrelas. Para evitar os ataques britânicos, Franz e seus companheiros dormiam em "covas", buracos de um metro e oitenta por um metro e oitenta cavados na terra, com um lençol de lona por cima. Ali, cada homem mantinha sua cama, seu cobertor e demais pertences. Os dias de banho com água fresca estavam acabados. Todos fediam. Quando escapavam uma vez por semana para tomar banho no mar, os homens voltavam com uma crosta de sal na pele.

Franz existia com o sal e a areia assando seu rosto, traçando riscas em seu cabelo e grudando no suor ressecado de suas costas. A temperatura em Quotaifiya era de 51 graus, com frequência, mais elevada. Franz e seus camaradas desenvolveram lábios rachados e ferimentos que não se fechavam, ferimentos que as moscas adoravam. O pior era quando uma aeronave estava taxiando e jogava grãos de areia sobre seus olhos injetados e cortes abertos. Havia dias em que tempestades de areia se aproximavam e estacionavam sobre o campo, envolvendo Franz e os demais em uma espessa nuvem branca.

À noite, Franz e os outros bebiam para esquecer o dia. Em seguida, cambaleavam cautelosamente por entre as covas, atentos para não pisarem nas serpentes venenosas e nas víboras que brotavam da escuridão. Depois de verificar que sua tumba estava livre de cobras, Franz se ajoelhava na areia e dizia suas preces. Então ele escorregava para baixo dos cobertores e os puxava por cima da cabeça, para que aranhas não andassem em seu rosto.

Em Quotaifiya, Franz começou a ter sonhos com a comida de sua mãe. Sonhava que comia seu prato favorito, *leberkäse*, um bolo de carne frita típico da Baviera, feito de carne em conserva na salmoura, porco, bacon e cebolas. Ele imaginava tigelas de verduras e legumes frescos, um sabor esquecido havia muito tempo. Repolho roxo, espinafre, salada de batatas e panquecas de batata apareciam em seus sonhos. Ele então acordava com o estômago frio e revirado, arrependido de alguma vez ter dito "Não vou comer nada que voe ou nade".

Entre os membros do JG-27 era fato sabido que um homem somente conseguia suportar seis meses na tortura do deserto antes que sua saúde se deteriorasse. A vida em Quotaifiya acelerava este ponto de ruptura. Mesmo a Raposa do Deserto, Rommel, tinha voltado à Alemanha depois que o deserto o pusera a nocaute com uma sinusite. Franz sabia que Voegl e outros haviam de alguma forma sobrevivido por oito meses, cerca de 240 dias. Mas ele em breve aprenderia que mesmo o mais corajoso dos homens podia ser dobrado.

* * *

Havia poucas opções para escapar da agonia do deserto, e entre elas estavam morte, ferimento, loucura e a passagem do tempo. Um homem, porém, revelara outra rota de escape: vitórias. As numerosas pontuações de Marseille garantiam que ele fosse à Alemanha a cada dois meses para receber novas decorações para sua Cruz de Cavaleiro — primeiro, miniaturas de folhas de carvalho, depois, miniaturas de espadas, cada uma significando níveis mais altos da Cruz. Franz, Voegl e seus companheiros assistiam às partidas de Marseille e queriam ir junto. Certa época, quando a vida no deserto estava desacelerando o JG-27 até quase a imobilidade, a disputa por vitórias se intensificou.

Devido às perdas, aos danos e à depreciação causados pelas incontáveis escoltas dos Stukas, os esquadrões que antes contavam com dezesseis caças tinham agora, em média, apenas quatro aeronaves em boas condições operacionais. Não havia aviões suficientes para os voos. Quando um 109 novinho em folha chegou da Alemanha, os mecânicos correram para ele como canibais e o desmontaram em mil pedaços, em busca de peças de reposição para manter vários outros aviões em operação. Uma nova pergunta surgia em cada esquadrão: quem vai voar?

Sendo líder tanto do Grupo II quanto do Esquadrão 4, Voegl resolveu a questão. Como Roedel destruíra seu avião antes que Voegl pudesse herdá-lo, Voegl tomara um dos aviões do Esquadrão 4 para si. Isso deixou três aviões para serem distribuídos pelos dezesseis pilotos do esquadrão. Ele alocou outro para seu companheiro de voo, e amigo de longa data, sargento Karl-Heinz Bendert. Bendert era um veterano também, conhecido como o piloto mais ambicioso do esquadrão. Ele tinha um rosto de bebê e lábios amuados, e era rápido no riso de escárnio. Voegl deu um avião a Franz porque o considerava um amigo. E, como se quisesse desprezar os demais, atribuiu o quarto e último aparelho do esquadrão a um piloto substituto, recém-chegado, sargento Erwin Swallisch. Swallisch era um "cavalo velho", temperado pela idade e pela experiência, com dezoito vitórias, a maioria conquistada na Frente Leste. Voegl tomou Bendert como seu companheiro de voo e indicou Swallisch para Franz, mas fez um alerta:

— Swallisch é um especialista, mas fique de olho, ele é doente da cabeça.

Voegl disse isso porque Swallisch ganhara como prêmio a possibilidade de ir para casa trabalhar como instrutor, mas, em vez disso, solicitara um posto onde o combate era mais duro — o deserto. Sem ter feito nada nesse sentido, Franz se tornara um membro do círculo íntimo de Voegl, um grupo que os colegas chamavam de "Esquadrilha do Voegl".

Franz conheceu Swallisch quando o piloto "doente" foi até sua cova se apresentar. Swallisch tinha um rosto forte, nariz bulboso, bochechas altas e sorriso dentuço. Conversando, Franz descobriu que Swallisch era "certo", honesto e profissional. Swallisch também voara durante a Guerra Civil Espanhola, mas como piloto de combate, e marcara três vitórias. Os dois criaram um vínculo baseado em suas lembranças de vinho, *tapas* e *señoritas*.

* * *

Vários dias depois, 4 de agosto de 1942

À noite, Swallisch foi à cova de Franz visivelmente perturbado. Cochichando, falou que precisava contar um segredo. Franz não tinha voado naquele dia, pois seu caça estava em manutenção, mas Swallisch lhe contou o que ele deixara de ver.

Naquele dia Swallisch voara duas vezes, a primeira ao amanhecer, quando Bendert o convocara para acompanhá-lo na escolta de um avião de reconhecimento. Juntos, eles haviam atacado doze P-40s, e Swallisch abatera um. Porém, voltando para casa, Bendert falou que ele próprio também havia derrubado um, e disse a Swallisch para confirmar sua vitória — uma vitória que Swallisch não vira acontecer. À tarde, Swallisch voou com Bendert de novo. Desta vez, Swallisch acertou um Spitfire, e novamente Bendert alegou que acertara um também, algo que Swallisch não havia testemunhado.

Swallisch ficou perturbado e perguntou a Franz se no deserto as marcações eram assim mesmo, relaxadas. Franz respondeu que acontecia. Ele estivera presente quando todos haviam duvidado das alegadas três vitórias de Voegl em uma única missão, vitórias que somente Bendert confirmara. Franz e Swallisch concordaram que não tinham escolha a não ser conceder a Bendert o benefício da dúvida.

Na semana que se seguiu, a Esquadrilha do Voegl decolou e combateu as únicas batalhas do grupo, pois Voegl assegurou que eles tivessem as melhores missões e os aviões capazes de levá-las a cabo. Desenvolveu-se um padrão. Sempre que os homens pousavam e alegavam vitórias, Bendert alegava o mesmo ou mais. Então chegou 10 de agosto, o dia que lhe quebrou as pernas. Naquela manhã, Franz e Swallisch levantaram voo para interceptar caças britânicos que tinham sido vistos sobrevoando El Alamein.

Lá, por entre as espessas nuvens que pairavam acima do mar, Franz e Swallisch atacaram um grupo de P-40s e caças Hurricane. No primeiro mergulho, cada um acertou um P-40. No segundo, Franz alegou ter acertado um Hurricane. Porém, conforme Franz se preparava para ascender e repetir, ele viu uma cena terrível atrás de sua cauda. Em vez de os P-40s se fecharem em uma formação circular de defesa, como sempre tinham feito, eles o estavam perseguindo! Com Swallisch voando à frente e sem saber do perigo, Franz passou um alarme pelo rádio, dizendo-lhe que fugisse, pois estavam sendo caçados. Pelo rádio, Swallisch respondeu: "Bobagem!".

Franz viu as grandes nuvens sobre o oceano e fugiu para seu interior. Entretanto, em lugar de ir junto, Swallisch virou para a direção contrária e voou de volta em direção a Franz, passando só um pouco acima dele. *Voegl estava certo, ele é doente da cabeça!*, pensou Franz ao ver aquilo.

Franz se refugiou nas nuvens, mas continuou olhando para trás. Ali, para além da cauda do avião, ele viu uma cena assombrosa — Swallisch passou voando como um borrão amarelo, indo diretamente de encontro à formação de P-40s, com o canhão disparando. Os P-40s se espalharam em todas as direções. Swallisch abriu caminho pelo meio da confusão e de alguma forma conseguiu emergir do lado oposto. Franz viu fumaça preta e soube que alguém fora atingido. Ele xingou Swallisch por não ter fugido com ele.

Franz deixou escapar um profundo suspiro de alívio quando os tentáculos flutuantes da nuvem abraçaram sua cabine e o envolveram em uma névoa, transformando a luz clara do dia em bruma. Inclinando-se para o oeste, ele serpenteou através do paradisíaco rio branco, guiando-se pela bússola até despontar no azul, sozinho, acima de sua casa no deserto. Ao pousar, Franz encontrou Swallisch andando em círculos em volta de seu caça estacionado, verificando os estragos. Aliviado, Franz gritou:

— Nunca se deve ficar cara a cara com um Curtiss!

— Na Frente Leste nós não fugimos de Ivan — Swallisch riu. — Por que começar agora?

Franz percebeu que o modo bufão e incomum do piloto "doente" era, na verdade, sua maneira de demonstrar bravura. Franz estendeu a mão e Swallisch a apertou, exibindo um grande sorriso dentuço.

Por volta das 12 horas do mesmo dia, Voegl e Bendert voltaram de seu voo e encontraram Franz e Swallisch no refeitório. Franz contou a

Voegl que ele e Swallisch tinham derrubado dois aviões cada um. Voegl e Bendert disseram que eles também tinham acertado dois cada um[14]. Franz e Swallisch rangeram os dentes. Quando Voegl e Bendert já tinham se afastado, Swallisch e Franz concordaram que o líder do grupo e o companheiro dele não estavam agindo nada bem.

Na noite de 14 de agosto, Voegl entregou uma mensagem do comandante do JG-27, Neumann, para Franz e Swallisch. Neumann havia ordenado que a Esquadrilha do Voegl se reunisse na manhã seguinte. Franz imediatamente pensou que alguém estava encrencado. Ao se encaminharem para a pista de decolagem no outro dia, conforme as ordens recebidas, Swallisch estava taciturno. Ele tinha certeza de que Voegl e Bendert arrastariam Franz e ele próprio para baixo com eles.

No entanto, quando chegaram à pista, encontraram Neumann e sua equipe esperando-os com fotógrafos. Neumann elogiou os homens e disse que queria comemorar o recente sucesso deles. Ao longo das semanas anteriores, a Esquadrilha do Voegl havia mantido o ordenança de Neumann muito ocupado, pintando folhas de palma nas respectivas namoradas. Em quinze dias, eles haviam conquistado um número de vitórias equivalente a um esquadrão. Franz marcara nove, elevando seu total para catorze. Swallisch adicionara quinze, dobrando sua pontuação para trinta. Voegl divulgara seis, tendo agora vinte e seis no total. Bendert somara dezesseis, totalizando trinta e quatro e se equiparando a Marseille e Roedel como um dos dez pilotos com mais vitórias do JG-27. Com Marseille fora, os membros da Esquadrilha do Voegl haviam se tornado as novas "Estrelas da África".

Voegl chegou usando um chapéu branco de oficial como o de Roedel, e óculos de sol pretos por cima da aba. Bendert, apesar do calor, apareceu vestindo uma extravagante jaqueta verde. Franz e Swallisch usavam suas roupas comuns de todo dia. Os fotógrafos conduziram o grupo para o avião de Swallisch, porque Swallisch tinha marcas de vitória exclusivas: seu leme exibia trinta barras e a silhueta negra de dois navios que ele afundara na Frente Leste. Voegl brincou com Franz dizendo que ninguém

---

[14] Posteriormente, os relatórios do esquadrão da Força Aérea do Deserto iriam revelar que, ao contrário do que alegaram, nem Voegl nem Bendert haviam derrubado caça algum naquele dia. O Esquadrão 2 da Força Aérea Sul-Africana reportou: "Combate à curta distância com dois 109s — sem resultados", e o Esquadrão 80 da Força Aérea Real registrou: "Em duas ocasiões, dois Me 109 Fs foram vistos; estes realizaram mergulhos de ataque, mas não foram efetivos".

iria querer ser visto ao lado de seu leme nu, e lhe ordenou que o pintasse. Franz assentiu com relutância, perguntando-se o que Roedel pensaria.

Os fotógrafos organizaram os homens em uma fila ao longo da parte traseira da fuselagem. Mas Swallisch mantinha os braços pendentes, e parecia desanimado.

— Dê risada! — Um fotógrafo incitou.

— Contem uma piada — completou outro.

Franz falou para Swallisch alguma coisa que o fez rir bem na hora em que a câmera foi disparada.

Quando Neumann apertou a mão de cada piloto, Franz e Swallisch sabiam que era sua chance de revelar as suspeitas que tinham sobre Voegl e Bendert. Mas não disseram nada. Eles sabiam que era tarde demais, e que eles próprios já eram culpados por associação. Os outros pilotos passaram por ali durante a foto, e o olhar deles disse tudo.

Naquela noite, enquanto nos bares em torno do campo o ordenança de Neumann pintava folhas de palmeira, os pilotos da unidade debatiam a subida meteórica da Esquadrilha do Voegl. Entre os esquadrões do Grupo I, o grupo de Marseille, alguns pilotos deram a ela um novo apelido zombeteiro: "a Esquadrilha dos Peritos". Eles sabiam que as vitórias eram fundamentais para o recebimento da Cruz de Cavaleiro, das cartas de fãs e de passagens para casa. Na época, a Alemanha não tinha maiores heróis do que seus pilotos de combate, e mesmo os heróis eram hierarquizados segundo sua pontuação. Os pilotos do Grupo I viam as audaciosas alegações da equipe de Voegl como uma tentativa ardilosa de Voegl de colocar o próprio grupo para competir com o deles. Se Marseille estivesse lá, poderia contradizer seus camaradas, já que era o mestre na marcação de vitórias múltiplas, dia após dia. Mas ele estava de folga na Alemanha. Em sua ausência, alguns pilotos do Grupo I decidiram que "a Esquadrilha dos Peritos" estava trapaceando e precisava ser detida.

* * *

Um dia depois, 16 de agosto de 1942, sobre El Alamein

Quando a Esquadrilha do Voegl entrou em combate nas primeiras horas da manhã de 16 de agosto, estava respondendo ao pedido de socorro de outros pilotos. Dois aviões do Grupo I haviam mandado mensagens angustiadas pelo rádio. O líder do Esquadrão 2, tenente Hans-Arnold Stahlschmitt, um ás de vinte e um anos com quarenta e cinco vitórias, e seu parceiro, estavam em terrível desvantagem numérica em um combate de curta distância com nada menos do que trinta e oito caças inimigos.

Embora Stahlschmitt fosse um rival, a Esquadrilha do Voegl se apressou em seu socorro, levando uma quinta aeronave em sua formação, em vez das quatro habituais. Naquele dia, Voegl chamara para acompanhá-los o novato cabo Ferdinand Just, que havia chegado recentemente trazendo o próprio avião. Voegl era bondoso com os novos homens porque eles eram ovelhas negras como ele próprio.

Depois de quinze minutos de batalha, a Esquadrilha do Voegl e seu novato voltaram para casa, vitoriosos. Eles haviam salvo Stahlschmitt e o parceiro dele e ainda afirmavam ter onze vitórias somadas. Até mesmo o novato, Just, marcara sua primeira vitória. Mas não foi o que alegou que selaria o destino da Esquadrilha do Voegl. Foi o que eles fizeram em seguida.

Voando a 3 mil pés sobre bases aliadas, Voegl perguntou pelo rádio como estava a munição de Just. Just respondeu que estava "praticamente completa". Voegl decidiu dar ao novato um pouco de exercício prático de mira, jogando um jogo chamado "acerte a sombra". Franz reconhecia a preocupação de Voegl com o novo integrante, mas sabia que os céus não estavam seguros e perguntou a Voegl se aquela seria uma decisão sábia. Voegl desprezou a apreensão de Franz e disse:

— Stigler, você faz a sombra.

Franz detestava que o mandassem brincar, quando deveria estar vigiando os movimentos inimigos. Swallisch prometeu ficar de olhos bem abertos. Franz avançou e posicionou o avião de tal forma que sua sombra "voasse" à frente dele na areia. Voegl ordenou a Just que se preparasse e baixou a altitude para mil pés.

— Está vendo a sombra? — Ele perguntou a Just. — Acerte-a.

Mas o jovem piloto não entendeu.

— Metralhe a sombra na areia — Voegl esclareceu.

Franz se manteve nivelado e voou em linha reta, para que a sombra ficasse plana e sem distorções. Ele escutou os disparos vindos de cima, e abaixo viu jatos de areia sendo levantados na sombra que fazia, um instante antes que o 109 de Just ascendesse para remontar a formação com Voegl.

Franz continuou o voo, transpirando intensamente com a tola brincadeira. Voegl ordenou que ele tornasse o jogo mais desafiador, e Franz revirou os olhos. Ele começou a serpentear para a direita e para a esquerda usando apenas o leme, de modo que a sombra continuasse plana enquanto ele criava lentos padrões em "S". Voegl ordenou que Bendert e Swallisch atacassem a sombra, como demonstração para Just. Os dois veteranos serpentearam junto com Franz, espelhando seus movimentos. Quando passaram sobre Franz, despejaram toda e qualquer munição que ainda lhes restasse. Os tiros de ambos atingiam a sombra perfeitamente, fazendo espirrar areia e explodindo pedras. A Esquadrilha do Voegl estava tão ocupada com aquela pequena luta de gozação que não percebeu duas manchinhas pretas que se aproximavam ao longe, sobrevoando o oceano.

A Esquadrilha do Voegl pousou, relatou suas vitórias e se dirigiu à tenda do esquadrão para comemorar seu melhor dia até então. Mas o rival deles, Stahlschmitt, tinha aterrissado antes. Ele e o parceiro marcharam direto para o quartel-general de Neumann, um abrigo comum na superfície desde que o vagão de circo fora destruído.

No dia seguinte, os boatos fervilhavam no acampamento. As vitórias da Esquadrilha do Voegl seriam desconsideradas. Franz e Swallisch não podiam acreditar. Perguntando aqui e ali, souberam que Stahlschmitt reportara ter visto a Esquadrilha de Voegl em combates de brincadeira, "esvaziando as armas contra a areia". Stahlschmitt acreditava que aquele era o segredo por trás das conquistas da Esquadrilha do Voegl: eles fingiam combater e voltavam com a munição exaurida como endosso às mentiras sobre o que tinham feito.

No dia seguinte, Voegl flagrou os líderes de seu esquadrão entrando no quartel-general de Neumann. Quando perguntou por que não tinha sido convocado também, o ordenança de Neumann respondeu:

— Trata-se de assunto particular.

Swallisch recebeu a notícia como um golpe e caiu em profunda melancolia.

— É abominável — ele disse a Franz.

Swallisch era piloto de caças desde 1936; suas vitórias eram seu currículo e sua vida. Ele era um piloto profissional. As barras do leme eram tudo que ele tinha para mostrar de seus seis anos duelando com a morte. Agora ele ficava sabendo que os pilotos da Esquadrilha do Voegl seriam privados de todas as suas vitórias. Já não eram duas semanas de combate sendo questionadas, mas a própria honra de cada homem.

* * *

Um dia depois, 19 de agosto de 1942

Ao amanhecer, o ordenança de Neumann entregou mensagens a Franz, Swallisch, Voegl e Bendert, convocando-os a se apresentarem no quartel-general de Neumann naquela tarde. Swallisch correu à cova de Franz, perturbado. Ele estava certo de que Voegl e Bendert os haviam destruído.

— Seremos enviados à corte marcial! — Ele disse, e o estômago de Franz se contorceu.

Voegl e Bendert estavam trajando o uniforme de voo quando encontraram Franz e Swallisch reunidos. Voegl disse que eles estavam decolando para uma missão e queria que Franz e Swallisch os acompanhassem. Bendert agia como o bajulador de sempre. Franz admitiu que não estava muito bem para voar, e Swallisch concordou. Voegl sabia o que os afligia, mas garantiu aos dois que Neumann veria que Stahlschmitt estava errado assim que eles apresentassem a própria versão dos fatos. Voegl e Bendert partiram.

Franz não temia a corte marcial. Ele temia que o julgamento corresse mal, e que ele e Swallisch levassem a culpa por qualquer alegação falsa desde que o JG-27 tinha chegado ao deserto. Depois do almoço, Franz sentia-se esmagado pela preocupação. Ele deitou na cama em sua cova e ficou olhando para frestas de luz que vazavam pelas fissuras de seu teto de lona. Por volta das 13h, ouviu ruídos acima e Swallisch apareceu, puxando a ponta da cobertura. Swallisch disse que iria subir com uma aeronave para fazer um teste de manutenção antes do encontro com Neumann. Franz não pensou coisa nenhuma a respeito disso. Muitas vezes ele mesmo tinha ido voar para clarear as ideias. Antes de partir, Swallisch disse a Franz que, independentemente do resultado da reunião, ele sempre o consideraria como "o melhor companheiro de voo". Franz sabia que Swallisch estava assustado porque não tinha influência no JG-27 e nem relação com os poderosos que iriam julgá-lo. Franz prometeu que faria de tudo para garantir que o nome de ambos ficasse limpo. Swallisch sorriu e partiu, a aba da lona batendo ao vento. Franz adormeceu. Uma hora mais tarde a consciência o atingiu como um raio e ele abriu os olhos, tenso. *Por que um ás com trinta e três vitórias faria um voo de manutenção? Isto é trabalho de recrutas recém-chegados!*

O coração de Franz berrava, aflito. Mas ele estava uma hora atrasado.

Swallisch jamais voltou de seu voo de manutenção. Neumann cancelou a reunião. No dia seguinte, na costa norte de Quotaifiya, sentinelas alemãs encontraram o corpo de Swallisch trazido pela maré. Houve quem dissesse que o avião apresentara problemas de funcionamento, mas Franz bem sabia que não era assim. Swallisch quisera desaparecer — por isso voara sobre o mar. Ali ele cometera suicídio, preferindo mergulhar na água a ver sua honra e suas vitórias lhe serem arrancadas injustamente. No dia em que Swallisch morreu, ao chegar de sua missão, Voegl alegou uma vitória, e Bendert, duas.

* * *

Onze dias mais tarde, 30 de agosto de 1942

Um mês depois de seu acidente, Roedel voltou para a unidade. Franz o encontrou enquanto Roedel arrumava seus pertences na cova que lhe cabia. Roedel reassumira o controle do Grupo II e mandara Voegl de volta ao Esquadrão 4. Contou a Franz que passara somente uma semana em casa, em Merseburg, e que o restante do tempo viajara de um lugar a outro.

— Gosto mais daqui — ele admitiu, um comentário que Franz achou bizarro.

Franz tentou explicar o que acontecera com a Esquadrilha do Voegl, mas Roedel o interrompeu. Ele já conversara com Neumann, que lhe dissera que o caso estava encerrado. Todas as vitórias em questão haviam sido confirmadas e informadas a Berlim. Franz o encarou, incrédulo. Roedel explicou que Neumann decidira não fazer julgamentos porque não estivera ali, voando com eles em combates de vida e morte. Neumann decidira conceder a seus homens o benefício da dúvida.

Franz ponderou que tinha havido uma ruptura de honra, e Roedel lhe perguntou se valia a pena reabrir um caso encerrado. Roedel explicou que, durante o mês em questão, Bendert marcara sua trigésima vitória — "as trinta mágicas" — e fora nomeado para receber a Cruz de Cavaleiro. Mas Franz argumentou que prometera a Swallisch que limparia o nome deles, e que sempre pairariam dúvidas a menos que a verdade fosse revelada. Roedel concordou em pensar sobre o assunto, mas sabia que as coisas ficariam feias.

— Você poderia ter nos poupado muitos problemas se tivesse tomado uma posição — ele disse a Franz, que assentiu em silenciosa concordância. — E temo que você não vá estar aqui para ver o resultado — Roedel continuou.

Franz não entendeu.

— Você vai para casa — Roedel esclareceu. — A mim não fez bem nenhum, mas você talvez goste.

Por um momento, Franz reagiu exatamente como Roedel reagira após o acidente. Havia algo na simplicidade da vida no deserto, até mesmo suas dificuldades, que o fazia não querer partir.

* * *

Durante a primeira semana de setembro de 1942, Franz se viu sentado em um banco solitário no ponto mais afastado do campo, onde aviões de carga Ju-52 entregavam os suprimentos da unidade. Franz tinha suas ordens: conseguir uma carona em um avião cargueiro para a Líbia, de lá voar para a Sicília, e, então, seguir para a Itália. Dali ele tomaria um trem até a Alemanha.

De quando em quando, um velho sargento surgia para dizer a Franz que um Ju-52 chegaria a qualquer momento. A biruta estava murcha e caída. Não havia recrutas ansiando uma grande aventura, somente mecânicos encadeando cintos de munição e ordenanças inventariando os estoques.

Franz havia se despedido de Roedel, de seus companheiros e até de Marseille, que acabara de voltar da folga. Franz tinha encontrado Marseille andando a esmo pela base, estranhamente relutante em voltar à cabine. Ele já não exibia fotos de modelos e atrizes em sua cova — substituíra-as por uma fotografia emoldurada de sua namorada, Hanneliese, que era professora.

— Acabamos de ficar noivos — Marseille contou a Franz. — Na minha próxima saída, que espero que seja na época do Natal, vamos nos casar. Se não, esperarei pelo próximo Natal; é a melhor época para um casamento.

Quando Franz insinuou que Marseille nunca mais seria tão divertido quanto costumava ser, a Estrela da África provou que ele estava errado, contando as piadas sujas que aprendera recentemente. Marseille indicou alguns restaurantes em Berlim.

— Diga que você é meu amigo — ele disse a Franz —, e eles vão expulsá-lo antes de levá-lo à sua mesa!

De seus dias em voos comerciais, Franz ainda se lembrava de cor do som de um Ju-52. Ao longe, o avião pousou em meio a uma onda de calor. Bem distante, lá no alto, caças 109 escoltavam a aeronave, sua missão incompleta até que o aparelho tivesse sido descarregado, recarregado e estivesse voando de volta no mesmo trajeto pelo qual viera.

O Ju-52 taxiou e parou, mas o motor permaneceu em funcionamento enquanto a equipe de terra suspendia uma rampa até a lateral da fuselagem. Eles empurraram barris para fora da barriga do avião. Franz acomodou a sacola no ombro quando um *kuebelwagen* rangeu e freou atrás dele. Roedel saltou de dentro.

— Eu sempre me despeço dos meus pilotos — Roedel relembrou a Franz. — Só estou grato por não despachar você em uma caixa de madeira.

Franz enfiou o chapéu sob a axila suada. Deixando cair a sacola, começou a formar a continência para Roedel, que, por sua vez, esticou o braço adiante, exatamente como tinha feito quando se conheceram. Os dois homens se apertaram as mãos, ambos sérios. Eles sabiam que não havia nenhuma garantia de que o avião de Franz conseguiria atravessar o Mediterrâneo, e Roedel tinha acabado de se registrar de volta no inferno.

O responsável pelo carregamento do Ju-52 tocou Franz no ombro e apontou para o avião, que o aguardava. Os pilotos do avião encararam Franz através das janelas, irritados, com pressa de se afastarem para o mais longe possível daquela zona de guerra. Franz entrou no avião e se sentou desconfortavelmente no fundo, desacostumado à posição de passageiro. O avião o levou embora. No dia seguinte ele partiria do Continente Negro em um Ju-52 carregado de soldados feridos e queixosos do Corpo Africano. Desta vez, quando o avião sobrevoou a costa africana, Franz não olhou pela janela.

7
A VOLTA PARA CASA

Uma semana depois, início de setembro de 1942, perto de Amberg

Franz se aproximou da porta do bar. Alisou o casaco cinza e esticou as pontas da gola amarela. O quepe estava alinhado na cabeça, então ele o pôs de lado, no ângulo garboso que outros veteranos adotavam. O punho esquerdo do casaco era circundado por uma faixa cor de areia em que se lia "Afrika", um emblema que apenas os homens que haviam combatido lá podiam usar. Ele apertou a gravata preta. A gravata não era apenas para ocasiões especiais. A Força Aérea reputava a si mesma como o ramo mais cavalheiresco entre todos os militares da Alemanha. Exceto no deserto, os pilotos alemães usavam gravata o tempo todo, inclusive em voo.

Uma vez dentro do bar, Franz foi em direção à filha do mestre cervejeiro, a garota de seus sonhos de adolescente, cujos seios e cabelos loiros haviam exercido determinante influência em seu desvio da carreira clerical. Franz abriu um amplo sorriso e tirou o quepe, revelando mechas cuidadosamente penteadas para trás e laterais e parte posterior cortados bem curtos. A garota emergiu de trás do balcão, olhou para ele e, estranhamente estancou, a meio metro de distância.

Franz olhou para ela. Ela lhe deu um tapa no rosto. Surpreso, Franz arregalou os olhos.

— Você não tem vergonha de vir aqui? — Ela disparou.
— O que há de errado? — Franz perguntou, com os olhos esbugalhados.
— Saia! Saia! Saia! — Ela berrou.

Franz hesitou e perguntou novamente o que havia feito de errado. A garota ameaçou chamar o pai. Franz foi embora.

Naquela noite, Franz estava sentado com a mãe enquanto ela tomava uma cerveja. Todas as noites, sem falha, ela tomava uma cerveja. Franz confessou suas desventuras com a filha do mestre cervejeiro. A mãe deu de ombros com um sorriso culpado. Franz percebeu que de alguma forma ela estava por trás do tabefe que ele levara, e perguntou o que ela havia feito. Ela então contou que, quando Franz partiu para a África, deixando para trás uma quantidade de namoradas, cada uma lhe escrevia pedindo notícias dele. Ela não respondia. Então as mocinhas escreviam de novo e de novo. Em seguida começaram a bater à sua porta para perguntar sobre Franz. Ela admitiu então que, irritada, escreveu para cada uma das garotas uma carta que dizia: "Franz se casou, deixe-o em paz!". Franz explodiu em uma gargalhada pelo costumeiro temperamento inflexível da velha mãe. Ele sabia que ela provavelmente ainda rezava para que ele recuperasse o juízo e se tornasse padre.

A folga de Franz deveria durar oito semanas, mas ele se pegou desejando voltar mais cedo. Sempre que passeava de bicicleta por Amberg, os pais de seus amigos lhe contavam para onde os filhos haviam sido designados. Toda manhã, ao manusear o farfalhante jornal, ele lia as manchetes sobre as más notícias na Frente Africana. O JG-27 perdera o sargento Gunther Steinhausen, um ás com quarenta e cinco vitórias, e no dia seguinte Stahlschmitt, com cinquenta e nove — ambos mortos.

Três semanas depois, as manchetes esgoelavam em enormes letras pretas que o herói do deserto do Esquadrão 3, Marseille, estava morto. Em choque, Franz leu a notícia. Dizia que Marseille, depois de uma missão de combate, morrera saltando de paraquedas de seu caça prestes a explodir. Mas Franz tinha certeza de que havia algo mais por trás da história. A Força Aérea do Deserto nunca conseguiria matar Marseille.

Quando a folga se aproximava do fim, em outubro, as ordens de Franz foram modificadas; ordenaram-lhe que não voltasse para sua unidade, pois o JG-27 estava se retirando do deserto. A África se tornara uma causa perdida para os alemães. Os britânicos haviam lançado uma ofensiva a partir de El Alamein, um ataque que Rommel fora incapaz de impedir. No início de novembro, enquanto os alemães recuavam, um novo inimigo pousou atrás deles em Casablanca: os norte-americanos. Quando o primeiro piloto norte-americano foi capturado, Neumann o convidou para juntar-se a ele para o café da manhã. Neumann ficou pasmo com o fato de que o aviador, um major, usava somente um macacão verde-oliva como traje de voo. Neumann olhou para o piloto inimigo com grande preocupação, enquanto o norte-americano devorava entusiasmadamente o café da manhã. Neumann sabia que por trás daquele homem estava o poder do império industrial dos Estados Unidos. Neumann perdeu o apetite.

Em volta da mesa com seu pai e o padre Josef, Franz chegou à mesma conclusão — e pior. Eles concordaram que a guerra já estava decidida desde junho de 1941, quando Hitler atacou a União Soviética e abriu uma segunda frente de batalha. Hitler dissera a seu povo que a União Soviética estava prestes a atacá-los, mas a verdade pouco importava. Os homens mais velhos já haviam perdido uma guerra em 1918 e sabiam como a derrocada de uma nação se desenrolava.

— O que eu faço agora? — Franz perguntou aos mais velhos.

— Você é um piloto alemão — o pai lhe respondeu. — Simples assim.

O padre Josef, ele mesmo um ex-piloto, assentiu. Embora raramente falasse sobre suas histórias de guerra, ele disse algo de que Franz nunca se esqueceria:

— Não se preocupe. Nós lutamos melhor quando estamos perdendo.

8
BEM-VINDOS AO OLIMPO

Seis meses depois, 13 de abril de 1943, noroeste da Sicília

Escondido na sombra de uma oliveira, o cone branco do nariz do Bf-109 cinza começou a girar, as hélices pretas cortando o sol do meio-dia que se infiltrava entre os galhos. O motor gemeu, tossiu e arrotou fumaça branca antes de se estabilizar em um ritmo constante. Franz estava sentado na cabine, um cachimbo apertado contra os dentes. Usava apenas o quepe — nada de capacete de voo, nenhuma proteção auricular — e trabalhava nas alavancas de comando de seu 109 novo.

Mecânicos, em camisetas sujas de óleo e bermudas cáqui folgadas, observavam a hélice. A Sicília era tão quente quanto o deserto, mas, ao contrário da África, a ilha tinha árvores, flores e riachos ao longo dos quais cresciam grandes arbustos. Na Base Aérea de Trapani, os mecânicos do Esquadrão 6 preferiam trabalhar sob as sombras mais ao sul da base, longe dos "grandes alvos", os hangares que ficavam na extremidade norte. O chefe dos mecânicos inclinou-se para dentro da cabine e analisou os medidores.

— Ainda está esquentando muito — Franz insistiu com o chefe, que havia se debruçado para ouvir o que o piloto dizia.

A Yellow 2 era um novo modelo da aeronave Gustav, ou G-4, novinha em folha, recém-saída da fábrica. Com seu novo padrão de camuflagem, o caça parecia um tubarão cinza lustroso vibrando no bosque de oliveiras. As laterais e as asas eram de uma tonalidade pálida de cinza, a barriga tinha pinceladas de azul e um traço ondulante, em cinza-escuro, corria ao longo da espinha do avião. Uma Yellow 2 se distinguia por sua camuflagem.

Franz desligou o avião e pulou para fora da cabine. O mecânico insistia que Franz estava imaginando problemas. Franz lembrou ao mecânico que fora um modelo G que matara Marseille.

Franz soube da história de Marseille ao tornar a se juntar à unidade. Quando os novos modelos G foram entregues ao JG-27, Marseille se recusou a voar no seu e proibiu seus pilotos de voarem, porque o novo motor do avião, um Daimler-Benz mais poderoso, era sujeito a falhas. O general Albert Kesselring soube que Marseille estava lançando dúvidas sobre o G, e ordenou que ele pilotasse o avião.

E fora assim que Marseille morrera. Ele estava voando de volta para casa depois de uma missão quando um componente do motor de seu modelo G trincou, interrompendo o fornecimento de óleo. A fumaça encheu a cabine. Cego e desorientado, Marseille não percebeu que o avião estava desnivelado e mergulhando. Quando ele saltou, em vez de cair sob o avião, a corrente de ar o jogou de encontro ao leme. O mesmo leme que exibia 158 marcas de vitória afundou o peito de Marseille e o pôs inconsciente, incapaz de abrir o paraquedas. Os amigos de Marseille haviam assistido, impotentes, à queda de seu corpo no chão. Mais tarde, os companheiros voltaram à base em um *kuebelwagen*, com o corpo de Marseille repousando atravessado em seus colos. Em uma folha de palmeira, eles desenharam o caixão na carroceria de um caminhão. Depois de enterrarem Marseille, se reuniram em uma tenda e escutaram a música favorita dele, *Rumba Azul*, no gramofone. Um mês mais tarde, precisaram ser retirados da frente de combate devido ao moral destruído.

O mecânico prometeu a Franz que daria uma olhada. Seus homens pegaram as ferramentas, escoraram a cobertura com estacas e começaram a desmontar as travas de segurança da capa do motor.

Franz se afastou, cruzando a pista com o colete salva-vidas em uma mão e seu capacete de voo na outra.

Pequenos cartuchos prateados de sinalização subiam pelo cano de suas botas como munição. Os sinalizadores eram uma necessidade, agora que ele constantemente voava sobre a água.

Do lado oposto à pista que levava ao norte ficava a vila de Milo, com seus telhados planos e brancos, e atrás da vila o Monte Erice, enorme e de aparência arenosa como se pertencesse às terras áridas do sudoeste norte-americano. Roedel mantinha seu quartel-general ali, em uma caverna logo abaixo do cume. No topo do Erice, um antigo castelo normando abandonado se agarrava à face leste. Chamava-se Castelo de Vênus, e suas torres e muros haviam sido construídos para a deusa romana Vênus sobre as ruínas de um antigo templo. Franz com frequência enxergava aparições fantasmagóricas de cavaleiros ali, olhando para baixo em direção ao acampamento. O grupo fora designado para a Base Aérea de Trapani um mês antes. Roedel promovera Franz a sargento e o colocara no Esquadrão 6, sob Rudi Sinner, calculando que o humilde piloto seria uma influência melhor do que Voegl, a quem Roedel despachara para liderar um destacamento na África.

Franz caminhou sem destino ao longo da pista de decolagem, onde os novos 109s do Esquadrão 6 eram mantidos em áreas cercadas construídas com tijolos cinza, que se mantinham unidos por meio de argamassa branca. O Esquadrão 6 era apelidado de Ursos, porque haviam feito do urso de Berlim seu mascote, e o tinham pintado em suas insígnias. Franz viu seus companheiros confraternizando nas grutas atrás dos aviões. Os pilotos se esparramavam em confortáveis cadeiras brancas e bebiam chá de ervas e limonada gelada. Franz sentiu a brisa fresca que soprava do mar e pensou em como a Sicília parecia um lugar muito melhor do que a África.

Franz estancou subitamente. O vento trazia um som que nos dias anteriores ele aprendera a temer. Era o ruído vibrante e prolongado de uma nuvem de vespas metálicas bem altas no céu. *Batida! Batida! Batida!* Três explosões de artilharia antiaérea foram ouvidas no limite da base, sinal de que estava ocorrendo um ataque aéreo.

Os pilotos correram das grutas para seus 109s. Franz disparou em direção ao avião. As botas forradas de pelo de animal martelavam com força a terra seca, e ele desejou estar calçando as finas botas de cavalaria que os aviadores usavam nos dias da Batalha da Grã-Bretanha.

O barulho ficou mais alto. Franz olhou para cima enquanto corria e viu vinte ou trinta pequenas cruzes brancas a cerca de 15 mil pés, na parte sul do horizonte, vindo em sua direção. Seus receios se confirmaram: eram Quatro Motores, os aviões que os norte-americanos chamavam de "B-17 Flying Fortress".

Ainda correndo, Franz se aproximou da gruta dos mecânicos. O chefe dos mecânicos emergiu, agitando os braços.

— Ainda não está pronto! — Ele gritou.

Franz xingou seu novo 109. Girando sobre os calcanhares Franz decidiu que, se o próprio aparelho estava indisponível, ele poderia pegar emprestado o avião de outra pessoa. No primeiro cercado, encontrou um 109 abastecido e pronto, com a cabine aberta. Um membro da equipe de terra esperava para acionar a manivela, pronto para trazer a aeronave à vida, enquanto outro esperava junto à base da asa para ajudar a amarrar o piloto. Franz agarrou a alça atrás da cabine para se suspender, mas uma mão o puxou para baixo e uma voz soou às suas costas:

— Este é o meu, Franz!

Franz se virou e viu o tenente Willi Kientsch se erguer até a asa. Willi parecia mais um adolescente italiano pálido do que um piloto de caça. As sobrancelhas negras caíam sobre seus olhos tranquilos. Baixo, fraco e briguento, Willi tinha apenas vinte e dois anos, mas acumulava dezessete vitórias, o mesmo que Franz. Franz xingou e correu para encontrar outro avião. Embora Franz e Willi estivessem empatados na marcação, não eram rivais. Willi era o melhor amigo de Franz no esquadrão, e Franz sabia que ele tinha o direito de reclamar o avião. No 109 seguinte, Franz chegou até a ponta da asa quando outro piloto gritou "Nem pense nisso!", enquanto atirava o capacete para cima, na direção de um membro da equipe de apoio, e se levantava para embarcar.

Um arco de cintilações vermelhas cruzou o céu sobre a base, o sinal para que todos se escondessem em abrigos antibombas. De uma fenda na trincheira atrás do cercado, um mecânico gritou para que Franz se protegesse. Franz conseguiu ver que a trincheira já estava lotada de mecânicos que observavam o céu.

Franz continuou correndo. O 109 seguinte do qual se aproximou terminou de taxiar antes que ele pudesse tentar entrar. Adiante, na pista, mais um 109 taxiou e decolou. Mais além, um piloto desligou o motor, saltou da cabine e correu, os instintos de autopreservação falando mais alto. Outro piloto viu a cena e fez o mesmo, e então mais um.

Franz olhou para cima. Os B-17s eram agora grandes cruzes brancas em fila. Ele contou vinte e seis bombardeiros. Lentamente, eles faziam a volta para sobrevoar a base. Estavam quase exatamente sobre eles. Franz jurava poder ver pequenos pontos negros em suas barrigas, os compartimentos de bomba abertos. Willi e seu companheiro de voo decolaram, passando ao lado de Franz e tornando tudo pior.

Era tarde demais para conseguir um avião. Franz sabia que precisava se afastar o mais longe possível do campo. A distância, ele localizou uma pequena clareira entre as árvores, onde alguns homens haviam feito uma escavação no dia anterior, e correu para lá. Encontrou a passagem e deslizou para dentro, afastando um mastro de madeira que ocupava todo o comprimento. Quando suas botas tocaram o chão, Franz entendeu por que a trincheira estava desocupada — não era um abrigo. Era uma latrina. O mastro estava lá para servir de apoio ao traseiro dos homens. Por sorte a latrina era recente e parecia ter sido usada umas poucas vezes. Tomado pelo asco, Franz tentou escalar para sair dali, mas o som das bombas assoviando acima o convenceu a voltar. Ele foi até o fim da vala e espiou para fora.

A terra tremeu quando o primeiro avião jogou bombas na pista. Um segundo ataque se seguiu. Um terceiro. Um quarto. Franz apoiou a testa na areia suja da ilha e tirou o rosário do bolso da camisa. Houve uma série deles, cada um provocando o clarão equivalente a 226,8 quilos de explosivos. Os caças alinhados na pista de decolagem evaporaram um a um, em bolas de fogo que irrompiam da área cercada. A terra se soerguia, cuspindo sujeira. Fragmentos de aço voavam em todas as direções, ceifando árvores em grandes nacos retorcidos.

Franz cobriu as orelhas, mas isso só fez com que a concussão doesse mais. Ele pôs a mão na garganta, enquanto cada explosão sugava o ar de seus pulmões. Fechou os olhos para protegê-los do brilho intenso e doloroso. Perdeu o equilíbrio e sentiu vontade de vomitar. As bombas caíam, de novo e de novo. Cada uma era uma onda supersônica, que golpeava Franz como uma saraivada de relâmpagos castigando a terra.

Tão subitamente quanto haviam começado, os tremores pararam. Fez-se silêncio. Os B-17s tinham despejado sua carga e ido embora. O ataque era parte da nova ofensiva dos Aliados, a Operação Linho. Os norte-americanos e britânicos sabiam que Hitler havia se recusado a evacuar o Corpo Africano do deserto, e que a única coisa impedindo o colapso de Rommel era o canal de suprimento da Sicília. A Operação Linho era o plano dos Aliados para cortar o cordão umbilical que os abastecia de munição, combustível e comida.

Os ouvidos de Franz apitavam. Ao se levantar da trincheira, ele perdeu o equilíbrio e caiu de rosto no chão. Com olhos turvos, viu os focos de incêndio na pista de decolagem. Nos cercados, asas partidas e caudas reviradas tomavam o lugar antes ocupado pelos 109s. Estreitando os olhos na tentativa de vencer a tontura, Franz olhou na direção da gruta dos mecânicos. Ali, através da fumaça, viu a Yellow 2. O Gustav estava orgulhosamente intacto, enquanto os demais ao redor ardiam nas chamas. Franz deu um tapa de alegria no solo.

* * *

Naquela mesma noite

Franz e Willi dirigiram o *kuebelwagen* do Esquadrão 6 pela estrada sinuosa que subia por uma das faces da montanha. A estrada era rústica e cheia de curvas fechadas. Franz mantinha o veículo em marcha lenta e os pneus levantavam a areia amarelada. Abaixo do cume, a montanha se suavizava. Franz parou no desvio onde outros *kuebelwagens* esperavam, na entrada de uma caverna, sob redes de camuflagem. De dentro da caverna eram cuspidas pilhas de pedras, um sinal de "reforma do lar" em andamento no quartel-general montanhoso da unidade. Franz e Willi andaram pela escarpa para apreciar a vista majestosa. Em muitas noites, os pilotos se reuniam ali para fumar. Eles se sentiam mais em casa acima da terra do que em cima dela.

A seus pés se estendia Milo. Mais além, ao sul, a base aérea, com sua pista em forma de osso e uma área circular de manobra em cada ponta, onde os aviões aqueciam motores antes das decolagens. Acima deles, assomavam os muros sólidos do Castelo de Vênus. A leste, ficavam as fazendas mediterrâneas e seu pomares de oliveiras, exalando o calor acumulado durante o dia. Para além das fazendas, abriam-se os campos de trigo *durum*, ainda dourados à luz do entardecer. A oeste, ficava a antiga cidade costeira de Trapani. Ela fora construída em uma baía em forma de meia-lua, e ganhava vida ao pôr do sol tal como as vilas mediterrâneas, quando acendiam suas lâmpadas a óleo. Willi sempre reagia com indiferença ao cenário, e se pavoneava a respeito do esqui em sua cidade natal, Kisslegg, onde antes da guerra ele fora um esquiador proeminente. Quando não estava se exibindo acerca das montanhas, Willi incensava o domo da igreja de sua pequena cidade. Fora construído ao lado de um lago onde as pessoas iam passear após a missa. Franz percebia o inocente orgulho que a pequena cidade inspirava no jovem piloto, cujo quepe de oficial sempre parecia ter sido tomado de empréstimo do pai dele.

— Bem-vindos ao Olimpo — Roedel gritou, ao sair da caverna que seria seu quartel-general.

Franz sabia que ele estaria lá. A base aérea lá embaixo era o reino de Roedel, e a montanha e o castelo, seu estado. Seus esquadrões — o 4, o 5 e o 6 — formavam agora os "Cavaleiros da Sicília". Aparelhados com novos aviões e abastecidos de novos pilotos, os esquadrões tinham por missão, desta vez, defender a ilha e os comboios de abastecimento para a África. Com apenas quarenta e dois aviões, o Grupo II encarava uma missão prevista para todo o JG-27. Com a ampliação das frentes de guerra, a esquadra fora dividida, e jamais voltaria a operar conjuntamente. Em vez disso, Neumann, que comandava a partir de uma base no meio da Sicília, estava despachando alguns de seus esquadrões para a França e outros para a Grécia. Como apoio Roedel tinha os italianos, pilotos corajosos, porém, mais conhecidos por suas façanhas acrobáticas do que por sua destreza em combate. Possuía também três equipes fantasmas, o Esquadrão de Caças 53, cujas aeronaves repousavam, abandonadas, no extremo norte da base aérea, e cujos pilotos estavam em casa, descansando das missões na África.

Relaxados em torno do *kuebelwagen*, Franz, Willi e Roedel começaram a fumar e a contar histórias. Franz pegou o cachimbo e o saco de fumo, um novo hábito. Ele socou o fumo no cachimbo usando o metal gasto de um cartucho vazio. Roedel e Willi acenderam cigarros. Eles conversaram sobre o ataque sofrido naquele dia e lamentaram a perda de oito caças bombardeados em solo. Willi havia alcançado os Quatro Motores ao norte da ilha e abatido um, uma conquista muito significativa. Vencer um bombardeiro dava pontos extras e levava o piloto bem mais perto das "trinta vitórias mágicas" e da Cruz de Cavaleiro. Vencer um caça valia um ponto, mas vencer um bombardeiro valia três, porque o bombardeiro era um adversário muito mais desafiador.

Invariavelmente, as conversas remetiam aos velhos tempos na África. Willi mal conhecera Franz lá, mas ouvira falar da Esquadrilha do Voegl. Roedel explicou que ele próprio fora arrastado para a controvérsia da pontuação. Poucos dias após sua volta, Roedel marcara sua quinquagésima terceira vitória, quando começaram rumores sobre ele mesmo, também, ter inflado o número.

Em segredo, Roedel tomou uma atitude. Quando Voegl e Bendert alegaram novas vitórias, ele enviou o 109 equipado com câmera da unidade, mais o avião de reconhecimento Fiesler Storch, para o lugar onde eles disseram que estavam os aviões inimigos derrubados. Quando as buscas não encontraram nada, Roedel confrontou Voegl e Bendert. Ele sabia que os dois haviam entrado em combate — até este ponto, havia testemunhas. Mas ambos alegaram vitórias que não puderam ser confirmadas[15].

Roedel poderia ter exposto Voegl e Bendert à execração. Mas ele sabia que tal exposição teria transformado o JG-27 no maior alvo de gozação de toda a Força Aérea. Então, cuidou do assunto de modo privado. Ele os manteve voando e lhes deu uma segunda chance de consertar o mal que haviam feito. Ele permitiu que Voegl mantivesse a liderança do Esquadrão 4, e não interferiu na nomeação de Bendert para a Cruz de

---

[15] Roedel recordaria: "Eu não acredito que se tratasse de uma mentira intencional sobre as vitórias deles, mas ficou comprovada uma enorme negligência quanto às vitórias que eles reclamavam. Simplesmente porque um piloto atira, e talvez acerte, mas não confirma a queda ou explosão da aeronave, nem o salto do piloto. A situação manchou todos os envolvidos naquele Grupo e naquele esquadrão, e até mesmo Stigler e eu fomos interrogados. Realmente uma coisa ruim". [*Cap 8, nota 1*]

Cavaleiro. Entretanto, como punição, Roedel manteve os dois homens no deserto pelo maior tempo possível. Depois que Roedel os confrontou, Voegl marcou apenas mais uma vitória, e Bendert, nenhuma. Mas ambos se tornaram parte do time de novo, fazendo uma missão após a outra sem novas alegações de vitória. Eles lutavam com mais afinco do que antes, como se desejassem compensar o que tinham feito a Swallisch. Quando o JG-27 partiu do deserto, aquele mês de má conduta estava totalmente esquecido.

Sem nenhuma falha, as conversas noturnas de Franz com Roedel assumiam um tom negativo. Parecia que, quanto mais Roedel olhava para o horizonte, mais assombrado se tornava pela visão dos horrores que ainda aconteciam na África.

— Nós somos os próximos — ele disse, entre tragos no cigarro. — É impossível vencer aqui.

Franz inalou profundamente, a extremidade do cachimbo incandescendo. Todos haviam escutado os rumores segundo os quais o inimigo dispunha, agora, de 5 mil aviões na África. Em silêncio, os homens contemplaram o belo por do sol da Sicília e o horizonte mais ao sul, onde a escuridão já tomava os céus.

* * *

Três dias mais tarde, 16 de abril de 1943

Voando em espiral em seus 109s através das nuvens dispersas, Franz e Willi viram uma fumaça subindo do lado oposto ao do Olimpo. As colunas cinzentas nasciam no porto de Palermo, na costa norte da ilha. Os Quatro Motores haviam bombardeado as docas e casas de força, e afundado dois navios. Franz, Willi e vinte e um de seus camaradas haviam chegado tarde demais. O céu estava vazio. Eram 16h30 e os Quatro Motores tinham acabado de estragar os encontros do jantar em Trapani que Franz arranjara para si mesmo e Willi.

Do Olimpo, os controladores enviaram uma mensagem de rádio alertando que caças P-38 tinham sido vistos sobre o Golfo de Palermo. Franz nunca vira um P-38, mas ouvira o nome que os meninos africanos tinham dado ao novo caça norte-americano: "Diabo com Cauda de Garfo". Diziam os boatos que o P-38 Fork-Tailed Devil era capaz de cuspir o fogo de cinco metralhadoras e de um canhão ao mesmo tempo, todos alojados no nariz. Supostamente, era também capaz de mudar do nível de voo para uma curva acentuada em um piscar de olhos.

De seu caça, a aeronave Yellow 3, Willi disse a Franz pelo rádio que tinha um pressentimento de saber onde os bombardeiros poderiam estar. Dois dias antes, depois que os B-17s haviam destruído a base, Willi os avistara no norte da Sicília, virando-se para oeste e mudando de curso para contornar a orla e seguir para casa, na África do Norte. Willi supunha que agora os Quatro Motores estariam fazendo a mesma rota, e disse a Franz que poderiam interceptar os bombardeiros no oeste da ilha, caso se apressassem.

Franz gostava da ideia de perseguir "a horda", como os bombardeiros eram chamados, em lugar de "Fork-Tailed Devil". A iniciativa fora de Willi — ele lideraria o voo, porque o comandante do esquadrão, Sinner, havia se machucado várias semanas antes, depois de bater quando pousava no campo. Apesar de Willi ser mais jovem, Franz confiava nele e respeitava sua patente e coragem.

Willi tomou o rumo oeste e acelerou. Seus modelos G pareciam vibrar de alegria pela iminência de voar em velocidade máxima. Quando os caças cruzaram a ilha e passaram a sobrevoar o mar, as nuvens revelaram a que velocidade iam. O novo motor da série G tinha 120 mais cavalos de força do que o F, as hélices eram maiores e ele era mais rápido, capaz de atingir 643 quilômetros por hora em altitude. O G ainda era fraco para combates a curta distância. O aumento na velocidade obrigava que as curvas fossem ainda mais abertas. E era um assassino nas decolagens. Se um piloto aplicasse demasiada força, demasiado depressa, ele dava um tranco e girava para trás, caindo sobre as próprias costas em plena pista.

— Ali vai a horda! — Alguém gritou pelo rádio.

Willi estava certo. Adiante, Franz os viu: os Quatro Motores. Como uma nuvem negra, eles voavam a 24 mil pés sobre uma ilhota de pescadores chamada Marettimo. Eram B-17s do 97º Grupo de Bombardeiros. Willi conduziu o esquadrão em uma curva suave para trás dos bombardeiros, até que eles estavam voando na mesma direção e em idêntica altitude. O grupo de 109s se distribuía em fileiras, cada grupo de quatro caças seguindo um à sua frente, dominando o céu.

Franz apertou os olhos através da mira iluminada de sua arma. Os Quatro Motores estavam vários quilômetros à frente, voando em direção ao sol poente. Ele conseguia divisar os corpos cor de mostarda escura e as barrigas brancas. Voavam em formação de caixa, um arranjo de vinte e um aviões que avançava em diagonal como se fossem degraus a caminho do paraíso. Isso permitia aos artilheiros lançar fogo para se cobrirem e protegerem mutuamente.

Franz sentiu o coração bater forte. Percebeu que seu avião subia e descia conforme os tremores de sua mão, e notou a ironia de estar pilotando como se fosse um cadete novamente. Através do para-brisa blindado, uma melhoria mais do que bem-vinda do modelo G, Franz observava enquanto Willi conduzia os 109 à sua frente, rumo à investida. Ele era o próximo.

Embora os bombardeiros ficassem mais leves e mais rápidos sem a carga de bombas, os caças lentamente se aproximaram deles por trás, usando como vantagem sua velocidade superior — superior em 160 quilômetros por hora. Quando o caça de Willi estava a 550 metros dos bombardeiros, todos os vinte e um artilheiros abriram fogo. Uma linha de projéteis convergiu em volta e na frente dos pequenos caças. O grupo de Willi entrou em pânico e disparou em resposta, cedo demais, deixando no ar um rastro de fumaça. Em seguida fugiram, mergulharam rumo à segurança, todos mais do que ansiosos por deixar que o grupo de Franz fizesse a tentativa seguinte.

De repente, já não havia um único 109 à frente de Franz, apenas a atmosfera enfumaçada entre ele e os bombardeiros. Ele não tinha experiência em atacar bombardeiros e estava inseguro sobre a forma correta de fazer aquilo. Franz passou um rádio para seus comandados instruindo-os a seguir atrás dele. Eles iriam meramente atacar um depois do outro. Franz estava assustado demais para pensar em últimos conselhos ou palavras de encorajamento.

— Vamos — disse, simplesmente.

Um de seus pilotos confirmou a transmissão. Os outros dois não deram um pio, também apavorados demais para falar.

Começando a novecentos metros, Franz acionou o disparador de artilharia. Ele ficou alarmado ao descobrir que atacar por trás era aflitivamente lento. Ele sabia atirar a 90 metros e se afastar. Mas cobrir a diferença de 810 metros até atingir aquela distância tomaria dezoito longuíssimos segundos.

Franz mirou no bombardeiro mais baixo de todos, para que ele e seu grupo pudessem fazer a saída mais rápida possível. Ele passou para 822 metros em dois segundos. Depois para 731 metros. E então para 640 metros. Quando estava a 548 metros, conseguia enxergar as estrelas brancas norte-americanas no meio de círculos amarelos nas laterais dos bombardeiros. A tripulação dos bombardeiros conseguia vê-lo também, e os artilheiros da cauda e da torre inferior abriram fogo, oitenta e quatro metralhadoras apontando em sua direção como se ele fosse um foco de luz sobre um ator no palco.

Cada arma cuspia sete balas pontudas de calibre .50 por segundo. À distância de 457 metros, com os projéteis passando por sua cabine, Franz percebeu a dolorosa verdade sobre os ataques feitos de trás. *Você não consegue fazer isto e não ser atingido.*

A 365 metros, ele viu a envergadura de uma asa preencher a mira de sua arma. Ele disparou um tiro de canhão um segundo antes de perder o controle dos nervos, então fez um rodopio, uma cambalhota, e fugiu. Os pilotos atrás dele fizeram a mesma coisa, alguns disparando, mas outros assustados demais para apertar o gatilho.

Quando Franz acabou o mergulho de fuga, olhou para cima através da cobertura da cabine e viu as barrigas brancas dos bombardeiros bem acima dele, afastando-se cada vez mais, incólumes. Ele se perguntou como conseguiu errar o alvo — as asas do inimigo haviam preenchido sua mira. Porém, como Willi antes dele, Franz falhara em reconhecer uma nova variável. A gigantesca envergadura trinta e um metros do B-17 era muito diferente das asas de doze metros de um caça. Ela preenchia a mira da arma mais depressa, embora ainda estivesse bem distante. Naquele dia, todos os tiros dos pilotos dos 109s erraram o alvo. Eles ainda teriam de aprender que a envergadura de um bombardeiro precisava *ultrapassar* a mira da arma antes que fosse a hora certa de atirar.

Para os jovens tripulantes norte-americanos, tinha sido uma vitória importante, embora exagerada. Eles relatariam ter sido atacados por "quarenta aviões inimigos" sem sofrer nenhuma baixa, e mais tarde escreveriam em seu relatório, simplesmente: "Aeronave inimiga disparou contra bombardeiros a distância".

* * *

Willi se posicionou acima da asa de Franz, e os caças retomaram a formação atrás deles. Zombeteiramente, Willi perguntou a Franz se ele gostaria de tentar de novo.

— Prefiro ser um covarde por sete segundos a ser um morto de longo prazo — Franz respondeu.

Willi então passou um rádio para os demais:

— Missão completa, retornar à base.

O ataque levara-os ao sudoeste da Ilha Marettimo, e Willi virou a nordeste para regressar. Nem um minuto havia se passado quando alguém gritou, pelo rádio:

— Caças! Onze horas inferior!

Franz se inclinou, esticando as alças que o mantinham amarrado, e espiou para além de sua asa esquerda. Viu silhuetas verdes a apenas 2 mil pés de distância, abaixo. A 16 mil pés, eles manobraram na direção oposta, rumo à África. Os olhos de Franz se arregalaram. Cada caça possuía dois motores, um em cada uma das amplas asas. Os suportes de apoio dos motores se estendiam para trás como os dentes de um garfo, e suas extremidades se uniam em uma pequena cauda. Eram P-38s, dez deles, os Fork-Tailed Devils do 82º Grupo de Caças. Os norte-americanos chamavam seus aviões de "Lightnings".

Ansioso por se redimir da ofensiva malsucedida aos bombardeiros, Willi informou a Franz que iria atacar. Willi não conhecia limites quando se tratava de forçar a própria sorte, e Franz concordou em lhe dar cobertura. Willi dispensou sua equipe, e Franz também liberou os homens que o acompanhavam. Era como no deserto de novo, dois especialistas contra muitos.

Franz seguiu Willi em um mergulho na direção dos P-38s. Ambos sabiam que precisavam abordá-los por trás, fosse na mesma altitude ou um pouco mais acima — de qualquer lugar, menos de frente. Cara a cara, os Lightnings acabariam com eles[16]. Os pilotos dos P-38s identificaram os 109s tarde demais.

---

[16] Franz recordaria: "Uma regra fundamental da qual nunca nos esquecemos era: evite combater frontalmente com um P-38. Era suicídio. O armamento deles era tão pesado, e seu poder de fogo tão letal, que ninguém jamais tentou esse tipo de ataque mais de uma vez". [Cap 8, nota 2]

Tendo a altitude, a velocidade e a surpresa a seu lado, Franz e Willi passaram atirando por cima da formação de P-38s. Willi metralhou um P-38 da ponta de uma asa à ponta da outra. Para cá e para lá, eles dançaram com os P-38s. Os disparos de Willi acertaram outro P-38, que caiu rodopiando. Mas os P-38s pareciam hesitar em combater. Depois de cada enfrentamento, eles retomavam a formação original e seguiam a rota para o sul. Todos, ao mesmo tempo, eles nivelaram suas asas e rumaram para a África, fugindo da luta.

Convencido de que ele e Franz haviam se imposto frente aos P-38s, Willi começou a persegui-los. Mas Franz o alertou para o fato de que os P-38s iriam apenas conduzi-los para o mar, onde ficariam sem combustível. Relutantemente, Willi abandonou a perseguição.

Franz inclinou a ponta da asa e olhou para baixo, para o P-38 que havia atingido. Estava em círculos descendentes, o motor expelindo fumaça preta. De repente, a capota da cabine se abriu e tombou para trás pela força do vento. O piloto ficou de pé e em seguida saltou em direção à parte de trás da asa. A corrente de ar sugou seu corpo para a parte inferior da cauda em forma de garfo. Ele despencou em queda livre a 12 mil pés, atravessando as nuvens. "Abre!", Franz gritou para o norte-americano, instando-o a abrir o paraquedas. Quando o paraquedas finalmente se encheu de ar e abriu, Franz suspirou de alívio. O piloto oscilava preguiçosamente para baixo, enquanto seu P-38 caía no mar. Franz voou mais baixo e viu o piloto do P-38 subir em um pequeno bote amarelo na crista das ondas.

Franz passou um rádio para o Olimpo dizendo-lhes que transmitissem aos italianos a posição do norte-americano. Ele supunha que os italianos estivessem a 70 quilômetros a oeste da Marettimo, e queria saber se a equipe da ilha poderia mandar um barco para resgatar o homem. Por um segundo, Franz ainda considerou a possibilidade de sobrevoar o piloto no bote como um sinalizador aéreo e assim facilitar que ele fosse encontrado, mas afastou a ideia. Isso o colocaria em risco. Se os combatentes inimigos estivessem fazendo uma ronda e o encontrassem, ele também seria derrubado no mar. Franz e Willi partiram do local, deixando o piloto no bote à mercê do destino. Enquanto se afastavam, Franz desejou ao homem que uma forte ventania o soprasse para oeste.

O norte-americano que olhava para cima a partir do bote era o segundo-tenente Conrad Bentzlin, um jovem vindo de uma grande família sueco-americana de Saint Paul, Minnesota. Era tranquilo e esforçado, e no ensino médio aprendera sozinho a falar inglês. Pagara por seus estudos na Universidade de Minnesota trabalhando no Corpo Civil de Conservação[17], apagando incêndios nas florestas no norte de Minnesota. Entre seus companheiros do 82° Grupo de Caças, Bentzlin tinha a fama de ser "o rapaz mais esperto da unidade".

Longe da costa, Bentzlin boiava sozinho. No dia seguinte, um grupo de P-38s o sobrevoou e, através dos buracos nas nuvens, viu-o acenando. Mas ele estava no meio do oceano, e não havia nada que seus camaradas pudessem fazer. Bentzlin nunca mais foi visto[18].

Quando Franz e Willi pousaram na Base Aérea de Trapani, correram a preencher os relatórios operacionais e reportar suas vitórias. Willi alegou dois P-38s, e Franz, um. Willi estava alegre porque eles haviam expulsado todo um esquadrão de Fork-Tailed Devils, mas Franz sentia laivos de arrependimento. Ele tinha visto o inimigo no bote. Mentalmente ele se colocava no lugar daquele homem, flutuando sozinho, sem água e sem comida, enquanto o mar se tornava cada vez mais bravo e nuvens de tempestade se avizinhavam. *Isto é a guerra*, Franz disse a si mesmo enquanto acendia um cigarro, outro novo hábito. A cada tragada, a lembrança do piloto norte-americano ia ficando mais distante. Assinou a papelada depressa, para que ele e Willi pudessem ir comemorar na cidade de Trapani, onde *belle donne* de cabelos negros e garrafas do doce vinho Marsala chamavam por eles.

---

[17] A Civilian Conservation Corps (CCC), criada por Franklin D. Roosevelt em 1933, foi uma organização que durante a Grande Depressão empregou centenas de milhares de jovens cidadãos norte-americanos em atividades de cunho ambiental. (N. da T.)

[18] Conrad Bentzlin tinha um irmão mais novo, Carl, que se tornou navegador em um B-24 que viria a ser abatido em Viena. Tal como Conrad, ele se tornou "desaparecido em missão", e nunca mais voltou. Quando Conrad foi derrubado, sua irmã, Betty, tinha dezesseis anos. Por muitos anos após a guerra, Betty continuaria procurando por ele na multidão.

9
A MÃO INVISÍVEL

Duas semanas depois, fim de abril de 1943, Trapani, Sicília

Franz e Willi esperavam nervosamente no jardim da vila, na lateral de uma montanha que se debruçava sobre a Baía de Trapani. O sol lançava longas sombras sobre a fonte ressecada que definhava no centro do jardim, entre grupos de palmeiras. Willi acendeu um cigarro, sentindo-se tenso. Tudo que Roedel lhes dissera era que o general Adolf Galland havia ordenado que eles se apresentassem na vila, o novo QG do general. Franz e Willi conheciam o rosto de Galland dos cartões postais — que eram os boletins noticiosos anteriores à era dos filmes de cinema — e das caixas de charutos que ele endossava. O general era um herói nacional, um ás com noventa e quatro vitórias, e, aos trinta e um anos, o mais jovem general da Alemanha. Todos os pilotos de combate alemães operavam sob suas ordens.

Franz e Willi haviam passado a ferro seus uniformes tropicais — casacos beges e quepes brancos —, pressupondo que Galland queria ou condecorá-los com novos prêmios ou tomar-lhes o depoimento acerca dos desastrosos comboios de suprimento para a África. Na semana anterior, Franz e Willi tinham voado para a África todos os dias, escoltando aviões de carga com suprimentos para o arruinado Corpo Africano. Eles haviam visto o bloqueio aéreo dos Aliados e testemunhado como o mar ficara coalhado de homens flutuando e de flamejantes destroços dos cargueiros alemães[19]. Os caças dos Aliados estavam derrubando trinta Ju-52s por semana, e os alemães tinham começado a chamar os dias segundo suas perdas — por exemplo, "O Massacre do Domingo de Ramos", seguido de "O Massacre da Quinta-Feira Santa".

Roedel abriu as altas portas de madeira do quartel-general e gesticulou para que Franz e Willi entrassem. Roedel ergueu as sobrancelhas nervosamente para Franz, como se dissesse "esteja preparado". Franz não via Roedel desde que Galland o nomeara como novo líder do JG-27. Neumann saíra. Ninguém sabia se ele fora promovido ou realocado, mas ele precisara abandonar seu amado JG-27 para trabalhar na equipe de Galland na Alemanha. Roedel escolheu Schroer para assumir seu lugar na liderança do Grupo II.

Depois de cruzar um cômodo amplo, de pé-direito alto e teto sustentado por estacas, eles encontraram Galland do lado de fora, em um pátio, descansando junto a uma mesa redonda, depois do almoço. Atrás dele estendia-se o mar. O sorriso estreito de Galland despontava sob o bigode preto. O cabelo preto lustroso e as sobrancelhas negras davam-lhe uma expressão ameaçadora. Um acidente grave tornara seu rosto ainda mais irregular. O acidente achatara seu nariz e baixara as sobrancelhas sobre os olhos. Ainda assim, Galland continuava sendo um galanteador jovial e um solteirão convicto. Ele usava uma camisa bege de mangas curtas sobre a qual a Cruz de Cavaleiro balançava pesadamente.

Em frente a Galland estava seu suplente e braço direito, coronel Gunther Luetzow, um piloto igualmente lendário aos trinta e um anos. Luetzow era conhecido como Homem de Gelo. Ele demonstrava pouquíssima emoção, fosse em terra ou no ar, onde havia marcado 104 vitórias, assim recebendo a Cruz de Cavaleiro. De constituição esbelta, tinha o rosto marcado por um nariz largo e seus pequenos olhos estavam sempre sérios, fosse por elucubrações profundas ou por preocupações agudas. Somente umas poucas pessoas já o tinham visto sorrir. Luetzow possuía ainda outro lado que poucos conheciam: era um homem de família, amoroso com a esposa e com o casal de filhos pequenos.

---

[19] Um dos cargueiros que conseguiram escapar levava um piloto que Franz conhecia bem: seu antigo líder de esquadrão, Voegl. Mas Voegl não saiu da África pelos próprios meios. Em 19 de abril, na Tunísia, seu caça colidiu com outro durante uma decolagem. Gravemente queimado, Voegl foi mandado para casa. Ele se recuperou lentamente, e mais tarde cuidou de uma escola de pilotagem até o fim da guerra.

Franz e Willi saudaram o general e o coronel, que permaneceram sentados, e se mantiveram em posição de sentido, enquanto Roedel tomava assento em uma cadeira à mesa de Galland[20]. A amizade entre Roedel e Galland remontava à Batalha da França, na qual Roedel fora o companheiro de voo de Galland no dia em que Galland marcou sua primeira vitória.

Galland acendeu um charuto, uma marca registrada de afetação que ele descobrira ao voar na Guerra Civil Espanhola. Galland amava tanto charutos que tinha um isqueiro elétrico instalado em seu 109. O 109 de Galland era famoso por outras razões. Franz jamais vira o avião, mas dizia-se que Galland o havia personalizado, com o acréscimo de metralhadoras extras e com uma imagem exclusiva no nariz, um desenho do Mickey Mouse pintado até a lateral da cabine.

Virando-se para Franz e Willi, Galland informou em seu tom de voz macio, correto, que tinha ido à Sicília para gerenciar o colapso na África. E mais: para investigar uma ameaça muito maior à Alemanha, os Quatro Motores. Galland confirmou o que todos os pilotos já sabiam, que os pesados bombardeiros norte-americanos estavam castigando a Alemanha vindos de uma única direção, a Inglaterra. Entretanto, se começassem a atacar também a partir do Mediterrâneo, seria impossível para a Alemanha defender-se da dupla ofensiva.

— Eles precisam ser parados aqui — Galland disse, e olhou para Franz e Willi. — Vocês são os pilotos que derrubaram os P-38 em 16 de abril, não?

— Sim, general — eles responderam.

— Então, por que vocês fugiram dos bombardeiros para irem combater os caças? — Galland perguntou.

Franz e Willi ficaram sem palavras. Galland citou-lhes o relatório. Os grandalhões Quatro Motores haviam bombardeado Trapani em 11, 12 e 13 de abril; ainda assim, apenas um deles fora derrubado. Em 16 de abril, os grandalhões voltaram, vinte e um pilotos tinham voado ao encontro deles e nenhuma vitória fora conquistada, a não ser P-38s. Galland contou que Goering recebera por telex cada um dos relatórios, e vira pessoalmente as alegações deles.

---

[20] A saudação nazista, com o braço estendido, não seria obrigatória até o verão de 1944. Em lugar dela, os homens da Força Aérea batiam continência como qualquer outro piloto do país, apenas acrescentando um estalido com o salto da bota.

— O *Reichsmarschall* sempre pede para ver o número de vitórias antes e o de perdas depois — Galland disse. — Isso demonstra bem o que ele pensa a respeito dos pilotos.

A voz de Galland carregava um tom de desprezo. Galland e Goering estavam às turras desde a Batalha da Grã-Bretanha, quando Goering pela primeira vez acusou os pilotos de covardia. Goering certa vez perguntara a Galland do que ele precisava para melhorar o estado de espírito de seus pilotos, e Galland respondera "caças britânicos Spitfire para o meu esquadrão". Fora um insulto verbal de que Goering jamais se esquecera.

A expressão de Luetzow se endureceu à menção do nome de Goering. Fora Luetzow quem, de fato, apelidara Goering de Balofo. Luetzow o odiava porque Goering era um homem ignóbil que agora estava no topo do comando da outrora nobre Força Aérea[21]. Goering havia liderado os 50 mil camisas-marrons — a tropa de choque do Partido — que tinham "monitorado" as cabines de votação nas eleições de 1933, intimidando os eleitores e suprimindo a oposição.

Roedel interrompeu Galland para lembrá-lo de que o Grupo II ainda era recente em cena, e que o tenente Willi Kientsch marcara para a unidade a primeira vitória contra um B-17. Estimulado por Roedel, Willi contou a história da queda do B-17. Deixou todos chocados ao confessar que o B-17 que havia destruído era na verdade uma aeronave desgarrada. Atingida por artilharia antiaérea, ela se extraviara de sua formação e ele não fizera mais do que terminar o serviço. Franz desejou que Willi conseguisse filtrar os pensamentos com a mesma perícia que demonstrava ao pilotar.

Galland assegurou a Roedel que não estava questionando sua liderança. Ele simplesmente precisava das respostas dos pilotos. Galland foi ao ponto e perguntou novamente a Franz e Willi:

— Por que vocês deixaram os bombardeiros escaparem?

— Porque atiramos muito de longe devido à artilharia defensiva deles — Willi admitiu.

— Ah — reagiu Galland. — Goering chama isso de covardia, mas eu, particularmente, acho que é uma questão de tática.

A ira de Franz foi despertada pela menção à palavra "covardia", e ele interrompeu o general:

---

[21] Galland recordaria: "Era como se ele [Luetzow] nunca demonstrasse nenhuma emoção a não ser raiva, e, ironicamente, esta era em geral direcionada para Goering, nunca contra o inimigo". [Cap 9, nota 1]

— Senhor, é a abordagem por trás que é o problema. Foi só o que nos ensinaram, e é uma estupidez.

Os três detentores da Cruz de Cavaleiro encararam Franz. Willi olhava fixamente à frente, branco como um fantasma. Galland se debruçou sobre a mesa, a cruz balançando como uma ameaça. Rumores davam conta de que a cruz de Galland era tão pesada, devido aos vinte e quatro diamantes incrustados, que ele precisava usar um lenço feminino por baixo do colarinho para suportar o peso. Galland deixou que um sorriso curvasse seus lábios e disse:

— Já era hora de alguém concordar comigo! Mas, diga-me, o que o faz pensar desta forma?

— A abordagem por trás só vai nos levar à morte — Franz respondeu. — É muito lenta. Nós precisamos chegar pela frente, em velocidade.

Galland bateu com o punho na mesa.

— Eu disse exatamente isso aos meus comandantes de grupo, "conduzam seus homens pela frente, em formação fechada"! Mas eles me disseram que uma abordagem dessas seria rápida demais.

— Um bom piloto encontrará uma maneira — disse Franz.

Os olhos de Galland incandesceram em concordância. Ele era um piloto corajoso e valorizava essa característica nos outros.

Galland reacendeu o charuto e pareceu se acalmar. Vendo o general satisfeito, Roedel gesticulou para que Franz e Willi saíssem. Eles saudaram Galland. Antes de partir, porém, Franz girou sobre os calcanhares e perguntou a Galland uma coisa que o vinha incomodando desde a Guerra Civil Espanhola.

— Senhor, é verdade que na Espanha o senhor pilotou usando calção de banho?

Galland riu e assentiu. Franz explicou que ele ouvira o boato quando estava pilotando cargueiros para a Espanha.

— Nós fizemos a entrega de sua munição — Franz completou.

Galland sorriu.

— Puxe uma cadeira — ele ordenou, indicando que Franz e Willi se sentassem. — Parece que temos um velho camarada aqui — Galland acrescentou para Luetzow, com um sorriso.

* * *

Embora Galland houvesse convocado Franz e Willi para lhes passar um sabão, ao fim do encontro ele havia oferecido um charuto a Franz e dito para chamá-lo de Dolfo, como faziam seus amigos. Franz descobriu que ele e Galland tinham um vínculo em comum, embora trágico. Ambos haviam perdido um irmão na guerra. Galland contou que, na infância, ele e os dois irmãos mais jovens, Paul e Wutz, adoravam brincar com trenzinhos elétricos. Ambos os irmãos haviam se tornado pilotos de caça e estavam aquartelados juntos, na França, quando Galland comandava o Esquadrão de Caças 26 (JG-26). Galland derrubara uma construção externa de seu quartel-general em um castelo, comprara um conjunto de trens elétricos e chamara os irmãos. Como se fossem novamente garotos, eles haviam montado os trenzinhos e brincado a noite inteira. Paul levara um tiro e fora morto no outono anterior àquele encontro entre Galland e Franz. Wutz ainda pilotava caças FW-190s, e Galland se preocupava com a segurança dele. Luetzow comentou que tinha um irmão na Marinha e afirmou não ter ideia do que havia "dado errado". Quando Galland riu, Franz percebeu que Luetzow havia contado uma piada, embora seu rosto permanecesse duro como pedra.

Ele nem sempre tinha sido um homem de gelo com um rosto de pedra. Luetzow fora outrora um acadêmico, estudioso de grande reputação e um piloto que os companheiros chamavam afetuosamente de Franzl, pois ele era "popular em todas as patentes e por causa de seu charme envolvente e de sua personalidade acolhedora" [Cap 9, nota 2]. Na Espanha, ele fora o primeiro piloto a marcar uma vitória com um 109, na época um aparelho novo. Porém, quando voltou para casa e soube dos valores do Partido, e de como 44% haviam tomado toda a Alemanha, ele escreveu em seu diário: "O antissemitismo primitivo e onipresente no *Reich* me deixa muito puto" [Cap 9, nota 3]. Luetzow entrou em conflito. Ele fora criado em uma família militar da Prússia. O pai era almirante e o ensinara que um soldado profissional deveria manter-se à parte da política. Então Luetzow continuou a voar e a lutar até junho de 1942, quando um evento sombrio na Frente Leste levou ao fim de sua carreira de combates.

Apenas Galland sabia qual era o evento que assombrava o coronel. Luetzow era o comandante do Esquadrão de Caças 3 (JG-3) em uma base aérea fora de Kharkov, na Ucrânia, quando soldados da SS vieram requisitar seus serviços. Eles queriam que Luetzow lhes emprestasse todos os não pilotos de que pudesse dispor para ajudá-los a capturar pessoas que eles chamaram de "indesejáveis". Luetzow conhecia a reputação da

SS e sabia que, fosse o que fosse que estavam planejando, boa coisa não era. Quando ele se recusou a ajudar, a SS ameaçou persegui-lo. Luetzow convocou todos os homens uniformizados de seu esquadrão: os pilotos, os ordenanças e até os mecânicos, e lhes contou o que a SS pedira. Ele garantiu que abriria mão de sua Cruz de Cavaleiro e se demitiria da Força Aérea se qualquer um de seus homens atendesse ao pedido da SS [Cap 9, nota 4].

Quando O Partido soube do discurso de Luetzow, circularam rumores segundo os quais ele seria enviado à corte marcial e talvez até fuzilado. Galland soube disso e se preocupou pelo amigo. Ele tirou Luetzow do comando do esquadrão, provavelmente salvando sua vida. O general pôs Luetzow em sua equipe e sob sua proteção. Galland concordava com o que Luetzow havia feito e a partir de então referia-se a ele como "um homem acima de todos os outros".

* * *

Uma semana mais tarde, 8 de maio de 1943

Em frágeis cadeiras de tecido, Franz, Roedel e Schroer esperavam ao sol do meio da manhã em frente à tenda que servia de escritório operacional da base aérea. Baganas se amontoavam nos cinzeiros ao lado deles — resultado do tempo de espera para receber o Esquadrão de Caças 77 (JG-77), que iria pousar a qualquer minuto. O escritório operacional ficava na parte norte do campo e parecia uma barraca de frutas de beira de estrada, em estranho contraste com os hangares bombardeados ali perto. Pela porta aberta, Franz ouviu as animadas vozes dos pilotos do JG-77 pelo rádio. Eles tinham divisado a Sicília, estavam entrando na linha de aterrissagem e falavam como quem tivesse acabado de ganhar uma segunda vida. Aqueles homens haviam escapado da África.

Roedel e Schroer eram obrigados a cumprimentar o JG-77, mas Franz não era. Ele mal pousara de um voo, e ficara por perto porque estava ansioso para ver a chegada dos reforços. O Grupo II precisava deles desesperadamente. Não distante dali, na pista do JG-53, os mecânicos ainda faziam reparos nos combalidos caças da unidade, usando apenas a força humana para suspender asas e baixar hélices. No papel, o JG-53 havia transferido três esquadrões para Trapani, mas, na prática, eles estavam tão exauridos que pareciam um só. Todos os aviões do JG-53 tinham o mesmo desenho no nariz: o naipe de espadas dentro do contorno de um diamante branco. Por esta razão, eles eram conhecidos como "Esquadrão dos Ases de Espada".

Roedel contou a pouco conhecida história daquele esquadrão. Durante uma batalha pela Grã-Bretanha, na primavera de 1940, Goering descobriu que a esposa do comandante do JG-53 era judia. Ordenou então que tanto o comandante quanto seus homens removessem o símbolo de espadas do nariz dos aviões. Em substituição, Goering os obrigou a pintar uma faixa vermelha, a marca da vergonha. Como vingança, o comandante e a equipe apagaram a suástica das caudas, e voaram assim durante todo o verão. Chegou o momento em que Goering não aguentou mais. Arrancou o comandante do posto e o substituiu. Permitiu, porém, que os pilotos repintassem o naipe de espadas no bico. Só então os pilotos concordaram em colocar de volta a suástica de Goering da cauda das aeronaves.

Franz sorriu do desprezo que Roedel sentia por Goering, apesar de saber que Roedel estava assumindo um grande risco simplesmente por contar uma história daquelas. O Partido tinha orelhas por toda parte. Um ordenança pôs a cabeça para fora e anunciou que o JG-77 tinha entrado na rota de pouso.

* * *

Quando Franz viu o estado dos 109s que pousaram, soube, para além de qualquer dúvida, que a luta pela África estava perdida. Os aviões do JG-77 taxiaram perto do lugar onde Franz e os outros estavam. Em sua fuselagem bege e na barriga azul, os caças estavam coalhados de furos de bala, sujos de óleo, com manchas de areia e resíduos de pólvora. Roedel localizou o avião do comandante do JG-77, major Johannes "Macky" Steinhoff — em vez de números, a aeronave dele exibia nas laterais setas apontando para a frente. Angustiado, Roedel correu até lá, com Franz e Schroer seguindo-o de perto.

O comandante deslizou pela asa do avião. Steinhoff era comprido, magricela e desajeitado, e tinha uma expressão frouxa, cansada. Acima das bochechas altas, os olhos azul-claros pareciam tristes e o nariz se curvava delicadamente para baixo, compondo seu ar de preocupação. Quem conhecia Steinhoff enxergava-o como uma figura paterna, embora ele só tivesse trinta e dois anos.

Steinhoff abraçou Roedel, um velho amigo dos tempos da escola de pilotagem, e correu para um caça de sua unidade que acabava de parar. Ignorando o piloto, Steinhoff foi em disparada para trás da asa e lutou nervosamente com o nicho do rádio, na parte da fuselagem em que era pintada a cruz preta e onde o *kit* de primeiros-socorros ficava guardado. Ele abriu o nicho do rádio e se contorceu até conseguir entrar no compartimento do piloto. Depois de muita luta, Steinhoff puxou um homem para fora do avião — *pelos pés*.

O homem abraçou Steinhoff, caiu no chão e beijou a terra. Conforme as hélices de outros caças iam parando, Steinhoff correu até outro avião, arrancou o nicho do rádio e libertou outro homem de dentro da cabine, enquanto o piloto se deixava tombar por cima dos comandos, exausto.

Os pilotos de Steinhoff tinham deixado para trás, na África, ferramentas, munição e peças de reposição, mas não haviam abandonado seus mecânicos. Pelo contrário: ajudaram-nos a rastejar para dentro dos confins escuros e claustrofóbicos da barriga dos caças. Dali, fizeram um voo de quarenta e cinco minutos para fora do inferno. Sem espaço para se moverem. Nada de paraquedas. Nenhuma esperança de escaparem.

Franz, Schroer e outros membros do JG-27 rapidamente perceberam o que estava acontecendo. Eles se apressaram em ajudar Steinhoff a transportar os pilotos e mecânicos do JG-77 para a sombra. Os mecânicos se abraçavam e se davam tapinhas nas costas. Uns poucos choravam de alegria. Outros iam vomitar no mato. Alguns estavam sangrando sob as bandagens. De um dos caças, eles tiraram dois mecânicos. Na asa de outro, eles ajudaram a firmar-se sobre as próprias pernas um piloto cujos nervos estavam em frangalhos. Ambulâncias chegaram correndo.

— E eis o nosso reforço — Franz comentou com Schroer enquanto eles carregavam um mecânico, cujos braços se apoiavam nos ombros deles.

O JG-77 partira da Península do Cabo Bon, onde os alemães e os italianos mantinham sua última posição na África. Eles tinham voado baixo até a Sicília, perto das ondas. Alguns 109s haviam sido abatidos ao longo da travessia, cada explosão custando duas vidas, pois os pilotos bravamente permaneceram nos aviões em vez de saltarem e abandonarem os mecânicos em seu interior. Apenas quarenta aviões do JG-77 conseguiram sair do Continente Negro[22].

---

[22] Steinhoff escreveria, a respeito do caminho para a Sicília: "As colunas de fumaça das aeronaves abatidas indicavam o nosso curso". [Cap 9, nota 5]

Depois de cuidar de seus homens, Steinhoff se dirigiu a Roedel para reportar oficialmente a chegada de sua unidade. Parado ao lado de Roedel, Franz viu que Steinhoff exibia um sorriso desvairado e parecia estar à beira de um colapso. Ele já ouvira falar de Steinhoff. O homem era um herói nacional com 134 vitórias, quase todas obtidas na Frente Leste, em batalhas terríveis como a de Stalingrado. Ele usava a Cruz de Cavaleiro acrescida de folhas de carvalho, e parecia durão. Porém, quando falava, sua voz era calma como a de um contador de histórias, e suas palavras eram bem articuladas. Steinhoff estudara história das línguas na prestigiosa Universidade de Jena, esperando lecionar; quando não conseguiu um emprego como professor, alistara-se na Marinha. Em vez de fazer dele um marinheiro, a Marinha o treinara para voar, e então o entregara à Força Aérea quando os planos para um porta-aviões alemão falharam.

Naquele dia, Steinhoff não transportara um mecânico na barriga de seu avião. Uma história trágica de seu passado explicava por que ele resistia a trancar um homem em um compartimento de carga do qual não era possível escapar. Roedel ouvira a história, sussurrada exclusivamente no círculo dos líderes de esquadrão, e mais tarde repetira-a para Franz. Em abril do ano anterior, enquanto voavam na União Soviética, Steinhoff e seu companheiro, o tenente Walter Krupinski, uma figura jovial que todos chamavam de O Conde (por sua adoração a mulheres e vinho), haviam entrado em um combate de curta distância contra caças soviéticos Yak. Steinhoff, que estava no comando do grupo, derrubara dois Yaks e danificara um terceiro, atingindo-o do nariz até a cauda. Enquanto queimava, o Yak voava em linha reta e nivelado. Steinhoff e O Conde se posicionaram ao lado do avião em chamas e viram o piloto esmurrando o vidro da cabine. Ele estava tentando escapar, querendo pular, mas a capota estava enguiçada. O motor cuspia labaredas como se fosse um maçarico, e a fumaça cinza tinha tomado a cabine. O avião tornara-se um forno. O piloto pressionava o rosto contra o vidro da cabine e olhava para Steinhoff em profundo terror. Steinhoff decidiu que precisava fazer alguma coisa. O homem estava sendo cozinhado vivo. Steinhoff disse ao Conde que fosse embora e voltasse para a base, onde ele o encontraria mais tarde.

O Conde viu Steinhoff tomar posição atrás do caça soviético, cujo piloto tinha voltado a se sentar e o encarava, sabendo o que o inimigo estava prestes a fazer e por quê. O piloto soviético fez um movimento de cabeça para O Conde. O Conde assentiu de volta e partiu, olhando para trás ainda uma última vez. O Yak se transformara em uma nuvem negra de fumaça e peças em queda livre, destruído por um tiro do canhão de Steinhoff.

Em terra, O Conde encontrou Steinhoff atrás da asa de seu caça, chorando. Durante dias, Steinhoff evitou conversar com os amigos, limitando-se a expedir ordens e atribuir missões. Ele jamais falou sobre o incidente, a não ser para pedir ao Conde:

— Se isso ocorrer comigo, por favor, faça igual [Cap 9, nota 6].

O Conde respondeu que aquilo jamais aconteceria a Steinhoff, mas garantiu que, se acontecesse, ele demonstraria a mesma compaixão. Aqueles que conheciam Steinhoff antes contavam que, depois do incidente, ele jamais fora o mesmo. Aquele único dia sobre a Rússia fizera dele um velho.

Quando olhou para os homens feridos e toda a destruição que os cercava na Base Aérea de Trapani, ele disse para Roedel:

— É um bom dia para estar vivo — e sua voz carregava uma nota de otimismo, como se ele soubesse de algo que os demais já tivessem se esquecido.

* * *

Um mês depois, 10 de junho de 1943

Franz e Willi jantavam nos degraus de acesso à tenda de comando do Esquadrão 6. Era fim de tarde, perto das 18h. Da porta atrás deles pendia uma pequena tabuleta de madeira em que se lia "Tenente Willi Kientsch, Capitão de Esquadra". Duas semanas antes, Roedel promovera Rudi Sinner e o transferira para a Grécia, com a missão de supervisionar a expansão do JG-27. Para o lugar de Sinner, nomeara para líder do Esquadrão 6 Willi, que, de acordo com a hierarquia das patentes, era o seguinte na fila.

Schroer chegou correndo à tenda, com ar preocupado. Ele contou a Franz e Willi que o Olimpo acabara de fazer contato e tinha notícias preocupantes sobre os italianos. Um esquadrão de caças Macchi tinha sido derrubado no mar ao norte da Ilha de Pantelária.

Franz e Willi conheciam Pantelária. Haviam combatido ali antes, naquela mesma tarde, quando Willi abatera dois Spitfires enquanto Franz lhe dava cobertura. A ilha ficava a meio caminho entre a África e a Sicília, e estava repleta de aviões dos Aliados. Três semanas antes, o Corpo Africano havia se rendido, passando para as mãos dos Aliados mais de 275 mil prisioneiros de guerra. Agora, a posição italiana em Pantelária era o último obstáculo a impedir que os Aliados invadissem a Sicília pelo mar.

Schroer contou que um avião anfíbio italiano iria decolar a qualquer minuto de Marsala, um pouco abaixo na costa, para resgatar eventuais sobreviventes. Franz brincou dizendo que deveriam enviar dois anfíbios, um para resgatar os italianos e outro para resgatar o primeiro anfíbio. Willi concordou — a missão era suicida. Fazia cinco dias que os Aliados bombardeavam Pantelária, com tal quantidade de aviões que eles foram vistos voando em círculos, aguardando em fila por uma oportunidade de atacar.

Schroer tirou o quepe e coçou a cabeça. Olhando para Willi, soltou a notícia:

— Os italianos só dispõem de três caças — ele disse —, então o Esquadrão 6 terá de ir com eles.

Willi praguejou. Franz abanou a cabeça. Ele conhecia os italianos como os mesmos pilotos que certa vez haviam atacado uma ilhota estreita na costa de Trapani achando que se tratava de um submarino inimigo. Schroer esclareceu que as ordens eram de Roedel, não dele. Roedel ordenara um "voo de resgate" de dez caças para levar os italianos até Pantelária e voltar.

Willi reclamou com Schroer que já estivera na Ilha de Pantelária naquele dia, e que não tinha vontade nenhuma de ir de novo.

— Então mande os pilotos que ainda não viram o inimigo — Schroer falou.

Franz pousou sua tigela de comida e começou a se levantar.

— Não — Willi disse, batendo na perna de Franz.

Willi informou a Schroer que poderia ceder seis pilotos que não haviam combatido naquele dia. Schroer respondeu que encontraria outros quatro, e saiu correndo. Willi olhou encabulado para Franz, que se levantara para ir buscar a escala de serviço. Duas semanas antes, Willi havia atingido suas trinta "vitórias mágicas", dando início ao processo de nomeação para a Cruz de Cavaleiro. Subitamente, ele tinha algo pelo que viver. Cartas de fãs. Garotas. A inevitável comemoração em Kisslegg. Saber que a Cruz estava a caminho tornara Willi mais cauteloso. Franz também tinha razões para agir com mais cuidado. Três semanas antes, seu modelo G pegara fogo durante um voo de treinamento sobre a Sicília. Franz saltara de paraquedas, ligeiramente queimado, perdendo assim seu segundo avião na guerra. Durante três semanas, ele ficou em terra para se curar.

Dos degraus, Franz e Willi observaram os dez pilotos correndo para seus aviões. Enquanto eles decolavam rumo ao céu que escurecia depressa, Franz disse a Willi que estava com um mau pressentimento. Metade dos pilotos do voo de resgate não tinha nenhuma vitória. O próprio líder deles, o tenente Hans Lewes, era um jovem imberbe. Lewes era o melhor artilheiro do grupo, e somava apenas três vitórias.

— Nós deveríamos ir com eles — Franz disse.

A contragosto, Willi se pôs de pé e foi buscar seu colete salva-vidas. Franz pegou o dele. Juntos, correram para os respectivos aviões.

* * *

Quarenta e cinco minutos mais tarde

Os tons roxos que invadiam o céu suavizavam os alaranjados do poente, enquanto um 109 solitário sobrevoava o mar a caminho da Sicília. O trajeto do avião deixava uma trilha de vapor. Pedaços de metal se desprendiam das asas e do corpo e voavam ao vento. O avião estava se desmantelando.

Atrás dos controles, Franz lutava com o manche trepidante. Buracos provocados por munição pontilhavam a cabine à sua volta. Na parte alta, entre os olhos, o nariz de Franz sangrava, no ponto em que um projétil passara de raspão depois de perfurar a capota de vidro. Franz mordia com força a haste do cachimbo, tendo o fornilho sido explodido e arrancado por uma bala. Perto de seu joelho direito, o Mar Mediterrâneo era visível através de um buraco do tamanho de um punho.

Ao longe, a costa da Sicília começava a tornar-se visível, um borrão cinzento sobre o mar verde-azulado. Franz arregalava os olhos e conversava com a aeronave, instando-a a prosseguir. O 109 resistia e gemia. Franz bateu no medidor de pressão do óleo. A agulha titubeante revelou que o avião estava perdendo fluidos e morrendo. Cada minuto de voo equivalia a 4,8 quilômetros de aproximação. Franz queria ligar para o Olimpo, mas balas de calibre .50 haviam enchido o rádio de buracos. Buracos que combinavam com os das asas, os do rabo e os da cabine.

Franz e Willi tinham alcançado o voo de resgate bem a tempo de compartilhar a tragédia. Eles haviam localizado o avião anfíbio pelas brilhantes cruzes vermelhas pintadas em suas asas. Adiante do anfíbio eles encontraram os camaradas com os três caças italianos Macchi 202 aninhados atrás deles. Franz e Willi voaram baixo, na altura das ondas — sem a menor possibilidade de combate.

Dezesseis P-40s norte-americanos estavam esperando, torcendo para que alguém fosse procurar os italianos que eles haviam abatido mais cedo. Conta-se que os pilotos do 79º Grupo de Caças gritaram, festejaram e balançaram as asas quando afinal viram a formação inimiga se aproximando. Na sequência, voaram com uma seriedade mortal. O relações-públicas deles escreveria: "O que enfureceu os rapazes foi o modo como os pilotos italianos estavam recebendo os alemães, como se a segurança deles estivesse garantida pela mera presença dos doze Me-109s ao redor deles. Algo precisava ser feito a respeito daquilo. E algo foi feito" [Cap 9, nota 7].

Os alemães e italianos chamariam os dez minutos seguintes de "massacre". Os norte-americanos chamaram o mesmo episódio de "uma das mais espetaculares vitórias aéreas da campanha na África do Norte" [Cap 9, nota 8]. Os P-40s mergulharam. Caças italianos em chamas foram os primeiros a atingir a água. Os 109s também caíram no mar, um a um. O avião anfíbio logo se juntou a eles, atingido por um piloto de P-40 alucinado no gatilho. As habilidades de combate de Franz eram inúteis. Projétil após projétil acertava seu avião. Apenas sua habilidade de pilotagem o manteve vivo. A última coisa que Franz viu foi Willi e outros dois 109s voando em velocidade máxima rumo à Sicília, com P-40s em seu encalço. Ainda os perseguiu por algum tempo, mas foi incapaz de acompanhá-los.

Franz se viu voando sozinho. Espiando o mar, abaixo, arrancou as correias de segurança. Ele decidira soltá-las antes de pular de novo. Como qualquer piloto alemão, Franz sabia que as tiras de seu paraquedas eram feitas de cânhamo, famoso por se romper e frequentemente jogar os pilotos nos braços da morte. Dizia-se que a Força Aérea estava desenvolvendo novas correias de paraquedas feitas de náilon.

A pouco mais de quatro quilômetros de distância da costa da Sicília, o motor do caça de Franz emudeceu por falta de óleo. Com um solavanco, parou de funcionar. Franz se sentiu estranhamente aliviado. O prolongado esforço que a máquina vinha fazendo estava acabando com seus nervos. Ele então manobrou o falecido caça de 2,7 toneladas como se fosse um planador de sua infância. Lá embaixo, o mar se assemelhava a um pasto verdejante. Conforme se aproximou das ondas, viu que a água era verde e ondulante.

Franz elevou o bico do avião para diminuir a velocidade e estar nivelado quando atingisse as ondas. O avião baixou até tocar a água. Em vez de desaparecer no mar, pulou de barriga sobre uma onda após a outra. Conforme perdia velocidade, o nariz ficou mais pesado e afundou. O corpo de Franz foi jogado para adiante antes que o cinto de segurança o puxasse de volta. O vidro da cabine se manteve intacto. A um metro e oitenta de profundidade, Franz olhou para cima e viu as ondas sobre si.

A água começou a entrar através do buraco perto do joelho de Franz. Também jorravam jatos pelo painel de instrumentos e através dos buracos na cabine. O caça afundava como se voasse nas profundezas. Dois metros e dez de profundidade. Dois e quarenta. Dois e setenta. Os ouvidos de Franz taparam. A água estava na altura de seus ombros. Franz desafivelou o cinto de segurança e se desvencilhou do paraquedas. Ele acionou uma alavanca vermelha à sua esquerda para soltar a capota. Não funcionou. Ele puxou a alavanca de novo, com mais força, de novo sem resultado. Entrando em pânico, ele ficou em pé para empurrar a capota para cima com a força dos ombros. Mas a pressão da água a manteve para baixo. Franz havia sido negligente e não cumprira a norma de abrir a capota antes de atingir a água.

O avião afundou mais. A luz diminuiu. A água na cabine chegou ao queixo de Franz. *A janela!* As palavras berraram na cabeça de Franz. Ele agarrou a estrutura da janela e puxou-a com força para si, enquanto enchia os pulmões ao máximo com o último oxigênio disponível na cabine. Fez-se um dilúvio, e a pressão interna se igualou à externa. Com uma das mãos no bote salva-vidas e a outra na borda de metal da cabine, Franz tomou impulso chutando o assento, e a capota se abriu. O mar escuro o envolveu em um abraço gelado. Franz puxou uma tira do colete salva-vidas para liberar o CO_2. A peça se inflou instantaneamente, o poder de flutuação o içou. Franz escalava e arranhava a água em direção à superfície. Batia as pernas furiosamente. Estava desesperado por oxigênio, os pulmões já comprimidos. Prestes a engasgar e engolir água, Franz repentinamente brotou na superfície e se elevou bem acima da água, antes de tornar a cair.

Ofegando, ele flutuou nas ondas tranquilas. Já era possível divisar a praia e uma viga da casa de força em Cabo Granitola, na ponta sudoeste da ilha. Ele inflou o bote e deslizou para dentro[23]. Agarrado ao bote, subitamente se lembrou — *meu rosário!* Franz bateu no peito e encontrou o bolso ainda abotoado. Ele o abriu e de lá puxou a cruz prateada e a de contas pretas. Segurando o rosário, deitou-se de costas.

O balanço suave conduziu o bote para a terra firme. Franz olhou para cima, para o céu profundamente azul. Pensou em Willi e nos amigos. Ele sabia que àquela altura muitos deles estariam azuis e sem vida, porque vira demasiados 109s explodindo. Quem havia morrido ele ainda não sabia. Aves marinhas voavam para a ilha, desacelerando um pouco só para observá-lo, cheias de piedade.

* * *

Descalço e ensopado, Franz arrastou o bote para a praia áspera da Sicília sob a última claridade do dia. Um grupo de 109s passou voando rumo a Trapani. Franz sabia que eles estiveram vasculhando os mares em busca dos camaradas, uma busca que precisava ser encerrada com a chegada da escuridão. Franz vagueou pela areia até encontrar um velho pescador amarrando seus barcos. Ele surpreendeu e amedrontou o velhote, mas calmamente convenceu-o a lhe dar uma carona até o acampamento. Franz foi para Trapani esparramado sobre sacos de grãos na carroceria do caminhão. Duas horas depois, quando o veículo chegou à base aérea, os guardas dos portões ficaram chocados ao direcionar suas lanternas para ele. Franz parecia mais morto do que vivo.

---

[23] "Entrar no bote foi a parte mais difícil. Eu o inflei, tentei subir e descobri que não conseguia. Continuei tentando, mas toda vez a maldita coisa escorregava sob meu corpo. Finalmente, quando eu estava à beira da exaustão, tive o bom senso de desinflar um pouco. Aí sim subi facilmente e, uma vez lá dentro, voltei a encher", Franz recordaria. [*Cap 9, nota 9*]

Na tenda que funcionava como escritório de operações, enquanto os camaradas o ajudavam a sair do caminhão, Franz perguntou se Willi conseguira.

— Willi está bem — garantiram.

Ele tivera um acidente ao pousar na pista da base aérea e estava na enfermaria. Franz perguntou quem mais tinha voltado.

— Até agora, só você — alguém respondeu.

Em agradecimento, os camaradas de Franz deram latas de comida ao pescador.

A luz do amanhecer seguinte revelou doze pátios vazios onde antes ficavam 109s. Nenhuma brincadeira ou risada saía das tendas do esquadrão. Um caminhão entregou o corpo do tenente Hans Lewes, que as ondas haviam levado à praia em Marsala. Os homens envolveram o corpo de Lewes em um saco de tecido e o baixaram para a terra siciliana. Em Pantelária, o corpo de outro piloto chegou rolando na praia, mas os italianos não reportariam o fato antes de vários dias. Eles estavam ocupados estendendo lençóis brancos ao longo da ilha, para se renderem aos bombardeiros Aliados lá em cima.

* * *

Uma semana mais tarde

Franz estava preenchendo um relatório da tenda do esquadrão, após um voo, quando Willi se aproximou, agarrou-o pelo braço e o arrastou para longe da vista de todos. Empurrando Franz contra a lateral da tenda, ele sussurrou, em um tom urgente, que os "Capotes Pretos" estavam aguardando lá dentro.

— Querem falar com você — Willi disse.

Os Capotes Pretos eram a Gestapo.

Franz achou que era uma brincadeira, até que encarou Willi nos olhos. Estavam tomados de pavor genuíno. Todos, de um soldado raso a um general, sabiam que a polícia secreta do Partido operava sem supervisão e com uma brutalidade irreprimível. A Gestapo viera à base inicialmente procurando pelos superiores de Franz, sem saber que Roedel e Schroer trabalhavam no Olimpo. Impacientes, questionaram um aqui, outro ali, e alguém os levara até Willi.

— No que foi que você se meteu? — Willi perguntou.

Franz disse que não tinha feito nada de errado. Rememorando, admitiu que havia dado uma espiada no Coliseu durante uma folga em Roma, mas nada pior que isso. Franz afirmou a Willi que iria confrontá-los. Mesmo que achasse que O Partido era um lixo, ele jamais verbalizara isso na presença das pessoas erradas.

Franz entrou na tenda com Willi logo atrás. Dois agentes da Gestapo esperavam por ele. Eles usavam coldres de ombro, mas se vestiam como contadores, de camisa branca e gravata. Um tinha patente equivalente à de capitão (*Kriminalinspektor*) e o outro era um suboficial. O capitão da Gestapo ordenou que Willi saísse. Franz se viu sozinho com os dois. O capitão informou que eles eram de um escritório regional.

A porta foi escancarada. Steinhoff, o comandante do JG-77, entrou. O capitão da Gestapo mandou que saísse, mas Steinhoff perguntou qual era a patente dele.

— Da última vez que chequei, um major era superior a um capitão — Steinhoff disse [Cap 9, nota 10].

Cruzando os braços, Steinhoff se encostou contra uma parede atrás de Franz, sua presença e a Cruz de Cavaleiro balançando em seu pescoço atribuindo peso à defesa de Franz. Steinhoff e o JG-77 tinham voltado a Trapani alguns dias antes, em 13 de junho, para aliviar o JG-27, de modo que a unidade pudesse começar a ir para casa. Willi encontrara Steinhoff e o chamara para ir ajudar Franz.

Steinhoff sempre detestara O Partido, e já lidara com a Gestapo antes. Na Rússia, um destacamento fora levado à unidade dele, na época o Esquadrão de Caças 52 (JG-52), para investigar os antepassados supostamente judeus de alguns pilotos. Steinhoff declinara de ajudá-los e ainda disse ao líder:

— Os senhores terão sorte se conseguirem sair da Rússia com vida.

O homem perguntou se os céus andavam tão inseguros assim, e Steinhoff respondeu:

— Não. É que os senhores acabaram de fazer quarenta inimigos entre pilotos de caça que ainda não têm nenhum Ju-52 na lista de vitórias, e acredito que aquele ali, parado na minha pista de decolagem, lhes pertença.

O capitão da Gestapo contou a Franz o que ele já sabia pelos jornais. Três meses antes, a Gestapo havia capturado o Rosa Branca, um grupo de estudantes de Munique que era contra O Partido. Os homens e mulheres do Rosa Branca eram jovens intelectuais que haviam espalhado folhetos estimulando a oposição ao Partido. A prisão e execução do Rosa Branca despertara a Gestapo para uma caça às bruxas a todas as pessoas que tivessem falado contra O Partido de qualquer forma e em qualquer ocasião.

Graças à presença de Steinhoff, os homens da Gestapo se portaram com uma contenção absolutamente incomum. O capitão perguntou a Franz se ele conhecia algum dos membros do Rosa Branca, e leu uma lista de nomes de jovens envolvidos. Franz disse que nunca ouvira falar daquelas pessoas, o que era verdade. O capitão perguntou em seguida se Franz havia acompanhado na igreja os sermões do Cardeal von Faulhaber ou do Bispo von Galen ou de qualquer outro clérigo que houvesse se manifestado contra O Partido. Von Faulhaber e Galen eram vozes de destaque contra o Partido na Alemanha. Franz disse que todo mundo lera os textos de von Faulhaber e de Galen, uma resposta que fez os homens da Gestapo arregalarem os olhos. Von Faulhaber tinha sido o autor de "Com profunda preocupação", em 1937, e, em 1941, von Galen havia se manifestado com tamanha veemência contra O Partido e a Gestapo que os britânicos haviam mandado imprimir o sermão e jogado as folhas de avião por toda a Europa[24]. Soldados alemães, civis e trabalhadores haviam lido o folheto, incluindo o futuro Papa João Paulo II, que encontrou uma cópia em Cracóvia, na Polônia.

O capitão da Gestapo alertou Franz para que moderasse suas palavras. Sob a lei do Partido Subversão aos Esforços de Guerra, de 1938, quaisquer palavras ou atitudes que a Gestapo considerasse "minar a moral militar" poderiam ser punidas com a morte. Isso incluía falar contra O Partido ou dizer que a Alemanha estava perdendo a guerra. A Gestapo havia condenado o grupo Rosa Branca com base na Lei da Subversão, e morto seus membros na guilhotina.

A Gestapo garantiu a Franz possuir evidências de que seu irmão estava ligado a conhecidos traidores; disseram ter motivos para suspeitar

---

[24] Em 13 de julho de 1941, do púlpito da Igreja de São Lamberto, em Munique, von Galen havia dito: "Nenhum de nós está seguro. E saiba aquele que é o mais leal e consciencioso dos cidadãos — saiba ele que não pode ter certeza de que não será um dia deportado da própria casa, privado de sua liberdade e trancado nas celas e campos de concentração da Gestapo". [Cap 9, nota 11]

que Franz também estivesse. Recordações passaram voando pela cabeça de Franz. Ele se lembrou das cartas de "Com profunda preocupação" que havia encontrado no quarto de August e de sua desconfiança em relação à esposa dele, sobrinha do cardeal. Franz sabia por que os agentes da Gestapo o estavam interrogando. Pior ainda, eles provavelmente tinham boas razões para vinculá-lo às pessoas identificadas como traidoras. Pensando rápido, Franz contou aos agentes que o irmão morrera havia muito e que ele, pessoalmente, não tinha nada a ver com o clero ou com a Igreja Católica em si.

— Eu fui excomungado há muito tempo — ele afirmou.

Franz sabia que aquilo era parcialmente verdadeiro. Ele ainda tinha fé; apenas fora banido dos encontros de sua igreja.

Sob o olhar atento de Steinhoff, os agentes da Gestapo aceitaram a explicação de Franz[25]. Depois que eles partiram, Franz agradeceu a Steinhoff, que assentiu e se afastou tão tranquilamente quanto havia chegado. Franz sabia que Steinhoff assumira um enorme risco ao se colocar a seu lado — Steinhoff jamais perguntou se Franz era inocente ou culpado, simplesmente jogara-se no fogo com ele. Franz prometeu a si mesmo que descobriria por que, exatamente, a Gestapo tinha vindo atrás dele, embora interiormente soubesse que a resposta se encontrava perto de sua casa.

* * *

Um mês depois, 30 de julho de 1943, sul da Itália

O sol iluminava o Mar Adriático. Na pequena Base Aérea de São Vito, Franz, Willi e seus companheiros estavam reunidos, sacolas ao ombro. Observavam os mecânicos andarem pela fileira de caças. Os mecânicos carregavam pedaços de lona cinza. O grupo tinha menos da metade de seus caças, apenas dezessete. Em cada caça, dois mecânicos paravam e jogavam uma lona em cima da capota.

No dia anterior, com uma canetada, o recentemente promovido major Roedel havia cedido os aviões para o Esquadrão dos Ases de Espada, o

---

[25] "Eles finalmente se convenceram de que eu não sabia de nada e foram embora. Nunca mais ouvi falar disso", Franz recordaria. [*Cap 9, nota 12*]

JG-53. Franz e seus camaradas tinham tentado defender a Sicília da invasão Aliada, duas semanas antes, em 9 de julho, mas haviam sido expulsos por enxames infindáveis de caças Aliados. Franz fora atingido pela primeira vez por um Spitfire, mas não antes de marcar uma vitória derrubando um também. Ele saltara de paraquedas atrás de linhas amigas, mas perdera seu quarto avião na guerra.

Antes que Franz e os companheiros embarcassem nos caminhões que os transportariam até o trem que os levaria para casa, os pilotos do JG-53 lhes mostraram o memorando expedido pelo comandante de todos eles: era do *Reichsmarschall* Goering, um telex enviado de Berlim. Havia sido endereçado a todos os pilotos de caça do Mediterrâneo, e dizia:

> *Juntamente com os pilotos de caça na França, na Noruega e na Rússia, eu somente posso considerá-los com desdém. Quero uma melhora imediata no espírito de combate. Se essa melhora não ocorrer rapidamente, todo o pessoal de voo do comandante para baixo deve esperar perder a patente e ser transferido para a Frente Leste, para servir em terra.*
>
> *Goering*, Reichsmarschall [Cap 9, nota 13]

Quando Roedel foi se despedir, disse a Franz e aos demais que não voltaria para casa com eles. Em vez disso, estava indo para a Grécia, onde supervisionaria a formação do JG-27 com seu novo Grupo IV. Roedel deve ter jogado o raivoso memorando de Goering no lixo, pois jamais o repassara a seus comandados. Roedel conhecia Goering, o líder que usava uma toga vermelha em sua casa nos Alpes e fumava um cachimbo de porcelana tão grande que chegava ao chão. Goering, o violento viciado em morfina que pintava as unhas. Goering, que gravava furiosos discursos em fitas e as despachava para os homens na linha de combate, para que eles ouvissem sua ira. Aos olhos de Roedel, os Aliados não eram "o inimigo". Eram meramente "os adversários". Naquele dia, Roedel soube exatamente quem era "o inimigo". Ele morava em Berlim e algo precisava ser feito a seu respeito.

* * *

Franz e seus camaradas avançavam para o norte pelos trilhos, e seu estado de espírito melhorava a cada quilômetro percorrido. Batendo no joelho, Willi conduzia os demais em uma cantoria para as moças italianas nos outros vagões. Willi conquistara vinte e quatro vitórias durante a campanha, a maior marca dos três esquadrões. Willi estava certo de que sua cidade natal daria uma festa em sua homenagem, sua própria Oktoberfest. Franz prometeu comparecer.

Franz se sentia animado. Ele havia registrado apenas duas vitórias durante a campanha na Sicília, totalizando dezenove, embora tivesse abatido outros aviões sem que alguém houvesse testemunhado. Escapar do Mediterrâneo com vida depois de dois saltos de paraquedas e de uma queda no mar era bom o suficiente para ele. Tudo mais o que queria era uma boa noite de sono na Alemanha.

Em uma parada do trem, Franz pegou um jornal do Exército Alemão das mãos de um jovem entregador italiano. A manchete o fez arregalar os olhos. Willi apanhou um exemplar e ficou mesmerizado. Outro piloto também pegou, em seguida mais um, até que a plataforma ficou cheia de pilotos com o nariz enfiado nos jornais. No norte da Alemanha, bombardeiros britânicos estavam sistematicamente incinerando a cidade de Hamburgo com bombas explosivas, noite após noite, enquanto norte-americanos lançavam bombas de ferro sobre as fábricas durante o dia. O jornal tentava distorcer as trágicas notícias, chamando uma catástrofe unilateral de "Batalha de Hamburgo". Eles se recusavam a mencionar que as bombas haviam produzido tornados de fogo com trezentos metros de altura, que tinham girado e consumido 20 quilômetros quadrados da cidade. Eles também deixaram de informar que o tornado derretera as ruas da cidade e sugara o ar dos abrigos antibombas, matando, em uma semana, 42 mil homens, mulheres e crianças[26]. Franz e Willi levantaram os olhos do jornal e se encararam em profundo desânimo. Na África e na Sicília eles haviam lutado por nada, por porções sem significado de areia e mar. Agora, com a batalha ocorrendo no próprio solo, a consciência da situação lhes caiu como uma bomba. Eles estavam voltando para casa para lutar por tudo.

---

[26] Sir Arthur Harris, o líder do Comando Britânico de Bombardeiros, considerou que o bombardeamento de Hamburgo era um revide pela "Blitz" alemã que bombardeara cidades britânicas e tomara a vida de 40 mil bretões. O ministro do armamento de Hitler, Albert Speer, registraria em suas memórias: "Hamburgo sofreu o destino que Hitler e Goering planejaram para Londres em 1940" [Cap 9, nota 14]. Hitler se recusou a visitar Hamburgo depois que ela foi destruída.

10
O URSO DE BERLIM

Dois dias mais tarde, 1º de agosto de 1943, estação de trem de Regensburg

Quando Franz saltou do trem, viu outros membros das Forças Armadas serem recebidos e abraçados pelas namoradas na plataforma. Porém, quando eles foram embora, à espera de Franz não havia ninguém. Ele contratou um motorista para levá-lo a Amberg. Nos degraus da frente de casa, ele levou um instante para se recompor, quando a mãe abriu a porta. Seu cabelo estava grisalho e ela parecia ter envelhecido vinte anos desde o encontro anterior, cinco meses antes. Franz sabia que as dificuldades da vida em tempos de guerra, a dor de perder um filho e a má qualidade da comida racionada tinham feito aquilo com ela. Seu pai estava fora, mas Franz já esperava por isso. O Exército o havia convocado para treinar cavalos. Devido à escassez de combustível, o Exército precisava de cavalos mais do que nunca, para puxar equipamentos. Franz achava ridículo chamar um veterano da Primeira Guerra Mundial de sessenta e quatro anos de volta ao serviço, mas sabia que o pai não tivera escolha. A mãe lhe mostrou uma foto recente de seu pai, que também parecia muito mais velho do que Franz se lembrava. O pai tentava esconder isso mantendo o cabelo muito curto acima das orelhas e aparando bem o bigode.

Naquela noite, enquanto a mãe tomava sua costumeira cerveja, Franz lhe perguntou por que a Gestapo tinha ido interrogá-lo. Ela contou que a Gestapo estivera na casa dela também, por causa do envolvimento de August com o movimento contra O Partido[27]. A mãe de Franz supunha que o nome dele tivesse sido encontrado em velhas cartas, na antiga correspondência trocada entre outros suspeitos da Gestapo recentemente capturados. O fato de August ter morrido muito tempo antes não importava, já que a Gestapo investigava os parentes mais próximos.

Franz abanou a cabeça, incrédulo. Ele garantiu à mãe que August teria lhe contado, se estivesse envolvido. Os irmãos compartilhavam tudo.

— Você estava voando pelo mundo — a mãe lhe respondeu. — Como pode saber o que ele estava fazendo?

Franz admitiu que encontrara cópias do "Com profunda preocupação" no quarto de August, mas afirmou estar seguro de que as cartas tinham vindo de outra pessoa.

— O que o faz pensar que ele teria medo de assumir uma posição, ainda que silenciosamente?

— Porque ele estava na Força Aérea — Franz respondeu.

— Ele teve escolha? — A mãe perguntou. — Seu pai teve? Você?

Franz desviou o olhar.

— Eles obrigaram seu irmão a lutar, mas ele era senhor das próprias decisões.

* * *

Uma semana depois, na cidade de Wiesbaden, oeste da Alemanha

Franz, Willi e outros pilotos do Esquadrão 6 se agarravam à cerca da piscina pública de Wiesbaden, observando enquanto adultos e crianças riam, gritavam e mergulhavam na água fria. Franz e seus camaradas tinham toalhas em volta do pescoço e calções de banho que não combinavam

---

[27] Indagado sobre quem eram as pessoas do movimento antinazista na Baviera, Franz recordaria: "Eu não conhecia nenhuma delas, mas meu irmão conhecia algumas, em certa medida. Ele era muito antinazista, assim como minha família. Na juventude, August tinha sido um dos primeiros antinazistas". [Cap 10, nota 1]

entre si. Willi segurava um balde cheio de garrafas geladas de cerveja. Franz e os demais estavam suando, mas o gerente da piscina sacudiu a cabeça e cruzou os braços. Ele disse que não tinha nada contra os pilotos, mas que não poderia deixá-los nadar porque eles haviam levado o urso. Ele olhou para Franz ao dizer isso. Franz segurava a coleira que circundava o pescoço de um urso negro de 136 quilos chamado Bobbi.

— Nós precisamos levá-lo para nadar — Franz disse ao gerente. — Olhe para ele, nesse casaco peludo. Ele sente ainda mais calor do que nós.

Bobbi ofegava, confirmando. A Alemanha estava sufocada em uma onda de calor, a mesma que havia ressecado Hamburgo e a feito arder, após os bombardeios, como nenhuma cidade antes dela.

— Ele vai morder alguém — o gerente insistiu.

Mas Franz e os outros garantiram que Bobbi não morderia ninguém, pois fora criado por pilotos e amava pessoas. Willi explicou que Bobbi era um presente do zoológico de Berlim para o esquadrão deles.

— Como vocês sabem que ele sabe nadar? — O gerente quis saber.

Franz respondeu que, no zoológico, Bobbi nadava. O gerente sabia que os pilotos tinham voado da base aérea que ficava a apenas três quilômetros para o leste, tão perto que era quase uma extensão da cidade. Wiesbaden ainda não fora bombardeada com muita intensidade e, se continuasse assim, o gerente sabia que seria graças aos pilotos à sua frente.

Algumas crianças se aproximaram da cerca para ver o urso. Franz deixou que Bobbi chegasse mais perto delas. As crianças recuaram de medo. Franz assegurou que o urso não mordia, apenas lambia. Um garotinho enfiou os dedos através da cerca e guinchou quando Bobbi os cheirou. Vendo isso, o gerente riu e deu de ombros, e daquele dia em diante os pilotos e o urso do Esquadrão 6 tiveram permissão para nadar.

A piscina pareceu transformar os pilotos em crianças de novo. Eles gritavam para os amigos antes de pularem da prancha de mergulho. Willi e outros conversavam com garotas na beirada. Todos fumavam. Uns poucos pilotos tomavam cerveja enquanto boiavam sobre grandes câmaras de pneu. Bobbi nadava de um lado a outro enquanto as crianças riam e chapinhavam para longe dele. Todos que conheciam Bobbi tornavam-se seus fãs.

Franz conhecera Bobbi ao se apresentar no esquadrão. Antes que Franz chegasse, Bobbi dormia em um abrigo. Porém, vendo-o ser picado por insetos, Franz permitiu que Bobbi se mudasse para o apartamento com ele. Willi, como comandante do esquadrão, havia permitido. Cuidar do urso deu a Franz algo que fazer enquanto sua folga de trinta dias transcorria.

Franz colocou a cerveja de lado e subiu a plataforma de acesso à prancha de mergulho. Da prancha, assoviou para que Bobbi o seguisse, e lá se foi o urso, pata ante pata, rebolando degraus acima. Antes que o animal chegasse ao topo, no entanto, Franz correu e pulou, abraçando os joelhos, arredondado como uma bola de canhão. Espalhando água, Franz olhou para cima e viu Bobbi galopando ao longo da prancha. Com imenso estrondo, Bobbi aterrissou a um metro de distância da cabeça de Franz. Willi e os demais gargalharam ao perceber que Franz escapara por pouco de ser esmagado[28]. Os pilotos, as garotas deles e as pessoas da cidade aplaudiram enquanto Bobbi nadava, com o nariz erguido no ar. Aquela visão tornou Franz melancólico e plantou uma dúvida em sua cabeça.

Quanto tempo isto vai durar?

* * *

Uma semana mais tarde, meados de agosto de 1943

Quando o Esquadrão 6 iniciou as operações de combate, todas as manhãs um caminhão ia buscar Franz e os companheiros em seus apartamentos em Wiesbaden. Durante a viagem, o caminhão parava em uma padaria, onde os homens compravam salsichas de carne de cavalo e abasteciam os cantis com café. Bobbi sempre ia trabalhar com eles. Os caminhões passavam ao lado das fazendas que, em ângulos estranhos, circundavam a base aérea, com suas culturas plantadas em fileiras das mais variadas cores e que, vistas do céu, pareciam fazer um zigue-zague que camuflava a única e longa pista de decolagem. Na maioria das manhãs, o solo estava encoberto por uma bruma fantasmagórica, uma névoa fina ou geada que reluzia ao sol.

Bobbi era sempre o primeiro a saltar do caminhão, e corria para a sala administrativa. A Base Aérea de Wiesbaden era nova e limpa. Havia calçadas brancas entre a torre e os prédios do esquadrão, margeadas por

---

[28] "Bobbi jamais saíra da aérea de aterrissagem (antes de pular)", Franz recordaria.

árvores frondosas. Os hangares não tinham uma só marca, e formavam uma curva suave em torno da meia-lua de concreto do pátio onde os aviões ficavam estacionados. Até mesmo os 109s eram novíssimos modelos G-6. Cada caça exibia o mais moderno padrão de camuflagem, com traços verde-escuros ondulantes na parte superior, para que os pilotos se mimetizassem com as florestas alemãs se fossem vistos de cima. A barriga era pintada de azul-acinzentado, para se fundir com as nuvens caso os aviões fossem observados de baixo. Willi solicitou a aeronave Yellow 1, e Franz escolheu a Yellow 2. Os pilotos chamavam os novos G-6 de "Bulge", pois o avião tinha protuberâncias de metal em cada lado do nariz, bem na frente da cabine, que se assemelhavam a calombos. Atrás dessas estruturas ficavam metralhadoras e, abaixo, supercompressores, adicionados para ajudar os pilotos a voar mais rápido em grandes altitudes.

Todos os dias a rotina era a mesma. Franz e seus companheiros subiam a 36 mil pés acima da terra e combatiam os Quatro Motores que vinham da Inglaterra. Quando o esquadrão estava voando, Bobbi ficava com os mecânicos, circulando entre os caminhões. Quando Franz e os demais voltavam, o urso ficava felicíssimo, e os abraçava com as patas sujas de lama. Durante as reuniões pós-voo que Willi conduzia no escritório do esquadrão, sempre que ordenanças femininas da Força Aérea passavam, Bobbi as perseguia correndo, porque o ruído de suas meias de seda sintética o levava à loucura. Bobbi acossava as mulheres até que elas subissem nas mesas, aos gritos. Willi adorava que Bobbi agisse assim, pois isso lhe permitia ser um herói e salvar as mulheres.

Bobbi era uma bem-vinda distração para a angustiante nova missão de Franz e seus camaradas. Eles enxergavam seu trabalho como algo muito básico: impedir que as bombas caíssem e matassem os alemães. Franz jamais poderia ter imaginado que uma missão assim tão simples iria em breve colocá-lo contra a própria nação.

11
MENINO DE FAZENDA

**Mais cedo naquele verão, em voo de baixa altitude
na Virgínia Ocidental, Estados Unidos**

O B-17 voava a 2 mil pés e sua pintura em um tom sem graça de verde-
-oliva se fundia à exuberância das montanhas. O motor se esgoelava
enquanto o avião chacoalhava na turbulência criada pelo ar quente que
se elevava das montanhas. Dois homens estavam sentados diante dos
controles do bombardeiro. Eles poderiam ser enganosamente tomados
por adolescentes que tivessem roubado o avião, se não fosse pelo fato
de vestirem traje de voo verde-oliva, com um distintivo prateado de
asas no peito e quepe militar com fones de ouvido por cima. Os jovens
haviam aberto as janelas laterais da cabine e suas roupas se agitavam
ao vento. No ombro esquerdo de cada um havia o emblema da Força
Aérea do Exército Norte-Americano, um círculo azul tendo ao centro
uma estrela branca de cinco pontas, com um círculo vermelho no meio
e asas amarelas saindo da ponta superior.

    O piloto ocupava o assento da esquerda. Embora tivesse apenas vinte e
dois anos, ele exibia a barra dourada de segundo-tenente na gola da camisa.
Seu rosto era quadrado e os olhos castanhos observavam o mundo debaixo
de sobrancelhas curtas e retas. O nome dele era Charlie Brown. O olhar de

Charlie demonstrava preocupação, embora houvesse um sorriso em seus lábios finos. Ele estava sempre assim, mesmo quando as coisas corriam bem. Sua aparência era comum, e sua constituição, magra como a média, mas Charlie era um pensador. Ele tinha bastante profundidade emocional para a idade, e era bem feliz mantendo longas conversas silenciosas consigo mesmo — a melhor companhia que jamais conhecera.

O sorriso de Charlie refletia a criação dura e humilde que tivera, em uma fazenda na Virgínia Ocidental, como aquelas que ele agora sobrevoava. Lá embaixo, ele havia ordenhado vacas antes de ir para a escola, e tinha vivido sem eletricidade. Lá embaixo, ele jamais perdera um dia de aula, e trabalhara à noite como zelador da escola de ensino fundamental. Aos fins de semana, servira na Guarda Nacional para ganhar dinheiro para ajudar a família. Depois do ensino médio, Charlie se transferira a tempo integral para o Exército, no qual se vira atrás dos controles de um B-17.

Charlie agarrou o controle em forma de W enquanto seu recém-designado copiloto, no assento direito, ignorava os dele para estudar um mapa. O copiloto de Charlie usava uns óculos de sol modelo aviador, com armação dourada, que ficavam pequenos em seu rosto redondo, cheio. Ele era o segundo-tenente Spencer "Pinky" Luke. Por trás das lentes verdes dos óculos, os olhos de Pinky pareciam pequenos e bem próximos. Pinky era de Ward County, no desolado oeste do Texas, onde antes da guerra havia trabalhado como mecânico. Ele e Charlie ainda estavam se conhecendo, e Pinky se recusava a contar como arranjara um apelido tão desabonador. Charlie supunha que viesse da combinação entre Pinky ter modos apalermados e ter crescido em uma terra de caubóis durões. De algum jeito, o apelido o acompanhara até a escola de pilotagem.

Pinky apertou um botão branco na base do controle para falar através do intercomunicador do avião. O microfone de garganta, parecido com um colar de borracha, captou sua voz e a transmitiu para os fones de ouvido de Charlie, por cima da ruidosa cacofonia da aeronave. Pinky deu a Charlie uma nova direção, que iria tirá-los do curso leste. Em vez disso, eles rumariam para o sul, direto para a cidade natal de Charlie, Weston, na Virgínia Ocidental. O desvio fora ideia de Charlie. O voo daquele dia era a última missão de ambos na escola de treinamento em B-17s. Os instrutores da base de Colúmbia, em Ohio, haviam estabelecido uma condição para aquele voo final do treinamento: que eles ficassem no ar durante sete horas, para simular uma missão sobre o Pacífico ou sobre a Alemanha. Em recompensa, deixaram que os pilotos planejassem a rota.

    Charlie virou o B-17 na nova direção. Já fazia cinco horas que estava pilotando, mas uma energia nervosa mantinha-o alerta. Através da janela lateral ele viu a asa de quinze metros inclinar-se para cima. Dois enormes motores Wright Cyclone redondos faziam girar as hélices pretas, que ficavam a poucos metros de seu rosto. À frente, o nariz do B-17 parecia a Charlie curto e grosso, porque a maior porção da aeronave ficava atrás dele. Ela era um B-17 modelo F, que media 22,8 metros do bico à cauda. Depois desta missão, Charlie voaria com Pinky para o Texas para apanhar os outros oito homens de sua tripulação. Ali, eles montariam onze metralhadoras no bombardeiro, transformando a aeronave em uma Flying Fortress. Até lá, porém, Charlie preferia pensar na gentil máquina usando o outro apelido dela: "Queen of the Skies".

    Charlie nivelou o bombardeiro. Através da janela, ele viu o Rio West Fork reluzindo ao sol. Ele sabia que as curvas do rio o guiariam até em casa. Suas sobrancelhas se ergueram quando ele olhou a oeste do rio, através da janela de Pinky. Ao longo de uma pista de pouso de grama estendia-se um conjunto de celeiros de um verde esmaecido.

— Lá é o campo estadual 4H — Charlie contou a Pinky. — Além dele fica o lugar onde andei de avião pela primeira vez.

    Charlie explicou que, quando era jovem, um trimotor Ford havia parado ali enquanto viajava pelo campo, oferecendo passeios mediante o pagamento de uma tarifa. Charlie não tinha o dinheiro, mas os pilotos simpatizaram com ele e propuseram um acordo: se lavasse o avião, seria levado de graça.

— Foi assim que você ficou viciado em voar? — Pinky perguntou.
— Não exatamente.

    Charlie contou a Pinky que fora originalmente um soldado da 7ª Divisão de Infantaria no Forte Ord, em Monterey, Califórnia. Em busca de autoaprimoramento, inscrevera-se no torneio de boxe da base, na categoria de pesos leves.

— Foi lá que eu conheci o adversário que mudaria minha vida — Charlie disse.

    Ele contou a Pinky que um velho soldado magricela havia subido no ringue para lutar com ele, um homem de cabelos grisalhos e braços tão finos que as luvas ficavam cômicas. Charlie tinha planejado pegar leve com o vovozinho, moderando os golpes, e até lhe sorriu, para deixar claras as suas intenções.

— O árbitro mal tinha soprado o apito quando, do nada, ele me golpeou na cabeça duas ou três vezes — Charlie descreveu. — E eu nem vi os braços dele se mexendo!

Pinky parecia não saber se deveria rir ou gemer.

— O homem era na verdade um antigo profissional — Charlie continuou. — Eu soube imediatamente que estava no lugar errado na hora errada.

Charlie disse a Pinky que o velho o nocauteara no primeiro assalto da luta, e que depois fora ter com ele em seu tamborete no *corner*. O velho falou algo de que Charlie jamais se esqueceria:

— Você é bonzinho demais para ser um soldado de infantaria — ele disse, e aconselhou: — Deveria se informar sobre a Força Aérea do Exército.

Charlie se virou para Pinky, sorrindo.

— Eu fui me informar e o vovô, afinal, estava certo. Pilotar se encaixa muito melhor na minha personalidade do que trocar socos.

Pinky riu. Charlie sabia que, secretamente, Pinky se achava um grande guerreiro, embora na realidade fosse do tipo que não entra em confrontos. Pinky dissera a Charlie que queria pilotar caças, e que apenas relutantemente aceitara B-17s. Charlie achava que o bombardeiro combinava melhor também com a personalidade de Pinky, mas não quis dizer nada.

Uma pequena cidade surgiu no horizonte, com prédios dos dois lados de um rio cor de terra. Charlie inclinou o avião e sobrevoou uma ponte plana e cinzenta, dizendo a Pinky que ele estava agora olhando para Weston, sua cidade natal. Pinky parecia intrigado. A cidade era minúscula. A maioria dos prédios de alvenaria ficara a leste do rio, e nenhum tinha mais de dois andares.

Charlie apontou para a parte leste da cidade, para a fábrica municipal de vidro, que ele disse ser responsável por um terço de toda a produção de vidro do país. Ele mostrou a Pinky o Asilo de Loucos Trans-Allegheny, a oeste do rio. O asilo parecia uma mansão mal-assombrada. Charlie contou que, durante sua época na Guarda Nacional, ele havia cuidado de alguns pacientes dali, depois que o asilo pegara fogo e precisara ser evacuado.

Charlie inclinou a asa direita do bombardeiro em direção a uma ponte cinza sobre o rio que cruzava a cidade. Havia velhos sentados na ponte pescando, esperando capturar percas escondidas na sombra que a construção fazia.

— Eu quase morri naquela ponte — Charlie disse.

Ele contou a Pinky que estava em um carro dirigido por sua irmã mais velha, um dos cinco irmãos mais velhos que tinha, quando outro carro bateu neles, de frente. Ele fora jogado de cara contra o painel e quebrara o nariz.

— É por isso que tenho sangramentos nasais.

Pinky assentiu. Ele já tinha visto o nariz de Charlie sangrando durante voos em grande altitude. Charlie sabia que tinha muita sorte por Pinky nunca ter contado a ninguém sobre os sangramentos, do contrário o instrutor de voo o teria banido do curso.

No centro de Weston, os cidadãos saíam das lojas e das casas e se reuniam nas ruas para se maravilhar com a visão da aeronave mais avançada do mundo sobrevoando a cidade deles. Crianças pulavam e apontavam, surpresas por um avião tão grande conseguir voar.

Manobrando para o sul, Charlie disse a Pinky que tinha um último local para mostrar. Ele acompanhou as curvas do rio ao longo de vários quilômetros e então tomou a direção leste, sobre campos cultivados. Charlie chamou a atenção de Pinky para um ponto à frente. Ali, do lado de Pinky do avião, havia uma casa meio arruinada, um telhado de folhas de flandres, em uma pequena fazenda.

— É sua família, lá embaixo? — Pinky perguntou, enquanto eles sobrevoavam a casa.

— Não. Mas aquela foi a minha casa pela maior parte da minha vida. Nós nos mudamos depois que minha mãe morreu.

Charlie explicou que tinha doze anos quando sua mãe, Myrtle, morreu de doença. Ela sempre tinha sido o farol a orientar a família. Seu falecimento tinha arrasado o pai de Charlie, que caíra em depressão. A família se mudou para uma casa menor. Levou anos até que o pai de Charlie se recuperasse, mas, afinal, ele ficou bem. Enquanto Charlie ainda estava na infantaria, o pai fora eleito como juiz de paz local.

Charlie virou o bombardeiro para o oeste, de volta ao rio e em curso para a base aérea. Pinky perguntou a Charlie se o pai ainda era vivo, e Charlie respondeu que sim.

— Você acha que ele alguma vez o viu voar?

Charlie admitiu que não fazia a menor ideia. Contou que tentara ligar para o pai, mas não conseguira falar com ele. Em seu íntimo, Charlie desejava que o pai e todas as pessoas em Weston o vissem, e soubessem que ele não era mais o menino de fazenda que recolhia vacas, o zelador de escola que limpava banheiros, o soldado de baixa patente na unidade local da Guarda Nacional. Ele era um piloto de B-17.

Com um sorriso ansioso, Pinky perguntou:

— Que tal um voo rasteiro pela cidade?

Charlie respondeu que era uma ideia tão boa quanto ruim. Ambos conheciam a norma que proibia sobrevoar uma cidade a menos de 1.500 pés. Mas Charlie também sabia que Pinky sempre quisera pilotar um avião, até que a Força Aérea do Exército destruíra seu sonho. Apesar de nutrir alguma mágoa contra os oficiais superiores, Pinky nunca se ressentiu por Charlie ocupar o "assento da sorte".

Charlie conhecia sua cidade como a palma da mão. Além disso sabia que, se voassem rápido o bastante, as pessoas seriam incapazes de discernir as letras de identificação nas laterais do bombardeiro. Sem saber as letras, ninguém poderia telefonar para o Comando do Exército e denunciá-los.

Charlie virou o manche para a direita e posicionou o avião rumo ao norte, mais uma vez atendo-se ao rio para balizar seu curso. Ele sorriu para Pinky e disse-lhe para fechar os olhos, de modo que pudesse negar ter visto qualquer coisa de ilegal. Pinky, de brincadeira, tapou os olhos com as mãos, apenas por um instante, e se inclinou para a frente.

Com a mão direita, Charlie empurrou os quatro aceleradores para adiante. O bombardeiro rugiu. O vento soprou com mais força através da janela lateral, tentando arrancar seu quepe. Charlie empurrou os controles ainda mais, e o bombardeiro mergulhou em direção ao rio, onde ele o nivelou poucos pés acima da água barrenta.

Para além da janela de Charlie, as árvores das margens passavam como um grande borrão verde. O bombardeiro trovejou acima dos pescadores nas canoas e eles se encolheram, apavorados. Sem o peso das bombas ou de uma tripulação, o bombardeiro voava a 400 quilômetros por hora. Pinky sorria, deliciado por voar como um verdadeiro guerreiro. Os controles vibravam nas mãos de Charlie. Adiante, ele divisou seu alvo: a ponte plana e cinzenta no centro da cidade, onde os velhos estavam pescando.

Os pescadores devem ter visto o bombardeiro se aproximando em alta velocidade, pois saíram correndo e gritando. Outros cidadãos olhavam para a ponte. Um deles não tinha se movido da calçada desde a primeira aparição da aeronave. Era um homem baixo, de cabelos grisalhos, cuja toga preta pendia de seus ombros magros. Ele estivera esperando, torcendo para que o bombardeiro reaparecesse. Sabia que Weston tinha muitos rapazes na carreira militar, mas apenas um estava pilotando B-17s. Ele era Charles Miller Brown, pai de Charlie, e sabia que o filho estaria olhando para baixo procurando por ele.

Charlie moveu o manche na direção oposta, o suficiente para erguer o nariz do bombardeiro acima da ponte. O avião passou pela ponte com um rugido de trovão. A pequena cidade de tijolinhos passava voando pela janela de Pinky, e ele acenou para os estupefatos moradores. Do lado de Charlie, a torre branca do relógio do asilo passou pela janela como um chicote[29]. A força da propulsão foi tamanha que jogou a água do rio para além das margens, e misturou-a à poeira das ruas de Weston.

— Quem é esse louco filho de uma puta? — Gritou um homem na rua, enquanto dobrava a esquina para se certificar que o bombardeiro se fora.

O pai de Charlie ouviu, fechou as mãos em punho e andou até o homem.

— Você não fale do meu filho dessa maneira! — Ele disse.

O homem se afastou.

Charlie e Pinky estavam tão ocupados observando por cima dos ombros os efeitos de sua passagem que, quando Charlie tornou a se virar para a frente, seus olhos se arregalaram de espanto. Uma massa verde gigantesca preenchia toda a visão dos pilotos. Ele havia se esquecido das montanhas ao norte da cidade. A velocidade explosiva do bombardeiro fazia que tudo se aproximasse muito depressa. Com as duas mãos, Charlie e Pinky agarraram os manches e os puxaram em

---

[29] "Eu estava voando tão baixo que estava na altura do relógio", Charlie se lembraria. "Olhando em retrospecto, agora, foi uma coisa inacreditavelmente estúpida."

direção ao estômago. O B-17 se elevou para muito alto, enquanto a força da gravidade fazia mapas e sacolas escorregarem pelo chão. Somente depois que o azul do céu preencheu todo o para-brisa foi que Charlie e Pinky empurraram os manches para adiante de novo, e nivelaram. Juntos, eles reposicionaram os controles. Charlie soltou um profundo suspiro de alívio. Pinky ofegava, quando secou o suor da testa. Charlie virou o bombardeiro para oeste, na direção de Ohio, e perguntou a Pinky se ele ainda queria pilotar caças.

— Estou feliz bem aqui onde estou — Pinky riu, e Charlie sorriu em concordância.

12
OS CALADOS

Muitos meses mais tarde, setembro de 1943, oeste do Texas

Sob o sol escaldante do fim de tarde, um homem estava sentado sobre um cavalo em cima de um morro deserticamente seco. O cavalo começou a refugar e a menear a cabeça. O cavaleiro segurou o chapéu de abas largas e redobrou a firmeza nas rédeas. O solo crestado reverberava sob as patas do animal. O cavaleiro olhou para cima quando um B-17 trovejou no alto, com o trem de pouso baixando e as hélices provocando redemoinhos de areia em volta dele. À sua frente, na base do morro, o bombardeiro desviou para a pista de pouso da base aérea chamada Campo Pyote, um lugar conhecido na Força Aérea do Exército como "Base de Bombardeiros Cascavel". O cavaleiro foi embora galopando[30].

Os pneus do bombardeiro guincharam ao atingir a pista. O avião desacelerou. Na pista branca, o motor expeliu uma nuvem de poeira amarelada. O bombardeiro taxiou atrás do que parecia ser uma fila interminável de B-17s, estacionados asa com asa, em frente a cinco hangares com elegantes tetos abobadados.

---

[30] Charlie recordaria: "Era verdadeiramente uma cidade de caubóis, e as pessoas montadas em cavalos costumavam ir nos ver voar como se sentissem uma estranha irmandade entre seus cavalos e os nossos".

Dos controles do bombardeiro, Charlie aproximou a cabeça da janela lateral. A equipe de terra o orientava com gestos. O B-17 girou noventa graus e estacionou ao lado dos demais bombardeiros. A equipe de terra chegou em dois caminhões com as carrocerias abertas. Eles estacionaram um no nariz do avião e outro na cauda, para receber a tripulação. Os estalidos característicos do metal quente ecoavam embaixo das asas. Um alçapão se abriu sob o nariz do bombardeiro, o lugar dos oficiais. Uma sacola de voo de lona deslizou até o chão, seguida de um paraquedas de cor oliva dobrado como uma almofada. Um oficial de casaco verde, com as mangas arregaçadas, saiu pelo alçapão, as botas marrons aterrissando com um baque. Ele usava óculos de sol e um quepe com uma águia dourada na frente. O quepe era gasto como o de um veterano, apesar de o homem jamais ter estado em um combate. Ele era o novo navegador de Charlie, segundo-tenente Al "Doc" Sadok. Doc vinha de Nova York, embora parecesse um texano, com sua cara de homem Marlboro — queixo forte, nariz pequeno e olhos permanentemente apertados. Doc frequentara a faculdade, ao contrário de todos os demais na tripulação, era bem articulado e, às vezes, arrogante. Ele viajara no avião com o responsável pela artilharia, segundo-tenente Robert "Andy" Andrew, que foi o seguinte a sair pela escotilha.

Andy era um rapaz desengonçado do Alabama, com um rosto estreito, orelhas pontudas e pequenos olhos escuros e caídos que lhe davam um ar analítico. Ele seguia Doc para todo lado, embora os dois não pudessem ser mais diferentes. Andy falava com um suave sotaque sulista, jamais bebia e nunca dizia palavrões. Doc tinha voz nasalada e pronúncia ianque, e não se importava de entornar e xingar. Andy era sensível, e Doc, obstinado. Juntos no nariz do bombardeiro formavam uma equipe equilibrada.

Charlie e Pinky foram os últimos a sair pelo alçapão. Na cauda do avião, os artilheiros de Charlie carregavam suas armas e as entregavam à equipe de terra, que estava próxima à carroceria de um caminhão. Charlie recebera sua tripulação em Pyote dois meses antes, e desde então fazia missões de treino com eles todos os dias.

A missão daquele dia fora igual a muitas outras. Seguindo o curso determinado por Doc, Charlie tinha voado até a área de 52 quilômetros quadrados fora da base, onde Andy havia praticado lançamento de bombas sobre cruzes pintadas de branco no solo do deserto. Durante todo o tempo, os artilheiros disparavam em alvos de madeira nas encostas íngremes.

O principal artilheiro de torre giratória de Charlie, sargento Bertrund "Frenchy" Coulombe, se aproximou. Frenchy parecia um boxeador, com sobrancelhas que pesavam sobre seus olhos, um pequeno nariz achatado e um maxilar quadrado. Silencioso e durão, Frenchy era de Massachusetts, mas muitas vezes falava ao estilo *creole*, com sotaque francês, para divertir a tripulação. No bombardeiro, ele fazia as vezes de engenheiro de voo, o especialista nos sistemas vitais do avião. Era também o porta-voz dos artilheiros. Frenchy informou que os homens estavam prontos para ir embora. Charlie deu permissão para que partissem.

Junto ao nariz da aeronave, Doc e Andy aguardavam no caminhão. Eles ajudaram Pinky a subir a bordo. Antes que Charlie pudesse esticar o braço procurando a mão de alguém, um ruído o paralisou: o estrépito de motores duas vezes mais irados do que os do B-17. Um bombardeiro verde com formato de charuto, com trem de pouso de três pontos, encostou e estacionou ao lado de seu B-17. O avião era um B-26 de motor duplo, o mais bambambã de todos os bombardeiros. Charlie abriu um largo sorriso. Fazia tempo que ele queria pilotar um B-26.

A enorme hélice de quatro lâminas do B-26 se desacelerou até parar. Charlie observou as asas curtas e grossas, que tornavam bem perigoso pilotar um B-26, mas que o faziam capaz de voar à velocidade de um caça. Os pilotos se referiam à aeronave por uma variedade de apelidos: "Widow Maker", "Flying Prostitute", "B-Dash Crash" e "Baltimore Whore". O Exército preferia chamá-la de "Marauder".

Um piloto saiu da barriga do B-26. Ele usava um modelo de paraquedas de encaixe no assento, um capacete de voo incomum, branco, e um casaco azul comprido. Charlie andou em direção ao B-26 para falar com ele, mas a meio caminho estancou, e seu queixo caiu. Quando o piloto removeu o capacete, cabelos castanhos que chegavam até os ombros se desenovelaram em cachos. O piloto era mulher, uma mulher bem bonita[31].

---

[31] "Era um piloto de aparência bem estranha: uma mulher muito atraente!" Charlie recordaria: "Aquilo meio que me chocou, mas foi um choque bastante agradável".

Charlie girou sobre os calcanhares e voltou para o caminhão. Apoiando-se na lateral, perguntou a seus oficiais se eles tinham visto o que ele tinha visto. Todos assentiram ansiosamente. Charlie pediu a Pinky que fosse com ele conversar com a garota. Com um olhar de pânico, Pinky sacudiu a cabeça. Charlie se virou para Andy.

— De jeito nenhum. Eu estragaria tudo — Andy respondeu, sem piscar os olhos arregalados.

Andy e Pinky olharam para Doc.

— Claro — Doc disse a Charlie.

Charlie forçou um sorriso. Ele não tinha planejado pedir a Doc. Já ouvira Doc contar histórias sobre namoradas. Parecia que ele tinha um punhado delas em cada base que já visitara.

O suor escorria pelo quepe de Charlie quando ele se aproximou da pilota. A seu lado, Doc mastigava um palito de dentes. A pilota se virou para cumprimentá-los com um sorriso amigável nos lábios vermelhos e brilhantes. O rosto era oval; o nariz, arrebitado, e seus olhos escuros quase desapareciam quando ela os apertava.

— É uma bela aeronave — Charlie disse.

A garota perguntou se o B-17 era deles. Com relutância, Charlie confirmou.

— Não há nada de errado com a Fortress — ela disse, alegremente, e olhando para o próprio avião acrescentou: — A Marauder não é prêmio nenhum. Por causa da pequena superfície da asa, ela tem uma tendência a querer fugir. Na aproximação, você precisa pousar com a corda toda.

Charlie assentiu, hipnotizado pelo entusiasmo que jorrava da moça.

— Este é o nosso capitão, Charlie Brown — Doc apresentou.

Charlie riu, já desacostumado dessas cordialidades. A garota tirou a mão do casaco e cumprimentou Charlie e Doc, apresentando-se como Marjorie Ketcham. Ela era uma WASP lotada na Base Aérea do Exército em Romulus, Detroit. Charlie disse que já ouvira falar da WASP, Women's Air Force Service Pilots, as pilotas a serviço da força aérea. Elas eram as garotas que levavam os aviões das fábricas para as unidades de treinamento e para as bases onde eles seriam efetivamente utilizados, liberando assim os pilotos do sexo masculino para o combate. Marjorie se formara na primeira turma da WASP, era uma entre "as pioneiras".

Charlie perguntou a Marjorie quais eram suas aeronaves favoritas. Ela respondeu que pilotava o que quer que lhe fosse atribuído pelo Comando, mas apreciava mais os aviões grandes como cargueiros C-47 e bombardeiros B-24.

— A melhor parte de pilotar estes — ela disse — são os olhares que recebo dos meus copilotos quando eles descobrem que vão voar com uma mulher. Em geral é uma expressão de "Oh, meu Deus, não me diga que ela é o meu piloto!".

Charlie estava prestes a perguntar há quanto tempo Marjorie voava quando Doc interrompeu. Ele lembrou a Charlie que a tripulação estava esperando, e sugeriu que Charlie e Marjorie continuassem a conversa no Clube dos Oficiais. Charlie concordou e olhou para Marjorie.

— Eu adoraria — ela respondeu, sorrindo, e os dois acertaram os detalhes do encontro daquela noite.

Enquanto Charlie e Doc andavam de volta para o caminhão, Doc cochichou:

— Você foi bem, mas precisa sempre esconder alguma coisa, para que elas continuem voltando.

Charlie assentiu, mas não sabia do que Doc estava falando. No caminhão, Charlie subiu primeiro e estendeu a mão para Doc. Andy e Pinky tentaram agir como se não tivessem ficado observando os dois Casanova. Enquanto se afastavam, Charlie olhou para trás e viu Marjorie ajeitando o paraquedas no ombro e se afastando para outro caminhão. Charlie não conseguia parar de sorrir. Ele era muito tímido e um encontro era coisa rara.

— Obrigado, Doc — ele disse, e Doc apenas assentiu, de leve, antes de puxar o quepe por cima dos olhos.

* * *

Charlie e Marjorie estavam em uma mesa no meio do mal iluminado clube de oficiais. Ele vestia um casaco verde e ela estava com uma camisa azul e uma jaqueta com broches dourados nos quais se lia WASP presos nas duas pontas da gola. Diversos pilotos ocupavam o balcão, conversando alto. Toda vez que Charlie olhava na direção deles, flagrava pares de olhos postos em Marjorie.

Enquanto bebericavam, Charlie disse a Marjorie como ela era bonita. Ela riu e respondeu que o uniforme tinha lhe custado uma fortuna. Charlie ficou confuso.

— Os militares não equipam vocês?

Marjorie explicou que as WASPs eram consideradas civis a serviço dos militares, e que precisavam comprar os próprios uniformes.

— Se eu morrer em um acidente, minhas companheiras de WASP vão precisar passar o chapéu para pagar pelo meu enterro — Marjorie falou. — Como não sou militar, meu caixão não poderia nem mesmo ter a bandeira dos Estados Unidos em cima.

Charlie balançou a cabeça, incrédulo. Marjorie acrescentou que algumas pessoas consideravam as WASPs dispensáveis.

— Quando pego um avião em uma fábrica, ele supostamente foi verificado e voou por quinze minutos com um piloto de testes — ela contou. — Porém, devido à grande produção de aeronaves, alguns pilotos de teste simplesmente andam com o avião por quinze minutos em terra e preenchem o relatório como tempo de voo. Quando eu piloto uma máquina nova, com frequência é o voo inaugural dela.

Marjorie fez perguntas pessoais a Charlie, como que idade ele tinha e de onde era. Ele disse que era de Weston e contou uma mentira, dizendo que tinha vinte e quatro anos. Marjorie soltou um gemido e disse que tinha vinte e cinco. Charlie tentou aparentar indiferença. O fato era que ele sabia que não podia contar a ela sua verdadeira idade, ou ela sairia andando. Ele tinha vinte. Ao ser apresentado à sua tripulação, mentira a idade, para que seus homens não entrassem em pânico diante da ideia de voar com um piloto tão jovem. Agora, precisava se ater àquela história.

Charlie contou a Marjorie sobre sua tripulação, a quem ele chamava de família adotiva. Ele jamais obrigava seus homens a baterem continência para ele em solo, mas, quando estavam no ar, ele deixava muito claro quem estava no comando.

— As outras equipes nos chamam de "Os Calados", porque nunca fomos pegos fazendo nada fora das regras.

Marjorie contou a Charlie sobre seu curso de pilotagem. Todas as vinte e três alunas eram pilotas civis, tendo em média mil horas de voo cada uma, antes de se apresentarem.

Os dois perderam a noção da hora até que um garçom se aproximou e entregou a Charlie um bilhete dobrado. Marjorie olhou para ele com preocupação. Ele leu a nota em voz alta: "Equipe com problema; precisa de ajuda; porta da frente. Ecky". Ecky era o artilheiro que ficava na retaguarda do avião. Charlie amaldiçoou sua falta de sorte. Marjorie forçou um sorriso e lhe disse para ir cuidar de seus homens. Relutantemente, Charlie se levantou para sair. Ele sabia que Marjorie ficaria em Pyote por mais três dias, levando a nova tripulação do B-26 para voar, antes de retornar à base. Ele perguntou se ela o encontraria no Clube-O na noite seguinte, no mesmo horário.

— Sim — ela respondeu, com um sorriso franco. — Mas agora vá!

* * *

Lá fora, sob as estrelas, Charlie encontrou o sargento Hugh "Ecky" Eckenrode andando impaciente de um lado a outro. Ecky era o artilheiro mais baixo e mais calado da tripulação, com um rosto que parecia triste mesmo quando ele estava alegre. Charlie e os demais da equipe amavam Ecky, um rapaz simples das montanhas centrais da Pensilvânia.

Ecky se desculpou por estragar o encontro de Charlie, mas disse que dois membros da tripulação — Blackie e Russian — tinham se metido em encrenca na cidade. Oficiais da polícia militar estavam fazendo um interrogatório e iam prendê-los. Charlie suspeitava que Ecky também estivesse envolvido, pois havia líquido derramado em sua camisa e na gravata.

Ecky conduziu Charlie até um jipe. O artilheiro da lateral esquerda de Charlie, sargento Lloyd Jennings, estava no banco de passageiros, sentado com a cabeça para trás. Ele saltou do veículo e fez a saudação quando Charlie chegou. Entre "Os Calados", Jennings levava o prêmio de silêncio. Seu rosto era quadrado e ele tinha um queixo estreito. Os lábios finos quase nunca se abriam, mas, quando ele falava, era de um modo correto e cortês, como se ele fosse britânico. Charlie viu que a boca de Jennings estava sangrando e soube que ele fora atingido por um soco destinado a outra pessoa, pois Jennings era abstêmio e, tal como Ecky, a última pessoa a entrar em uma briga.

— Lloyd, vá colocar gelo nisso — Charlie lhe disse, ao tirá-lo do caminho; Jennings assentiu e se afastou.

Charlie pulou para o banco de passageiro. O sargento Dick Pechout, operador de rádio de Charlie, estava atrás do volante. Pechout era de Connecticut e tinha um rosto delgado, mas lábios pequenos e cheios, que definiam seu rosto.

— Dirija! — Charlie ordenou.

Pechout correu para Pyote, que ficava a apenas dez minutos ao norte do campo. Ao longo do caminho, ele tentou se desculpar por perturbar o encontro de Charlie, mas Charlie o interrompeu.

— Dick, eu sei que você não estava envolvido, portanto, não se dê ao trabalho.

Charlie sabia que Pechout era um aficionado da eletrônica que nutria tamanho amor por seu rádio que teria preferido ficar na barraca estudando transformadores e tubos a ir para o agito da cidade.

Pyote lembrava o cenário de um filme de caubói. A rua principal tinha uma dúzia de prédios, cada um cercado por vastos terrenos baldios. Todas as construções tinham trechos de calçada coberta e estruturas onde cavalos podiam ser amarrados. Charlie imaginava que já tinha havido uma época quando caubóis passavam atirando pela rua principal. Agora, militares tropeçavam pelos *saloons*, apoiados em amigos.

Charlie viu um bar em frente ao qual dois jipes da Polícia Militar estavam parados em um ângulo estranho, como se tivessem sido estacionados às pressas. Charlie saltou e disse a Ecky para ficar, e a Pechout para manter o motor ligado. Ele disparou até o pórtico do bar e se colocou de lado quando um PM saiu feito um rojão, conduzindo um aviador que segurava um pedaço de carne crua contra metade do rosto. Uma garota soluçante seguia o homem ferido.

Dentro, Charlie tossiu por causa da fumaça de cigarro que os fãs do raquitismo soltavam. Ele localizou dois PMs interrogando Blackie e Russian em um canto. Perto deles havia uma mesa tombada.

Charlie não ficou surpreso ao ver Blackie sentado ali com um sorriso malicioso, mesmo enquanto estava sendo interrogado. O sargento Sam "Blackie" Blackford era o artilheiro da torre de barriga do avião de Charlie, um rapaz comunicativo do Kentucky cujo rosto exibia o tempo todo um esgar irônico. Graças à sua criação no meio do mato, ele era uma espécie de Davy Crockett[32], tão selvagem e durão quanto

---

[32] Davy Crockett: herói militar norte-americano que viveu entre os séculos XVIII e XIX, famoso pela exímia pontaria. (N. da T.)

bem-apessoado. Ninguém queria o trabalho de Blackie — operar a metralhadora dupla que ficava na esfera de metal sob a barriga do avião — exceto o próprio Blackie. Mas todos desejavam Blackie lá embaixo, porque seus olhos escuros eram os mais afiados da tripulação.

Charlie abriu caminho por entre a multidão e pisou com cuidado sobre os cacos de vidro. Quando Blackie viu Charlie se aproximando, seus olhos se iluminaram. Quando Russian o viu, ele apoiou a cabeça contra a parede e encarou o teto.

Charlie sabia que Russian era superior a um comportamento daqueles, e o próprio Russian sabia também. O sargento Alex "Russian" Yelesanko era um rapaz alto e robusto da Pensilvânia cuja origem se refletia em seus traços: nariz afilado e curvado para baixo, queixo forte e maçãs do rosto altas e redondas. Russian parecia um homem adulto comparado aos demais, e era o artilheiro direito de Charlie — provavelmente porque as torres laterais eram o único local do bombardeiro grande o suficiente para abrigá-lo. A tripulação gostava de Russian porque ele era bruto, porém gentil. Charlie gostava porque ele geralmente agia com maturidade.

Charlie se aproximou dos dois PMs uniformizados e tocou no ombro do que tinha a patente mais alta: faixas de sargento. O PM e Charlie se saudaram. Estavam frente a frente, rígidos como postes. Charlie anunciou, em seu tom de voz mais autoritário:

— Estou levando estes homens presos!

Os PMs olharam um para o outro, confusos, pois jamais tinham ouvido falar de um piloto que prendesse membros da própria equipe. Antes que os PMs pudessem fazer qualquer tipo de objeção, Charlie apontou o dedo para Blackie e Russian e com voz furiosa gritou:

— Saiam deste local imediatamente!

Blackie e Russian rapidamente se puseram de pé e se afastaram, olhando para trás para ver se Charlie estava brincando.

Virando-se para os PMs, Charlie disse:

— Obrigado, cavalheiros — girou sobre os calcanhares e foi embora.

Os PMs ficaram observando a partida, as cabeças girando enquanto tentavam entender o que tinha acabado de acontecer ali.

Fora do bar, Charlie empurrou Blackie e Russian para o banco traseiro do jipe. Depois pulou no banco de passageiro e gritou para Pechout:

— Dirija!

Enquanto Pechout engatava a marcha, Charlie propositalmente não olhou para trás, para o caso de os PMs terem mudado de ideia e decidido segui-lo até lá fora. Blackie e Russian viajaram em silêncio, enquanto Ecky se segurava a Russian para não ser atirado para fora do carro.

Durante o caminho, Charlie perguntou:

— Foi por causa de uma garota?

Ele estava à espera de que os homens confirmassem, e estava preparado para despejar sobre eles um sermão a respeito de como aquela "caça às saias" havia custado a ele a interrupção de seu encontro com Marjorie.

— Sim e não — Blackie falou.

Charlie se virou, aborrecido, os olhos exigindo um relato objetivo.

— Ecky foi ao balcão pedir uma cerveja e cometeu o erro de ficar perto de dois bêbados que estavam se exibindo para as namoradas — Blackie contou, em um só fôlego. — Um deles derrubou metade da cerveja no Ecky, e o Ecky voltou todo molhado.

Charlie olhou para Ecky, que assentiu em confirmação.

— Não foi o fato de terem derramado cerveja nele — Russian falou. — Foi que eles não pediram desculpas nem pagaram uma bebida para o Ecky.

— Então nós os fizemos pedir desculpas — Blackie concluiu, com um sorriso.

Charlie virou para a frente para esconder o próprio sorriso. Ele perguntou o que acontecera a Jennings.

— Ele nos ajudou, senhor — Russian respondeu.

Charlie sorriu na escuridão enquanto o jipe ultrapassava o portão da base aérea[33]. O histórico perfeito dos Calados continuava intacto.

* * *

Charlie e Marjorie se encontraram na noite seguinte e passaram juntos a maior parte dos dois dias subsequentes, sempre que Charlie não estava

---

[33] "Ao defender um homem, eles estavam na verdade tomando posição em favor da honra de toda a equipe", Charlie recordaria. "Eu não podia fechar os olhos para aquele comportamento e transmitir-lhes a ideia errada, mas estava orgulhoso deles."

voando. Eles almoçavam, saíam para caminhadas e se encontravam para bebericar no Clube-O[34].

Em sua última noite juntos, Charlie acompanhou Marjorie até o alojamento. Na entrada da barraca, sob uma lâmpada em torno da qual voejavam inúmeros insetos, Marjorie entregou a Charlie uma caixa de fósforos vazia. Olhando dentro, Charlie viu que ela anotara seu endereço na Base Aérea do Exército em Romulus. Ela pediu que Charlie lhe escrevesse, para que eles pudessem se ver de novo algum dia. Charlie sorriu e prometeu que poria uma carta no correio antes que as rodas dela tocassem o solo em Detroit. Eles se beijaram, e Charlie saiu andando na escuridão.

* * *

Um mês mais tarde, fim de outubro de 1943, Chicago

Do vagão sobre os trilhos na estação ferroviária, Charlie e seus oficiais espiaram através da janela. Postes lúgubres margeavam a plataforma deserta. Charlie e Pinky estavam sentados de frente para Doc e Andy. Os quatro seguravam garrafas de Coca-Cola. Os alistados que não eram oficiais estavam em vagões bem mais para o fim dos trilhos. No bolso, Charlie levava os passes da equipe para uma base temporária em Nova Jersey chamada Campo Kilmer. De lá, ele e os oficiais presumiam que iriam para a Europa de navio.

Um apito tocou. A fumaça subiu. Os homens sabiam que o trem estava indo para o oeste, mas eles comemoraram apenas quando os pistões começaram a bater, e as rodas, a gemer.

— Europa! — Eles gritaram, dando tapas nas costas uns dos outros.

Nenhuma tripulação de bombardeiro queria ir para o leste, em direção ao Pacífico, onde havia água demais entre os pequenos campos aéreos das ilhas. Charlie, em particular, temia os japoneses, depois de ouvir histórias sobre as atrocidades que eles cometiam contra os aviadores que capturavam.

Charlie e sua equipe conversaram sobre seu destino final. Charlie esperava que eles fossem enviados para a Inglaterra e se juntassem à

---
[34] "Eu era um cavalheiro e não tentei levá-la para a cama nem nada do gênero", Charlie recordaria. "Era realmente um relacionamento agradável e à moda antiga."

unidade que aparecia nos boletins noticiosos — a 8ª Força Aérea. Pinky torcia para que fossem mandados para o Mediterrâneo, onde os Aliados haviam recentemente invadido a Itália.

— Tem muitos alemães para bombardearmos lá — Pinky falou. — E a melhor parte é que você não precisa ir até a Alemanha para isso.

Os homens discutiam sobre o vinho italiano *versus* a cerveja inglesa, Londres *versus* Salerno, a lama italiana *versus* a neblina inglesa. A conversa foi encerrada abruptamente quando alguém disse:

— E a "Quinta-Feira Negra"?

Os homens caíram em silêncio. Todos haviam ouvido os rumores que tinham vazado das bases na Inglaterra. Poucas semanas antes, na quinta-feira, 14 de outubro, a 8ª Força Aérea perdera sessenta bombardeiros — seiscentos homens — em um ataque sobre Schweinfurt, Alemanha. Foi a primeira batalha que a 8ª Força Aérea reconheceu ter perdido.

— Muito bem, Itália, então — Charlie e os oficiais concordaram, e bateram as garrafas para brindarem à lama mediterrânea.

13

A VIDA DE NOVE

Dois meses depois, 20 de dezembro de 1943, centro da Inglaterra

Em seu beliche de canto no fim da longa barraca de metal, Charlie se virava e remexia. Pelas frinchas do cartonado preto que tampava a janela, ele supunha que fosse o meio da madrugada, em torno das 3 horas. Ele sabia que precisava voltar a dormir. Seu segundo combate estava a um alvorecer de distância. Uma semana antes, ele cumprira sua primeira missão como membro do 379º Grupo de Bombardeamento. Ele voara com outra equipe na ocasião, como copiloto de um piloto veterano. Essa "missão de apresentação" tinha por objetivo aclimatá-lo antes que ele embarcasse rumo à Alemanha com a própria tripulação. Durante a missão, caças alemães haviam passado acima do esquadrão em que Charlie estava, e atingido os que vinham atrás dele. O B-17 em que Charlie voava bombardeou as marinas de atracamento de submarino da cidade portuária alemã de Bremen e voltou sem um arranhão. A missão levou Charlie a pensar: *Talvez toda esta história sobre lançar bombas não seja assim tão ruim.*

Charlie puxou o cobertor até o queixo. O lugar estava congelando, e o teto abobadado parecia represar o frio. Pinky roncava no beliche ao lado, e outros oficiais podiam ser ouvidos em suas camas ao longo de toda a barraca. Motores arrotavam ao longe, pois os mecânicos atravessavam a noite trabalhando, certificando-se de que cada avião estivesse pronto para a missão. Alguns homens riram ao passar pelo alojamento, e suas vozes atravessavam as finas paredes de aço; provavelmente eram os cozinheiros, a caminho de iniciar os trabalhos no refeitório. Charlie ouviu os guinchos de freio dos caminhões que faziam o carregamento das bombas nas aeronaves. Cada um desses ruídos impedia Charlie de voltar a adormecer. A porta foi escancarada. Seguiram-se passos.

— Senhor — uma voz falou, diretamente para Charlie. Charlie não respondeu. — Senhor — a voz repetiu.

Um facho de luz atingiu os olhos de Charlie através de suas pálpebras fechadas. Uma mão sacudiu seu ombro. Ele abriu os olhos de supetão. Apertou-os. O homem era o sargento encarregado de acordar os oficiais antes de uma missão de combate. Charlie sentou-se empertigado e se desculpou por haver dormido demais. O ordenança informou as horas — quatro e trinta da madrugada. Ele lembrou a Charlie que o café da manhã era às cinco, e a reunião preparatória, às seis. O ordenança acordou Pinky.

Charlie girou as pernas e pôs os pés no concreto enregelante do chão. O fogo do forno a querosene se apagara durante a noite. O frio agudo do inverno inglês provocava tremores em Charlie. Entreabrindo a maleta de objetos pessoais que guardava sob o pé da cama, ele retirou seus artigos de toalete e o uniforme caprichosamente dobrado na noite anterior. Ele deixou na cama a cueca verde e o "pijama" azul, um par de ceroulas cujas costuras serpenteavam pelo tecido acolchoado formando um padrão de losangos. Do casaco pendia um plugue, que um membro da tripulação mais tarde iria encaixar em um soquete no bombardeiro. Além do casaco, Charlie pegou as calças cor de oliva e uma camisa. Pôs o cinto e a gravata no topo da pilha e retirou de sob a cama seus sapatos modelo Oxford engraxados. Deixou as calças de voo e as botas junto à cama, para retirar mais tarde.

Pinky cumprimentou Charlie com um sussurro. Charlie forçou um sorriso, nervoso. Depois de passar por uma missão, ele já não estava apreensivo pela iminência de um combate. Entretanto, ele sabia que daquela vez voaria como o comandante da aeronave. Estava preocupado — não pela possibilidade de morrer, mas de meter os pés pelas mãos e levar a vida de nove outros homens com ele. Mas outro pensamento brotou e o impeliu a seguir em frente. Nenhum homem na Força Aérea do Exército era obrigado a voar em combate. Ele se oferecera como voluntário. Com isso, vinham um pagamento extra e a sensação de algo intangível: orgulho. Ao se apresentar na 8ª, Charlie pusera a si mesmo na unidade que perderia mais homens na guerra do que o Corpo de Marines dos Estados Unidos.

Charlie pegou uma toalha e os artigos de banho e foi para os chuveiros que ficavam em uma construção atrás do alojamento. Vinte de dezembro era uma segunda-feira. Era hora de ir trabalhar.

* * *

O ar era tão frio que pinicava, quando Charlie e outros pilotos se apressavam através do breu em direção ao refeitório, com as mãos enfiadas nos bolsos das jaquetas de couro. Alguns carregavam lanternas, pois a base ainda estava às escuras. Os feixes de luz revelavam os abrigos curvos Nissen, construções de aço pré-fabricado que pareciam latas enterradas pela metade, ao comprido, e que serviam de alojamento, escritório e contêiner de suprimentos. Os homens passaram pelo mastro da bandeira e pelo quadro de avisos, no qual estava escrito: "Bem-vindos a Kimbolton, lar do 379º Grupo de Bombardeamento". Outros homens passavam por Charlie de bicicleta, esquivando-se cuidadosamente dos blocos brancos de madeira que se alinhavam como refletores nas ruas de cascalho. Havia uma pequena lâmpada no guidão de cada bicicleta. As luzes se distribuíam pela escuridão e convergiam de todas as direções para a comprida estrutura de teto abobadado que servia de refeitório.

O estanho do teto acima das vigas reproduzia o estrépito das bandejas e demais utensílios do refeitório. Nas bandejas da tripulação dos bombardeiros, os cozinheiros serviam ovos e presunto com parcimônia, sabendo que a maioria dos homens tinha pouco apetite. A refeição era praticamente uma formalidade. A maior parte dos pilotos e das equipes se reunia em torno dos barris de café e abastecia suas canecas e garrafas térmicas.

Charlie sentou com seus oficiais, Pinky, Doc e Andy. Andy parecia ainda mais manso e analítico do que de costume, e Doc tentava parecer calmo, embora seu olhar estivesse inquieto. Doc e Andy mal tocaram nos pratos. Em vez disso, ficaram observando enquanto Charlie brincava com a comida e bebia um copo de café atrás do outro. Pinky encheu a boca de presunto e ovos, inexperiente demais para sentir frio na barriga. O café da manhã era planejado para não incluir comidas com fibras. Qualquer coisa que produzisse gases poderia deixar um homem em maus lençóis quando em altitude. Eles conversaram um pouco sobre a dança programada para aquela noite, uma festa que prometia "Coca, cerveja e garotas".

Quando Charlie se levantou, sua equipe também se pôs de pé. Ele os conduziu até a barraca de reuniões. Encontraram a sala já cheia de outros oficiais e montaram cadeiras desdobráveis de metal perto da frente. Acima de um pequeno palco havia duas grandes portas de madeira que escondiam um mapa imenso da Europa. Lâmpadas se alinhavam no teto, cones de ponta-cabeça que iam da frente da sala até o fundo. "O ambiente tem cheiro de homem" — um navegador anotaria — "couro das nossas jaquetas, tabaco, suor e um pouco de medo, com sua nota odorífera particular".[Cap 13, nota 1]

Ao redor de Charlie e sua equipe, outros pilotos usavam os chapéus mais inclinados do que de hábito. As jaquetas dos veteranos tinham costuras esgarçadas e manchas de uísque. Eles atiravam seus cachecóis brancos, e faziam piadas e planejavam a qual bar iriam quando voltassem da missão. Eram profissionais em disfarçar a tremedeira. Charlie viu desenhos coloridos pintados nas costas das jaquetas deles, glorificando o nome de seus aviões: "Rebel", "Anita Marie", "Sons of Satan" e outros. Pequenas bombas tinham sido pintadas em linhas caprichadas nas costas de quase todas as jaquetas, uma bomba para cada missão que seu portador havia cumprido. Todos os homens no ambiente estavam tentando chegar à missão de número vinte e cinco e assim encerrar seu tempo de serviço. Das trinta e seis equipes originais do 379º, nem uma única completara seu turno com todos os dez homens ilesos.

Um piloto bateu de leve no ombro de Charlie. Charlie virou-se e viu as orelhas de abano e o sorriso dentuço de seu líder de voo, segundo--tenente Walter Reichold, que se sentou atrás dele. Walt era o piloto mais popular do 379º, devido a seu charme mordaz da Nova Inglaterra. Charlie estava aliviado por ter caído no 527º Esquadrão de Bombas, o mesmo de Walt. Walt era de Winsted, Connecticut, e ao longo da faculdade fora presidente do grêmio, nadador, mergulhador, esquiador e ator, tudo isso enquanto estudava engenharia aeronáutica, algo que ansiava por retomar quando a guerra acabasse. A jaqueta de Walt estava limpa, assim como a de Charlie, apesar de Walt já ter feito vinte e duas missões. Walt era supersticioso, e não estava disposto a atrair má sorte para o seu lado, fosse através da pintura na jaqueta, fosse com conversas sobre o fim do tempo de serviço, que Charlie e todos os demais sabiam estar a apenas três missões de distância.

— Você dormiu? — Walt perguntou a Charlie.

— Umas poucas horas — Charlie respondeu.

Walt ficou surpreso por Charlie ter conseguido pregar os olhos, mesmo que não muito. Adormecer era mais difícil no começo e no fim do tempo de serviço de um piloto. Walt ofereceu um frasco a Charlie, que recusou. Sendo da terra em que a bebida era destilada na ilegalidade e vendida de contrabando, ele conhecia bem o papel do álcool nas desventuras humanas. Walt deu um gole por si mesmo e outro que alegou ser "por Charlie". Em seguida, passou a garrafa aos colegas oficiais.

O burburinho cessou quando o coronel Maurice "Mighty Mo" Preston, comandante do 379º Grupo, adentrou o ambiente pelos fundos. Um capitão gritou:

— Ateeeenção!

Os homens se puseram imediatamente de pé. Preston caminhou pelo corredor central, paramentado dos pés à cabeça em seu traje de voo de couro, o queixo baixo como o de um jogador de beisebol em posição de defesa. Charlie sentiu o ar se mover quando Preston passou por ele.

Preston assumiu seu lugar diante da comissão com a precisão de um ator. Ele sabia que, de certa forma, estava fazendo exatamente aquilo: representando. Seu trabalho era ser maior do que a vida, para inspirar os rapazes. Ajudava bastante que ele tivesse um queixo quadrado, um cabelo loiro grosso e que, como dizia um oficial, "seus ombros fossem largos e quadrados como a frente de um jipe"[Cap 13, nota 2].

Preston autorizou que os homens ficassem em posição de descanso e se sentassem. Com um sorriso discreto, ele perscrutou a sala. Seus olhos irradiavam inspiração. Preston adorava a guerra porque era bom naquilo[35]. Ele era mais do que um comandante realista, pragmático e impaciente com quem não fosse assim. Ele era inovador. Sob sua liderança, o 379º havia se tornado o primeiro grupo a voar em formações menores e mais ágeis de doze aeronaves, e o primeiro a sobrevoar múltiplas vezes um alvo, caso o mau tempo tivesse escondido a mira na primeira passagem. Depois de cada missão, Preston fazia circular formulários de *feedback* entre seus pilotos. Ele acolhia qualquer ideia que os homens lhe dessem para melhorar a tática ou corrigir problemas. Com seu incentivo, os pilotos chegaram ao ponto de remover a mira de seus bombardeiros para afinar a calibragem de fábrica e assim aumentar sua precisão. Preston encorajava seus homens a ter namoradas e viverem plenamente, esperando que eles pilotassem da mesma forma. Antes do fim da guerra, o 379º demonstraria quão certo ele estava.

Preston fez um sinal para seu chefe de operações, que abriu as portas e revelou o mapa. O curso da missão estava marcado com um barbante vermelho que cruzava para o leste, através do Mar do Norte, direto para a cidade alemã de Bremen. De lá, o barbante fazia um corte brusco de noventa graus para cima, em direção ao mar, antes de se virar para o oeste e de volta para a Inglaterra. Os homens estavam em silêncio. Eles só se manifestariam com gemidos se o alvo fosse inédito ou se ficasse na Alemanha profunda. Mas Bremen eles conheciam muito bem, tendo estado lá três vezes nos oito dias anteriores.

Um sorriso brotou no rosto de Preston.

— É bom ver que ninguém faz objeções ao local para onde estamos nos dirigindo — ele disse.

Os homens riram. Quando Preston olhou para Charlie, Charlie se contorceu. Ele se perguntou se Preston conseguia sentir sua ansiedade. Os veteranos ao seu redor ficaram sérios e caíram em silêncio.

— O alvo de hoje — Preston anunciou — é a fábrica de caças FW-190, na periferia da cidade.

Preston explicou que quase todos os grupos de bombardeamento da 8ª Força Aérea estavam convocados para a missão: 475 B-17s e B-24s. Na ocasião, havia vinte e seis grupos de bombardeamento operando na

---

[35] Preston recordaria: "Eu usufruí na Segunda Guerra Mundial dos maiores sucessos que tive em um dia, em minha época, em minha vida. Uma pessoa sempre gosta daquilo em que tem sucesso". [*Cap 13, nota 3*]

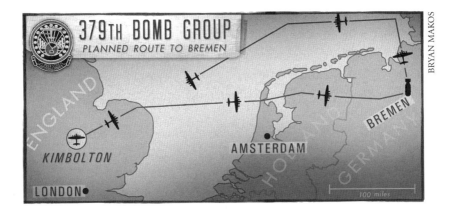

Inglaterra, e vinte e três deles iriam a Bremen. Cobertura aérea Aliada fora solicitada tanto para acompanhá-los até o Reich quanto para voltar. Preston alertou seus homens que, em complemento aos P-38 Lightnings e aos P-47 Thunderbolts, eles poderiam ver também os novos P-51 Mustangs, e que não deveriam abatê-los, mesmo que eles parecessem ser Messerschmitts.

Preston deu um passo para o lado e um jovem oficial da Inteligência, usando óculos, surgiu para apresentar os aspectos práticos da missão. Ele aconselhou os homens a estarem preparados para as boas-vindas dos alemães, "talvez quinhentos bandidos ou mais". Ele fora cauteloso ao chamar os alemães de "bandidos". Ninguém que tivesse estado em combate chamava o inimigo de "Chucrutes" ou outro termo pejorativo, devido a um estranho temor reverente.

O oficial da Inteligência repassou os planos de escape e evasão e disse aos homens que, se eles fossem abatidos sobre a Alemanha, que se dirigissem para a costa.

— Tentem requisitar um barco de pesca e naveguem de volta para casa.

Os veteranos riram ante a ideia de remar por 480 quilômetros no turbulento Mar do Norte. Preston não cortou a gargalhada deles — ele próprio estava lutando para sufocar uma risada. Ele relembrou aos homens que não valia seguir até a Suécia.

— Se vocês tiverem forças para ir até a Suécia, terão força para chegar à Inglaterra — ele disse.

Desta vez, ninguém riu. De fato, a Suécia era mais distante da Alemanha do que a Inglaterra. Porém, no mapa de Preston, a Suécia, assim como a Suíça, estava marcada com um enorme X preto. Ambos eram países neutros, nos quais a tripulação de um bombardeiro poderia aterrissar e receber asilo, caso seu avião estivesse severamente danificado, mas todos permaneceriam internos enquanto durasse a guerra. Preston odiava a ideia de existirem portos seguros e havia anunciado que depois da guerra levaria à corte marcial qualquer equipe que houvesse voado para uma nação neutra.

O capitão da Inteligência retomou suas instruções e pôs o mapa de lado, revelando uma lousa que mostrava a posição em que cada um estaria voando, na formação de combate de vinte e uma aeronaves. Charlie fez várias anotações e de repente seu lápis parou, quando ele se deu conta de que estaria voando no "canto do coração roxo", a mais vulnerável das posições: o último avião da formação, na linha externa, no ponto mais baixo do lado direito. Todo mundo sabia que os alemães adoravam atacar aquele ponto na borda, por oposição a avançar contra o centro da formação. Charlie havia previsto aquilo — sabia que sua equipe novata teria de conquistar o caminho até o topo.

Usando uma ponteira, o capitão desenhou círculos no mapa, mostrando aos homens as zonas de artilharia antiaérea e sublinhando que a cidade de Bremen era guardada por 250 desses equipamentos, operados "pelos CEO [Candidatos à Escola de Oficiais] dos artilheiros". Em outras palavras, os homens mirando neles eram os melhores entre os melhores.

Alguém apagou as luzes e ligou um projetor no fundo da sala. O capitão da Inteligência baixou uma tela e mostrou aos homens a fábrica de FW-190 que eles iriam bombardear à distância de 27 mil pés. Ele mostrou os trilhos que fluíam para dentro da fábrica.

Pelos trinta minutos seguintes, Charlie observou Doc rabiscando anotações furiosamente, embora fosse receber uma folha datilografada com as informações ao fim da reunião. Charlie se pegou escrevendo a caneta, na palma da mão esquerda, a hora da partida — 7h30 — e a condição climática — "restrita", com teto baixo. Ele sabia que isso significava uma subida arriscada, em espiral através das nuvens escuras, até que fosse atingido o ponto em que montariam a formação.

As luzes se acenderam. Preston se levantou, parecendo medir "seis metros de altura", como disse um dos homens. Ele guardara a melhor notícia para o fim. Charlie esperava que ele fosse mencionar a festa daquela noite.

— Hoje, cavalheiros, nós estaremos na liderança de toda a 8ª Força Aérea. É uma grande honra para o Grupo, e vocês a conquistaram.

Charlie viu os demais sorrindo, então sorriu também.

— Mantenham a formação coesa — Preston acrescentou. — Eu os encontrarei na pista para taxiar.

A reunião acabara. Charlie e os outros assistiram enquanto Mighty Mo deixava o local intempestivamente, do mesmo modo como entrara.

* * *

Depois de passarem no barracão dos equipamentos, Charlie e sua tripulação se reuniram à porta da sala de reuniões, cada um completamente vestido em seus trajes de couro. O céu ainda estava mergulhado na escuridão noturna, então os homens se puseram sob um poste de luz para fazer os preparativos finais. Os artilheiros vestiam seus capacetes de couro de voo, esquecidos de que faltava ainda uma hora para a decolagem. Na calçada ao lado deles estavam os paraquedas dobrados e as boias salva-vidas amarelas. Em um pátio próximo, uma dúzia de caminhões de carga de duas toneladas aguardava, cada um esperando que uma tripulação subisse para dar-lhes carona até os aviões.

Charlie riu sozinho ao pensar: *Os Calados nunca estiveram tão calados*. Cada um dos magros rapazes parecia cinquenta quilos mais gordo dentro das pesadas calças e jaquetas de couro. As jaquetas marrons dos oficiais eram enrugadas e quebradiças, e pareciam finas quando comparadas às jaquetas grossas e com gola de pelos dos artilheiros. Charlie ouvira dizer que Blackie tinha desejado decorar sua jaqueta antes da missão.

— E o que vai colocar nela? — Um dos artilheiros perguntara. — Nós nem temos um avião constante.

— Os Calados — Blackie respondera.

Os artilheiros haviam explodido em uma gargalhada. Apenas Ecky, o artilheiro baixo e de expressão triste que ficava na cauda, compartilhava do sentimento de Blackie. Quando apareceu para voar, naquela manhã, Ecky era o único entre Os Calados a ter a jaqueta pintada. Em lugar do nome de um avião, alguém escrevera "Eckey" para ele, em letras compridas, brancas e volteadas, de um ombro ao outro.

Pinky distribuiu *kits* de salvamento à equipe. Cada um continha uma pequena sacola à prova d'água com um mapa da Europa, uma bússola do tamanho de um botão e dinheiro francês. O rosto do sargento Frenchy se iluminou ante a moeda corrente francesa e pela ideia de que, se eles fossem derrubados a caminho da Alemanha, o Exército queria que eles se dirigissem à França e procurassem a Resistência Francesa. Pinky deu a cada homem uma barra de chocolate Mars. Ecky anunciou que, se alguém não quisesse a sua, ele a aceitaria de bom grado. Todos, exceto Pinky, lhe entregaram suas barras. Ninguém tinha estômago para doces. Pinky franziu o rosto; ele poderia comer todas. Charlie havia guardado sua barra no bolso da frente, mas a retirou e passou para Ecky.

Eles caminharam juntos até os caminhões, cada homem carregando seu desajeitado pacote. Charlie viu seu líder de voo, Walt, esperando para embarcar. Walt convidou Charlie a pegar uma carona com sua equipe. Os membros da tripulação de Walt embarcaram primeiro e em seguida ajudaram os membros da equipe de Charlie a subir pela abertura do alçapão.

No lusco-fusco das 6h30 da manhã, o caminhão levou as equipes até os B-17s parados nas áreas de estacionamento, que tinham forma de trevo. Cada avião ocupava uma folha do trevo. A geada cobrira o nariz dos bombardeiros. Havia grandes tendas verdes do lado de fora de cada trevo. De cada tenda saía uma fumaça escura, e dentro brilhava uma luz. No interior, mecânicos se debruçavam sobre fornos de carvão para se manterem aquecidos. Os mecânicos estiveram trabalhando, dando duro para que mais de vinte aviões estivessem prontos ao alvorecer. Agora o serviço estava quase terminado.

Os caminhões pararam e ambas as equipes de Charlie e Walt saltaram para o solo congelado. Olhando para os campos de trigo mortos pelo frio, Charlie poderia ter jurado que o oceano se encontrava logo após a montanha seguinte. Para ele, a Inglaterra toda parecia ser uma zona costeira, pelo modo como as nuvens se acumulavam acima do horizonte. Ele sempre tinha a impressão de sentir cheiro de maresia, embora Kimbolton estivesse 72 quilômetros afastado da costa. Charlie se concentrou em sua "dama", a aeronave B-17 que tinha grandes letras góticas vermelhas de contorno branco anunciando seu nome: Ye Olde Pub. Charlie afetuosamente a apelidou de The Pub.

Ela estava parada ao lado da aeronave de Walt, cujo nariz não tinha uma pintura artística.

— Desculpe-me por ter lhe dado o canto do coração roxo — Walt disse a Charlie. — Mas não se preocupe. Simplesmente fique perto do seu companheiro de voo.

Charlie prometeu que ficaria. Ele e Walt trocaram um aperto de mãos, e Charlie começou a se despedir, mas Walt o interrompeu.

— Nunca diga isso — ele disse, e Charlie se desculpou.

— Vamos pegá-los — Charlie falou então, pouco à vontade, procurando as palavras.

— Assim está melhor — Walt riu. — Nunca diga "tchau", traz má sorte.

Charlie viu os fachos de luz das lanternas de sua equipe se movendo perto dos alçapões, e depois desaparecendo dentro das aeronaves. Os homens estavam entrando nos aviões para guardar os paraquedas, inspecionar as armas e a munição.

O chefe de equipe do bombardeiro, sargento mestre "Shack" Ashcraft, aproximou-se de Charlie. Um dos chefes de equipe originais do 379º, Shack tinha o dobro da idade de Charlie, um rosto ossudo e uma cabeça que, por baixo de seu quepe cor de oliva, ansiava por ser raspada.

— Como a aeronave está, Chefe? — Charlie perguntou.

— Bem o suficiente, senhor — Shack disse, e alertou que o motor número quatro havia se comportado de maneira estranha quando o ligaram. — Ela parece melhor agora, mas em seu lugar eu ficaria de olho — acrescentou.

Shack parecia um pouco distante, e Charlie acreditava saber por quê. Segundo os boatos, Shack perdera três aviões até aquele momento — três equipes. Shack disse que o bombardeiro era novo para o grupo, uma transferência de outra unidade, e que ele ainda estava aprendendo a lidar com suas particularidades. Essas palavras soaram a Charlie como uma capitulação.

Charlie começou a ronda de inspeção em volta do avião de 330 mil dólares. Ele direcionou a lanterna para as marcas de antigos buracos de projétil e se sentiu confortável por saber que a aeronave era uma veterana que já estivera "lá" antes. "Lá" era oito quilômetros acima, um lugar sem oxigênio e destituído do calor da terra. Lá, a carga viva que ela transportaria iria voar e combater em um limbo de nuvens e fantasmas desamparados.

Satisfeito por The Pub ser segura, Charlie vestiu o paraquedas por cima da cabeça e o afivelou em torno da cintura e entre as pernas. Andou até o nariz do avião e estancou. Ele sabia que, teoricamente, pilotos deveriam se lançar para cima, para dentro do alçapão, como vira os veteranos fazendo. Entrar no bombardeiro naquele ângulo exigia músculos e coragem. Se um homem perdesse o apoio e caísse, o tombo seria de costas, doloroso, com a cabeça atingindo o chão antes do corpo. Entrar daquele jeito era vistoso — "erótico", como os veteranos diziam.

Charlie se abaixou sob o nariz do bombardeiro e andou até a porta traseira na lateral direita, quase junto à cauda. Ali ele entrou — como entraria um artilheiro.

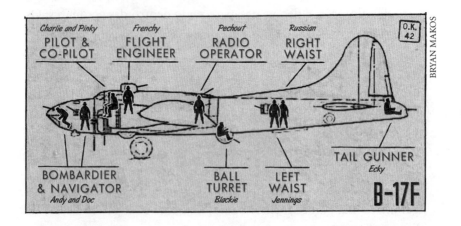

Uma vez lá dentro, Charlie apontou a lanterna para o estreito corredor que levava à torre de artilharia da cauda do avião. O facho revelou Ecky, que vinha engatinhando em sua direção. Ecky sorriu como um guaxinim flagrado na luz.

— Armas e oxigênio em ordem aí atrás? — Charlie perguntou a Ecky.

Ecky assentiu. Quando ele sorria, parecia que tinha de fazer força para elevar as pesadas bochechas caídas de cachorro.

Charlie passou pelas janelas das torres laterais de artilharia, onde Russian e Jennings acertavam as culatras e conferiam as travas de suas armas. Eles as apontaram para cima e se encolheram como soldados em revista enquanto Charlie se espremia para passar entre os dois. Charlie contornou a torre de barriga e o mastro de apoio que ia do chão ao teto.

Ele encontrou o artilheiro daquela posição, Blackie, checando a munição na sala do rádio, onde os homens sempre aguardavam durante a decolagem para aliviar o peso sobre as asas. Blackie estava sentado escrevendo seu nome com giz em algumas das caixas, marcando-as como sendo dele. Ele era conhecido por ter um dedo pesado. Uma vez no alto, ele e os outros artilheiros requisitariam sua munição para encaixar no tambor e carregar as armas. Blackie entraria em sua torre de barriga, conhecida como "necrotério", e o operador de rádio, Pechout, iria trancá-lo lá dentro. Os artilheiros temiam ser designados para combater ali, embora o tempo fosse provar que era de fato a posição mais segura entre as ocupadas por artilheiros.

Charlie passou por Pechout, que apertou os lábios enquanto ouvia algo nos fones. Pechout ajustou o mostrador iluminado do rádio e apertou o botão do código Morse como teste.

Movendo-se adiante até o compartimento em que ficavam as bombas, Charlie viu as doze bombas de 226 quilos que pendiam dos suportes. Elas pareciam gordas e inofensivas. Charlie parou enquanto Andy chacoalhava uma, para se certificar de estar bem presa. Andy contou os pinos de aço que evitavam que a hélice propulsora na extremidade das bombas girasse. Os três pinos estavam lá. Uma vez que estivesse sobre o Canal, Andy iria retirar os pinos e armar as bombas. Charlie achou curioso que um homem tão manso controlasse tanto poder de destruição. Andy fez um sinal de positivo e partiu para seu posto no nariz do avião.

Charlie se contorceu pelo corredor, deixando para trás o compartimento das bombas, e entrou no "escritório" do bombardeiro, a cabine. Passando por baixo da torre giratória superior, Charlie viu Frenchy desempenhando suas funções de engenheiro de voo e conferindo os cinco tanques amarelos de oxigênio na parede atrás do assento do piloto. Aqueles cilindros eram o próprio sangue da tripulação quando em grande altitude, junto com os três atrás do assento de Pinky, sete sob a cabine e três no chão da sala do rádio. Cada homem espetaria sua máscara a um daqueles sistemas, e só usaria um cilindro portátil quando precisasse se mover continuamente.

Em vez de se colocar no caminho de Frenchy, Charlie foi ver como estavam os rapazes no bico. Ele baixou os pés através do alçapão no piso da cabine e engatinhou até o nariz.

Apoiado na divisória esquerda, Doc estava curvado sobre sua mesa e conferia uma bússola à luz de uma luminária de metal. Ao ver Charlie, entregou-lhe o esboço de um mapa com as direções e distâncias aproximadas que Charlie deveria seguir; ele desenhara o rascunho para o caso de o sistema de intercomunicação apresentar qualquer tipo de falha. Como navegador, Doc era meticuloso. Ele guardava os livros de registros da tripulação e também era dublê de artilheiro. Sua metralhadora calibre .50 se projetava para fora a partir de uma janela adiante da mesa, e uma corda pendia do teto para manter a máquina nivelada.

Enquanto isso, Andy ajustava a própria metralhadora do lado oposto a Doc. Uma terceira arma pendia do nariz de Plexiglas, uma menor, de calibre .30, que os mecânicos haviam acrescentado como uma modificação de campo. Charlie sabia que Doc reivindicaria aquela para si também, e que Andy não se oporia. Andy era um bombardeador treinado, mas no The Pub ele não dispunha de uma mira. Nem todos os artilheiros tinham uma; geralmente, apenas os aviões que estivessem na liderança. Quando o bombardeiro líder jogava uma bomba, os outros atrás dele jogavam também: o papel de Andy no "bombardeamento de precisão à luz do dia" era tão simples quanto isso. "Precisão" era, na realidade, um termo impreciso. Quando um avião fazia a mira e todos os demais faziam lançamentos às cegas, as bombas só podiam mesmo cair com "precisão". A 8ª Força Aérea mensurava seus erros em centenas de metros e até em quilômetros[36]. Os alemães em terra mensuravam esses mesmos erros em quarteirões e em mortes de civis. Naquele momento da guerra, 54% das bombas lançadas pela 8ª Força Aérea caíam a até cinco quarteirões de seus alvos. Os outros 46% caíam onde não deveriam. Mas uma coisa podia ser dita a respeito do método norte-americano de bombardeamento. A 8ª Força Aérea sempre mirava em alvos militares, mesmo que o alvo estivesse embrenhado no coração de uma cidade. O comandante da 8ª Força Aérea, general Ira Eaker, havia dito:

— Nós jamais devemos permitir que o registro desta guerra nos condene por atirar uma bomba em um homem na rua[Cap 13, nota 5].

---

[36] Os historiadores da 8ª Força Aérea Philip Kaplan e Rex Smith descreveriam o bombardeamento de precisão à luz do dia com esta comparação: "Considere que tentar atirar bombas em um círculo de 600 metros de diâmetro estando a uma altitude de 25 mil pés, dentro de um bombardeiro sob ataque, se aproxima bastante de tentar atirar grãos de arroz em uma xícara enquanto se dirige uma bicicleta". [Cap 13, nota 4]

Com seus erros e tudo mais, o método norte-americano de bombardeamento não poderia ter sido mais diferente daquele usado comumente pelos britânicos. Devido à maneira ilimitada pela qual os britânicos e os alemães se bombardeavam mutuamente, o Comando Britânico de Bombardeiros com frequência praticava o "bombardeamento de áreas", espalhando ataques por largas porções de cidades alemãs. Isso destruía mais do que somente a produção de itens de guerra. Sir Arthur Harris, líder do Comando Britânico de Bombardeiros, certa vez explicou a diferença:

— Quando vocês [a 8ª Força Aérea] destroem uma fábrica de caças, a Alemanha leva seis semanas para substituí-la. Quando eu mato um trabalhador, a substituição dele leva vinte e um anos[Cap 13, nota 6].

Charlie se acomodou em seu assento, no qual permaneceria por sete a oito horas ou mais, dependendo de o vento ser contrário ou favorável. Encontrou Pinky já à sua espera, mastigando um chocolate. Charlie suspeitava que Pinky provavelmente havia pego umas barras extras para a viagem de volta. Na missão de apresentação de Charlie, um piloto veterano havia lhe dito para sempre dar uma "mijada antipânico" antes de embarcar, porque dificilmente haveria oportunidade para usar o cano de alívio no compartimento de bombas, que expulsava a urina através de um funil. Naquele dia, Charlie estivera tão nervoso que se esquecera totalmente do conselho do veterano.

Nos outros aviões na folha de trevo, Charlie sabia que as equipes estavam se aprontando. O sol estava subindo, e ele conseguia ver os óculos na testa dos demais pilotos, que estudavam seus instrumentos.

Charlie e Pinky percorreram os itens da lista de procedimento até que um ruído lhes chamou a atenção no fim do campo. O bombardeiro de Preston estava entrando em funcionamento, vindo à vida e dizendo a todos: "Cavalheiros, deem a partida". Sem nenhuma ordem em particular, os pilotos começaram a acionar seus motores, criando um padrão sonoro que se originava de trevos aleatórios. A cacofonia era poderosa. O ar vibrava com a eletricidade. Pinky se remexeu no assento. Charlie tentou não sorrir. Ele treinara durante dois anos para este momento. Ele tinha uma equipe na qual confiava, um comandante à prova de balas chamado Mighty Mo e, depois de sua missão de apresentação, concluíra que a guerra aérea não era nem de longe tão assustadora quanto ele a projetara em sua imaginação.

— Esquerda livre — Charlie disse, depois de espiar pela janela esquerda e se certificar de que nenhum membro da equipe de terra estava perto da hélice.

Pinky olhou pela própria janela e anunciou:

— Direita livre.

Eles giraram um seletor para a posição "Motor I" e deram a partida no primeiro. Enquanto Pinky mantinha o botão de partida pressionado e bombeava o combustível para dentro do motor, Charlie girou um seletor e o Pratt & Whitney ganhou vida com um ruído de engasgo seguido de outros de tosse, conforme todos os cilindros começavam a se mover. O aparelho expeliu uma nuvem de fumaça branca, que a hélice soprou para debaixo da asa e por sobre a grama prateada de granizo, que a hélice mantinha achatada. Charlie e Pinky acionaram a ignição dos outros três motores, acrescentando a própria parcela ao barulho combinado de oitenta e quatro motores que prometiam despertar todas as almas ao longo da ilha inglesa.

Tal como o chefe dos mecânicos, Shack, havia alertado, Charlie viu o quarto motor rateando, as agulhas oscilando nos marcadores de óleo e nos vários dispositivos que mediam a pressão. O olhar de Charlie passou por Pinky e foi se fixar no quarto motor, na extremidade da asa direita. Como se tivesse sido flagrado se comportando mal, o motor entrou no ritmo sob o olhar vigilante de Charlie. Charlie aumentou o giro dos motores, um de cada vez, as rajadas da hélice achatando a grama até a cauda do avião. Satisfeito, ele desacelerou. Olhando para os demais trevos ao longo do campo, Charlie mal conseguia distinguir o contorno dos bombardeiros entre a escuridão parcial e a fumaça suspensa. As chamas que saíam dos escapamentos queimavam em azul.

Quando o motor estava aquecido, Charlie silenciosamente rezou, ou, nas palavras dele, conduziu "uma pequena reunião com meu Terceiro Piloto". Por cima das camadas do colete salva-vidas e das amarras do paraquedas, ele tateou o bolso da jaqueta de couro até se certificar de que sua Bíblia estava lá. Charlie era metodista e, assim como jamais perdera um dia de escola, também nunca faltara a uma missa de domingo.

— Deus está do nosso lado, certo, Pinky?

— É bom que esteja — Pinky respondeu.

Os bombardeiros começaram a taxiar, então Charlie abriu a janela e gesticulou para que a equipe de terra removesse o calço das rodas, de modo que seu avião também pudesse se mover. O bombardeiro de Walt deslizou do trevo e se juntou aos demais na pista. Depois que o outro bombardeiro do trevo guinchou e passou pelo The Pub, Pinky soltou os freios e os rombudos pneus começaram a girar. A cada partida e parada, o cheiro de gasolina e escapamento enchia a cabine.

Manobrando para a pista, Charlie viu incontáveis caudas à sua frente, cada leme exibindo a marca do grupo, um K preto dentro de um triângulo branco. Ele olhou pela janela lateral e viu as asas dos bombardeiros se enfileirando acima da pista estreita. Como o The Pub fora posicionado no canto do coração roxo, Charlie descobrira que era o vigésimo na fila de partida, o penúltimo da linha. O bombardeiro de Preston avançou e se preparou para decolar.

Do parapeito da torre de controle, o chefe de operações olhava para o relógio de pulso enquanto, ao seu redor, os grupos de apoio observavam o impressionante panorama oferecido por vinte e um B-17s serpenteando pela base aérea em forma de coração. Oficiais se atropelavam escada acima rumo a este posto de observação, seus ouvidos lhes dizendo que ainda não haviam perdido o grande espetáculo.

Quando o relógio do chefe de operações marcou 7h30, ele ergueu um sinalizador e disparou um tiro verde seguido de outro. Charlie viu os arcos de luz brilharem através da bruma. Aquele era o sinal para a partida, uma mensagem silenciosa, pois os alemães estavam monitorando os canais de rádio.

O bombardeiro de Preston arrancou. Deslizou, ganhou velocidade e soltou uma forte rajada contra a pista, antes de se erguer do concreto com uma oscilação das asas devido ao peso. Trinta segundos se passaram antes que o bombardeiro seguinte decolasse. Trinta segundos depois, outro os seguiu. Então mais um. E mais um. Bombardeiros chamados "London Avenger", "The Old Fox", "Judy" e "Damdifino".

Dez minutos mais tarde, foi a vez do The Pub. Charlie empurrou os quatro aceleradores para a frente. O bombardeiro vibrava, lutando contra os freios. A aeronave tremia como uma britadeira do nariz à cauda, querendo correr. Pinky mantinha os olhos no relógio. Ele levantou a mão. Quando trinta segundos haviam passado, ele a baixou. Charlie tirou os pés dos freios, libertando o bombardeiro. Com um rugido, a aeronave baixou lentamente o nariz e correu.

Charlie sentia a vibração das asas cruzar a estrutura da fuselagem e atravessar seu assento. Ele nunca pilotara um bombardeiro tão pesado ou sentira a pista tão áspera sob os pedais. Os motores rugiram mais alto. Charlie sabia que, quando ele puxasse o manche, a vida de nove homens estaria em suas mãos.

The Pub ultrapassou os campos e deixou para trás o caminhão dos bombeiros e a ambulância, que esperavam na metade da pista. Quando o nariz do bombardeiro chegou a 160 quilômetros por hora, Charlie lentamente puxou o manche em direção ao peito, até que uma rajada invisível passou sob as asas e rompeu a força de sucção da terra, elevando o bombardeiro para o céu. Em um instante, Charlie sentiu a máquina se acalmar, da vibração para o zunido. Com as pás da hélice escalando o ar em busca de altitude, Charlie bateu de leve nos freios para prender as rodas e fazê-las parar de girar. Uma espiada pela janela revelou que os gordos pneus não estavam se mexendo.

— Recolher equipamento — ele ordenou.

Pinky acionou o mecanismo, primeiro o lado direito, depois o esquerdo. A voz de um de seus artilheiros laterais se fez ouvir pelo rádio:

— Roda traseira suspensa.

Charlie jurava que podia sentir os passos dos artilheiros através dos controles, conforme eles saíam de suas posições de decolagem na sala do rádio para assumir os respectivos postos. Charlie fez uma inclinação suave para seguir o avião à frente. Às 7h45, a quietude de uma manhã de inverno descera de novo sobre a base aérea.

* * *

Acima de Kimbolton, os bombardeadores do 379º avançavam em espirais ascendentes, como se puxados por um saca-rolhas através das nuvens escuras. Com o avião encoberto pela neblina, Charlie e Pinky agarravam com força os manches, embora apenas o de Charlie comandasse a direção do voo. Pinky mantinha um olho no artilheiro da cauda do avião à frente deles. Charlie se concentrava nos instrumentos, voando em fé cega. Ele temia subidas como aquela, em que as condições eram perfeitas para uma grande colisão no ar.

De vinte e três bases espalhadas por toda a Inglaterra, aproximadamente 475 bombardeiros subiam em direção às nuvens. Para tornar as coisas ainda mais angustiantes, como parte da estratégia "dia e noite", os norte-americanos estavam partindo no mesmo horário em que os britânicos estavam voltando para casa depois de seus ataques noturnos. É um céu cheio de terror, Charlie pensou.

Através de uma nuvem, Charlie viu o bombardeiro à frente aparecer e em seguida sumir. A bruma que envolvia a cabine se dissolveu, e o The Pub surgiu no ar limpo e claro a 8 mil pés. Charlie viu aviões do 379º mais altos do que o seu continuarem a espiralar para cima. Eles pareciam voar em volta de um mastro invisível. Espiando a Inglaterra lá embaixo, Charlie viu outros grupos de bombardeiros aparecerem subitamente do teto alaranjado das nuvens, deixando buracos roxos em seu rastro.

De uma ponta do céu à outra, operadores de rádio disparavam sinalizadores, de seus compartimentos nas torres superiores das aeronaves, indicando aos grupos que deveriam se reunir em formação de combate. O coronel Preston continuava voando, direto e reto, confiando que todos o seguiam. Em um B-17 não havia espelho retrovisor, apenas a voz do artilheiro da cauda.

Enquanto o 379º Grupo de Bombardeamento entrava em formação, o 303º e o 384º seguiam firmes atrás. Juntos, os três grupos formavam o esquadrão que lideraria os outros esquadrões da 8ª Força Aérea. Preston, no comando, fez uma curva suave para evitar uma coluna magnífica de nuvens. Lentamente, outros esquadrões entraram em formação atrás de Preston, formando uma torrente de bombardeiros. Charlie olhou pela janela lateral durante a curva. Atrás de si, viu a longa sequência de quase quinhentos bombardeiros e sorriu, maravilhado.

Lá da ponta, o navegador de Preston estabeleceu um novo curso, e o enxame virou rumo à Alemanha.

Subindo sem escalas a 12 mil pés, Charlie e sua tripulação vestiram as máscaras de oxigênio. Uma pequena bolsa de borracha, como um pulmão em miniatura, pendia da máscara de cada um deles. O pulmão se expandia e contraía a cada respiração. Charlie se dirigiu à equipe e ordenou uma verificação de oxigênio. Cada homem possuía um microfone e, para falar, era só apertar um botão em um fio ligado a uma saída na parede. Um a um, os membros da tripulação fizeram a checagem e confirmaram que as máscaras estavam funcionando. Se um projétil cortasse a linha de oxigênio de um homem, ele ficaria sonolento e bêbado antes de desmaiar de anoxia. Charlie ouvira mais do que umas poucas histórias de artilheiros que haviam destruído aviões perfeitamente em ordem, bêbados de anoxia. Artilheiros laterais sob o efeito da falta de oxigênio haviam certa vez sido encontrados cantando e brindando na cauda do avião, certos de que já estavam no bar.

A 20 mil pés, Charlie ligou o casaco aquecido no plugue à altura de sua coxa esquerda e ordenou aos homens que fizessem o mesmo. O gelo na janela informava a Charlie que a temperatura lá fora tinha caído bem abaixo de zero. Através do intercomunicador, ele avisou aos homens para manterem as luvas. O alumínio que os separava do céu aberto tinha poucos milímetros de espessura e era tão frio que, se eles encostassem no metal com a pele desprotegida, ficariam grudados.

Passando a 24 mil pés, o enxame de bombardeiros cruzou a costa inglesa acima da cidade de Great Yarmouth e deixou para trás o território amigo. Charlie teve uma sensação de queda e frio na barriga quando percebeu que o congelante Mar do Norte se estendia sob seus pés.

Charlie informou aos artilheiros que eles estavam liberados para testar suas armas. Ele ouviu por cima dos ombros as explosões das metralhadoras de calibre .50, conforme o som percorria a linha central do bombardeiro e chegava até a cabine. Ele sabia que os homens estavam disparando com vigor em direção ao mar, em um jorro catártico contra a apreensão. Charlie sentiu o cheiro ácido da fumaça da artilharia quando Doc e Andy dispararam do nariz.

— Permissão para armar bombas? — Andy perguntou, do bico.

— Concedida — Charlie respondeu.

Andy carregou um cilindro amarelo portátil de oxigênio até o corredor e atravessou o compartimento de bombas como um artista de corda bamba de circo. Delicadamente, ele retirou os pinos de segurança, trazendo as bombas à vida. Depois de voltar ao nariz, ele reportou a Charlie:

— Bombas armadas.

Ye Olde Pub estava pronta para a guerra.

14

O BOXEADOR

Três horas e meia depois, 11h, acima do Mar do Norte

Desde a decolagem, bombardeiros em toda a volta de Charlie vinham retornando à base por problemas mecânicos. Três dos sete aviões de seu voo haviam partido, um número fora da média de tão alto, considerando que uma taxa de abortos de 10% era normal. O líder de voo de Charlie, Walt, entrou no rádio.

— Goldsmith dois-zero — ele disse, usando o código para chamar Charlie. — Aproxime-se da minha asa esquerda.

Charlie gentilmente conduziu a aeronave para sua nova posição, bem próxima do avião de Walt. Juntos, eles voaram a 27 mil pés acima do mar gelado.

Um floco branco caiu na manga marrom da jaqueta de Charlie. Depois outro, e em seguida mais um. Ele arriscou um olhar para cima. Gelo havia se formado e se espalhado ao longo do teto. A umidade que estivera no avião em terra agora subira. Ele passou a luva pelo teto. Os flocos brancos caíram em cascata dentro da cabine.

— E que tal isto? — Ele comentou, deslumbrado.

— Parece que teremos neve no Natal — Pinky brincou, sorrindo por trás da máscara.

Charlie riu. Ele sabia que Pinky e os demais membros da tripulação estavam ansiosos pela festa de Natal que o grupo ofereceria às crianças de Kimbolton Village no dia seguinte. Apesar de seus modos retraídos, Ecky era de fato o que mais ansiava pelo Natal. Todas as barras de chocolate que ele vinha surrupiando e acumulando não eram realmente para ele. Blackie contara a Charlie que fazia semanas que Ecky vinha economizando o chocolate das rações e embrulhando-os para presente, para oferecer às crianças na festa. O Natal propriamente dito era no sábado, dali a quatro dias.

Os bombardeiros ultrapassaram a costa e entraram na Europa Continental. Abaixo, surgiram grandes campos congelados em tons de verde e cinza.

— É a Alemanha lá embaixo, rapazes — Charlie informou à equipe. — Fiquem atentos aos caças.

Preston mantinha o 379º em seu curso a sudeste. Eles tinham 48 quilômetros para percorrer antes de fazerem a curva para Bremen. Depois dessa curva se seguiria outro trecho de igual distância, durante o qual as bombas seriam lançadas.

Eram 11h05. Charlie sabia que, se conseguia enxergar a Alemanha, os radares alemães e os localizadores de solo também podiam vê-lo. A cada momento, soldados inimigos estavam calculando a velocidade, o curso e a altitude do bombardeiro, e passando essas informações adiante para a artilharia. Mesmo estando tão alto, Charlie sentia o peso daqueles olhares.

— Amiguinhos às 2 horas — Frenchy disse pelo rádio, de seu posto na torre superior.

As manchas castanhas na janela de Pinky eram P-47s, a cobertura aliada. Os caças voavam paralelamente aos bombardeiros e eram plenamente visíveis, com a visibilidade na casa dos dez quilômetros e poucas nuvens espalhadas abaixo. Os P-38s e os P-51s que Preston havia prometido não estavam à vista, mas Charlie sabia que eles poderiam estar em qualquer ponto ao longo da fileira de bombardeiros, que se estendia por 128 quilômetros.

— Bandidos! — Ecky gritou. — Alto e longe, às nossas seis.

— Quantos, Ecky? — Charlie perguntou.

— Não consigo dizer. Mas estão fazendo alguém recuar, lá atrás.

— Mais deles a bombordo — estava dizendo o artilheiro da lateral esquerda, Jennings. — Às 11 horas.

— Nossos caças estão indo interceptá-los — Frenchy anunciou, com alívio, quando os P-47s atravessaram a formação para perseguir o inimigo.

— Fiquem de olho neles — Charlie orientou a equipe.

O bombardeiro de Preston gradualmente se inclinou para a esquerda e os demais o imitaram. Doc disse a Charlie algo que eles já sabiam: que estavam se dirigindo ao Ponto Inicial, o começo do trajeto de lançamento de bombas. Ao ver os bombardeiros operando em uníssono, Charlie teve uma sensação de aconchego e de segurança, ciente de que os outros estavam lá para dividir os problemas.

Charlie consultou o relógio de pulso e viu que eram 11h32. Eles estavam a 48 quilômetros do alvo e "nos trilhos", presos em um voo em linha reta por dez longos minutos.

Através do para-brisa, Charlie viu uma nuvem preta de fumaça oleosa. Depois outra. E então mais uma. Rapidamente, o céu ficou coalhado de bolhas de uma tempestade criada pelo homem. Bem longe, abaixo, 250 disparadores de artilharia tinham começado a puxar as cordas de disparo de seus canhões de 88 milímetros, enquanto os companheiros deles acionavam as manivelas que faziam os canhões girarem e acompanharem o percurso dos bombardeiros com explosões ensurdecedoras. Os canhões disparavam a cada três segundos, mandando céu acima projéteis de nove quilos. Cada equipe operava uma bateria de quatro canhões, que disparavam juntos para criar uma "zona de morte" — cada projétil programado para explodir a uma altitude ligeiramente diferente, de maneira a envolver o alvo por completo.

Da posição mais baixa que ocupava na formação, Charlie tinha uma visão obstruída do que se passava à frente. Ele viu a nuvem preta subir e pairar como uma neblina ao longo de uma estrada rural. Aquela "neblina" marcava seu percurso através do céu aberto, uma trilha onde a artilharia raivosa iluminava o caminho.

Uma nuvem de fumaça passou flutuando pela janela de Charlie e o deixou mesmerizado. Um clarão alaranjado iluminou a cabine e o arrancou do estado hipnótico. Depois mais um. Um piloto veterano dissera a Charlie para não se preocupar com as manchas negras de fumaça, mas para ter medo se visse o brilho vermelho de um projétil explodindo. As explosões ficaram mais próximas. Elas agora tinham muitas cores, e lembravam a Charlie "orquídeas negras com centros carmesins". Em certa ocasião, quatro explosões independentes eclodiram como relâmpagos bem na frente do The Pub, do lado de Pinky. Charlie ouviu um projétil se estilhaçando e sentiu os controles ficarem frouxos por um momento, conforme o bombardeiro empinava para cima e depois voltava para baixo em um só golpe. Ele viu que o bombardeiro de Walt tinha sido igualmente atingido e se sacudia procurando a estabilidade perdida.

— Fomos atingidos! — Andy gritou através do microfone, sua voz se sobrepondo aos xingamentos de Doc. — Tem um buraco enorme — Andy reportou. — Fomos atingidos no nariz!

— Aqui está parecendo um furacão! — Doc gritou.

Acima, na parte dianteira, um ataque de artilharia havia ceifado uma ampla porção do nariz de Plexiglas do bombardeiro, permitindo que ventos abaixo de zero soprassem através do buraco denteado. A ventania de 321 quilômetros por hora jogou a temperatura interna para 23,8 graus negativos. Mas Doc e Andy sabiam que eles haviam tido sorte. O nariz de um B-17 tinha bem pouco apoio estrutural. Era uma parte delicada do avião que, se golpeada com força suficiente, poderia cair.

— Estamos perdendo pressão no óleo do número dois! — Pinky disse a Charlie, com os olhos fixos nos mostradores do painel.

Olhando pela janela para o lado esquerdo, Charlie viu a parte interna do motor soltando fumaça, perfurado pelos projéteis. Ele disse a Pinky para desligar o motor. Pinky se inclinou para a esquerda e puxou o compressor de gás e os controles de nível do motor avariado. Charlie sabia que Andy e Doc estavam observando, porque ouvia suas vozes agitadas baixando de volume como se estivessem sintonizadas com a hélice, que girava cada vez mais devagar. A hélice e as vozes chegaram ao mesmo tempo à imobilidade e ao silêncio. Pinky acionou um controle e moveu as pás da hélice de maneira que a parte mais fina ficasse contra o vento para, assim, diminuir a resistência.

Limitado a voar com três motores, Charlie mantinha a pressão no manche, puxando-o para trás de quando em quando, gentilmente, para manter o bombardeiro em posição. À direita, ele viu o rastro de fumaça da parte externa do motor do bombardeiro de Walt, resultado da mesma explosão que atingira o The Pub.

— Doc! — Ele chamou. — Quanto tempo até o lançamento?

— Um minuto — Doc respondeu.

— Ah, merda! — Pinky resmungou, pressionando o rosto contra a janela. — Um projétil passou pela asa! Não explodiu, mas deixou um buraco gigante!

Charlie se inclinou, esticando as amarras de segurança, mas não viu nada, então perguntou se eles estavam perdendo combustível. Pinky respondeu que, sabe-se lá como, o tiro havia errado os tanques de combustível.

Outro clarão alaranjado sacudiu o bombardeiro. Na ponta da asa direita, o quarto motor começou a enlouquecer, acelerando como se o cabo do acelerador tivesse sido seccionado. Em terra, Shack alertara Charlie sobre as peculiaridades daquele motor.

— A asa vai rachar! — Pinky berrou.

Charlie disse a Pinky para dar início aos procedimentos de desligamento, mas para não desligar o motor de fato, não fosse o mecanismo caprichoso se recusar a ser ligado de novo. Pinky começou a desligar o motor enquanto Charlie agarrava os manches com força, para manter a aeronave em nível, enquanto os projéteis a circundavam como granizo. Normalmente Charlie gostava do som do granizo caindo e o achava aconchegante, um lembrete de sua infância, de quando ele ficava na cama, à noite, escutando os pedriscos caírem sobre o telhado da casa de sua família na fazenda. Só que aquele tipo de granizo não perfurava o teto.

— Abrindo portas do compartimento de bombas — Andy anunciou.

Pinky reiniciou o motor número quatro exatamente antes que suas hélices parassem de girar. O motor voltou à vida, emitindo o ruído desejável. Charlie orientou Pinky a ficar atento ao motor e a repetir o procedimento se necessário.

— Piloto, mantenha o avião estável — Andy disse. — Estável. Estável. Estável.

Charlie viu as primeiras bombas caírem da aeronave de Preston, bem longe, lá na frente, e em seguida, como grandes frutas pesadas sacudidas de uma árvore, bombas começaram a cair dos outros aviões.

— Bombas liberadas! — Andy gritou, ao pressionar o botão que as soltava.

Ele e Doc viraram-se um para o outro e trocaram um aperto de mãos, como faziam desde os campos de treinamento. Com um estalido, as doze bombas de 226 quilos foram saindo de seus suportes no compartimento de bombas atrás de Charlie, cada uma caindo um milissegundo depois da outra, para evitar que se chocassem. Um assovio que diminuía até desaparecer era ouvido a cada bomba que mergulhava em direção à fábrica Focke-Wulf, oito quilômetros abaixo. O The Pub se elevou, como que feliz por livrar-se de três toneladas de carga indesejável. De sua torre inferior na barriga do bombardeiro, Blackie apontou as armas para baixo e observou as bombas florescendo em explosões através da paisagem, como se fossem uma fileira perversa de fogos de artifício.

Uma vez cumprido o dever, Preston liderou o grupo para longe do alvo, descendo para a esquerda e apontando as asas para o norte. A estratégia era escapar da Alemanha o mais depressa possível. Atrás deles, o 379º havia despejado sua parcela da 1,2 tonelada de ferro que a 8ª Força Aérea lançaria naquele mês — o primeiro em que a 8ª Força Aérea ultrapassou o Comando Britânico em número de bombardeamentos.

Como os demais homens nos outros aviões, os membros da tripulação do The Pub começaram a perscrutar o céu em busca tanto de aeronaves inimigas quanto dos caças amigos que lhes dariam proteção. Não encontraram nem uns nem outros. Eles não sabiam, mas os caças aliados haviam partido mais cedo, "por causa dos fortes ventos contrários que eles teriam de enfrentar a caminho de casa" — observaria o navegador chefe do grupo.

Em um péssimo momento para que qualquer coisa desse errado, o motor quatro do bombardeiro começou a ficar descontrolado de novo. Pinky refez o procedimento de reiniciar, mas com o motor dois apagado e o quatro diminuindo de ritmo, o bombardeiro perdeu velocidade e ficou para trás do grupo. Mas o The Pub não estava sozinho. O avião de Walt estava ferido também, e fluídos sangravam de sua asa esquerda. Walt abandonou a formação e ficou ao lado da asa de Charlie. Com força reduzida, Charlie e Walt observaram, impotentes, enquanto as silhuetas dos aviões de seus companheiros encolhiam e convergiam na distância. Lentamente, o restante da 8ª Força Aérea passou por cima deles, projetando sombras na cabine de Charlie. Charlie sabia que os artilheiros nas outras aeronaves olhavam para ele e para Walt com piedade. Eles haviam se tornado bombardeiros errantes, extraviados.

Charlie acompanhou Walt quando ele manobrou para entrar no curso que os tiraria da Alemanha. Pinky cutucou o braço de Charlie, chamando sua atenção para o avião de Walt. Havia fumaça saindo dos dois motores da asa esquerda, a que estava mais próxima do The Pub. A fumaça engrossava a cada segundo.

Charlie ouviu Walt passar uma aflita mensagem de rádio enquanto seu bombardeiro perdia velocidade e altura. Charlie se curvou, observando o bombardeiro de Walt, que passava pela janela de Pinky.

— Fiquem de olho nele — Charlie disse para seus homens.

Na torre de barriga, Blackie tinha uma visão desimpedida. Seu sempre presente sorriso desapareceu quando ele viu o avião de Walt mergulhar, em uma tentativa de apagar o fogo nos motores. A aeronave sumiu em uma formação nebulosa bem atrás do The Pub. Os gritos de Walt pelo rádio emudeceram. Caças o estavam atacando. Charlie olhava em volta freneticamente.

Então Charlie ouviu Walt berrar:

— Todos: fujam!

De seu posto na torre de barriga, Blackie viu um clarão cor de laranja brilhar através das nuvens.

— Algo muito ruim acaba de acontecer! — Ele reportou a Charlie.

Charlie sabia que era verdade, porque o silêncio acabara de substituir a voz de Walt no rádio. Charlie manteve o bombardeiro em curso e olhou pelo para-brisa para o céu vazio onde o avião de Walt tinha estado.

— Bandidos! — Ecky gritou, da cauda.

Ele relatou que cinco 109s estavam embaixo e atrás do The Pub, nas mesmas nuvens onde Walt havia desaparecido e onde Blackie vira o clarão.

O coração de Charlie acelerou. Ele tentou olhar pela janela lateral para ver o que se passava atrás, esquecendo por um momento que aquela manobra não ofereceria qualquer visibilidade da parte posterior. Do nariz, Andy gritou:

— Bandidos! Doze horas, acima!

Charlie olhou para o alto, por cima do painel de instrumentos. Ele viu oito caças alemães bem distantes à frente, alinhados em fila indiana, ganhando altitude. Os caças estavam bloqueando o acesso do The Pub ao Mar do Norte. Apertando os olhos, Charlie viu que eram Focke-Wulf 190s, cada um com um grande nariz redondo e um corpo cinza-escuro afilado que terminava em uma cauda redonda. Cada um trazia um número pintado de amarelo na fuselagem, e uma faixa amarela pintada pouco à frente da cauda, as marcações do Esquadrão de Caças II (JG-II). Charlie reparou que eles tardavam, protelavam, como se estivessem tentando decidir quem teria a honra de atacar primeiro, se eles mesmos ou os amigos que vinham mais atrás, os que tinham atingido o bombardeiro de Walt.

Estou no lugar errado na hora errada, Charlie pensou.

Charlie gritou para que Doc lhe informasse um curso para fora da Alemanha. Com o vento ártico que soprava através do nariz e fazia voar seus papéis de navegação, Doc tentava trabalhar[37]. Ele parou por um instante e abriu a jaqueta. Apesar da temperatura abaixo de zero, ele estava transpirando.

Agarrado aos controles, Charlie aspirava à segurança da formação. Quando aninhado em uma formação, um bombardeiro conseguia absorver pequenos estragos, cada avião recebendo sua porção do ataque. Mas agora The Pub estava sozinho. Charlie sabia que, se um caça inimigo começasse um ataque, mesmo que de apenas dois segundos contra a aeronave, ele e sua tripulação estariam liquidados. Então ele se lembrou de algo que remontava à sua antiga tentativa de ser boxeador. Ele havia subestimado um veterano que acabara por esmurrá-lo, e pior — ele ficara de pé, parado, "aguentando". Charlie decidiu fazer uma coisa radical.

— Avisem-me quando eles começarem a atacar — ele disse à equipe.

Mal haviam se passado uns poucos segundos quando Frenchy passou um rádio, de sua torre no topo.

— Aí vêm eles!

Esticando-se de modo a enxergar para além da borda acima de sua cabeça, Charlie divisou dois 190s mergulhando direto na direção de sua cabine. A abordagem dos alemães demonstrava que eles conheciam o meio mais rápido de eliminar uma Flying Fortress de combate: eles estavam mirando nos pilotos ou nos controles, o que acertassem primeiro[38].

Mordendo o lábio, Charlie puxou o controle e subiu direto ao encontro dos dois caças inimigos. Pinky percebeu o que Charlie estava fazendo e apoiou os braços no painel de controle, os olhos arregalados de incredulidade. Charlie manteve o curso. Em vez de oferecer ao

---

[37] Doc recordaria: "Eu me sentia como um segurador de papéis de um braço só tentando descobrir a maneira mais segura para ir para casa, um percurso que não nos fizesse passar por muitas áreas de artilharia".

[38] "Quando os dois primeiros caças vieram para cima e abriram fogo, e eu vi as luzes piscando, soube que havia cometido um erro ao me apresentar como voluntário", Charlie recordaria.

inimigo um alvo plano de asas largas e um corpo comprido, Charlie estava apresentando o bombardeiro da maneira mais estreita possível, e aumentando a velocidade de aproximação. Ele estava brincando de ver quem era o mais corajoso.

A manobra pegou o piloto do primeiro caça inimigo de surpresa. Ele atirou a distância, as balas resvalando no bombardeiro, acertando a fuselagem, mas falhando em nocautear a aeronave. Frenchy permaneceu calmo em seu posto, e aguardou para devolver o ataque. Quando Frenchy acionou suas metralhadoras duplas de calibre 0.50, elas cuspiram fogo apenas um pouco acima do teto de metal, fino como papel, que separava a cabeça de Charlie do céu. Charlie recuou. Encolhendo-se no assento, ele lutava para manter a escalada. A carga pesada de Frenchy encontrou seu caminho e acertou com tudo a boca escancarada do 190, antes que ele pudesse se desviar. O 190 expeliu chamas através da fuselagem e soltou fumaça, enquanto se afastava, fora de combate.

Charlie pisou com força no pedal que controlava o leme e o bombardeiro guinou acentuadamente para a esquerda, em direção ao próximo 190 contra o qual investiria.

— Aí vem ele, Doc! — Charlie gritou.

Porém, no nariz do bombardeiro, a arma de Doc pendia, frouxa, da estrutura. Em vez de disparar, Doc estava febrilmente usando os dedos enluvados para remover o gelo acumulado no vidro.

— Atire, Doc! — Charlie urgiu.

Doc ergueu a arma em direção ao caça e disparou. A pesada metralhadora escoiceou e cuspiu cápsulas de metal que cobriram o chão. O 190 atirou de volta, as metralhadoras das asas piscando. O caça teve acertos, as balas ribombando na estrutura do bombardeiro, mas a manobra de Charlie havia reduzido o tempo de que o inimigo dispunha para atirar. O 190 fez um giro para trás, tentando um mergulho de fuga, mas no processo exibiu a barriga. Doc a marcou com uma fileira de balas. Ele não conseguiu, porém, acompanhar a queda do avião, pois foi distraído pelos próprios joelhos trêmulos.

* * *

Charlie perscrutou o céu, de olho nos outros caças inimigos que voavam à frente.

— O que eles estão esperando? — Perguntou para Pinky em voz alta, enquanto, em silêncio, permitia a si mesmo um momento de arrogância mental: *Será que estão com medo?*

Pinky notou que a agulha no mostrador de velocidade do motor número três estava pulando para trás. Ele deu um tapinha no mostrador. A agulha pulou mais longe ainda. Pinky cutucou o braço de Charlie e apontou o mostrador.

— Não me diga que... — Charlie murmurou.

Analisando o motor, que ficava bem perto de sua janela, Pinky reportou que balas haviam retalhado a lataria em volta dele. Charlie empurrou o acelerador, mas o motor não ganhou velocidade. Ele olhou para Pinky, que nem piscava. Charlie puxou o manche de volta, mas o motor não desacelerou.

— Os controles foram destruídos — Charlie falou.

O terceiro motor estava congelado a meia força. Com um motor pifado, um funcionando irregularmente e agora o terceiro com metade de sua capacidade, Charlie sabia que eles estavam à beira de um desastre completo.

Ecky chamou, da rabeira:

— Caças atacando, 6 horas!

Charlie subitamente entendeu por que os 190s estavam orbitando acima — eles não estavam com medo; estavam oferecendo aos companheiros o que restava do B-17 de um novo ângulo.

De trás, cinco 109s acossaram o bombardeiro. A cobertura de seus narizes era preta, os corpos eram cinzas como zumbis, em cima, e azul-pálidos na parte de baixo. Eles também eram do Esquadrão de Caças II, uma unidade que vinha lentamente substituindo seus antigos 109s por 190s mais novos.

Charlie estava na expectativa de ouvir o ruído das armas de Ecky, mas em vez disso ele ouviu Ecky gritar:

— Alguém atire, minhas metralhadoras travaram!

Blackie virou sua metralhadora para trás para dar cobertura a Ecky. Ele viu os 109s se aproximando, firmes em seu propósito. Ele pressionou o polegar no gatilho. Mas suas metralhadoras não rugiram. *Será que eu me esqueci de girar o seletor de disparo?*, Blackie pensou. *Será que falhei em colocar uma munição em cada buraco?* Horrorizado, ele se inclinou, esticando as amarras de segurança, até que enxergou o problema.

— Meu Deus! — Berrou, para que todos escutassem. — Minhas metralhadoras estão congeladas!

Os tambores de suas metralhadoras gêmeas de calibre .50 estavam envolvidos por um centímetro e meio de gelo.

Blackie sabia que os pilotos dos 109s conseguiam vê-lo e que eles estavam observando sua artilharia, então fez a única coisa possível: atacou-os com as armas congeladas, como em um blefe.

Charlie perguntou a Blackie se ele conseguiria limpar o equipamento, mas Blackie gritou:

— Jesus, eles estão atirando em mim!

Ouvindo isso, Charlie jogou o avião para dentro de uma formação de nuvens. Blackie protegeu o rosto com as mãos, enquanto as balas ricocheteavam na barriga congelada do bombardeiro e atingiam seu compartimento, trincando o vidro, mas não penetrando.

Lá na frente, Charlie sentiu os controles ficando lentos, e soube que o inimigo acertara alguns golpes. Onde, ele ignorava. Na realidade, metade do leme fora arrancada, mas nenhum de seus artilheiros estava em posição que lhes permitisse ver. Mais relatos chegaram pelo intercomunicador, todos reclamando de armas congeladas. Andy na metralhadora direita do nariz, Jennings e Russian nas posições laterais e Pechout na sala do rádio — todos relatavam que as metralhadoras tinham sido soldadas pelo frio. Das onze armas do bombardeiro, apenas três estavam funcionando: a de Doc, na frente, e as duas de Frenchy no topo[39].

Depois que as duas primeiras tentativas dos caças inimigos falharam em derrubá-lo, eles começaram a atacar o combalido e balançante bombardeiro a esmo, cada homem por si. As balas de metralhadora e os projéteis de canhão lentamente desmembraram o The Pub.

Girando 360º graus em sua torre, Blackie continuava acompanhando os caças. Os gritos dos artilheiros sobrepunham-se no intercomunicador. Desesperado por ajuda, Charlie disse a Pechout que o sintonizasse em uma frequência amigável de rádio.

— Denver I, Denver I. Mayday, mayday, mayday! Aqui é Goldsmith dois-zero, sob ataque ao sul de Wilhelmshaven. Preciso de ajuda!

---

[39] O problema das armas congeladas, Charlie acreditava, devia-se ao fato de elas terem sido pouco lubrificadas antes da missão ou ao fato de terem recebido uma lubrificação com óleo contaminado, que a equipe, estando em sua primeira missão, falhara em perceber.

A única resposta foi o solitário ruído de estática.

— Continue tentando conseguir socorro — Charlie disse a Pechout.

Charlie sentiu um líquido pingando sobre seus lábios, por dentro da máscara de oxigênio. Afastando a máscara do rosto ele descobriu que seu nariz estava sangrando, por causa da atmosfera rarefeita. O sangue estava congelando dentro da máscara e bloqueando o orifício que o abastecia de oxigênio. Charlie inspirou profundamente e segurou o fôlego. Ele retirou a máscara e soprou em seu interior, limpando o sangue acumulado. Os olhos de Pinky se arregalaram e ele entrou em pânico. Ele berrou para que Frenchy levasse o *kit* de primeiros socorros, esgoelando-se a plenos pulmões:

— O Charlie foi atingido na cabeça!

— É só um sangramento no nariz — Charlie tranquilizou Pinky e sua equipe em surto.

Pinky sacudiu a cabeça; esquecera-se totalmente dos sangramentos crônicos de Charlie. Charlie reassumiu o voo. The Pub ainda reagia quando ele inclinava a aeronave lateralmente, mergulhava e fazia o que mais fosse necessário para enfrentar cada nova ameaça que seus artilheiros identificavam. As manobras puseram a perder o ritmo de disparo dos alemães e estragaram as armas deles. Os pilotos inimigos não sabiam como reagir. Eles nunca tinham visto um "alvo" atacá-los.

Apesar da resistência do The Pub, suas finas paredes de metal eram insuficientes para proteger a tripulação. Um projétil de 20 milímetros de um caça atingiu o bombardeiro na altura do artilheiro direito e explodiu. O impacto atirou Jennings e Russian ao chão. Os fragmentos do projétil estouraram a fuselagem do bombardeiro para fora. A roupa de proteção de ambos os artilheiros havia protegido seus órgãos vitais dos ombros à virilha, mas não cobriu tudo. Quando Jennings sentou, viu Russian segurando a coxa esquerda para cima, gemendo através da máscara. A parte inferior de sua perna continuava presa somente graças a uns poucos tendões. O coto da coxa gorgolejava sangue.

— O Russian foi atingido! — Jennings gritou no microfone, enquanto cambaleava, tentando se ajoelhar.

Jennings pegou um *kit* de primeiros socorros e engatinhou até Russian com uma ampola de morfina na mão. Ele lutou desajeitadamente com o traje de voo de Russian até encontrar uma abertura que lhe permitisse aplicar a injeção.

Da traseira do bombardeiro, Ecky informou, em um estado de alarme que não lhe era característico:

— FW-190 atacando às 9 horas!

Na dianteira, Doc ouviu o grito de Ecky e se abraçou para o impacto. *Prepare-se para encontrar seu destino*, Doc pensou. Mas Charlie ouvira Ecky também, e jogou o bombardeiro em uma inclinação violenta. Os projéteis do FW-190 voavam desenfreadamente, mas erraram o corpo e acertaram a cauda. Da parte inferior, na torre de barriga, Blackie viu a cascata de faíscas e pedaços de metal que caíam do rabo. Ele esperou que Ecky dissesse alguma coisa. Ouviu apenas o silêncio.

Uma vez que suas metralhadoras estavam inutilizadas, Blackie recolheu a torre inferior, desplugou seu microfone do intercomunicador e abriu a escotilha. Desconectado do sistema de oxigênio, ele se arrastou para fora e tentou ficar de pé, mas caiu de joelhos. Seus pés estavam congelados, porque os fios de aquecimento das botas tinham entrado em curto-circuito. Blackie precisava de oxigênio. Ele engatinhou até um tanque amarelo portátil ali perto e escalou as costelas de metal do avião para desprendê-lo da parede. Ele se ligou ao cilindro e acionou a alavanca. O oxigênio fluiu pouco antes que ele desmaiasse. Blackie viu que Jennings havia rasgado um pedaço da calça de Russian e o espetava com a morfina repetidas vezes, enquanto Russian convulsionava de dor. *Mas que diabos?*, Blackie se perguntou. Ele se arrastou até Jennings, que lhe contou que a morfina havia se espessado até virar gel, devido ao frio, e que não fluía.

— Enfia a ampola na luva e tenta aquecer! — Blackie gritou.

Cambaleando para a cauda, os pés como tijolos, Blackie acreditava que o intercomunicador de Ecky tivesse se quebrado. Escalando o estreito túnel sob o leme, ele viu Ecky acomodado em seu assento, os ombros caídos sobre a metralhadora, a pintura do nome "Eckey" voltada para o teto. Ele não estava se mexendo. Blackie deu um tapa nas costas de Ecky, mas ele não levantou a cabeça. Aproximando-se, Blackie viu que a torre da cauda tinha sido destruída; o vidro se fora e as paredes de metal se abriam para o céu. O vento gelado soprava livremente de um lado a outro. Apenas disparos diretos de vários projéteis de canhão poderiam ter feito aquilo. Blackie virou Ecky por um dos ombros e recuou, assustado. A cabeça de Ecky havia sido quase seccionada e pendia sobre o peito. Sua metralhadora apontava silenciosamente em direção à terra.

Aterrorizado, Blackie voltou sobre os próprios passos através do túnel. No centro do avião, ele encontrou Jennings agarrado à estrutura de apoio da própria metralhadora, ao mesmo tempo em que lutava para segurar Russian, enquanto o avião chacoalhava brutalmente. A morfina fizera efeito e Russian dormia, mas agora Jennings precisava impedir que ele saísse voando pela janela. Plugando-se ao intercomunicador de Russian enquanto se agarrava à adorada vida, Blackie informou à tripulação:

— O Ecky está morto!

Incrédulos, Charlie e os demais pediram esclarecimentos, mas Blackie foi interrompido por um clarão que irrompeu no meio da aeronave. Blackie viu estilhaços, fumaça e papéis voando da sala do rádio.

Andando devagar, como em um pesadelo vívido, Blackie passou por Jennings e Russian em direção à sala do rádio. Ao entrar, ele viu Pechout recurvado sobre a mesa. Após ser destruído por diversos projéteis de 20 milímetros, o local parecia "o interior de um ralador de queijo". Blackie estava apavorado demais para inspecionar Pechout depois do que vira com Ecky, então aguardou um momento até ver Pechout se mexer. Blackie pôs uma mão em seu ombro. Pechout o ignorou. Pechout estava intensamente concentrado no rádio, que fora feito em mil pedaços. Ele estava em choque, e removera as luvas para tentar remontar o rádio e poder obedecer à última ordem de Charlie, de continuar tentando pedir ajuda. Blackie garantiu a Pechout que ele havia cumprido seu dever, e gentilmente o levantou da cadeira e o acomodou no chão. Gotejava sangue de um de seus olhos, onde um estilhaço minúsculo se alojara. Seus dedos estavam carcomidos pelo gelo e sangravam, e nas pontas faltavam nacos de pele, pela manipulação do metal congelado das peças do rádio. Blackie encontrou as luvas de Pechout e as calçou sobre as mãos feridas do companheiro.

Na cabine, Charlie vasculhava o céu freneticamente através das janelas estreitas. Com o rádio e o intercomunicador sem funcionar, ele sabia que só poderia se defender dos aviões inimigos que ele e Pinky conseguissem enxergar. De certa forma cego, Charlie passou a realizar manobras cada vez mais radicais, em uma tentativa de evitar um ataque que os nocauteasse[40].

---

[40] Charlie recordaria: "Eu estava furioso, esqueci que muitos membros da tripulação não ficavam presos com cintos de segurança e que, no caso dos artilheiros das laterais, havia o risco de caírem ou de serem atirados através das janelas abertas".

Dentro do nariz congelado do bombardeiro, Doc continuava atirando. O avião girava tão delirantemente e os projéteis de 20 milímetros os acertavam com tamanha frequência que Doc se pegou olhando por cima do ombro para confirmar que Andy continuava lá. Ele viu Andy abraçando o chão. *Será que somos os últimos ainda vivos?*, Doc pensou[41].

Atrás dos controles Charlie se debatia, voando por mero instinto de sobrevivência. Ele manobrou o bombardeiro em uma curva quase vertical de 80 graus, jogando a tripulação e os aparelhos pesadamente contra as paredes. No centro da aeronave, Jennings puxou Russian de volta de uma iminente queda pela janela. Charlie mirava em qualquer caça que visse se aproximando, sabendo que era melhor combater cara a cara do que tê-los perseguindo-o por trás. Depois de ser esmurrado, o The Pub ainda se mantivera firme durante quase dez minutos. Mas suas reações aos comandos bruscos começaram a ficar mais lentas.

No nariz, a arma de Doc parou de gritar, tendo consumido toda a munição. Uma das metralhadoras gêmeas de calibre .50 de Frenchy enguiçou. O bombardeiro estava reduzido a uma única artilharia ainda em operação, na torre superior de Frenchy. Em completo desespero, Charlie voava em círculos cada vez mais apertados. Ele estava pilotando em uma inclinação quase vertical, com a asa esquerda do bombardeiro apontada para a terra, quando balas atravessaram o teto da cabine. Uma chuva de vidro e estilhaços passou entre Charlie e Pinky e perfurou os tanques de oxigênio atrás de seus assentos. Um fragmento de projétil ricocheteou e se alojou na omoplata esquerda de Charlie. Ele ignorou a picada e agarrou o controle com mais força. Com um silvo violento, o sistema de oxigênio deu vazão a uma nuvem branca que Charlie sentia por trás do encosto do assento.

O The Pub chacoalhava do rabo para adiante, quase impedindo as curvas de Charlie. Ele sabia que um avião inimigo estava atrás dele, avançando sobre a cauda; ele conseguia *sentir* a aproximação. O que ele não sabia era que um caça arrancara com um tiro o seu estabilizador horizontal esquerdo, deixando um toco de 90 centímetros onde antes havia uma asa traseira de 4,8 metros.

Charlie apertou a máscara quando o oxigênio passou a fluir mais lentamente. Entre engasgos, ele disse a Pinky:

---

[41] "O silêncio no intercomunicador era mais aterrador do que os ruídos de explosão", Doc recordaria.

— Precisamos inverter o círculo ou eles vão nos pegar!

Charlie virou o bombardeiro violentamente para a direita, elevando a asa esquerda primeiro para o horizonte e depois para o céu. Mas o bombardeiro não parou de girar. Com um estabilizador arrancado, a asa esquerda continuou a se inclinar até que o bombardeiro inverteu sua posição e entrou em uma rotação horizontal, lenta e de ponta-cabeça. Com olhos grogues, Charlie viu Pinky pendurado de cabeça para baixo pelas amarras de segurança, inconsciente. Para além da janela de Pinky, o mundo girava. A máscara de Charlie parou de soltar oxigênio e ele a baixou até o pescoço. Ele tentava absorver o ar, mas apenas um sopro gélido e pobre em oxigênio chegava a seus pulmões. A visão de Charlie se apagava devagar, e sua cabeça foi ficando frouxa, vazia. Através da janela no teto da cabine, Charlie viu as fazendas alemãs orbitando lá embaixo a oito quilômetros de distância. Então também fechou os olhos enquanto The Pub espiralava para baixo, rumo aos campos padronizados de terra cultivada.

*　*　*

Simultaneamente, quarenta e oito quilômetros ao norte

O 109 cinza com uma espinha verde-escura fundia-se aos pinheiros lá embaixo conforme se aproximava da base aérea de Jever, Alemanha. O avião desceu, pousou na pista cinzenta e taxiou em direção à equipe de terra, que vestia casacos pesados, forrados de pele e com capuz, e orientava o avião a estacionar em uma área de concreto. A base dispunha de pátios circulares de estacionamento em meio às arvores, mas a equipe de terra sabia que aquele caça não era um dos deles — ele exibia o Urso de Berlim do Esquadrão de Caças 27, do Grupo II, então os homens supuseram que o piloto havia parado para fazer uma pausa no combate sobre Bremen, tal como outros haviam pausado antes dele.

As pás da hélice mal haviam parado de girar quando os homens de terra cercaram o avião e conectaram sua mangueira a um encaixe no piso de concreto que levava a um tanque subterrâneo de combustível. Outros trouxeram um *kettenkrad*, um pequeno veículo que era metade motocicleta, na frente, e metade tanque, atrás. Caixas de madeira de munição lotavam sua parte traseira. A equipe de terra sabia que estava lidando com um ás, pois o leme da aeronave tinha vinte e duas marcas de vitória e um número baixo na lateral, Yellow 2.

Deslizando da asa em seus trajes de couro preto de voo, as grossas botas pretas de Franz bateram com força no chão. Ele conhecia Jever de sua época como instrutor de voo, quando o campo fora uma escola de treinamento para pilotos de bombardeiro. Ficava em uma península a noroeste de Bremen, a apenas 16 quilômetros do Mar do Norte. O chefe da equipe de terra, um sargento grandalhão que puxara o capuz por cima do quepe, aproximou-se de Franz e bateu continência. Franz fora promovido um mês antes e agora usava a divisa de tenente na ombreira da jaqueta.

— Teve sorte, senhor? — O sargento perguntou. Franz sacudiu a cabeça e explicou que pensara ter abatido um B-17 a noroeste de Bremen, mas que o perdera de vista antes de poder comprovar a queda. O sargento perguntou a Franz como ele havia realizado o ataque, mas em vez de responder Franz apenas sorriu e apontou para a prancheta do homem. Lembrando-se de seu dever, o sargento entregou a prancheta a Franz, que, com a mão ainda trêmula, assinou a autorização para que a equipe de terra reabastecesse o 109 de combustível e munição. Eram 12h30. Com bombardeiros feridos caindo por toda a Alemanha, Franz estava impaciente para voltar à luta.

Ele precisava de mais uma vitória sobre um bombardeiro. Desde que chegara a Wiesbaden, Franz derrubara três bombardeiros, elevando a marca em seu leme para vinte e duas vitórias. Entretanto, o leme ainda não refletia os pontos extras atribuídos às vitórias sobre bombardeiros. Com os bônus adicionados à soma, sua marcação passava a vinte e sete[42]. Mais uma vitória sobre um bombardeiro e ele completaria as "trinta mágicas", e estaria qualificado para receber a Cruz de Cavaleiro.

Willi havia acertado um bombardeiro naquele dia, um B-24, mas ele não precisava dos pontos. Um mês antes, Schroer pendurara a Cruz de Cavaleiro em seu pescoço. Quando Willi disse a Franz que estava liderando o esquadrão de volta para casa, Franz respondeu que prosseguisse sem ele.

---

[42] Uma das três vitórias de Franz sobre bombardeiros fora contabilizada com apenas dois pontos, em vez dos três habituais, porque outro piloto havia atingido o avião antes que Franz o destruísse. É por isso que ele possuía o equivalente a vinte e sete vitórias, e não vinte e oito.

Willi ficou zangado e ofendido. Ele sabia que era atípico de Franz abusar da sorte. Franz sempre tinha sido o mais cauteloso da dupla. Sozinho, Franz pousara para se rearmar, reabastecer, e continuar combatendo.

Afastando-se de seu avião até um pátio de estacionamento nas proximidades, Franz acendeu um cigarro para acalmar as mãos. Fazia um frio penetrante, embora não tivesse nevado. Através do sistema de alto-falantes, o canal de rádio da Defesa Aérea anunciou através da base inteira a localização dos bombardeiros sobre a Alemanha, assim como a posição dos caças norte-americanos que tentavam conduzi-los de volta para casa. Toda vez que o estrondo de um motor ou o silvo de um avião em queda ecoava no céu atrás da copa das árvores, Franz e a equipe de terra olhavam para cima.

Alarmado, o sargento grandalhão correu até Franz e reportou ter encontrado uma bala norte-americana de calibre .50 alojada no radiador do avião. O sargento sugeria que eles levassem o caça ao galpão para reparos, mas Franz o proibiu, insistindo que voltaria para o alto. O sargento olhou para Franz como se ele fosse louco. Ele acabara de dar ao piloto uma licença, uma razão para ficar em terra e a garantia de sobreviver para testemunhar o nascimento de mais um dia — em vez de aproveitar, o piloto queria voltar para o alto, para o tiroteio no inferno gelado. O sargento voltou para junto de seus homens e balançou a cabeça, incapaz de compreender a obsessão de Franz. Para Franz, entretanto, a Cruz de Cavaleiro era mais do que uma vaidade à qual tinha direito. Era um sinal de honra, um sinal de que fizera algo positivo por seu povo. Franz vira coisas que o sargento não tinha visto. Ele vira Hamburgo de cima — doze quilômetros de cidade enegrecida onde outrora morava gente. Ele vira pequenas vilas achatadas como se houvessem por engano se posto no caminho das passadas de um gigante. Para Franz, seu dever era com as pessoas lá embaixo, que ele nunca veria, mas que olhavam para cima, por ele. Se ele impedisse um bombardeiro de chegar à Inglaterra e de voltar para bombardear seu povo, isso seria um triunfo pessoal. Se lhe dessem a Cruz de Cavaleiro por isso, a vitória apenas se tornava mais doce. Quando a equipe de terra acabou o trabalho no caça, Franz observou o céu e ouviu o rádio, sabendo que precisava de apenas mais três pontos, apenas mais um bombardeiro.

15

UM CHAMADO SUPERIOR

Enquanto isso, acima de Oldenburg, na Alemanha

O The Pub caía do céu, girando, e a velocidade aumentava conforme o avião passava pelos 22 mil pés, 20 mil, 18 mil...

Na cabine, a gravidade pressionou o corpo frouxo de Pinky contra a parede, e o de Charlie, para o vão entre os dois assentos.

A queda continuou para 16 mil pés, 14 mil, 12 mil...

Cerca de vinte segundos mais tarde o bombardeiro chegou a 10 mil pés, neste ponto a espiral se transformou em um mergulho de cabeça. O avião caía em linha reta. Na baixa altitude, a cabine começou a se encher de ar rico em oxigênio. Charlie recobrou a consciência. Ele sacudiu a cabeça e, através do para-brisa, viu a paisagem alemã aproximar-se mais e mais a cada segundo. O chão mal estava a um quilômetro e meio de distância. Pressionado de volta contra o assento, Charlie se esticou até os controles, agarrou-os e os puxou.

— Pinky! — Charlie gritou para seu copiloto inconsciente.

Pinky ainda estava com a máscara de oxigênio, que, ironicamente, agora o impedia de respirar. Charlie esticou o braço e arrancou a máscara.

— Merda, Pinky, acorda!

Pinky começou a respirar, mas permaneceu inconsciente.

Charlie acionou o *flap* das asas para criar resistência e diminuir a velocidade do mergulho. As vibrações sacudiam o bombardeiro e ameaçavam desmembrá-lo. Charlie viu que estava indo direto para uma cidade alemã.

O altímetro voltou a cair: sete mil pés... Seis mil pés, cinco mil... Charlie puxou com toda a força. As árvores e as casas dos subúrbios de Oldenburg entraram em foco. A 914 metros, o The Pub fez algo que nenhum B-17 com um estabilizador a menos deveria conseguir fazer. A aeronave parou de cair. Por uma inexplicável razão, as asas tornaram a planar. O avião estava flertando com a ideia de se reerguer.

Charlie enterrou os calcanhares nos pedais de controle do leme e puxou o controle usando a força de tração do corpo todo. As asas do bombardeiro abocanhavam porções cada vez maiores de ar e ondulavam de prazer. Depois de despencar quase oito quilômetros e de passar abaixo de dois mil pés, as asas do bombardeiro começaram a voar de novo. Mas o avião ainda estava caindo. Os braços de Charlie tremiam.

Bem quando Charlie teve certeza de que o The Pub ia raspar nas construções lá embaixo, o nariz se elevou para o horizonte e o avião se nivelou, arrancando folhas das árvores e telhas das casas. Charlie não passava assim tão baixo sobre uma cidade desde o voo raso sobre Weston. Os alemães abaixo dele olharam para cima, boquiabertos, esquecidos de fugir correndo do bombardeiro verde que rugia sobre suas cabeças e sacudia as janelas de suas casas.

Charlie tomou um longo fôlego e olhou para Pinky, que segurava a cabeça entre as mãos e espiava pela janela, para a copa das árvores passando abaixo dele.

— Nós estamos na Inglaterra? — Ele perguntou, grogue.

— Alemanha — Charlie respondeu, sem ânimo para explicar a Pinky o que ele havia perdido.

Charlie analisou o céu em busca de caças inimigos, imaginando que eles o tivessem seguido até ali. Viu apenas a imensidão vazia. *Eles provavelmente estão no bar, levantando canecas de cerveja e cantando*, Charlie pensou[43].

Com a trepidação, Charlie ergueu os *flaps*, temeroso de que o bombardeiro

---

[43] De fato, os alemães alegaram ter destruído o bombardeiro, e deram o crédito pela vitória ao tenente Ernst Suess, um ás com sessenta e sete vitórias. Naquela manhã, Suess havia buscado a esposa grávida na estação de trem de Oldenburg, para passarem o Natal juntos. Enquanto atacava o The Pub, seu avião foi atingido, e Suess saltou. De acordo com Viktor Widmaier, um camarada dele, o paraquedas de Suess não abriu, e os companheiros o encontraram, já morto, em um campo a oeste de Bremen.

desembestasse céu acima deixando a carga para trás, desmantelado. Mas a aeronave o surpreendeu, e continuou voando.

Charlie chamou ao microfone:

— Piloto para navegador.

Mas então lembrou que os microfones tinham deixado de funcionar.

— Me traga o Doc — ele disse a Pinky, que se desvencilhou das amarras de segurança, caminhou pelo túnel que existia sob o piso da cabine e gritou por Doc.

Doc emergiu na cabine. Charlie lhe disse para descobrir onde estavam e para estabelecer uma rota de volta para casa. Enquanto Doc estava saindo, Charlie gritou atrás dele, dizendo que mandasse Andy ir até lá. Charlie gritou por Frenchy.

Lentamente, Frenchy saiu de seu posto e enfiou a cabeça na cabine. Ele estava trêmulo e segurava uma luva contra a têmpora, no ponto em que batera a cabeça contra o suporte de apoio de sua metralhadora. Como Frenchy era o conserta-tudo do avião, Charlie o incumbiu de um serviço.

— Preciso de um relatório de danos.

Frenchy desapareceu para ir checar as condições do avião e Andy subiu até a cabine. Charlie o encarregou de avaliar a tripulação.

Frenchy voltou depressa.

— Estamos em pedaços — ele reportou. — O estabilizador esquerdo se foi. A parte hidráulica está vazando pelas asas. Há buracos tão grandes na fuselagem que um homem consegue passar por eles, e lá na frente o nariz está arregaçado, aberto para o céu. Não sei como o Doc vai conseguir trabalhar, com os papéis voando por todo lado.

Charlie viu Frenchy oscilando e mal conseguindo suster-se em pé, e lhe disse para ir se deitar no centro da aeronave junto aos demais. Frenchy insistiu em permanecer perto de suas metralhadoras. Ele se sentou apoiado na divisória sob seu compartimento.

Doc veio da parte inferior e entregou um mapa a Charlie. Apontando, ele informou que estavam a noroeste de Oldenburg. O modo mais rápido de sair da Alemanha, ele explicou, era voar 56 quilômetros para o mar. Charlie olhou para cima e viu nuvens de turbulência acumulando-se adiante, no ponto em que o mapa de Doc dizia que deveria estar a costa. Doc desenhara a rota com lápis vermelho. Ao longo da linha costeira, o mapa mostrava incontáveis círculos vermelhos concêntricos, cada um identificando uma artilharia antiaérea. Elas estavam distribuídas ao longo de toda a costa.

— Existe algum intervalo entre as artilharias? — Charlie perguntou.

— Não, elas se sobrepõem — Doc respondeu. — Esta é uma das zonas mais defendidas de toda a Alemanha.

Os alemães haviam dado um nome à costa fortificada que ia da França à Alemanha e dali para a Noruega: "a Muralha do Atlântico". Suas defesas eram especialmente fortes onde eles protegiam a terra natal, para impedir um ataque anfíbio. Charlie balançou a cabeça. Com um motor bom, dois mais ou menos e um nariz aberto, o bombardeiro já estava fazendo muito de voar a 217 quilômetros por hora, pouco acima do mínimo necessário para se manter no ar.

Quando Doc já estava de saída, Charlie acrescentou:

— Aperte seu paraquedas.

Doc assentiu.

Andy encontrou Jennings sentado contra a fuselagem, na parede da lateral esquerda, aninhando Russian no colo, com Pechout ao lado. Os olhos de Russian estavam fechados. A parte inferior de sua perna mutilada estava disposta em um ângulo à direita, em direção à coxa. Havia sangue nas paredes e cobrindo o chão.

— Ele está morto? — Andy perguntou.

— Não, o frio fez o sangramento parar — Jennings respondeu. — Mas eu preciso de ajuda para colocar um torniquete nele.

Andy viu os pinheiros do norte da Alemanha através dos buracos na parede direita da fuselagem, por onde tinham entrado os projéteis que haviam atingido Russian.

Andy se ajoelhou ao lado de Pechout, que murmurou um cumprimento incoerente.

— Onde está o Blackie? — Andy perguntou.

Jennings respondeu que ele tinha voltado à torre para verificar se suas metralhadoras haviam descongelado.

Andy foi em direção à traseira do bombardeiro.

— Não vá lá — Jennings falou. — O Ecky está morto.

Andy levou o conselho a sério e correu de volta à cabine para informar Charlie.

— Lá dentro está parecendo uma sala cirúrgica — Andy reportou, descrevendo as baixas. — Estão todos feridos.

Charlie instruiu Andy a voltar e se certificar de que os demais estivessem usando seus trajes antiartilharia, capacetes e paraquedas. Andy pareceu confuso.

— Estamos nos aproximando da artilharia costeira — Charlie esclareceu. — Vamos tentar atravessá-la.

Andy abriu a boca para dizer alguma coisa, mas nenhuma palavra saiu. As bochechas de Pinky não poderiam estar mais caídas, nem seu olhar mais sombrio. Andy saiu apressado da cabine para ir vestir os trajes de proteção.

Mas havia um erro no curso determinado por Doc que nem ele nem Charlie identificaram. Ao traçar a rota no mapa que se agitava violentamente, Doc estivera tão concentrado nos anéis de artilharia antiaérea que deixara de perceber que o percurso atravessaria a vila de Jever, mas não seu campo aéreo.

* * *

Franz ouviu o bombardeiro antes de vê-lo. A equipe de terra tinha acabado de amarrar um pente novinho em folha de projéteis de 20 milímetros para canhão e de bater e travar a capota de proteção do motor do caça, quando um ronco baixo se fez ouvir na parte sul da base, atraindo a atenção de todos. Vários quilômetros adiante, um B-17 vinha na direção deles, tão devagar e tão baixo que parecia que ia pousar. O ruído ficou mais alto e mais profundo, como o rugido de mil baterias graves. Os olhos do sargento se ergueram. Franz atirou longe o que restava do cigarro e escalou a asa de seu avião. Os homens de terra arrancaram a mangueira de combustível. Enquanto prendia as amarras de segurança, Franz fez um movimento giratório com o dedo esticado, e dois homens de terra acionaram o motor. Conforme a rotação aumentava, Franz pressionou o botão e deu a partida no motor do caça.

Boquiabertos, Franz e os demais observaram o bombardeiro margear a base e desaparecer atrás das árvores. Franz sabia que a bala alojada no radiador poderia superaquecer o motor a qualquer minuto. Ele não se importava. Ele empurrou o acelerador e a equipe de terra saiu de seu caminho, espavorida. Franz saudou o sargento. Sem esperar pela autorização da torre, ele rapidamente taxiou e disparou atrás do bombardeiro, em perseguição à sua Cruz de Cavaleiro.

* * *

Pinky estivera cozinhando no suor da preocupação desde que ouvira Charlie dizer a Andy que levasse paraquedas aos outros membros da tripulação. Finalmente, desabafou:

— Você sabe que nós nunca vamos conseguir!

Charlie fixava o horizonte, impassível. Ele sabia que Pinky estava certo. Um projétil que os acertasse, ou que os errasse por pouco, bastaria para derrubar o bombardeiro.

— Vamos saltar? — Pinky perguntou.

— O Russian não vai sobreviver se aterrissar na floresta — Charlie respondeu.

Pinky assentiu.

— Existe uma alternativa — Charlie continuou. — Vá entregar um recado aos homens. Eu vou tentar atravessar a artilharia para voltar à Inglaterra, mas qualquer um que queira saltar tem a minha permissão.

Pinky concordou. Charlie e Pinky sabiam muito bem que um campo de prisioneiros de guerra seria preferível a ser explodido no ar pela artilharia ou afundar no mar gelado. Quando Pinky estava saindo, Charlie pôs a mão no ombro do copiloto.

— Eu vou aumentar a altitude — ele disse. — Se alguém quiser pular, tem que ser imediatamente.

Pinky partiu e Charlie puxou o manche e começou a subir. The Pub resistiu um pouco, no início, satisfeito que estava por voar baixo e devagar. Charlie aumentou a pressão. O bombardeiro subiu mais um pouco, lentamente, e chegou a 2 mil pés, ponto em que Charlie sentiu a aeronave começar a trepidar. Ele nivelou, e viu ao longe a costa cinzenta e fria.

Charlie sabia que suas chances tinham sido muito melhores quando ele estava mais baixo, na altura da copa das árvores. Lá, ao menos, a artilharia teria mais dificuldade em mirar. Mas ele fizera sua escolha: sacrificar a si mesmo e a Russian, se preciso fosse, para permitir que outros sete homens pulassem.

Charlie manteve o bombardeiro firme e nivelado e aguardou que os paraquedas se abrissem. Para Charlie, sua decisão nada tinha de heroica — era o trabalho dele, como líder daqueles homens. Em sua cabeça, o restante da tripulação ainda tinha chance de sobreviver.

* * *

Atrás do The Pub, o 109 de Franz surgiu, uma manchinha preta voando acima da floresta. Elevando-se do nível das árvores, Franz começou a preparar o ataque.

Em sua torre de barriga, curvado sobre as metralhadoras, Blackie viu a costa à frente, a linha de chegada e cerca invisível que ele tanto desejava ultrapassar. Ele jamais imaginou que houvesse um pelotão de artilharia ali. Nem fazia a menor ideia de que seus companheiros, na fuselagem acima dele, estavam debatendo se deveriam ou não pular. Em vez disso, ele estava trabalhando nos disparadores de suas metralhadoras congeladas, esperando que degelassem. Os gatilhos fizeram um ruído débil.

Lembrando-se de seu dever, Blackie virou sua torre giratória para observar se havia caças inimigos. Ele planejava explodi-los se eles atacassem. Ele parou de girar quando sua metralhadora focou a cauda.

— Jesus Cristo — ele murmurou.

Ali, a cerca de um quilômetro e meio, um 109 estava vindo direto em sua direção[44]. O 109 subira rapidamente para além da linha de visão de Blackie. Ele quis gritar, mas o microfone estava mudo. Quis esmurrar o compartimento para chamar a atenção dos companheiros, mas ninguém o teria ouvido. Ele estava sozinho.

Franz viu o homem do compartimento esférico fazer mira em sua direção, então elevou-se até se nivelar com a cauda do bombardeiro,

---

[44] Blackie recordaria: "Minhas metralhadoras estavam congeladas e eu estava com os canos apontados para ele. Ele continuava se aproximando, e eu não conseguia atirar".

acima da linha de visão do artilheiro. Como o bombardeiro estava sozinho, sem as metralhadoras coletivas de uma formação para protegê-lo, Franz decidiu atacá-lo por trás. Ele puxou de volta o acelerador para estabilizar sua abordagem e evitar ultrapassar o aparelho danificado e moroso. Ele posicionou o leme e ajustou sua mira Revi para a cauda do bombardeiro, onde ele sabia que um artilheiro de retaguarda estava sentado, com duas metralhadoras apontando de volta para ele. Ele pousou o indicador enluvado na frente do gatilho. Quem atirasse mais rápido e com melhor pontaria, Franz decidiu, seria o destinado a viver.

Franz estreitou os olhos e fez pontaria através da mira de sua metralhadora. Ele aproximou o dedo do gatilho com uma força apenas um grama abaixo da pressão necessária para realizar o disparo. Quando as asas estreitas do bombardeiro entraram no círculo da mira, Franz apertou os olhos em direção à posição do artilheiro da cauda, procurando a cintilação da arma do oponente. Mas nada aconteceu.

Tem alguma coisa errada, Franz pensou, quando viu as metralhadoras pensas, sem vida, apontando para a terra. Em seguida, seus olhos fixaram no estabilizador esquerdo do bombardeiro. Franz percebeu que ele fora arrancado por um tiro.

— Meu Deus — ele murmurou. — Como vocês ainda estão voando?

Quando as asas do bombardeiro preencheram seu para-brisa, Franz sabia que era o momento de atirar. Seu dedo se arqueou no gatilho, pronto para apertar. Mas a metralhadora traseira continuava silenciosamente virada para baixo.

A 90 metros de distância, Franz viu o compartimento do artilheiro da cauda e entendeu por que os canos de um metro e vinte de comprimento jamais tinham sido erguidos. Fragmentos de projétil haviam destruído o compartimento. As janelas estavam sem os vidros. Trazendo o acelerador em direção ao peito, Franz colocou-se na mesma velocidade do bombardeiro e se posicionou atrás da cauda. Ele viu buracos do tamanho de punhos do lado do artilheiro, onde os projéteis de 20 milímetros haviam entrado. Do lado oposto, viu onde eles haviam explodido, despelando a fuselagem para fora.

Então Franz o viu — o artilheiro. O revestimento que envolvia o leme estava esfiapado e pendia sobre sua cabeça; a gola de pelos de sua jaqueta estava vermelha de sangue. Aproximando-se até ficar a um avião de distância do bombardeiro, Franz viu o sangue do artilheiro congelado em pingentes ao longo do cano, no caminho por onde havia escorrido. Franz afastou o dedo do gatilho.

Ali, flutuando atrás do B-17, Franz olhou para o bombardeiro com a curiosidade que tinha na infância, uma época em que saía correndo de casa ao som de um avião. Envolvido por uma descarga de emoções desde muito adormecidas, Franz esqueceu que era um piloto de caça alemão.

Ele já vira aeronaves voltarem danificadas de combate, mas nunca tinha visto nada como aquilo. Cada centímetro do metal do bombardeiro tinha buracos prateados, onde as balas haviam entrado e arrancado a pintura. Franz entrou em um transe de maravilhamento. Pressionando o pedal do leme e movendo o manche ligeiramente para a frente, ele manobrou o 109 de maneira a ultrapassar a cauda do bombardeiro e alinhar-se à sua lateral direita, paralelamente à fuselagem.

Franz estudou o aparelho em busca de armas remanescentes que a tripulação ainda pudesse apontar contra ele. Ele viu que a metralhadora lateral tinha desaparecido, arrancada de seu suporte. Viu que o compartimento superior estava vazio e que a sala do rádio havia sido explodida. Ele subiu mais um pouco, apenas o suficiente para ultrapassar a altura do compartimento superior. Então, no centro da aeronave, viu algo perturbador. Projéteis explosivos haviam arrancado a pele na altura da cintura da aeronave. Através de suas costelas expostas, viu os membros da tripulação enrodilhados uns nos outros, cuidando dos feridos. Avançando ainda um pouco mais, Franz posicionou o 109 acima da asa direita do B-17. Ele viu que o nariz fora arrancado. O bombardeiro voava como que sustentado por um fio invisível.

E agora?, Franz pensou.

Subitamente, um movimento abaixo do bombardeiro chamou sua atenção. Franz viu o artilheiro da torre inferior na barriga do avião apontar as armas contra ele. *Você atiraria em mim, se pudesse*, Franz pensou. Ele sabia que a altura em que o artilheiro estava não lhe dava ângulo para disparar.

De seu compartimento, Blackie olhava para o piloto do 109 em completo choque. Um minuto antes, Blackie se preparara para morrer, esperando que o piloto do caça atirasse nele de cima, depois de desaparecer atrás da cauda. Mas o piloto não havia atirado. Ao contrário, o piloto do caça alemão estava agora emparelhando com o bombardeiro norte-americano[45]. Blackie abandonou seus esforços para limpar suas metralhadoras. Em vez disso, fechou as mãos e entrelaçou os dedos. *O que você está esperando?*, ele moveu os lábios silenciosamente, quando o olhar do piloto alemão encontrou o seu.

O Franz Stigler que foi para a África vingar a morte do irmão teria tido uma resposta. Ele teria destruído o bombardeiro e acabado com a tripulação. Contudo, no deserto, e sobre a Sicília imemorial, o último dos Cavaleiros europeus ensinara a Franz Stigler um novo código, que dizia para combater sem medo e sem restrição, para celebrar vitórias e não mortes, e para saber quando era hora de atender a um chamado superior.

Franz viu os homens no meio da aeronave cuidando dos ferimentos um do outro. Olhou para o rosto cinzento do artilheiro da torre de barriga. Pensou no que seu irmão August faria.

Alguma coisa deu um estalido na alma de Franz. Ele pousou a mão sobre o bolso da jaqueta e sentiu o rosário de contas lá dentro. *Isto não vai ser uma vitória para mim*, Franz decidiu. *Eu não vou ter isto na minha consciência pelo resto da vida*[Cap 15, nota 1].

Franz viu a costa alguns quilômetros à frente. Ele sabia que, lá, alarmes estavam soando e que soldados estavam correndo em direção às armas. As explosões teriam início a qualquer segundo, cobrindo o bombardeiro com uma chuva de aço. Franz escolhera poupar a tripulação do bombardeiro das próprias armas, um gesto que teria sido suficiente para a maioria dos homens. Mas Franz decidiu que tentaria algo mais.

Seu olhar percorreu a asa até chegar à cabine, e ele viu que o copiloto não estava lá. Através das sombras ele viu o piloto no assento da esquerda, as mãos agarradas com força aos controles. Franz acenou, tentando chamar a atenção, mas o homem olhava fixamente adiante. Franz permaneceu na asa do bombardeiro, cujos laboriosos motores abafavam o som do caça. Ele queria gritar para o piloto, dizer-lhe que o tempo estava se esgotando.

* * *

Dentro da cabine do bombardeiro, os olhos de Charlie se alternavam entre os instrumentos e a linha costeira branca que preenchia seu para-brisa.

---

[45] Blackie recordaria: "Ele veio para junto de nossa asa direita, tão perto que na verdade a asa dele se sobrepôs à nossa. Eu mantive minhas metralhadoras mortas apontadas para ele. Nós nos olhamos diretamente nos olhos".

Ele sabia que a artilharia começaria a disparar a qualquer momento. Ele torcia para que Pinky e os demais tivessem saltado.

Charlie se inclinou para checar os mostradores do painel, atento a qualquer sinal de encrenca do motor número quatro, sua criança problemática. Olhando em direção ao motor através da janela do copiloto, Charlie teve uma visão que congelou seu coração por um segundo.

Um 109 cinza com uma espinha verde-escura oscilava na turbulência, a um metro de distância da asa direita do The Pub[46].

Charlie fechou os olhos e sacudiu a cabeça, pensando ter tido uma alucinação ruim. Entretanto, quando ele reabriu os olhos, o 109 ainda estava lá.

No nariz, através da janela de Andy, Doc teve um vislumbre da mesma silhueta escura. Ele fixou os olhos no 109 e viu algo inacreditável.

O piloto alemão assentiu para o piloto norte-americano.

Charlie viu o alemão lhe fazendo um sinal com a cabeça, mas pensou estar vendo coisas. Em vez de assentir de volta, Charlie simplesmente continuou encarando. No nariz, Doc continuou grudado à janela de Andy.

Pinky subiu à cabine e tomou seu lugar ao lado de Charlie.

— Nós vamos ficar — ele anunciou. — Os rapazes todos decidiram. Você vai precisar de ajuda para pilotar esta garota até em casa.

Pinky esperava que Charlie sorrisse ou objetasse. Charlie encarava algo para além dele. Pinky seguiu o olhar de Charlie pela janela.

— Meu Deus, isto é um pesadelo — Pinky falou.

Sem piscar, Charlie respondeu:

— Ele vai nos destruir.

* * *

De sua posição privilegiada na asa do bombardeiro, Franz viu os dois pilotos que o encaravam. Viu choque e medo nos olhos deles. Eles sabiam que estavam vulneráveis.

Com a mão esquerda, Franz apontou para baixo, em direção à terra, indicando que os pilotos pousassem na Alemanha. Ele sabia que era preferível ser um prisioneiro de guerra a ter a vida ceifada por uma explosão de artilharia. Mas os pilotos norte-americanos sacudiram a

---

[46] "Eu olho para fora e eis que o pior pesadelo do mundo está sentado na minha asa", Charlie recordaria. "O sacana me olhou como se fosse meu dono e tivesse o direito de estar ali."

cabeça. Franz praguejou, frustrado. Ele sabia que poderia receber um tiro por deixar um bombardeiro fugir. Aquilo era um ato de traição. Mas Franz sabia também que abandonar o bombardeiro agora não seria diferente de tê-lo abatido.

Mexendo no pedal do leme, Franz se afastou alguns metros do bombardeiro, para que sua silhueta pudesse ser vista de cima e de baixo. Ele sabia que se outro caça alemão se aproximasse, não faria nada, com ele estando ali. Ele calculou da mesma forma em relação aos rapazes em terra. Os artilheiros alemães eram os melhores do mundo e reconheceriam a forma de um 109 de longe. Se eles o vissem, saberiam que era um deles. Porém, quando vissem o bombardeiro em sua asa, será que segurariam os disparos?

* * *

Os soldados corriam entre as artilharias montadas ao longo dos parapeitos de concreto da Muralha do Atlântico. Encaixados em seus postos de tiro, os artilheiros da Força Aérea Alemã observavam o caça e o bombardeiro voando em sua direção. Lado a lado, os dois aviões pareciam um pequeno pardal e uma grande gaivota.

Os artilheiros estavam observando os aviões através dos binóculos desde que eles haviam surgido, como duas cruzes negras no horizonte ao sul.

Havia algo de muito atípico nas aeronaves que se aproximavam. Era a formação. O comandante da bateria e seus localizadores estudaram a formação através dos binóculos. Ver os dois aviões voando em uníssono girou uma chave em suas mentes.

Quando quer que um bombardeiro passasse sobre eles, desgarrado, era sempre sozinho — soltando fumaça, frouxo, e tão rápido quanto conseguisse. Mas o caça e o bombardeiro que se aproximavam faziam um voo com propósito e reflexão. Voavam baixo, devagar e juntos, como se não tivessem nada a esconder.

— É um dos nossos! — Eles viram e gritaram.

— É um dos deles! — Eles notaram, igualmente.

Ninguém sabia o que fazer, nem mesmo o comandante da bateria. Todo mundo na Força Aérea Alemã sabia que eles possuíam os próprios B-17, aviões que tinham sido abatidos e reconstruídos para serem usados em operações clandestinas ou em treinamento, de modo que os pilotos de caça conhecessem o avião que iriam encontrar em combate. O comandante da bateria sabia que poderiam existir diversas explicações, mas de uma coisa ele estava certo: um Messerschmitt 109 estava prestes a sobrevoá-los, e ele não poderia atirar contra um dos seus.

— Não disparem! — Ele gritou.

Um a um, os artilheiros se afastaram dos longos canos de seus canhões. Os carregadores de munição pousaram os projéteis. Eles ergueram a aba de seus capacetes, maravilhados, enquanto o caça e o bombardeiro passavam lá em cima. Lado a lado, o 109 e o B-17 ultrapassaram os soldados que defendiam a Muralha do Atlântico e depois os obstáculos costeiros e a rebentação.

A visão era linda, um pequeno caça protegendo o grande bombardeiro. Eles voaram juntos sobre o mar cinza como se estivessem partindo de um mundo e entrando em outro. Os artilheiros assistiram a tudo, com as mãos protegendo a vista e apertando os olhos, enquanto os dois aviões se afastavam e se encolhiam na distância. Ninguém verbalizou nada, mas parecia que o 109 estava levando o bombardeiro para casa.

* * *

Atrás dos controles, Charlie estava tão obcecado pelo pesadelo voando junto à sua asa direita que se esqueceu completamente da Muralha do Atlântico. Apenas quando olhou para baixo e enxergou somente o mar que ele percebeu que a terra firme e uma das mais intensamente defendidas zonas de artilharia da Alemanha tinham ficado para trás. Nem um único tiro fora disparado. Mas Charlie ainda não tinha ligado os pontos. Quando ele olhava para o alemão ao lado, via o piloto inimigo como uma ameaça; provavelmente, era um dos mesmos caças que, mais cedo, haviam atirado contra seu avião, e estava agora brincando com eles, planejando liquidá-los sobre o mar.

Charlie sentiu uma emoção inédita: desespero. Ele sempre quisera ter respostas para dar à tripulação, ou um plano. Este era o papel de um líder, ele acreditava, e a razão pela qual ele sempre fingira ser mais velho do que era, sem nunca contar a verdade à equipe. Agora, porém, com um 109 alemão grudado em sua asa, ele não tinha ideia do que fazer.

Ao contrário de Charlie, Franz tinha um plano. Ele vira os danos no bombardeiro, e conhecia os estragos melhor do que os próprios pilotos. Ele sabia o que eles precisavam fazer. Franz acenou para chamar a atenção dos pilotos. Quando eles olharam em sua direção, ele apontou para o próprio corpo, movendo o dedo para o leste.

— Suécia! — Ele moveu os lábios. — Suécia!

Franz sabia que a neutra Suécia estava a apenas trinta minutos de voo de distância. Ele viu os norte-americanos lentamente tomando o rumo oeste, e soube que eles iriam tentar fazer um voo de duas horas sobre o mar em direção à Inglaterra. Tudo que eles precisavam fazer era voar até a Suécia, pousar e ser internados. Lá, médicos cuidariam de seus ferimentos e, junta, a tripulação poderia sobreviver à guerra em paz e tranquilidade.

Franz apontou de novo, com mais vigor, e moveu os lábios, "Suécia!". O copiloto norte-americano simplesmente deu de ombros.

Sobrevoar o mar era uma perspectiva assustadora para Franz, em seu pequeno caça. Ele não conseguia imaginar o que os pilotos do bombardeiro estavam pensando, dentro daquele avião que ia lentamente se desmanchando.

— Aguardem o fim da guerra! — Era o que ele queria gritar para aqueles homens. — É melhor do que ter uma cova aquática!

Mas o copiloto do B-17 só continuava a encará-lo, perplexo.

Franz percebeu que não estava fazendo nenhum avanço com o copiloto, e pensou que o piloto talvez fosse um homem mais razoável. Movendo gentilmente o leme, Franz pulou o bombardeiro, sua sombra atravessando a cabine. Mantendo-se acima da asa esquerda, Franz viu grossos pingos de óleo caírem do motor fundido do bombardeiro. Agora ele tinha certeza absoluta. Eles precisavam ir para a Suécia, ou jamais voltariam vivos para casa. Quando o piloto do bombardeiro olhou para Franz, seu rosto tinha uma expressão resignada, como se ele tivesse esperado que o alemão o abandonasse de uma vez por todas quando se afastou da asa direita. Mais uma vez, Franz apontou para a Suécia e fez com a boca o movimento da palavra, "Suécia!" — mas o piloto do bombardeiro sacudiu a cabeça, confuso.

Mas que besta quadrada, Franz pensou[47].

---

[47] "Ele ignorava os meus sinais", Franz recordaria. "Ele e a tripulação precisavam de médicos. Eu continuava a gesticular para ele e ele continuava seguindo adiante, com os dois braços firmemente entrelaçados aos controles. O bombardeiro, eu acreditava, estava destinado a cair no mar. Todos a bordo seriam mortos." [Cap 15, nota 2]

Dentro da cabine, Charlie perguntou a Pinky:

— O que é que ele está fazendo?

Pinky não tinha a menor ideia. Charlie estava tão confuso, depois de haver desmaiado mais cedo, que nunca chegou a considerar a ida para a Suécia como uma alternativa.

Charlie gritou por Frenchy, que irrompeu dentro da cabine, depois de ter adormecido. Frenchy não podia acreditar em seus olhos.

— Mas veja só como ele está relaxado — Pinky se assombrou.

— FDP audacioso, hein? — Charlie brincou.

Frenchy estava sem palavras. Charlie lhe contou que o alemão provavelmente era um dos que, antes, haviam atirado contra eles, e estava agora sem munição, do contrário, já teria atacado.

— Ele está só curioso — Charlie concluiu.

Pinky contou a Frenchy que o alemão estava apontando e tentando lhes dizer alguma coisa.

— Ele provavelmente quer que você voe de volta para a Alemanha — Frenchy disse.

O rosto de Charlie endureceu ante a ideia. Seus nervos já estavam sob máxima tensão. A ideia de que aquele alemão pudesse representar uma ameaça para sua tripulação era a gota d'água.

— Ele não está nos conduzindo para lugar nenhum — Charlie prometeu a Frenchy.

Charlie perguntou se as metralhadoras de Frenchy estavam funcionando. Frenchy disse que sim.

— Suba à sua torre e atire em volta dele — Charlie ordenou. — Veja se consegue espantar este doido varrido para bem longe de nós.

*　*　*

Franz vira quando o terceiro aviador surgira na cabine e o encarara com olhos arregalados, e em seguida desaparecera. Ele sabia que os norte-americanos estavam confusos e assustados e não se surpreendeu quando notou movimento na torre superior. Um membro da tripulação pôs a cabeça entre as metralhadoras giratórias, para confirmar que Franz ainda estava lá, e começou a girar a arma em direção ao caça de Franz.

Franz sabia o que iria acontecer. Dando uma última olhada para o piloto norte-americano, ele fez a única coisa que lhe veio à mente: bateu continência, em saudação.

O piloto norte-americano o encarou de volta com uma expressão genuína de surpresa.

— Boa sorte, vocês estão nas mãos de Deus — Franz disse.

Inclinando seu caça, Franz se elevou por sobre o bombardeiro, nivelou e se afastou rumo à Alemanha.

* * *

Quando Blackie recuperou a compostura, emergiu da torre de barriga e entrou na cabine para contar a Charlie o que tinha visto. Encontrou Doc já ali, ponderando com Charlie e Pinky sobre a escolta do 109 que haviam recebido.

— O que você acha que ele estava tentando dizer? — Pinky perguntou.

— Ele estava procurando o fio invisível para tentar nos cortar do céu — Charlie gracejou.

— Eu acho que ele veio para nos cumprimentar — Blackie disse. — Para dizer: "Eu lhes dei o meu melhor e vocês sobreviveram".

— O que você acha, Doc? — Charlie perguntou.

— Bem atrevido — Doc falou. — Um sopro de Eddie Rickenbacker.

Doc estava se referindo a Rickenbacker, um grande ás norte-americano da Primeira Guerra Mundial e o mais cavalheiro dos pilotos. Segundo rezava a lenda, Rickenbacker ficara tão exultante com o fim da guerra que havia sobrevoado as trincheiras para ver soldados dos dois lados se encontrarem no meio do caminho, que era terra de ninguém, para celebrar coletivamente que houvessem sobrevivido.

Charlie assentiu em concordância. Ele e o alemão tinham voado lado a lado por menos de dez minutos, sem trocar uma palavra. Mas a imagem da saudação do piloto do caça estava como que gravada a ferro quente em sua lembrança. Charlie não sabia o nome do alemão nem o que ele queria, mas estava certo de uma coisa: fosse quem fosse, seu inimigo era um bom homem.

16
O TERCEIRO PILOTO

Naquela mesma tarde, sobre o Mar do Norte

A escolta alemã tendo partido, Charlie viu lá embaixo o sombrio Mar do Norte, que redemoinhava promessas de uma morte gelada. A descida suave, porém constante do bombardeiro, deixava-o apavorado. O avião parecia estar nadando com dificuldade através do ar denso, caindo alguns metros a cada minuto devido ao buraco no nariz e ao revestimento esgarçado. O peso era excessivo para os dois motores e meio que empurravam a aeronave e Charlie achou que a única maneira de mantê-la voando em linha reta era baixando a asa esquerda em alguns graus.

A um quarto do caminho de chegarem em casa, o motor número quatro destruiu qualquer confiança que tivesse porventura surgido em Charlie.

— Está rateando de novo! — Pinky gritou.

Àquela altura dos acontecimentos, Pinky conhecia muito bem a rotina e deu início ao processo de desligamento, rezando para que o motor problemático ligasse de novo. Ligou, mas a perda momentânea de força custou ao bombardeiro 200 pés de altitude. Charlie se perguntou se eles teriam altitude suficiente para atravessar todos os 482 quilômetros de mar, mantida a velocidade com que perdiam altura. Ele sabia a resposta: de jeito nenhum.

Charlie chamou Frenchy, que veio de seu compartimento.

— Avise aos homens para jogarem fora tudo que não esteja aparafusado — Charlie disse.

Frenchy assentiu e perguntou:

— Minhas metralhadoras também?

Charlie pensou por um momento. Eles estariam realmente indefesos sem as armas de Frenchy. Mas a estranha e tranquila escolha oferecida por aquele piloto alemão dera esperança a Charlie, uma sensação de que eles conseguiriam chegar em casa.

— Jogue — ele respondeu a Frenchy.

A tripulação se espalhou pelo avião recolhendo qualquer coisa que pudessem expelir. Das janelas centrais eles atiraram metralhadoras, trajes de proteção contra artilharia e cilindros de oxigênio. Pentes de balas cruzaram o céu. Os homens se apoiaram nas mãos e nos joelhos, enfiaram as caixas de projéteis dentro dos capacetes e arremessaram para o mar. Pechout surpreendeu os demais quando apareceu, com uma bandagem no olho, carregando nos braços seu amado aparelho de rádio. Ele lançou a caixa. Frenchy sugeriu que removessem as metralhadoras de Ecky, mas Blackie alertou-o para não ir à cauda.

Frenchy voltou à cabine e disse a Charlie que a missão fora cumprida.

— Tudo o que podemos fazer agora é rezar — Charlie disse.

Frenchy apoiou os braços no encosto dos assentos de Charlie e Pinky, como se estivesse com medo de ficar sozinho. Embora danificada para além da resistência de qualquer aeronave, The Pub continuava a cruzar o céu ventoso, atravessando nuvens esparsas e sombrias.

Na metade do caminho, com o mar ainda se estendendo até o horizonte, a agulha do altímetro recuou lentamente, enquanto o bombardeiro caía para menos de mil pés de altitude. Blackie surgiu na cabine, sorrindo seu sorriso de sempre. Charlie perguntou como estavam os pés dele, e ele respondeu que não sentia coisa nenhuma dos joelhos para baixo. Charlie quis saber qual o estado de Russian.

— A morfina o despachou para bem além do estado de consciência — Blackie respondeu, mas parou de falar abruptamente ao reparar no altímetro.

Freneticamente ele olhou por ambas as janelas, para conferir a altitude com os próprios olhos.

— É, estamos caindo — Charlie disse.

Blackie insinuou que voltaria à parte central do avião para aplicar morfina em si mesmo também.

Trinta minutos mais tarde, o bombardeiro baixou para menos de 500 pés[48]. Eles haviam percorrido três quartos do caminho para casa, mas o oceano ainda preenchia todo o horizonte. Pinky tremia, os braços trepidando no controle. A cada vez que Charlie sentia o The Pub oscilar e baixar alguns metros, ele tocava a Bíblia em seu bolso, como o transmissor em um microfone, esperando que aquilo encaminhasse suas preces com mais velocidade. Ele pediu a seu Terceiro Piloto que ficasse por perto.

Poucos minutos mais tarde, dois clarões esverdeados surgiram, vindos de trás do bombardeiro, e passaram pela janela de Charlie com um rugido. Surpreso, Charlie afundou o pescoço entre os ombros.

— Caças! — Ele gritou, alarmado, pressupondo o pior.

Pinky se inclinou, de olhos esbugalhados, tentando obter um vislumbre. Frenchy se virou para correr para a torre, mas estancou ao se lembrar de que jogara fora as metralhadoras. Ele voltou para trás dos assentos dos pilotos e se encolheu entre eles.

Os caças mantiveram o curso, voando à frente do bombardeiro. Charlie não conseguia saber de que lado eles estavam porque as marcações na cauda estavam ocultas pelo ângulo. Então os caças passaram na frente do bombardeiro, e Charlie viu as asas e as laterais verde-oliva com as grandes estrelas brancas dentro de círculos azuis da Força Aérea do Exército Norte-Americano.

— Amiguinhos! — Frenchy gritou no ouvido de Charlie.

Charlie se virou, perturbado, até ver o imenso sorriso no rosto duro de Frenchy, e seus olhos soturnos acesos como os de uma criança. Charlie se deu conta de que Frenchy ainda estava surdo pelo barulho das metralhadoras.

Os caças eram P-47 Thunderbolts da 8ª Força Aérea. Eles fizeram um círculo e desapareceram de vista. Da vez seguinte que os viu, haviam se sobreposto à sua asa esquerda, de onde voavam em formação com ele.

Os aviões tinham o dorso agudo, uma espinha afiada que percorria toda a extensão desde a cabine até a cauda, e lhes dava um segundo

---

[48] "Quanto mais baixo caíamos", Charlie recordaria, "mais o Mar do Norte parecia funesto, com seu manto cinza opaco entremeado de grandes cristas espumosas a indicarem vento forte e ondas altas".

apelido: "Razorbacks". Os narizes brancos estavam sujos do óleo que escapava de suas barrigas cinzentas e manchavam as grandes letras brancas da unidade nas laterais. O metal prateado aparecia nos pontos em que a cobertura oliva do avião tinha desbotado pela ação do clima. Charlie jamais vira aeronaves tão lindas. Através da capota, Charlie viu que o piloto mais próximo lhe sorria. Os óculos dele estavam suspensos, apoiados na testa, e a máscara de oxigênio estava sob o queixo. Ele acenou, confiante. Temeroso de largar o controle, Charlie destravou lentamente a mão esquerda, um dedo de cada vez, e fez um aceno breve, acompanhado de um sorriso tímido, forçado. Charlie agarrou o controle de novo, tão depressa quanto o havia soltado. Pinky acenou também, com as duas mãos.

O piloto do P-47 apontou para o próprio fone de ouvido, um sinal para perguntar se Charlie possuía comunicação por rádio. Charlie sacudiu a cabeça. O piloto do P-47 compreendeu e ergueu o polegar para Charlie. O piloto do caça olhou em frente, virou-se para Charlie e apontou adiante. Charlie olhou através do para-brisa e seu queixo caiu. Ele apertou os olhos e se inclinou. Ali, no meio do horizonte, estava um pequeno pedaço de terra banhado pelo sol que atravessava um buraco entre as nuvens. Parecia uma pequena ilha. Lentamente, a ilha pareceu ficar maior e maior ainda, conforme as nuvens acima dela se abriam, permitindo que o sol revelasse áreas crescentes do belo pasto verdejante da Inglaterra. Pinky sorriu. Frenchy agarrou os ombros de Charlie e de Pinky. Charlie deu um tapinha de leve em sua Bíblia, em agradecimento.

O piloto do P-47 saudou Charlie e disparou, afastando-se com seu companheiro de voo. Minutos mais tarde, The Pub passou por cima da costa pedregosa e áspera da Inglaterra a 250 pés, rugindo baixo o suficiente sobre uma vila de pescadores para que a tripulação conseguisse discernir os marinheiros recolhendo suas velas, e para ver homens nas ruas de cascalho dirigindo-se aos bares após um dia no mar.

Dentro da cabine do bombardeiro, Charlie começou a respirar de novo. Mas o avião ainda estava caindo. Quando atingiu 200 pés, Charlie disse a Frenchy que tirasse Doc do nariz e avisasse os demais para que se preparassem para uma aterrissagem de grande impacto. Frenchy partiu e deixou Charlie procurando um solo macio onde pousar. Todos os campos que via pareciam pequenos, repletos de cercas muradas. Frenchy emergiu do nariz informando que Doc se recusara a sair de lá, e que iria encontrar um campo onde eles pudessem pousar. Charlie respondeu a Frenchy que não havia tempo para isso. E então ele os viu. Os dois P-47s estavam à sua frente, à esquerda, voando em círculos a mil pés de altitude.

— Eles estão tentando nos dizer alguma coisa? — Charlie perguntou, em voz alta.

Ele não esperou pela resposta de Frenchy nem de Pinky. Agarrou os controles já frouxos e virou o bombardeiro em direção aos caças. Passando de raspão sobre um grande bosque, ele viu o que os caças estavam tentando mostrar. Abaixo deles estava a suave e cinzenta pista de pouso de uma base aérea.

— Acenda as luzes de pouso! — Ele disse a Pinky.

Ele sabia que os pilotos dos P-47s estavam observando. Charlie se concentrou na pista de 609 metros, que estava a apenas 4,8 quilômetros a sudoeste. Manobrando para fazer uma aproximação em linha reta, Charlie se esticou até alcançar a alavanca que baixava o trem de pouso. Ele olhou no painel de instrumentos para o mostrador que exibia a silhueta do bombardeiro, e aguardou que as três luzes verdes aparecessem. Mas o mostrador permaneceu limpo. Charlie tentou baixar os *flaps* também, mas eles estavam congelados. Ele sabia que os fluidos haviam vazado. Frenchy viu o que estava acontecendo e disse:

— Eu cuido disso — e partiu para empurrar o trem de pouso com as mãos.

Charlie disse a Pinky para desligar o quarto motor imediatamente antes que eles tocassem o chão, para evitar que ele rateasse outra vez e fizesse o avião adernar descontroladamente. O objetivo era tentar pousar um avião de quatro motores usando apenas um e meio. Charlie tirou as luvas para agarrar o controle com mais firmeza. Adiante, a pista de pouso parecia ondular. Pela janela, ele viu o trem de pouso esquerdo descer lentamente e, em seguida, travar. Frenchy ressurgiu na cabine para informar que o equipamento de aterrissagem estava posicionado de ambos os lados, mas que os *flaps* estavam congelados. Charlie disse a Frenchy para disparar o sinalizador de emergência e depois reunir todos na sala do rádio, e que se escorassem, preparando-se para o impacto.

* * *

Na base aérea norte-americana de Seething, os aviadores do 448º Grupo de Bombardeamento se reuniram em volta da torre. Eles haviam brotado de seus alojamentos e áreas de descanso quando ouviram os P-47s circulando lá no alto. Agora, observavam o combalido B-17 trepidantemente descendo na distância.

Os homens do 448º estavam no leste da Inglaterra fazia apenas um mês, e ainda não haviam entrado em combate. Seus B-24s verdes circundavam a base nas áreas pavimentadas de estacionamento, onde os mecânicos interromperam o trabalho e subiram nas asas. Alertados pelos chamados de rádio dos P-47s, os caminhões de bombeiros e as ambulâncias "carroças de carne" se alinharam ao longo da pista. Estavam todos quietos e sombrios enquanto escutavam o bombardeiro laboriosamente se aproximando.

* * *

Pela janela no teto da sala do rádio, Frenchy disparou sinalizadores vermelhos, indicando às equipes de emergência que o bombardeiro carregava feridos. The Pub oscilou, descendo mais depressa por causa dos trens de pouso baixados, passando a setenta e cinco pés e depois a cinquenta. Charlie gritou "Agora!" e Pinky desligou o quarto motor. Charlie puxou o manche delicadamente, mantendo o nariz do bombardeiro elevado enquanto o conduzia para a terra.

The Pub estalou e perdeu velocidade quando seus pneus dianteiros beijaram o concreto com um suspiro enfumaçado. A aeronave correu pela pista, o rabo para cima e as asas paralelas ao chão, como que querendo demonstrar aos observadores que havia pousado por si mesma, nos próprios termos e invicta. Finalmente, a roda traseira do avião tocou o chão e diminuiu seu ritmo. Os veículos de emergência avançaram em direção ao bombardeiro. Da torre, aviadores e oficiais embarcaram em jipes e correram atrás das ambulâncias.

Charlie e Pinky esmagaram os freios já esponjosos do avião, e o The Pub respondeu graciosamente, reduzindo a velocidade até uma parada suave, as hélices ainda girando. Charlie e Pinky puxaram o compressor e os controles de nível. Eles desligaram o combustível e os motores pararam. Charlie se reclinou e pôs a mão sobre a Bíblia. Pinky se inclinou e enterrou a cabeça no manche. Frenchy entrou na cabine e viu os pilotos sentados em silêncio. Ele os deixou sozinhos. Eram quase 15h30. A equipe e o The Pub haviam completado sua primeira missão juntos.

* * *

Pinky foi o primeiro a sair do bombardeiro, balançando os pés no alçapão. Charlie veio em seguida. O experiente piloto que desceu pela rampa era bem diferente do rapazinho nervoso que embarcara no The Pub naquela mesma manhã. O cabelo de Charlie estava emaranhado, e seus olhos, vidrados. Sangue escorrido do nariz cobria sua boca e o colete salva-vidas amarelo. Ele parecia dez anos mais velho.

Quando seus pés tocaram o chão, Charlie percebeu que tinha as pernas bambas. Incapaz de suportar o próprio peso, cambaleou um ou dois passos e desabou sob o nariz do avião. Seething cheirava como o oceano ali perto, e ele se sentou no chão, inalando a fria brisa marinha. Charlie sabia que seus homens estavam recebendo os cuidados necessários. Ele vira dúzias de pessoas reunindo-se ao redor da porta traseira do bombardeiro. Sua mente ficou nublada. Ele focou o olhar adiante, mas não enxergou nada. Um segundo-tenente alto e desengonçado que parecia um jovem Gary Cooper se aproximou e se ajoelhou no nível de Charlie. Ele usava uma jaqueta de couro como a dos pilotos, mas não era um aviador. Seu nome era Bob Harper e ele era o oficial da Inteligência assistente da base.

— Tenente? Você está bem? — Harper perguntou, sacudindo o braço de Charlie.

Charlie virou o rosto para Harper.

— Que maneira infernal de entrar em uma guerra — Charlie disse. Harper assentiu.

— Que maneira infernal de entrar em uma guerra — ele repetiu.

Harper acenou para um médico. Quando o doutor se aproximou, Harper se afastou para ajudar com os homens feridos mais gravemente. Pinky e Frenchy ficaram atrás do médico, preocupados com Charlie. O médico queria que Charlie deitasse em uma maca, mas ele protestava.

Chacoalhando-se para sair do estupor, Charlie enxugou o sangue do rosto e lentamente se pôs de pé, para convencer o médico de que não estava ferido. Ele afirmou ao doutor que estava apenas exausto, nada mais.

O médico notou no ombro de Charlie o sangue deixado pelo fragmento de bala. Charlie conhecia a norma segundo a qual um ferimento significava três dias de molho em terra. Pinky e Frenchy também conheciam, e perceberam que poderiam se ver obrigados a voar com um piloto inferior a Charlie se ele reconhecesse seu ferimento.

— É só um arranhão — ele disse ao médico, mas o médico insistiu que estava vendo um buraco na jaqueta de Charlie.

Charlie o cortou e disse-lhe que fosse cuidar da tripulação. Pinky e Frenchy sorriram de alívio. Charlie cochichou que mais tarde um dos dois teria de ajudá-lo a pescar o fragmento dali.

Recomposto e renovado, Charlie passou por baixo do nariz e avançou até a saída traseira do bombardeiro. Ele ficou fora do caminho enquanto os médicos ajudavam Pechout e Blackie a se firmarem e entrarem em uma ambulância, que se afastou em alta velocidade. Quatro aviadores puseram Russian em uma maca e o deslizaram sobre o piso interno de outra ambulância. Charlie olhou para dentro e viu que Russian estava inconsciente.

— Ele vai conseguir? — Charlie perguntou ao médico inclinado sobre o artilheiro.

O médico não fez promessas, mas afirmou que eles o haviam estabilizado.

Na porta traseira do bombardeiro, aviadores reverentemente passaram a maca contendo o corpo de Ecky para as mãos que aguardavam fora da aeronave. O cobertor sobre Ecky não chegava a cobrir suas pequenas botas de voo, que apontavam para o céu. Os carregadores da maca transportaram Ecky para dentro da ambulância com Russian, e bateram as portas duplas do veículo. Charlie observou o carro partindo.

Um dos carregadores da maca, que vestia uma jaqueta de piloto e enxugava o sangue das mãos nas calças, aproximou-se de Charlie. Era um homem mais velho, de cabelo grisalho e um pequeno bigode, que dava a seu rosto forte um ar de elegância. Ele se apresentou como o comandante do 448º, coronel Jim Thompson. Thompson perguntou a Charlie se ele era o piloto, e Charlie confirmou. O coronel apoiou uma mão no ombro de Charlie.

— Filho, seus homens estão bem e você fez seu trabalho. O que podemos fazer por você?

Charlie viu Pinky, Frenchy e os demais jogando seus equipamentos de voo dentro de jipes. Ele sabia que precisava telefonar a Kimbolton e provavelmente ir a uma reunião para a prestação de contas pós-combate. Mas algo mais importante ocupava sua mente.

— Senhor, eu apenas gostaria de usar o banheiro — Charlie respondeu. — Estou segurando há oito horas.

* * *

Do outro lado do Mar do Norte, Base Aérea de Jever

Cerca de vinte minutos depois do encontro com o B-17, Franz pousou no Aeroporto de Bremen para trocar o radiador. Ele queria voltar para casa em Wiesbaden, mas sabia que não podia se arriscar a ter uma catastrófica falha no motor no voo a caminho de lá. Ele escolhera o Aeroporto de Bremen em detrimento da Base Aérea de Jever para evitar o questionamento sobre o encontro com o bombardeiro norte-americano. Franz sabia, desde o momento em que se afastara do bombardeiro, que havia cometido um ato grave. Não poderia contar a ninguém a verdade: ele ajudara o inimigo a escapar. Se alguém o ligasse àquele ato, ele sabia que poderia enfrentar o pelotão de fuzilamento. Pessoas na Alemanha haviam sido mortas por muito menos. No mês de junho anterior, uma mulher fora executada por contar uma piada durante uma pausa em seu trabalho em uma fábrica de munição. O crime dela fora dizer:

— Hitler e Goering estão no topo da torre de rádio de Berlim. Hitler fala que quer fazer alguma coisa para colocar um sorriso no rosto dos berlinenses, então Goering diz: "Por que você não pula?".

E foi isso. Alguém tinha entreouvido a piada e havia dedurado a mulher. O fato de que ela era uma viúva de guerra não fizera a menor diferença. O "juiz de sangue" de Hitler, Roland Freisler, ordenara que ela fosse morta por violar a Lei de Subversão[Cap 16, nota 1].

Franz queria se afastar o máximo possível da cena do crime. Ele pediu a um mecânico que fosse trabalhar em seu avião, para que pudesse voar para casa naquela noite.

— O senhor não vai a lugar nenhum — o mecânico respondeu. — Isto vai levar horas.

Relutantemente, Franz se preparou para pernoitar. Se a Gestapo aparecesse procurando um piloto que havia deixado um B-17 escapar, ele se faria de bobo e rezaria pelo melhor. Seu destino, ele sabia, estava nas mãos de Deus.

Franz dirigiu-se à torre para telefonar para Wiesbaden. No caminho, viu um pequeno avião de reconhecimento Fieseler Storch parado em um hangar, com sua asa elevada e seu desajeitadamente longo trem de pouso dando-lhe um ar de inseto. Franz estava ansioso para sair da base, mesmo que por apenas umas poucas horas. Depois de reportar sua posição para Wiesbaden, ele obteve permissão do piloto do Storch para embarcar no avião. Ele decolou e voou para noroeste de Bremen. Estudou a paisagem abaixo, procurando o local da queda do B-17 que ele tinha certeza de ter derrubado, mais cedo. Localizou o bombardeiro no campo de uma fazenda. Franz se perguntou o que teria acontecido aos pilotos: será que o fazendeiro os havia prendido no celeiro, esperando que os militares viessem apanhá-los? Ou, pior, teria ele chamado a Gestapo? Franz decidiu investigar, para se certificar de que os homens tinham sido tratados com civilidade.

Franz sabia que o Storch funcionava bem em pistas de pouso toscas e sem acabamento, e presumiu que o terreno da fazenda não seria um obstáculo. Ele baixou o avião em direção à terra, planejando pousar ao lado do B-17 abatido. Mas sua mente estava em Jever, perguntando-se se a Gestapo estaria à sua espera quando ele voltasse para a base. Ele não percebeu que o solo estava arado com grande profundidade. O Storch tocou o chão, pegou um sulco e tombou de nariz, a hélice de madeira voando longe. Franz emergiu sem ferimentos e sacudiu a cabeça ao olhar para o avião destroçado, maldizendo sua falta de sorte.

O fazendeiro que era proprietário do campo veio correndo para ajudá-lo. Ele informou a Franz que toda a tripulação fora feita prisioneira pela Força Aérea Alemã. Franz soltou um suspiro de alívio. Ele sabia que a Força Aérea trataria corretamente os pilotos norte-americanos. Um aviador dos Aliados, cativo, era um candidato tentador a sofrer um linchamento por parte de grupos civis deslocados de suas cidades, ou por parte de fazendeiros alemães, caso suas granjas ou animais de criação tivessem sido metralhados por combatentes. O pior de todos era a SS, cuja inclinação para a misericórdia era perfeitamente simbolizada pela cabeça da Morte no emblema de seus quepes pretos.

A atitude de Franz de buscar o inimigo para garantir-lhe o salvo-conduto não era uma exceção. De alguma forma, mesmo durante a destruição de seu país natal, muitos pilotos da Força Aérea Alemã mantiveram um cavalheirismo semelhante àquele praticado no deserto. Já não procuravam o inimigo para conversar com eles; agora, procuravam-nos para salvar-lhes a vida. Desde que passaram a combater acima das próprias bases aéreas, os pilotos alemães frequentemente aterrissavam, pegavam um veículo e corriam ao ponto onde haviam derrubado um oponente, de forma a garantir a proteção dele antes que ele fosse encontrado pelos compatriotas civis dos pilotos[49].

Franz usou o rádio do Storch para contatar a Base Aérea de Jever e pedir uma carona. Ele explorou o B-17 abatido enquanto aguardava. Sentado na asa do bombardeiro derrubado durante a espera, ele pensava no bombardeiro que havia escoltado para fora da Alemanha. Ele se perguntava se a tripulação estaria viva, beijando a pista de pouso e se abraçando com alívio. Ou se estariam flutuando em um bote no Mar do Norte, ou no fundo do oceano, o Quatro Motores transformado em tumba. O destino deles importava a Franz, e ele não conseguia tirar da cabeça o pensamento: *Valeu a pena?*

* * *

Ao mesmo tempo, na Base Aérea de Seething

Depois de usar o banheiro e tirar um cochilo na torre de controle, Charlie pediu ao coronel Thompson permissão para ir ver o The Pub. Thompson concordou. Ele contou a Charlie que já havia notificado Kimbolton sobre o apuro vivido pela tripulação. O 379º mandaria um B-17 dentro de uma ou duas horas para levá-los para casa.

---

[49] Nota do autor: décadas mais tarde, quando conversei com a tripulação de bombardeiros norte-americanos que havia sido feita prisioneira, quase todos os homens admitiram "eu nunca fiquei tão feliz por ver a Luftwaffe" quando um piloto alemão aparecia para levá-los presos, por oposição à alternativa, que frequentemente queria sua cabeça.

O sol estava se pondo atrás das árvores quando Thompson levou Charlie à parte oeste do campo, em direção ao pátio para onde o pessoal de terra havia rebocado o bombardeiro. Aviadores se aglutinavam em volta do avião, examinando os danos em absoluto espanto, alguns tirando fotografias. Charlie e Thompson circundaram o bombardeiro, igualmente maravilhados. Contra o brilho suave e cada vez mais fraco do entardecer, a aeronave parecia desafiadora, sustentando-se, firme, sobre as próprias pernas.

Um mecânico que passava pela asa chamou a atenção de Charlie e Thompson para o motor número três. Ele havia feito uma descoberta. Um projétil de 20 milímetros havia arrancado a tampa do tanque de combustível, sem, entretanto, provocar uma explosão. Na ponta da asa direita, Charlie olhou através do buraco provocado pelo projétil 88 da artilharia, que deixara uma abertura do tamanho de uma bola de beisebol. Charlie e Thompson pararam na parte traseira. Alguém havia coberto a área com um pedaço de lona, para esconder o sangue do artilheiro decapitado. Charlie contou a Thompson que o artilheiro, Ecky, tinha ansiado muito pela festa de Natal que seria realizada na base naquela noite.

Continuando a circundar a aeronave, Charlie viu o cotoco que restava do estabilizador horizontal e abanou a cabeça. Olhando para cima em direção à metade que restava do leme, notou que todos os cabos de controle haviam sido seccionados, com exceção de um[50].

Uma vez completada a inspeção, Thompson informou a Charlie que iria recomendar medalhas a todos eles, incluindo Charlie, e disse que tinha uma última pergunta a fazer.

— Por que você não pousou na Alemanha?

— Porque, senhor, um dos meus homens estava ferido demais para saltar.

— Então você e a sua equipe ficaram por causa de um só homem?

— Sim, senhor — Charlie respondeu, assentindo.

Para ele, era simples assim. Eles haviam lutado um pelo outro desde um bar no Texas até os céus de Bremen. Eles sabiam que eram mais fortes juntos do que separados.

---

[50] "Ver a condição da aeronave me assustou mais do que qualquer coisa que tinha acontecido enquanto estávamos voando", Charlie recordaria. "Parecia que uma mão nos havia sustentado no ar, e não era a minha."

* * *

Thompson levou Charlie ao escritório do tenente Harper, um prédio de alvenaria ao sul da torre. Lá, Harper colheria o depoimento de Charlie. Charlie e Thompson trocaram um aperto de mãos e partiram no jipe de Thompson. Charlie rapidamente desenvolvera admiração por Thompson, que tinha um estilo de liderança paternal em comparação a Preston, que parecia mais um irmão mais velho ou um grandalhão do *campus*[51].

Harper acolheu Charlie em seu aconchegante escritório. As paredes de tijolos tinham sido refrescantemente pintadas de branco, e as janelas, revestidas de papel pardo, para impedir que a luz vazasse para fora. Em um dos cantos havia um forno bojudo. Do teto pendia a miniatura preta de um avião, que Harper contou utilizar quando estava ensinando reconhecimento aéreo para artilheiros de bombardeiros e de artilharia antiaérea.

Harper se sentou atrás da escrivaninha e gesticulou para que Charlie sentasse do outro lado. Ele abriu um arquivo e admitiu que aquela seria sua primeira vez colhendo um depoimento, já que sua unidade ainda não havia combatido. Charlie perguntou se Harper não iria chamar os demais membros da equipe, e Harper informou que não haveria tempo para isso, pois a carona deles chegaria a qualquer momento.

— Você pode falar em nome de sua tripulação — ele disse a Charlie.

Charlie se sentia em um estado deplorável. O cabelo estava pegajoso, e o corpo, grudento de suor. Uma prestação de contas para um relatório pós-missão era a última coisa que queria fazer. Ao mesmo tempo, ele sabia que aquele era o momento para ver a bravura de sua tripulação reconhecida. Tal como um testemunho sob juramento, a história que ele contasse a Harper seria o registro oficial.

Harper destrancou uma gaveta da escrivaninha e de lá tirou uma garrafa de uísque Vat 69 e dois copos. Ele sacou a rolha enquanto explicava que as normas permitiam que ele oferecesse uma dose a cada membro de uma tripulação, para destravar-lhes a língua antes de repassarem uma

---

[51] Cerca de três meses mais tarde, em 1º de abril de 1944, o coronel James McKenzie Thompson liderou seu grupo em uma missão sobre a Alemanha. Dos vinte e um aviões que partiram, cinco não voltaram, incluindo o dele. Seu B-24 enfrentou uma forte ventania contrária a caminho de casa e ficou sem combustível enquanto sobrevoava a França. Somente ele e mais um homem da tripulação saltaram. O paraquedas de Thompson não abriu.

missão difícil. Ele serviu um copo a Charlie. Naquela manhã Charlie recusara a bebida de Walt, mas aquele momento parecia distante como uma vida anterior. Charlie bebeu, sentindo a bebida beliscar a garganta. Harper continuava segurando a garrafa inclinada.

— Ninguém aqui está contando — ele disse, e Charlie aceitou mais um trago.

Charlie conduziu Harper pelo relato. Ele explicou como Frenchy e Doc haviam derrubado caças inimigos, como Ecky e Blackie haviam permanecido junto a suas armas inutilizadas para alertarem sobre ataques iminentes, como Pechout se recusara a abandonar o rádio e como Jennings e Andy haviam salvo Russian de sangrar até morrer. Harper tomava notas, fiel a cada palavra.

Charlie falou da queda em espiral, sobre o mergulho sobre Oldenburg e a respeito da fuga pela costa.

— Então o último 109 parou perto da nossa asa — Charlie contou —, e eu pensei que aquilo tudo tinha sido por nada.

Harper interrompeu Charlie.

— O último 109?

Charlie esclareceu:

— Sim, o que voou conosco.

Charlie descreveu o bizarro encontro que eles haviam tido com o piloto alemão que os escoltara mar afora, e que se despedira com uma continência.

Harper inclinou a cabeça e olhou para Charlie como se ele estivesse brincando.

— Ele voou com vocês? — Harper perguntou, inclinando-se sobre a mesa com ar incrédulo.

— Ele provavelmente estava sem munição — Charlie ponderou. — Mas, sim, ele nos tirou da Alemanha.

Harper deu um tapa na mesa.

— E eu pensando que já tinha ouvido de tudo — ele disse, e fechou o bloco de notas.

Charlie o interrompeu para perguntar como poderia indicar sua equipe para receber uma condecoração. Ele queria uma Cruz por Voo Notável (CVN) para cada homem, bem como uma Estrela de Bronze para Ecky. Harper respondeu a Charlie que ele poderia pensar mais alto.

— Eles vão olhar para este seu avião e todos vocês vão receber uma Estrela de Bronze — Harper falou.

Charlie sabia que uma CVN para cada membro de sua tripulação não era pedir demais. A CVN era uma medalha modesta, atribuída rotineiramente a pilotos de bombardeiros que fizessem vinte e cinco missões e a pilotos de caça depois que completassem cinquenta.

Harper prometeu a Charlie que encaminharia o relatório ao oficial que lhe era equivalente em Kimbolton.

Eram cerca de 17h30 quando Harper conduziu Charlie para o clube dos oficiais da base. Harper e Charlie encontraram Pinky, Doc e Andy sentados em cadeiras estofadas, comendo sanduíches. Um mural pintado decorava a parede acima de uma lareira. Quando Harper viu Charlie admirando o desenho, admitiu que tinha sido ele a pintá-lo. O mural representava uma criatura com corpo de leão e cabeça e asas de águia pulando através do centro de uma imensa estrela norte-americana azul. Supostamente, tratava-se de um mural patriótico que representava o grupo de bombardeio durante um ataque. Harper disse que pintar era seu passatempo. Um dia, ele esperava tornar-se artista. Doc e Andy cobriram a boca com o braço e tossiram, lutando para não explodir em uma gargalhada. Eles achavam a interpretação artística de Harper nada menos do que hilária.

Harper pediu licença para ir contatar seus superiores no quartel-general da 8ª Força Aérea. Enquanto caminhavam para o clube, ele contara a Charlie que enxergava um enorme potencial de relações públicas na história de um avião milagroso e da equipe que permanecera unida para continuar na guerra. Ele se despediu com um aceno. Charlie contou a seus oficiais sobre a reação de Harper. Eles riram ao imaginar como Harper iria retratá-los como heróis.

* * *

Charlie e os oficiais escutaram o B-17 pousar às 18h30, mesmo antes que o ordenança enfiasse a cabeça no clube. O ordenança lhes falou sobre um empecilho. O B-17 desenvolvera um problema mecânico e teria de permanecer em terra por algum tempo antes de poder retornar a Kimbolton. Os mecânicos estavam trabalhando nele. Doc resmungou qualquer coisa sobre perder a dança.

Três horas e muitas Cocas e sanduíches depois, o ordenança voltou. O bombardeiro estava pronto para voar de novo. Enquanto Charlie e seus homens vestiam as jaquetas, Harper entrou no clube com uma expressão carregada de nervosismo. Ele estava aliviado por tê-los encontrado antes que partissem. Harper puxou Charlie para uma mesa próxima e pediu que ele se sentasse.

Charlie disse a seus homens que embarcassem e que ele iria a seu encontro em instantes.

— Eu lhes contei a sua história, exatamente como você a contou para mim — Harper começou. — Mas quando mencionei a parte do alemão, eles ficaram ensandecidos!

Charlie suspirou de alívio. Ele achou que Harper tinha vindo para dar más notícias sobre Russian.

Harper explicou que o QG da 8ª Força Aérea lhe dera as ordens que ele deveria transmitir.

— Quando encontrar sua tripulação, você deve instruí-los a não falar sobre a missão com ninguém.

Charlie ergueu uma sobrancelha.

— E aqui vai a pior parte — Harper continuou. — Esqueça qualquer condecoração para a sua equipe.

— Que besteira! — Charlie respondeu, pondo-se de pé.

Harper se levantou e encarou Charlie.

— Tentei o quanto pude. Eu sei o que o quartel-general está pensando. Se seus homens ganharem medalhas, as pessoas vão perguntar como eles as conseguiram. E se seus homens contarem a história, eles vão mencionar o piloto Chucrute.

Charlie sacudiu a cabeça, incrédulo.

— As altas patentes querem que vocês esqueçam que este dia alguma vez aconteceu — Harper concluiu. — Estas são as ordens.

Quatro palavras cruzaram o pensamento de Charlie: *vá para o inferno*. Mas ele segurou a língua, pegou a jaqueta e tomou o rumo da porta.

Harper agarrou Charlie por um braço, inclinou-se e cochichou, inesperadamente:

— Ouça... Suponha que outro avião nosso se encontre em uma situação semelhante. Suponha que nossos artilheiros não disparem contra um caça que arremeta contra eles, por terem ouvido histórias sobre como um 109 poderia "voar com eles". Agora, suponha que esse Chucrute não seja tão bonzinho quanto o seu, e exploda nossos rapazes.

Charlie enfiou as mãos nos bolsos. Harper tinha alguma razão.

— O que é que devo dizer para a minha equipe?

— Que eles executaram o que vieram aqui para executar — Harper disse. — Bombardear a Alemanha, voar para casa e voltar para fazer de novo.

Charlie fez um aceno sucinto de concordância. Ele e a tripulação não estavam naquilo por medalhas. Sobreviver a um ataque horrendo era meramente fazer aquilo que eles haviam se oferecido como voluntários para fazer. Ele encarou Harper com firmeza.

— E quanto a Ecky? Você poderia pelo menos me ajudar a indicar meu artilheiro de cauda para uma comenda? Em nome da família?

— Vou mexer uns pauzinhos, pode ter certeza — Harper afirmou.

* * *

Sob a fraca luz de uma Lua minguante, Charlie se apressou em direção à torre. Sua carona para Kimbolton estava parada, à espera. Espiando através da base, Charlie procurou pela The Pub, mas não viu a aeronave. Ele passou pela torre e se aproximou do avião pela cauda. Chamas azuis de combustão saíam da parte inferior dos motores do bombardeiro. O avião expelia finos jatos d'água, e Charlie tirou o quepe e o guardou sob o braço ao atravessá-los. Um chefe de equipe aguardava junto à porta de trás com um sinalizador. Por um instante, Charlie hesitou antes de embarcar.

O chefe de equipe mal havia fechado a porta quando os pilotos acionaram o motor de partida, apressando-se para completar o voo de apenas trinta minutos para Kimbolton, 124 quilômetros a oeste. Charlie encontrou Pinky, Doc, Andy, Frenchy e Jennings na sala do rádio. Desculpou-se por não querer se sentar ali com eles e explicou que estava curioso para ver que aparência tinha a Inglaterra vista à noite do nariz do avião.

Os pilotos viraram o bombardeiro para a pista principal enquanto Charlie ocupava seu assento no bico. Os pilotos agarraram os aceleradores. O bombardeiro avançou pela pista e tinha acabado de se elevar do chão quando Charlie ouviu um estampido vindo da asa esquerda, seguido de um chiado. O bombardeiro estava de novo com um problema mecânico, desta vez no compressor. Os pilotos baixaram o avião e pousaram. Pisaram nos freios e Charlie pensou ter escutado um guincho atípico. O bombardeiro deu uma guinada e saiu do caminho de concreto, apenas um pouco antes do fim da pista.

As rodas afundaram na lama e a parada súbita jogou Charlie para a frente, para dentro do cone de Plexiglas do nariz. Caixas de munição, pranchetas e lápis da mesa do navegador caíram em cascata sobre ele. Deitado com a cabeça na ponta do cone, Charlie tremia. Mas o bombardeiro, de alguma forma, conseguira manter-se de pé[52].

Charlie seguiu os pilotos pelo alçapão, para fora do nariz, e encontrou seus homens na traseira do avião. O bombardeiro havia batido quase em frente ao The Pub. À luz de sinalizadores, os pilotos do bombardeiro examinaram o motor estourado. Frenchy consultou seu relógio de mostrador luminoso. Eram 21h47.

— Acho que vamos perder o baile — ele gracejou.

— Eu devia ter saltado na Alemanha — Doc completou.

Charlie sabia que ainda precisava contar a Doc e aos demais que o heroísmo deles seria varrido para baixo do tapete. Ele estava temeroso diante da carta que teria de escrever aos pais de Ecky e da pergunta que ele sabia que eles lhe fariam: "Como ele morreu?". Olhando para o bombardeiro destroçado que deveria ter sido sua carona para casa, e ao The Pub, pousado orgulhosamente, como que pronto para mais uma viagem para a Alemanha, Charlie verbalizou o que estava na cabeça de todos os demais na equipe:

— Por que foi que eu me ofereci para isto?

---

[52] "Enquanto estava lá, caído, no escuro, pensei que tinha sido um dia muito longo e bastante cansativo para um menino de fazenda da Virgínia Ocidental completamente assustado, confuso, e totalmente deslocado", Charlie recordaria. O The Pub permaneceria parado em Seething até março, quando os homens do 2º Armazém Estratégico de Suprimentos Aéreos levariam vinte e três dias para consertar a aeronave. The Pub foi então levado para os Estados Unidos, e, posteriormente, desmembrado e descartado como refugo.

17

ORGULHO

Dois dias mais tarde, 22 de dezembro de 1943, Base Aérea de Kimbolton

Charlie se arrastou de má vontade até a porta do abrigo Nissen, carregando uma grande sacola de lona. Quarenta e oito horas depois do voo traumático sobre a Alemanha, ele ainda estava vestindo o mesmo uniforme pesado. O 379º havia mandado a Seething um desafortunado motorista de caminhão, que deveria recolher Charlie e a equipe. O motorista levou o dia 21 de dezembro inteiro só para ir. Ele chegou usando um boné grande demais para sua cabeça e dizendo que se perdera porque os ingleses haviam removido as placas de sinalização das estradas para confundir os alemães, caso eles invadissem. No caminho de volta para Kimbolton, ele cruzou as estradas do leste da Inglaterra às cegas, enquanto Charlie e seus homens sacolejavam na traseira do caminhão. Apenas uma cobertura de lona separava-os do frio intenso. Depois de vinte horas na estrada, eles desabaram no portão de Kimbolton doentes de tanto inalar o diesel do escapamento.

Com os olhos semicerrados, Charlie lentamente abriu a porta do alojamento. Ele nem se dera ao trabalho de se apresentar no quartel-general do esquadrão, como Pinky e os demais haviam feito. Ele só queria cair na cama e dormir. Charlie viu seus companheiros oficiais endireitando as gravatas e alisando os cabelos para trás, preparando-se para os encontros daquela noite. Eles viram Charlie à porta e correram em sua direção, dando-lhe tapinhas nas costas.

— De volta da cova! — Alguém gritou.

Charlie sorriu, pouco à vontade. O segundo-tenente Dale Killion, um amigo querido, irrompeu da multidão exibindo um largo sorriso. Dale também era um piloto novato, um garoto simples dos campos de Iowa, parecido com o ator Ronald Reagan. Dale tinha vinte e dois anos, então Charlie o olhava com respeito, embora os maneirismos caipiras de Dale o fizessem parecer mais jovem.

— Eles falaram que você tinha desaparecido sobre a Alemanha! — Dale disse.

Charlie contou a Dale e aos demais que ele havia telefonado de Seething.

— Alguém não deu o recado — outro piloto acrescentou.

Um a um, os homens correram aos pequenos armários junto às camas e voltaram, entupindo Charlie com seus objetos pessoais: colônia, gibi, meias e um relógio quebrado. Dale entregou a Charlie um pacote de cartas perfumadas de Marjorie.

— Que alívio eu ter esperado antes de queimar isto — ele disse.

Charlie abanava a cabeça, incrédulo. Ele conhecia a prática da Força Aérea de remover o mais depressa possível os pertences de um piloto derrubado, por uma questão de ânimo coletivo. Eles sempre davam aos companheiros do desaparecido a chance de vasculhar suas posses e retirar qualquer item potencialmente embaraçoso, antes que os demais bens fossem enviados à família. Pela tradição, os companheiros tinham permissão para ficar com os objetos úteis, como livros, pasta de dentes ou pomada para os cabelos. Dale aconselhou Charlie a correr até o Escritório de Operações antes que suas últimas posses fossem despachadas por correio para sua casa na Virgínia Ocidental.

Olhando para o canto do alojamento, Charlie viu um homem esparramado na cama que era sua. O homem tinha cruzado os pés e estava com o nariz metido em um livro. *Mas que diabos?*, Charlie murmurou. Ele se aproximou do homem e estancou ao pé da cama, bloqueando a luz.

— Creio que você está na cama errada — Charlie falou.

O homem levantou os olhos do livro. Charlie sabia que ele era um substituto. As asas em sua camisa revelavam que ele era um navegador. O navegador já havia pendurado fotos de *pinups* na parede atrás de sua cabeça, e guardado os calçados na sapateira que pertencera a Charlie.

— Deram esta para mim — ele respondeu, sem um traço de emoção na voz.

— Eles lhe atribuíram esta erroneamente porque pensaram que eu estava morto — Charlie explicou.

— Estava vazia — o navegador continuou. — Pega outra.

Os demais oficiais pararam de se arrumar para observar a cena. Dale postou-se silenciosamente alguns passos atrás de Charlie.

Charlie olhou em volta. O alojamento estava lotado. Ele viu com alívio que a cama de Pinky não fora tomada — ainda.

— Isto não vai dar certo — Charlie respondeu.

— Então vá para outro alojamento — o navegador disse.

O rosto de Charlie ficou vermelho. Ele havia morado naquele abrigo por dois meses e se habituara aos roncos e pesadelos de seus amigos. Aquele alojamento frio e mal-ajambrado era seu lar.

Charlie apoiou a sacola no concreto e guardou seus pertences. Em seguida enfiou a mão, vasculhou no fundo de um lado para o outro, e de lá tirou sua pistola .45.

— Você vai sair de um jeito ou de outro — disse ao navegador.

— Você é maluco! — O navegador respondeu, sentando-se na cama.

— Vou atirar uma vez para o alto e a próxima será na sua perna.

O homem franziu a testa e fez um olhar zangado, mas não se mexeu. Charlie se inclinou até chegar bem perto, e cochichou alguma coisa inaudível. O navegador viu a pistola oscilando na mão trêmula de Charlie. Ele se levantou, apanhou os sapatos e saiu do alojamento sem levar o casaco[53].

Quando a adrenalina de Charlie baixou, ele se sentou na cama de Pinky. Ninguém havia ainda se apossado de seus pertences, porque o navegador substituto escolhera a cama de Charlie em vez da dele. Dale chamou os outros oficiais para ajudá-lo a reunir as coisas do navegador. Em um minuto, eles recolheram e limparam tudo, e levaram os uniformes e demais itens do navegador em trouxas molengas até o quartel-general do esquadrão. Charlie tombou na cama e caiu no sono.

---

[53] "Eu lhe disse que havia combatido, estava com exaustão de guerra, e que escaparia ileso", Charlie recordaria.

* * *

Duas noites mais tarde, Wiesbaden, Alemanha

O bar enfumaçado estava cheio de pilotos, naquela noite de Natal. A festa estava confusa e vulgar, porque os homens casados haviam partido com as esposas. Franz estava no centro, com Bobbi. Normalmente, Franz gostava de estar no meio de uma festa, mas não no centro das atenções. Com Bobbi a seu lado, isso era impossível. Willi estava bêbado e contando piadas, a Cruz de Cavaleiro balançando orgulhosamente em seu pescoço.

Ao voltar de Jever, Franz contou a Willi que encontrara o B-17 que ele havia derrubado na fazenda, mas não tinha testemunha que confirmasse sua vitória. Ele nunca mencionou o bombardeiro que deixara escapar.

— Você nunca vai chegar a lugar nenhum se deixar de reportar suas vitórias. Eu vou confirmar para você — Willi tinha dito. — Sua palavra me basta.

Franz jamais estivera tão perto da Cruz de Cavaleiro. Só que, para ele, a Cruz havia se revestido de um novo significado. Ele tinha visto os olhos da tripulação do bombardeiro atingido; rapazes nem um pouco diferentes daqueles que ele vinha matando havia dois anos. Ele sabia que a Cruz simbolizava a coragem. Mas Franz agora percebia que ela simbolizava também o sucesso de um homem em seu trabalho mais vil: a destreza em matar outros homens. Franz sabia que não podia parar de lutar. A guerra não permitiria. Mas nunca mais ele louvaria seu emprego como piloto de caça, o serviço para o qual ele se apresentara como voluntário. Em 20 de dezembro de 1943, ele havia aberto mão da Cruz de Cavaleiro de uma vez por todas.

— Não se incomode — ele dissera a Willi. — Vamos beber.

Como a noite de Natal era uma ocasião especial, os pilotos compraram uma cerveja para Bobbi. O urso amou o sabor. Então os homens encontraram uma tigela e a encheram de cerveja até a borda, e depois reabasteceram e reabasteceram, cada piloto derramando um pouco do conteúdo da própria caneca. Os homens ficaram bêbados junto com sua mascote. Franz finalmente conseguiu que os camaradas parassem de dar cerveja a Bobbi, insistindo que eles precisariam ajudar a carregá-lo para casa se o animal ficasse embriagado demais para andar por conta própria.

Os pilotos cantaram músicas obscenas uns para os outros, mas mudaram o estilo quando as garotas chegaram, depois da missa da meia-noite. À certa altura, começaram a entoar cânticos natalinos, incluindo uma versão melancólica de *Noite Silenciosa*, música tradicional alemã[54]. Franz cambaleou para a rua de cascalho com Bobbi. Inebriados, homem e mascote trançaram as pernas até o apartamento. Com as vozes de seus companheiros ainda ressoando ao fundo, Franz sorriu, sem saber que sua temporada junto do urso estava chegando ao fim.

* * *

Onze dias depois, 4 de janeiro de 1944, Base Aérea de Kimbolton

Charlie e seus oficiais almoçavam em silêncio no refeitório praticamente vazio. Olheiras escuras e fundas sublinhavam seus olhos. Em vez de conversarem uns com os outros, a cada ruído eles olhavam em volta para as outras equipes, para as portas em vaivém e pelas janelas. Eles empurravam a comida de um lado a outro do prato e deixavam cair os talheres, tomados de nervosismo.

Naquela manhã eles haviam recebido novas metralhadoras e um B-17 temporário chamado Anita Marie. Logo após a decolagem um motor apresentou problemas e eles retornaram à base. Agora o esquadrão havia partido para bombardear portos alemães em Kiel, e eles tinham ficado.

Tudo o que Charlie e seus oficiais desejavam era uma nova missão, que colocasse o 20 de dezembro definitivamente para trás. Charlie havia lhes contado sobre seu heroísmo ser anulado. Os homens não poderiam ter se importado menos. Russian e Pechout haviam sobrevivido e iriam para casa. Havia boatos sobre Blackie estar quase voltando. O que os aborrecia era ficar no limbo por catorze dias. Por três vezes eles tinham ido para a cama esperando voar no dia seguinte. Por três vezes eles se viraram e se remexeram a noite inteira, apenas para acordar sob a luz da lanterna do ordenança e ouvi-lo dizer: "Desculpe, senhor, missão cancelada".

Agora, em vez de conversarem uns com os outros, cada um falava consigo mesmo, em pensamentos circulares a respeito de suas possibilidades

---

[54] Franz recordaria: "Naquela época a religião não estava em alta na Alemanha, mas isso não nos impediu".

de sobrevivência. Eles imaginavam o que poderiam fazer para aumentar suas chances, como sentar sobre um traje de proteção antiartilharia, encontrar novos amuletos ou ir com mais frequência à capela. Eles haviam se tornado tagarelas mentais, ou o que as equipes de combate chamavam de "zuretas de zunidos".

As regras do coronel Preston haviam falhado em ajudar Os Calados. Sempre que Preston recebia de volta uma tripulação que tivesse passado por uma missão difícil, ele tratava de colocar os homens no ar de novo o mais depressa possível. Ele aprendera isso a partir de um erro anterior. Vários meses antes, uma equipe retornara à base tendo a bordo feridos e mortos. Preston lhes deu uma semana de licença em casa para que acalmassem os nervos. Um navegador do 379º recordaria:

— Eles usaram a semana de folga para ruminar e repisar o passado que os unia e o futuro sem esperança que os aguardava. Ao voltarem, anunciaram a decisão unânime de abandonar a guerra[Cap 17, nota 1].

Depois que aquela tripulação se demitiu, Preston e o médico militar do grupo instituíram uma nova regra: tirar rapidamente os zuretas de zunidos do chão e colocá-los para voar de novo. Mas nem mesmo Preston tinha poder para impedir que uma missão fosse abortada ou para reverter seu cancelamento.

Olhando para seus homens, Charlie se perguntava se eles sofreriam de pesadelos como ele próprio sofria. Todas as noites, ele sonhava com orquídeas negras de centros carmesins e com pilotos alemães voando paralelamente à sua asa como demônios. Depois de 20 de dezembro, Charlie concluíra que sua sobrevivência não estava em suas mãos, mas nas mãos do inimigo. Será que o artilheiro alemão tinha prestado atenção às aulas de pontaria? Será que calculara mal a velocidade do vento? O piloto do caça inimigo teria se embebedado na noite anterior? Será que a namorada dele tinha feito uma visita? Para Charlie, essa constatação era devastadora.

Alguém assoviou uma melodia que ecoou por todo o refeitório. O som flutuava a partir da traseira do balcão, onde os cozinheiros de avental branco esfregavam panelas. Charlie e seus oficiais se entreolharam. Todos eles conheciam a história do cozinheiro Snuffy, que era tão feliz por estar na cozinha que assoviava o tempo inteiro. No passado, Snuffy fora artilheiro. Dizia a lenda que ele estava tão certo de que sua hora estava chegando que certo dia havia declarado: "Eu não voo mais"[Cap 17, nota 2], e arrancado as faixas da patente de sargento. Ele se oferecera para trabalhar na cozinha, e o coronel Preston havia permitido.

Quando Charlie levou sua bandeja até a lixeira olhou por cima do balcão para ver quem era Snuffy, mas o assovio tinha parado. Em vez de Snuffy, o que ele viu foi um grupo de cozinheiros que pareciam todos iguais, todos com o mesmo rosto saudável de bochechas rosadas. Charlie não quis perguntar qual deles era Snuffy, porque sabia que conhecer Snuffy era conhecer a derrota. O assovio de Snuffy era um chamado terrível, uma isca para que um aviador parasse de voar e o seguisse. A única esperança que Snuffy oferecia era continuar vivo.

* * *

Um dia mais tarde, 5 de janeiro de 1944, por volta das 5h15

A respiração de Charlie embaçava o espelho, enquanto ele tentava se barbear no banheiro gelado. Ele estava de camiseta e tinha uma toalha enrolada na cintura. Ao longo do corredor atrás dele, os chuveiros liberavam um vapor quente que formava redemoinhos contra a estrutura fria da porta. Cada vez que Charlie jogava nas bochechas a água congelante da pia, fazia uma careta. Ele odiava se barbear, mas sabia que aquilo era necessário para garantir uma boa adesão da máscara de oxigênio ao rosto. Charlie analisou sua aparência no espelho. O rosto estava pálido, e os olhos, caídos de tristeza. Ele não conseguia sorrir. Dezesseis dias depois de 20 de dezembro, ele sabia que precisava voltar para a Alemanha, ou jogar a toalha de uma vez.

Dale cumprimentou Charlie ao se aproximar de uma pia a alguns espelhos de distância. Charlie resmungou qualquer coisa de volta por entre as passadas da lâmina. Dale parecia alerta como se estivesse acordado desde muitas horas antes. Charlie ficou maravilhado com aquela atitude leve e de bem com a vida.

— Droga! — Dale falou, pondo a lâmina de lado.

Charlie espiou de lado e viu uma mancha vermelha no creme de barbear na bochecha de Dale. Quando Dale colocou a lâmina de volta no rosto, Charlie viu que a mão dele tremia. Dale se cortou de novo.

Ele olhou para Charlie apenas virando os olhos, sem mexer a cabeça. Charlie desviou o olhar.

Dale faria sua quarta missão naquele dia. Segundo os rumores, um aviador tinha 25 por cento de chance de completar seu tempo de serviço. Por estas contas, depois da quinta missão, cada voo já era lucro.

Charlie tinha ganas de gritar para Dale: *Por que estamos fazendo isso contra nós mesmos?*, mas não disse nada[55]. Charlie sabia que nenhum piloto queria voar em formação com alguém abalado, enfraquecido ou zureta de zunidos. Da terceira vez que Dale se cortou, Charlie não aguentou mais e partiu, fingindo não ter percebido.

No refeitório dos oficiais, por entre aromas de carne suína frita e café, Charlie seguiu Dale pela fila do rango. Cruzando a largura da jaqueta de Dale estava o nome de seu avião, Rikki-Tikki-Tavi II, em letras que imitavam a vegetação da selva. Abaixo das letras, alguém havia pintado uma tentativa de lêmur sorridente, Rikki-Tikki-Tavi, o personagem de *O livro da selva*, de Rudyard Kipling. No livro, Rikki-Tikki-Tavi defende uma família britânica de duas cobras venenosas, à custa de grande risco e sofrimento para si mesmo. Ao longo do lêmur na jaqueta de Dale, alguém havia pintado três bombas amarelas para representar as missões que Dale havia completado, seu comprometimento com o serviço. As costas da jaqueta de Charlie, assim como as jaquetas do que restava de sua tripulação, estavam nuas.

Um cozinheiro atrás do balcão do rango, talvez Snuffy em pessoa, depositou ovos no prato de Charlie. O homem deu um meio sorriso cortês. Antes de uma missão, o pessoal de terra continha os sorrisos, demonstrando um respeito silencioso até que os aviadores estivessem no ar. Eles jamais faziam piadas ou diziam "Vá pegá-los!". A maioria dos cozinheiros imaginava perfeitamente para onde os pilotos estavam indo, um lugar que Snuffy conhecia bem até demais. *Por que eu me ofereci para isto?*, Charlie pensou, ao olhar do cozinheiro em seu avental sujo para o assustado piloto à sua frente na fila, com o rosto cortado e o lêmur Rikki-Tikki-Tavi acenando: "Siga-me".

---

[55] "Não existia a menor possibilidade de você dizer que havia cometido um erro ao se apresentar como voluntário", Charlie recordaria. "Não havia ninguém com quem eu pudesse conversar. Eu não podia contar ao meu copiloto, a nenhum membro da minha tripulação, nem mesmo a outros pilotos. Eu não podia fazer nada que indicasse alguma fraqueza."

* * *

Os B-17s taxiaram um após o outro através da neblina rasteira, as luzes nas asas dos bombardeiros brilhando como lanternas na proa de um navio. Toda vez que um bombardeiro seguia para a pista principal de decolagem, os demais avançavam pelo comprimento de um avião, e então paravam.

Bem longe na fila serpenteante, Charlie e Pinky estavam sentados atrás dos controles de outro bombardeiro emprestado, desta vez chamado Duffy's Tavern. Charlie manobrava a aeronave enquanto Pinky se inclinava para fora da janela e gritava instruções e ajustes, para que Charlie conseguisse manter-se dentro dos limites da estreita pista onde taxiavam. Charlie apertava os olhos na direção das duas luzinhas brancas no rabo do bombardeiro à frente, tentando manter uma distância segura e torcendo para que o piloto de trás fizesse o mesmo.

Eram 7h45, mas uma neblina sinistra havia transformado a manhã na Base Aérea de Kimbolton em noite fechada. A bruma fria flutuou para dentro através da janela de Pinky. Poucos graus a menos e teria nevado. As luzes da pista passavam como se fossem pequenas casas iluminadas em uma linha costeira nebulosa. Bombardeiros chamados Lakanuki, Deacon's Sinners e Polly decolaram, um após o outro, em direção noroeste, com as luzes verdes e vermelhas das asas brilhando através da neblina.

— Isto é uma idiotice — Pinky falou, enquanto observava.

Em vez de concordar, Charlie agarrou o controle com mais força, os olhos dardejando de intensidade. Ele estava seguro de que nada o impediria de realizar aquela missão — outra para Kiel, Alemanha.

Logo, apenas uns poucos aviões separavam o bombardeiro de Charlie da curva para a direita que levava à pista de decolagem. Pela janela de Pinky, Charlie viu um bombardeiro levantar voo e desaparecer na neblina na metade da pista. Subitamente, um clarão amarelado riscou o céu em meio à bruma, seguido pelo estrondo de um trovão.

— Ah, merda! — disse Pinky, encolhendo-se.

Charlie pisou com força nos freios. Clarões piscavam no fim da pista de decolagem, cada um seguido de um grande estouro, como se dois navios paralisados pelo nevoeiro começassem a trocar tiros de canhão.

— Meu Deus! — disse Charlie.

Ele soube que um dos aviões acabara de sofrer um acidente na decolagem. O bombardeiro à frente deles estava imóvel. O rádio estava em silêncio. Pinky comentou, desanimado, que agora a missão seria cancelada. Então o rádio de ondas curtas guinchou um chamado da torre e eles ouviram a sucinta mensagem:

— Prosseguir com decolagens.

Pinky olhou para Charlie, alarmado.

— E os destroços?

Mas Charlie simplesmente abanou a cabeça, os punhos trêmulos no controle.

O bombardeiro adiante deles avançou uma posição, e Charlie compreendeu que outro avião decolara. Ele soltou os freios e deixou que seu bombardeiro avançasse alguns metros. Ele e Pinky conseguiam enxergar o brilho alaranjado do avião destruído, mas não tinham noção de profundidade nem de distância.

Dois aviões à frente de Charlie, o Rikki-Tikki-Tavi virou para a pista com Dale no comando. A rotação dos motores aumentou, e o bombardeiro sugou a bruma do entorno para dentro de seu corpo, expelindo fumaça cinza pelo rabo. As luzes do bombardeiro atrás deste iluminaram o Rikki-Tikki-Tavi, que avançou e decolou, sumindo na neblina como seus predecessores.

Depois que o bombardeiro imediatamente à frente começou a acelerar para decolar, Charlie aumentou o giro dos motores da asa esquerda e começou a fazer a curva em direção à pista. Chegara sua vez, finalmente. Ele se inclinou, tentando enxergar as marcas brancas no centro da via. Uma explosão, maior que as anteriores, iluminou o céu à frente. Tentáculos alaranjados de fogo contorciam-se em meio às nuvens.

— Puta merda! — Pinky gritou.

— Com certeza era um dos nossos! — Charlie respondeu, de olhos fixos no laranja incandescente que se desprendia das alturas para a terra.

— Tivemos uma colisão aérea — alguém informou, calmamente, pelo rádio.

Três ruídos graves chamaram a atenção de Charlie. Seus olhos se arregalaram quando o bombardeiro rolou para fora da pista e para cima da grama. Distraído, ele se esquecera de completar a curva. Ele pressionou os freios com toda a força e praguejou. Aumentando a potência do motor,

Charlie tentou levar o bombardeiro de volta para o concreto, mas ele estava atolado no solo encharcado e se recusava obstinadamente a se mexer.

Charlie arrancou os fones de ouvido e bateu com eles repetidas vezes contra o painel de instrumentos. Os xingamentos aumentaram quando ele sentiu o bombardeiro balançar conforme os aviões atrás dele passavam para decolar, deixando-o e à sua tripulação para trás.

Pinky se recostou no assento e segurou o rosto com as mãos. Ele parecia prestes a chorar.

— Tudo bem aí em cima? — Perguntou um membro da tripulação, pelo intercomunicador, com voz trêmula.

Charlie se deixou afundar por cima do controle, pasmo, incrédulo. Pinky virou-se para ele e perguntou se deveria fazer o chamado de evacuação da aeronave.

— Não! Nós vamos voar nesta maldita missão! — Charlie respondeu, aos gritos, o olhar ensandecido.

Ele empurrou os aceleradores totalmente para a frente. As rodas do bombardeiro vibraram, mas não se moveram. Quando Charlie puxou os aceleradores de volta, o avião pareceu oscilar para trás sobre as rodas. Aumentando a potência de novo, Charlie xingava como um louco. Pinky gritou, implorando que ele parasse e dizendo que eles nunca sairiam do lugar estando com uma carga completa de bombas. O bombardeiro trepidava com a fúria dos motores. As rodas tremiam, querendo escapar da lama. Pinky se esticou, alcançou o acelerador e o puxou para trás, gritando "Vamos esperar a equipe de terra!", mas Charlie deu um safanão na mão dele e empurrou o acelerador para adiante de novo. O bombardeiro se sacudiu e se libertou. As rodas subiram, atravessaram a vala enlameada e prosseguiram até a pista. Charlie alinhou o nariz do bombardeiro com a faixa central da pista e depois acionou o acelerador com força de novo. O avião rugiu pista afora e se inclinou para o céu, passando por cima do bombardeiro incendiado atrás da pista de decolagem e depois sobrevoando as outras duas aeronaves que haviam colidido a menos de cinco quilômetros da pista. Charlie pilotava apenas por meio dos aparelhos, atravessando as nuvens, olhando para cima em busca do grupo.

Dez minutos mais tarde Charlie estava no céu limpo para além das nuvens. Eles ainda estavam no espaço aéreo inglês quando Doc disse pelo intercomunicador que não havia a menor chance de eles alcançarem a formação.

— Ou nós voltamos ou prosseguimos para a Alemanha sozinhos — Doc falou.

Charlie fez uma careta enquanto olhava à frente como se pudesse enxergar a Alemanha. Pinky se virou para ele, com medo nos olhos, e pediu:

— Pelo amor de Deus, não.

A carranca de Charlie se suavizou e se transformou em um olhar de desafio, quando ele inclinou o controle para a esquerda e se virou em direção a Kimbolton. Ele pilotou de lábios cerrados, sem pedir a Doc que lhe desse a direção. Charlie sabia que os incêndios em terra iriam conduzi-lo de volta para casa.

* * *

Na mesma manhã, uma hora mais tarde

No aconchego tranquilo do Clube dos Oficiais, Charlie estava sentado a uma mesa quadrada e bebia uísque. Dois copos estavam à sua frente, vazios. Em um letreiro acima da porta do clube, lia-se, em letras vermelhas: "Taverna do Duffy". O B-17 que Charlie pilotara mais cedo naquele dia tinha recebido seu nome em honra do clube. Alguns oficiais se espalhavam por ali e bebiam Bloody Mary sob um toldo de listras vermelhas e brancas que dava ao ambiente um ar de entorno de piscina. Alguém havia desenhado uma loira bonita em trajes de banho brancos junto ao balcão, e outra, reclinada de costas, acima da entrada do bar.

Charlie deu uma espiada em seu relógio de pulso, com olhos vidrados, acompanhando mentalmente o progresso do grupo. Ele sabia que eles estavam se aproximando da costa da Alemanha. Quando alguém entrava no clube, Charlie o olhava com expressão de culpa. Com dois abortos consecutivos em seu histórico, ele sabia que se tornara o que os pilotos chamavam de proscrito — um pária. As verdadeiras razões por trás dos abortos — uma falha mecânica e um atolamento na lama — não importavam. O que importava era que ele havia feito aquilo duas vezes. Todo piloto sabia que um aborto era comum, porque os B-17s eram máquinas complexas que quebravam com frequência. Mas duas missões abortadas em seguida formava um padrão que levaria à suspeita de covardia. Os oficiais ignoraram Charlie. De fato, eles pediram café, sentaram-se perto dele e começaram a ler o jornal. Com a partida do grupo, a história do aborto de Charlie ainda não se espalhara, de modo que por enquanto os oficiais não sabiam que tinham um pária entre eles.

Charlie não era o único pária na Taverna do Duffy. O gerente do clube era um major que fora piloto de um grupo, até a ocasião em que cobrira os olhos durante um ataque de caças alemães. Preston o retirara da aviação, mas permitira que cuidasse do clube. Envergonhado por desapontar o grupo, o major agora gerenciava o clube com todo o vigor, transformando-o em candidato a bar mais bem-abastecido da Inglaterra. Os outros pilotos vieram a respeitar o major de novo porque já não precisavam voar com ele.

Entre uma bebida e outra, Charlie enfiou a mão no bolso da jaqueta marrom e de lá tirou uma carta de Marjorie. A partir de 20 de dezembro ele havia rapidamente se transformado em um bebedor contumaz, e se justificava perante si mesmo alegando que aquilo era um medicamento para seus nervos[56]. Charlie carregara a carta de Marjorie consigo naquela manhã como um talismã. Agora ele a lia com olhos frios. De piada, ela escrevera que queria se candidatar a ser copilota de Charlie. E fez que Charlie cerrasse os dentes, ao perguntar: "Está sendo tão ruim quanto você imaginou que seria?".

Charlie queria contar-lhe tantas coisas. Queria contar sobre ter visto a mão de Dale Killion tremendo enquanto ele fazia a barba naquela manhã. Queria contar sobre as pequenas botas redondas de Ecky apontando da maca para o céu. Queria contar que vira trinta homens jovens morrerem, uma hora antes. A vida deles terminara com uma série de clarões. Eram homens jovens que haviam passado vinte ou vinte e dois anos na terra, crescendo e aprendendo e vivendo, apenas para morrerem a míseros cinco quilômetros de sua base, plantada no meio de um campo inglês. Charlie amassou a carta. Ele queria perguntar a Marjorie: *Por que você haveria de querer ser copilota em qualquer um daqueles aviões?*

Charlie estava irritado com Marjorie apenas porque estava irritado com si mesmo. Ele percebera naquela manhã que seu destino não repousava nas mãos do inimigo. O inimigo não matara trinta homens

---

[56] "Para os combatentes, a automedicação era uma parte considerável de seus motivos para beber", Charlie recordaria. "Eu só tive dois homens na minha tripulação que não eram bebedores pesados, e ambos acabaram tendo problemas psicológicos."

naquela manhã — fora o acaso. Charlie concluiu que o acaso também viria a matá-lo se ele continuasse voando.

Andando de volta para o alojamento, Charlie passou pela barraca de operações do esquadrão. Ele sabia que bastaria entrar ali e preencher um formulário, e seus dias como piloto estariam encerrados. O atendente que trabalhava ali já tinha sido artilheiro. Em vez de renunciar formalmente a seus deveres como combatente, o homem havia removido as luvas quando em grande altitude, e mantido as mãos recebendo o vento gelado lá de fora até que seus dedos ficassem severamente comprometidos. Charlie sabia que não precisava congelar os próprios dedos para obter o mesmo resultado. Ele conseguiria a mesma coisa com uma canetada. Charlie conhecia a vergonha. Ele fora um pobre menino de fazenda sem dinheiro nem para comprar um gibi na farmácia local. Poderia conviver com isso.

Foi então que ele o viu. Um homem vinha andando em direção ao alojamento de Charlie carregando uma caixa marrom nos braços. Charlie o conhecia: era o ordenança que esvaziava os armários dos homens quando eles desapareciam em combate. O homem abriu a porta e entrou. Charlie arregalou os olhos, alarmado. Ele atravessou o campo correndo atrás do homem.

Charlie entrou no alojamento e encontrou o ordenança andando de cama em cama procurando o armário de alguém.

— Posso ajudar? — Ele perguntou, na defensiva.

— Não, senhor. Eu não quero ser um estorvo — o ordenança respondeu, enquanto abria um armário, remexia em alguns papéis e o fechava de novo.

Charlie observava de braços cruzados.

Virando-se para ele, o homem perguntou:

— Talvez o senhor possa me ajudar. O senhor sabe qual armário é o do tenente Killion?

Charlie ficou branco e deixou cair os braços.

— Por quê? — Perguntou.

— O tenente Dale Killion e sua tripulação morreram hoje de manhã — o ordenança respondeu, abanando a cabeça. — A colisão aérea.

Charlie desabou na beirada de uma cama próxima e o ordenança lhe forneceu os detalhes.

O avião de Dale colidira com um B-17 do 303º Grupo de Bombardeamento. Charlie sabia que o 303º estava baseado a 9,6 quilômetros de distância a noroeste, em Molesworth. O clarão que ele vira entre as nuvens tinha sido a morte de Dale[57].

Notando que o rosto de Charlie se contorcia de emoção, o ordenança pediu desculpas por ser o portador de notícias tão funestas. Sem uma palavra, Charlie apontou para a cama oposta à dele. O ordenança se ajoelhou e abriu o armário. Ele informou a Charlie que precisava esvaziar o compartimento dos pertences do tenente.

— É um serviço desgraçado, senhor — ele disse. — E ainda tenho outros nove para percorrer.

Charlie assentiu, receoso de abrir a boca e desmoronar. O ordenança ofereceu a Charlie a possibilidade de inspecionar o armário do tenente Killion primeiro, se ele quisesse. Charlie agradeceu e se ajoelhou em frente ao compartimento, enquanto o ordenança recuava um passo. Charlie segurou um exemplar do *Guia para entender a Inglaterra* e cartões postais da Califórnia, onde Dale pretendia ir morar depois da guerra. Presas com fita adesiva à tampa de uma caixa, Charlie encontrou fotografias de Dale com sua família de fazendeiros, e uma em que ele posava orgulhosamente em frente a seu B-17, com as mãos nos quadris. A expressão carregada de Charlie se desanuviou um pouco quando um pensamento o atingiu: tanto ele quanto Dale haviam deixado de ser meninos de fazenda para se tornarem comandantes de bombardeiros.

Charlie subitamente se lembrou do orgulho de pilotar um B-17. Ele recordou o modo como os artilheiros acenavam quando ele tomava posição junto à asa de outro bombardeiro. Ele recordou a visão das estrelas brancas norte-americanas nas laterais dos aviões que tomavam o céu. Ele recordou o intervalo constante que separava as cabines e a cena de pilotos como Dale ou Walt olhando para ele e fazendo um discreto aceno com a cabeça. Os outros pilotos estavam com tanto medo de morrer quanto ele, mas, lá em cima, Charlie sabia que eles tinham conseguido lidar com o medo mantendo a formação apertada e permanecendo juntos. Após duas semanas afastado de tais formações, Charlie havia se esquecido de

---

[57] O relatório oficial sobre o acidente declararia que ninguém era responsável, pois "é impossível evitar tais acidentes quando há tantas aeronaves na mesma adjacência".

seu orgulho. Ao ver as fotos de Dale, ele se lembrou da razão por que não iria desistir da irmandade à qual se juntara voluntariamente.

Charlie se afastou do armário e recuou até sua cama. O ordenança arrumou os bens de Dale, assentiu para Charlie e partiu levando embora a caixa de papelão. Sentado na cama, Charlie observou o alojamento vazio e olhou para o gabinete desocupado de Dale, do outro lado do caminho entre as camas. De súbito, ele soube exatamente o que precisava fazer.

**

Na noite do mesmo dia

Charlie abriu o armário e pegou sua jaqueta de couro. Com a jaqueta dobrada no antebraço, entrou no alojamento dos artilheiros. Eles se puseram de pé para fazer a saudação, mas Charlie lhes disse que relaxassem. Aproximou-se de um grupo reunido no centro do alojamento em volta de um homem que martelava alguma coisa que ressoava com um tinido. Quando viram Charlie, os artilheiros levantaram-se e se afastaram.

O homem no centro se virou e encarou Charlie com um esgar irônico. Charlie não conseguiu evitar sorrir de volta quando comprovou que os boatos eram verdadeiros — Sam Blackford estava de volta. Ajoelhando-se ao lado de Blackie, Charlie descobriu que ele havia estendido uma folha de metal no chão, e sobre ela havia empilhado aparas de madeira e gravetos. Blackie segurava uma pederneira em uma das mãos e um pedaço quadrado de aço na outra. Com um sorriso ele explicou que estava dando aos camaradas algumas lições básicas de escotismo.

— Na minha terra eles me chamam de Sour Dough Sam[58] das trilhas — ele contou, orgulhoso.

Charlie respondeu que aquilo não o surpreendia nem um pouco. Blackie notou que Charlie carregava a jaqueta.

— Você ainda quer pintar sua jaqueta? — Charlie perguntou.

Blackie assentiu, o sorriso se alargando.

— Você pintaria a minha também?

— Claro — Blackie respondeu. — Que desenho você quer?

---

[58] Mascote do time de futebol californiano San Francisco 49ers, representado como um minerador de ouro. (N. da T.)

— Duas bombas — Charlie disse. — Uma para cada missão, e deixe espaço para mais.

— Que tal se eu pintar as jaquetas da tripulação toda? — Blackie sugeriu.

— Boa ideia. Pinte sim.

A caminho da saída, Charlie parou, porque tinha se esquecido de uma coisa.

— Blackie, você pode escrever a palavra "Bremen" dentro das bombas? — Charlie pediu. — Quando voltarmos para casa, vamos querer contar para todo mundo onde estivemos.

* * *

Dois dias mais tarde, 7 de janeiro de 1944

Na penumbra do alojamento, Charlie jogou a carta de Marjorie no armário e fechou a porta. Ele decidira escrever para ela somente depois de completar seu tempo de serviço, quando houvesse algo digno de ser contado[59].

Na base aérea, um caminhão encostou ao lado do B-17 The Celestial Siren. Charlie e sua tripulação — Pinky, Doc, Andy, Frenchy, Jennings e Blackie — saltaram da carroceria junto com os três membros substitutos da equipe, chamados Liddle, Miller e Paige. Desenhos de guerra cobriam as jaquetas de todos eles. Blackie desenhara a insígnia do esquadrão, um crânio e bombas cruzadas, na altura do peito de algumas, e escrevera "Os Calados" entre os ombros de outras. Nas jaquetas daqueles que haviam voado em 20 de dezembro, ele pintara duas suásticas, uma para cada caça que a equipe havia derrubado, e uma bomba com a palavra "Bremen" atravessada. Em todas as jaquetas ele escrevera "379º Grupo de Bombardeamento".

Charlie consultou o relógio e anunciou:

— Muito bem, vamos embora com isso.

Os artilheiros saracotearam em volta do avião e entraram pela porta traseira. Charlie esperou enquanto Doc, Andy e Pinky suspendiam-se através da abertura do alçapão sob o nariz. O velho e cansado chefe de equipe Shack, bem como seus homens de terra, ficaram observando.

---

[59] Charlie viria a escrever para Marjorie meses mais tarde. A carta foi devolvida com um aviso de "impossível entregar".

Charlie atirou a sacola pelo alçapão. Em um único movimento gracioso, curvou as pernas e girou para dentro do bombardeiro. Ele baixou a mão e puxou a alça, fechando a tampa.

* * *

Naquele dia, Charlie conduziu Os Calados até Ludwigshaven, Alemanha, e de volta — em segurança. Nos dias que se seguiram, Os Calados receberiam um bombardeiro próprio, o Carol Dawn. Eles completariam juntos as vinte e seis missões seguintes. Sobreviveriam a uma missão em Brunswick na qual bombardeiros à direita e à esquerda deles seriam derrubados, e ao caminho de volta de Berlim, quando perderiam dois motores simultaneamente, voando sobre o mar. Sobreviveriam ao retorno de Frankfurt, quando uma poderosa ventania em sentido contrário reduziria severamente sua velocidade, bem quando estavam sobrevoando uma zona de artilharia antiaérea. Durante esses momentos de terror, Charlie tinha lampejos de memória e olhava para a ponta da asa direita esperando encontrar o piloto alemão ali, voando com ele.

Em 11 de abril de 1944, Charlie e sua tripulação original completariam sua vigésima oitava e última missão após um voo de onze horas para Sorau, Alemanha. Sob o nariz do bombardeiro, Charlie fumaria um charuto e beberia uísque direto da garrafa, fazendo-a circular por Pinky, Doc, Andy, Frenchy e Blackie. Até mesmo o abstêmio Jennings quebraria a própria regra e daria um gole. Eles tinham sobrevivido ao tempo de serviço — e mais. Ao fim da guerra, eles e outros jovens como eles teriam ajudado o 379º a ganhar o título de Grupo "Grand Slam" por cumprir mais missões, lançar mais bombas, ter a melhor pontaria e sofrer o menor número de perdas do que qualquer outro grupo da 8ª Força Aérea. Ao fim da guerra, o 379º seria o suprassumo no que se referia a bombardeios.

Naquele dia, em que Charlie viu seus homens celebrando a própria sobrevivência, rodava no fundo de sua cabeça uma pergunta sobre o piloto alemão que os escoltara para fora do inferno. *Quem era ele, e por que nos deixou escapar?* Charlie olharia para o horizonte a leste e torceria em segredo para que seu inimigo também sobrevivesse à guerra.

AERONAVES DE *O AMIGO ALEMÃO*

Planador "de estudo"

He-72

Bf-109F e Ju-88

Spitfire

Hurricane

P-40

B-17 Flying Fortress e B-24 Liberator

Fw-190

P-38 Lightning

P-47 Thunderbolt

Me-262

P-51 Mustang

August Stigler e o planador "de estudo".

Franz Stigler no outono de 1944.

August junto a seu bombardeiro Ju-88 na França, no verão de 1940.

A família Stigler nos anos 1930. Na frente: Anna, mãe de Franz, e Franz. Atrás: August e o pai dos meninos, Franz.

August fotografado em 1939.

O mentor de Franz, Gustav Roedel.

Franz em seu 109 White 12, em Martuba, Líbia, na primavera de 1942.

Roedel (usando shorts) na Grécia, em agosto de 1943, como comandante do JG-27.

Tenente Werner Schroer.

Franz em um veículo com o sargento Erwin Swallisch (ao centro), e o tenente Ferdinand Voegl (à esquerda).

Cabo Mathew "Matthias" Letuku, prisioneiro de guerra e amigo de Marseille.

Primeiro-tenente Hans-Joachim Marseille, a "Estrela da África" de 22 anos, em maio de 1942.

Capitão "Edu" Neumann, o inspirador líder do JG-27 no deserto.

A Esquadrilha do Voegl em sessão de fotos em Quotaifiya, Egito, em 15 de agosto de 1942. Da esquerda para a direita: Franz, Voegl, Swallisch e Bendert.

Acima e à direita: Tenente Willi Kientsch emerge de seu 109 e cumprimenta a equipe de terra.

Um mecânico trabalha em um 109 na Base Aérea de Trapani, na Sicília.

Willi (ao centro), Franz (olhando para Willi) e o Esquadrão 6 em Trapani, em junho de 1943.

Um esquadrão de P-38s sobre o Mediterrâneo.

Franz emerge de seu 109 em Trapani, com um cigarro na mão, após um comboio de escolta para a África.

O general Adolf Galland aos 31 anos.

Galland e o coronel Gunther Luetzow durante inspeção à base de Trapani.

Um 109 sobre o Mediterrâneo.

Lt. Hans Lewes.

Major Johannes "Macky" Steinhoff na Sicília.

Um 109 com o Monte Erice ao fundo.

Reichsmarschall Hermann Goering, comandante da Força Aérea Alemã.

Sam "Blackie" Blackford perto de sua torre de barriga, na Base Aérea do Exército em Kimbolton, Inglaterra.

Charlie Brown em 1944.

A pilota WASP Marjorie Ketcham na Base Aérea de Romulus, no Michigan.

A tripulação do Ye Olde Pub. Ajoelhados, da esquerda para a direita: Charlie, Pinky, Doc e Andy. Em pé, da esquerda para a direita: Frenchy, Russian, Pechout, Jennings, Ecky e Blackie.

O comandante do 379º, coronel Maurice Preston.

"Ecky" Eckenrode segue Dick Pechout pelo refeitório de Kimbolton.

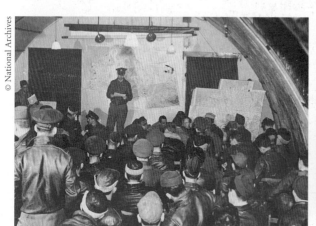

Uma reunião antes de uma missão sobre a Europa.

Segundo-tenente Walter Reichold.

Um B-17 se prepara para decolar.

Acima e à direita: Explosão de artilharia entre B-17s ao longo do "caminho para o Reich".

Oito FW-190s como este atacaram o The Pub em 20 de dezembro de 1943.

Um artilheiro de bombardeiro manipula sua metralhadora de calibre .50.

A pintura de John D. Shaw, "Um chamado superior", retrata o encontro de 20 de dezembro.

Da esquerda para a direita: coronel James Thompson; segundo-tenente Bob Harper (em pé, à direita); segundo-tenente Dale Killion.

A tripulação de Brown com os substitutos em Kimbolton, na primavera de 1944. Na frente, da esquerda para a direita: Paige, Miller, Blackie, Doc e Frenchy. Atrás, da esquerda para a direita: Liddle, Charlie, Andy e Pinky.

Cumprida sua última missão, Charlie desfruta de uma garrafa de uísque e de um charuto, em Kimbolton, em 11 de abril de 1944.

Eva posa no 109 de Franz.

Na Postdam bombardeada, Franz conheceu a família Greisse.

Franz e seus pilotos em Graz após vitória sobre B-24s. Mellman e Sonntag são os pilotos no canto esquerdo.

Em Dresden, em outubro de 1944, Franz (ao centro) aguenta as extravagâncias de seu ajudante, sargento Alfred Stueckler. A expressão no rosto dos jovens pilotos de Franz, à esquerda, reflete a gravidade da época.

Balneário Flórida, no Lago Tegernsee.

O Aeroporto de Munique em ruínas.

Coronel Hannes Trautloft.

Eric Hohagen quando era primeiro-tenente.

Walter "O Conde" Krupinski quando era primeiro-tenente.

Para economizar combustível, *kettenkrads* eram frequentemente usados como rebocadores para puxar 262s.

Major Gerd Barkhorn.

No orfanato, Luetzow (ao centro) conversa com o coronel Gunther von Maltzahn (esq.) e Trautloft (dir.).

Na tenda de comando da JV-44, Steinhoff recebe uma ligação do orfanato. Atrás dele (da esquerda para a direita) estão O Conde, Hohagen e Luetzow.

O alto comando da JV-44 no final de abril de 1945. Franz (no canto direito) de óculos escuros e Hohagen (em primeiro plano) protege os olhos. Com eles estão os comandantes da unidade de bombardeamento KG-51 (canto esquerdo) e o esquadrão de treino de jatos de Lechfeld (ao centro).

Uma das últimas fotos de Luetzow e Galland.

O 262 carbonizado de Steinhoff.

No final da guerra, um Me-262, a aeronave mais avançada do mundo, repousa abandonado na Áustria.

18

FIQUE PERTO DE MIM

Naquele mesmo inverno, 14 de março de 1944, sul da Áustria

Rajadas de luz despencavam das nuvens cinza pelo campo da base aérea quando Franz se ajoelhou na asa de seu caça. Atrás dele, o vento soprava pela cidade de Graz das montanhas azuis cobertas de neve para o norte. Eram 13h, mas o tempo invernal fazia parecer mais tarde. Franz se aproximou do piloto novato que permanecia sentado no avião, ainda amarrado pelas tiras de segurança, o rosto comprido, pálido, inofensivo.

— Nós atacamos duro, atacamos primeiro, então sai fora daí — Franz disse ao piloto, um jovem cabo chamado Heinz Mellman.

Mellman assentiu depressa, temeroso. Hoje seria a primeira missão de combate dele. Mellman parecia um adolescente comparado a Franz, agora com vinte e nove anos. Seu rosto estava mais magro; o queixo, mais forte; o nariz, mais afilado. Cumprir trezentas missões de combate o transformara em um homem adulto. Franz e o recruta usavam o novo uniforme de voo: todo de couro cinza com a gola de veludo preto. O novato usava também a outra nova moda, um quepe de linhas retas com uma longa aba que impedia a neve de cair sobre os olhos. Franz não gostava do quepe quadrado e em lugar dele continuava usando o antigo quepe de oficial, que estava todo amarrotado e, em alguns pontos, puído.

Franz olhou para a extremidade sul da base e viu três esquadrões, ou trinta e seis caças, espalhados. A Base Aérea de Graz era uma faixa de terra localizada quase no limite sul da cidade. Havia dias em que a pista de decolagem, de grama, ficava coberta de neve. Dos dois lados de Franz e Mellman estavam outros dez pilotos em seus 109s, cada um esperando o arco de luz que cruzaria o campo e lhes diria para ligar os aparelhos, um sinal de que os Quatro Motores estavam próximos. A equipe de terra, em longos casacos pretos sujos, mantinha uma distância respeitosa dos aviadores.

Dois meses antes, Roedel havia tirado Franz de Bobbi, Willi e demais camaradas do Esquadrão 6, e despachado-o para a Iugoslávia. Roedel promovera Franz e fizera dele o líder do Esquadrão 12 do JG-27. Onze pilotos passaram a ser responsabilidade de Franz. Bobbi precisou ficar com o Esquadrão 6 porque era o mascote deles, mas, antes que os dois se separassem, Willi prometera a Franz:

— Não se preocupe. Eu vou cuidar do urso.

Apenas três dias antes, Franz havia liderado o Esquadrão 12 até seu novo lar, em Graz. Lá, rostos frescos surgiram — os novos pilotos substitutos. Na fornada dos recém-chegados estavam Mellman e outro jovem, o sargento Gerhard Sonntag, ambos atribuídos a Franz. Eles estavam no início de seus vinte anos e não haviam combatido ainda. Naquele dia Franz escalara os dois para voarem como seus companheiros de asa em sua primeira missão. Ele sabia que, se eles sobrevivessem a uma semana de missões, poderiam até se tornar pilotos.

Franz enfiou a mão no bolso e tirou alguns grãos de café tostados. Ele mastigou um punhado, apreciando o coice de energia oferecido pela cafeína. Ofereceu alguns para Mellman, que declinou. Longe iam os dias em que os substitutos eram veteranos da Espanha ou da Frente do Canal. Os veteranos da Força Aérea, ou o que restava deles, estavam espalhados por todos os cantos do continente, tombando um após o outro, deixando novatos como Mellman para substituí-los[60]. Ao olhar para Mellman, Franz sabia que estava encarando a grande tragédia alemã:

---

[60] "Eu realmente me preocupava com aqueles garotos, e, ao lado dos comandantes de esquadrão mais responsáveis, tentava introduzi-los o mais lentamente possível na batalha, mas a guerra nem sempre esperava", Franz recordaria. "Eu me lembro do sentimento horrível que tive quando fui obrigado a mandá-los para o combate, quando eles não estavam nem perto de estarem prontos, pois eu me lembro de quão despreparado eu mesmo estava no meu primeiro combate, e eu tinha milhares de horas de voo."[*Cap 18, nota 1*]

uma geração de inocentes, jovem demais para ter visto a ascensão de Hitler e do Partido, obrigada agora a pagar pelos pecados de seus líderes.

Franz se virou para a torre, mas não viu nenhum sinalizador. Ele sabia que os bombardeiros estavam a caminho. Relatórios iniciais informavam que trezentos dos grandes norte-americanos pesadões haviam decolado da Itália rumo ao norte. Naquele momento, as jovens observadoras da Força Aérea Alemã estavam sentadas nas montanhas da Itália e da Iugoslávia, rastreando os bombardeiros com binóculos e relatando seu progresso para o JG-27. A metade inferior da Itália se tornara a mais nova base dos Aliados, depois que eles haviam conquistado a Sicília. Estavam todos cientes de que a invasão da França estava próxima, o que daria aos Aliados novas bases aéreas, ainda mais próximas.

— Se você for atingido, salte de paraquedas para bem longe dos bombardeiros — Franz relembrou a Mellman. — Flutue perto de uma formação de bombardeiros e os artilheiros irão liquidá-lo.

O recruta assentiu, engolindo seco. Percebendo o efeito desestabilizador de seu aviso, dado tão próximo da decolagem, Franz deu um tapinha amigável no ombro de Mellman e garantiu:

— Fique perto de mim e você voltará vivo para casa.

Mellman forçou um sorriso. Franz jamais fora arrogante, mas agora transpirava uma autoconfiança forçada na tentativa de incutir algum ânimo no espírito dos jovens rapazes.

Franz escorregou da asa para o chão e foi até o novato do outro caça, Sonntag, para ter a mesma conversa com ele. A meio caminho, parou e gritou para Mellman:

— Se você vai vomitar, vomite agora, fora do avião!

A equipe de terra agradeceu e riu.

Depois de conversar com Sonntag, Franz seguiu para a aeronave. Ele ainda pilotava sua velha Yellow 2, com a diferença de que agora o leme estava pintado de branco, a marca do líder de um esquadrão. A insígnia do Urso de Berlim fora removida do nariz, e Franz não se dera ao trabalho de colocar em seu lugar uma flor de edelvais, o emblema de sua nova unidade, o Grupo IV. Franz fechou a capota e relaxou ao sentir o conhecido cheiro de combustível, pólvora e couro encharcado de suor. Com agilidade, enroscou o terço de contas pretas nos dedos. A tinta estava começando a descascar nos cantos, revelando a verdadeira cor das pedras, um lilás pálido. Suas orações tinham mudado. Ele agora rezava para liderar bem. Já não pedia por si mesmo nem por sua segurança. Fazia bastante tempo que desistira da ideia de sobreviver à guerra. Franz estava afastado do Esquadrão 6 havia apenas duas semanas quando um sargento viera procurá-lo na base iugoslava. Nervoso, o sargento disse que o comandante Roedel estava ao telefone, na torre, esperando para falar com ele. O sargento supôs que Franz estava enrascado, ignorando que Franz e Roedel eram *protégé* e mentor. A data era 29 de janeiro e Roedel estava ligando de seu quartel-general perto de Viena. Ele soava perturbado. O relatório de baixas do dia, um telex, havia chegado à sua mesa. Willi estava morto.

Willi liderara seu esquadrão contra oitocentos bombardeiros que tinham atacado Frankfurt. A escolta dos bombardeiros P-38 havia perseguido Willi em direção ao solo, onde as nuvens eram baixas e densas. Desorientado, Willi voara contra o chão. Franz não conseguia acreditar. Willi se fora, aos vinte e dois anos de idade, fincado na terra a 80 quilômetros a oeste de Wiesbaden, perto da cidade de Wurrich. Tudo o que Roedel podia dizer era que lamentava muito. Franz percebeu o tom de derrota na voz dele. Quando desligou, Franz enterrou o rosto nas mãos. Durante alguns dias ele se debateu com a ideia de que poderia ter salvo Willi, porque, certa vez, eles haviam lidado com uma dúzia de P-38s — só eles dois, sozinhos.

Um sinalizador vermelho cruzou o campo. Guardando o rosário no bolso do peito, Franz gesticulou aos homens de terra para que ligassem os motores. Franz e os pilotos acionaram a ignição dos V-12 de seus caças. A cobertura do nariz das aeronaves dos esquadrões irmãos — o Esquadrão 10 e o 11 — também começaram a girar, ganhando vida ao longo da base aérea. Franz olhou para a esquerda e para a direita, para confirmar que os motores de todos os pilotos estavam funcionando. As saídas dos escapamentos expeliam uma fumaça branca. Quando sinalizadores verdes completaram seu arco através do campo, Franz fez uma meia saudação para a equipe e se afastou para taxiar. Os dois jovens companheiros de voo e os demais o seguiram para o céu.

Franz não abatera nenhum avião desde o encontro com o danificado B-17 sobre Bremen, em 20 de dezembro. Desde aquele episódio, as prioridades de Franz haviam mudado. Ele já não se esforçava para conseguir vitórias. Agora, sua missão era levar seus rapazes para casa. Com a chegada do ano de 1944, o requisito para a obtenção da Cruz de Cavaleiro passara a ser de quarenta "vitórias mágicas". Franz não poderia se importar menos.

* * *

Vinte minutos mais tarde, a 64 quilômetros de Graz

De seu posto de observação a 29 mil pés, Franz e os companheiros voavam em círculos. Ele sorriu por trás da máscara de oxigênio. Cerca de 10 mil pés abaixo, trinta e cinco B-24 Liberators voavam sem escolta. Contra as espessas nuvens de inverno, os B-24s pareciam letras T desenhadas com mostarda escura. Vários quilômetros atrás da formação de bombardeiros, Franz viu uma segunda leva de B-24s, que parecia estar em número ainda mais reduzido.

Franz checou os aviões perto de suas asas e disse aos recrutas que se aproximassem mais. Mellman voava à sua esquerda, e Sonntag, à direita. Longe iam os velhos tempos em que a formação era escalonada em planos. Agora, com tantos pilotos novos, a nova formação alemã era voar lado a lado, de maneira que o líder pudesse ficar de olho em seus comandados.

Os B-24s mantinham-se em curso para o norte, seus artilheiros indubitavelmente observando os 109s e esperando que eles atacassem. Com o coração batendo forte, Franz vasculhou o céu em busca dos caças de escolta. Não viu nenhum. Aquilo nunca acontecera sobre a Alemanha. Franz estava acostumado a ataques de quinhentos bombardeiros, e ouvira dizer que a 8ª Força Aérea estava organizando ataques com mil, desde 20 de fevereiro, um marco que os norte-americanos chamavam de "Grande Semana". O que Franz via abaixo de si parecia bom demais para ser verdade.

— Mantenham os olhos bem abertos para as escoltas! — O líder do grupo de Franz gritou, pelo rádio.

O líder do grupo estava falando com ele.

— Sim, senhor — Franz respondeu.

O esquadrão de Franz estava na "patrulha elevada", e seu trabalho era ficar atento aos caças de escolta e dar cobertura aos demais esquadrões, para que eles pudessem atacar os bombardeiros. Abaixo, Franz via o líder do grupo conduzindo os outros dois esquadrões da unidade.

Franz perscrutou os céus de novo e teve certeza de que os bombardeiros tinham ido sem escolta.

— Senhor, tudo pronto para o seu ataque — ele informou ao líder, pelo rádio.

Mas havia algo de errado. O líder do grupo não estava atacando. Em vez disso, conduzia os vinte e quatro caças por uma órbita além do alcance das metralhadoras dos bombardeiros.

— Senhor, nenhum caça de escolta à vista — Franz repetiu.

— Continue procurando — o líder respondeu, seco.

Franz viu os B-24s virando para o norte. Seu coração falhou uma batida. Os bombardeiros estavam mirando um alvo perto de Graz, talvez um alvo dentro da própria cidade.

— Senhor, o que o senhor está esperando? — Franz perguntou, alarmado.

— Cale a boca! — O líder retrucou. — Estou procurando a escolta deles!

Franz conhecera líderes que, depois de receber a Cruz de Cavaleiro, haviam se tornado cautelosos e com preguiça de combater, como se o incentivo para o confronto tivesse desaparecido, mas este líder de grupo não possuía uma Cruz de Cavaleiro, e marcara apenas metade das vitórias que Franz tinha. Ainda assim, era ele quem estava no comando.

Quando os B-24s viraram para a direita, em direção a Graz, as tripulações norte-americanas ficaram maravilhadas com a visão de tantos 109s sem fazer nada. No avião principal, um navegador do 450º Grupo de Bombardeamento relataria: "Pela falta de agressividade demonstrada, era evidente que as aeronaves inimigas estavam acompanhando nossa formação à espera de unidades deixadas para trás, atingidas por artilharia".

Irritado, Franz chamou o líder pelo rádio e lhe disse que eles precisavam atacar imediatamente. Ele conseguia ver que os bombardeiros estavam se dirigindo a Graz, a cidade que eles deveriam proteger acima de todas as outras. O líder não respondeu.

Os trinta e cinco primeiros bombardeiros se afastaram. Franz os via preparando-se para iniciar o ataque. Os clarões que iluminaram os espaços entre as nuvens contaram a Franz que os bombardeiros haviam lançado sua carga. Franz viu a segunda formação, de dezenove bombardeiros, passar sob eles, e pelo rádio pediu ao líder permissão para que o Esquadrão 12 os atacasse.

— Mantenha a sua posição! — O líder do grupo rebateu.

O segundo esquadrão de bombardeiros se afastou lentamente. Franz ouvira dizer que Roedel estaria no ar com os caças do Grupo I e do Grupo III, patrulhando a noroeste de Graz. Mas acioná-lo representaria um ato de amotinação.

Trocando a frequência de comunicação, Franz chamou o operador de rádio da base aérea. Uma voz feminina atendeu. Franz disse à mulher para alertar o esquadrão de Roedel sobre a pesada aproximação de bombardeiros indo para Graz pelo lado sul. Poucos minutos depois, a controladora de voo respondeu que Roedel estava perto de Graz e se preparando para atacar.

Aliviado e animado, Franz passou um rádio para seu esquadrão:

— Sigam-me!

Desafiando seu líder, Franz empurrou o acelerador e acionou o turbo escondido sob as saliências de seu caça[61]. O 109 disparou. No controle, Franz sentiu o torque crescer. Com seu esquadrão atrás de si, Franz voou para o norte para alcançar os pesados Quatro Motores. Bem adiante, Franz viu um enxame de caças 109 — Roedel e seus pilotos — mergulhando e atacando os bombardeiros. Franz teve vontade de comemorar.

Minutos depois, ele os alcançou. Acima e nas laterais da cauda dos bombardeiros havia dois círculos brancos: um contendo um algarismo I preto e o outro com o desenho de um diamante preto, as marcas do 454º Grupo de Bombardeamento. Franz disse a seus novos companheiros de voo que aguardassem alguns segundos e então o seguissem. Então passou um rádio, "Vamos pegá-los!", e liberou o esquadrão para a ação. Separando-se da formação e agindo isoladamente, eles mergulharam sobre as presas. Franz subiu e então mergulhou em direção aos B-24s quase que em linha reta.

O mergulho vertical havia se tornado o método de ataque preferido de Franz. Ele mirava um pouco à frente do último bombardeiro. Enquanto

---

[61] "Finalmente, depois de repetidas chamadas para o meu comandante, e furioso porque estávamos deixando que uma oportunidade de ouro escapasse por entre os dedos, iniciei o ataque", Franz recordaria. [Cap 18, nota 2]

seu altímetro despencava, Franz não tinha tempo para olhar para trás e ver se seus companheiros de voo estavam lá. Ele sabia que, em qualquer ataque, este teste de coragem era também sua melhor chance de sobrevivência. Pela mira da metralhadora, Franz viu seu alvo de cima e em seu maior tamanho. Ele sabia que o bombardeiro estava também em seu momento de maior vulnerabilidade. Apenas o artilheiro da torre superior teria como disparar contra ele e, mesmo assim, para atirar, precisaria mirar a 180 graus, precisamente para cima.

As bochechas de Franz se expandiram contra a máscara de oxigênio. As asas do caça tremeram. O 109 voou em direção à terra como um raio caindo do azul. Os controles e o leme se tornaram pesados em consequência da velocidade assustadora. Conforme Franz se aproximava de seu alvo o tempo parecia se acelerar. O B-24 também avançava mais depressa, e suas asas pareceram se encolher e ondular. O bombardeiro ganhou cores mais vivas e cada detalhe ficou mais nítido. Subitamente, ele preencheu por completo o para-brisa de Franz. Franz apertou os gatilhos, despertando as metralhadoras e o canhão do caça. As armas cuspiram sua fúria mecânica por uma fração de segundo, partindo o bombardeiro ao meio, entre as asas. Franz virou o caça e passou pela cauda dupla do B-24, quase colidindo com ela. Ele sentia o caça vibrando em consequência da sacudida do bombardeiro. Franz não sabia se os novatos haviam ou não disparado, tampouco se importava.

— Vocês conseguiram, agora vão para casa! — Franz ordenou a Mellman e Sonntag quando ambos se alinharam atrás dele. Na cabeça de Franz, seu propósito estava cumprido: ajudá-los a vencer a primeira missão. Agora ele iria lutar pelo povo de Graz. Com os recrutas dispensados, Franz usou a velocidade do mergulho para subir de novo, e, do alto, tornar a mergulhar. Em seu segundo ataque, ele derrubou um segundo B-24, e um terceiro caiu em seu terceiro mergulho. Toda vez que ele se aproximava da formação os artilheiros paravam de disparar, receosos de atingir seus camaradas bombardeiros.

Das duas linhas de Quatro Motores, o B-24 era mais fácil de derrubar do que o B-17. Os B-24s eram mais rápidos, graças às asas mais finas e mais elevadas, mas eles eram também mais frágeis. As asas se dobravam se fossem atingidas no ponto em que se juntavam, e os Liberators possuíam dutos de combustível que levavam ao compartimento de bomba e podiam ser facilmente inflamados. Quando esses dutos se incendiavam, rapidamente queimavam o avião do centro para fora.

Os caças de Roedel continuavam dando uma sova na formação. Depressa, oito focos de fumaça preta ergueram-se a partir dos bombardeiros derrubados, pontilhando a estrada que levava a Graz. Mas Graz não escaparia incólume. A primeira formação de bombardeiros, que o líder de grupo de Franz deixara escapar, derrubara 105 toneladas de bombas em uma fábrica e ao longo da parte sul da cidade, conforme um relatório pós-ação viria a informar.

Apenas metade dos bombardeiros da segunda formação conseguiria atacar Graz. Eles mais tarde reportariam: "Formação atacada por 40 — 50 Me 109s e FW 190s, os quais realizaram ataques agressivos. Após atacar, eles desfaziam a formação, tornavam a entrar em formação e, em seguida, atacavam novamente". Trinta minutos depois que Roedel dera início à batalha, Franz abateu seu quarto B-24, e então voltou para casa. Os bombardeiros que restavam oscilavam ao longe no horizonte. Da primeira formação, todos os trinta e cinco B-24s voltaram para sua base na Itália. Da segunda formação, apenas nove, dos dezenove originais, conseguiram o mesmo.

Franz jamais teria total ciência do horror que ele e seus pilotos haviam infligido. O primeiro B-24 que eles atacaram, aquele que era o último de sua formação, chamave-se Hot Rocks. Foi um dos primeiros bombardeiros a cair. A tripulação do Hot Rocks era supersticiosa e previra má sorte antes de partir para Graz. Eles haviam tomado o Hot Rocks emprestado de outra equipe, porque sua aeronave habitual estava em manutenção. Para piorar, a tripulação embarcara com um artilheiro novo, desconhecido, chamado sargento Michael Buffalino, e aquela era sua décima terceira missão. Quando o Hot Rocks perdeu um motor sem nenhuma causa aparente a caminho de Graz, o bombardeiro acabou ficando para trás. A tripulação se convenceu de que estava amaldiçoada. Então chegaram os caças. Um artilheiro próximo ao Hot Rocks relatou ter visto um 109 despejar "uma rajada de tiros de canhão" no avião no começo da batalha, incendiando-o. Brevíssimos instantes depois, um segundo 109 atingiu o Hot Rocks na cauda, mas ainda assim o bombardeiro continuou avançando.

Dentro do Hot Rocks, o artilheiro da lateral direita, sargento Lyle Taylor, viu a torre de cauda explodir atrás de si, atingida pela bala de canhão de um caça. A explosão jogou o novo artilheiro, Buffalino, para o meio do avião. Contorcendo-se de dor, Buffalino esmurrava o piso de madeira do bombardeiro com os punhos. O sangue escorria por detrás da máscara de oxigênio. Taylor correu até Buffalino e o prendeu a um tanque de oxigênio. Buffalino arrancou a máscara, revelando o rosto mutilado.

Taylor olhou ao redor e viu as silhuetas dos demais membros da equipe rastejando em sua direção. Um inferno flamejante os seguia, conforme as labaredas subiam do compartimento de bombas. Havia então uma única saída do Liberator: o alçapão da cauda. Os artilheiros correram para lá enquanto Taylor cuidava de Buffalino. O paraquedas de um dos artilheiros deve ter pegado fogo, pois ele saltou e o equipamento não se abriu. Por falta de oxigênio, Taylor desmaiou. O calor do fogo o despertou. Com os olhos ardendo procurou Buffalino, mas ele havia desaparecido. Buffalino escolhera saltar sem paraquedas em vez de perecer nas chamas. Taylor olhou ao redor, encontrou seu paraquedas e o vestiu, em seguida rolou até o alçapão e saltou para o céu aberto.

No nariz do Hot Rocks, o artilheiro, segundo-tenente William Reichle, passava pela provação de seu inferno pessoal. Reichle, vinte e dois anos e antiga estrela do beisebol da faculdade Ohio State, segurava o melhor amigo, Francis Zygmant, e tentava estancar o sangramento dos ferimentos a bala enfiando os dedos enluvados nos buracos. Zygmant era um rapaz polonês-norte-americano de Nova Jersey. Quando Zygmant deu seu último suspiro, Reichle voltou a se ocupar de suas metralhadoras e chamou os combatentes pelo intercomunicador, os olhos escuros arregalados de loucura e choque.

Reichle não sabia que o intercomunicador tinha parado de funcionar, nem havia escutado quando o piloto e o copiloto acionaram a sirene indicativa de que deveriam pular. Reichle só percebeu que estava encrencado quando o engenheiro de voo entrou no nariz do bombardeiro carregando uma pesada caixa de munição. Ele gritou para Reichle que eles estavam voando em um avião vazio e que um incêndio havia bloqueado a passagem para o alçapão de saída da cauda. O engenheiro de voo pensou rápido e arrastou a caixa de munição até o ponto onde ficava a roda retrátil do nariz. Ele suspendeu a caixa acima da cabeça e bateu com ela na portinhola que mantinha a roda do nariz recolhida. A porta caiu, abrindo um buraco. O engenheiro de voo serpenteou para fora através do caminho de saída paliativo. Reichle deslizou o volumoso paraquedas sobre as costas e mergulhou atrás dele. Taylor e Reichle sobreviveram e se tornaram prisioneiros de guerra, mas sua tripulação perdeu três homens naquele dia, incluindo Buffalino, cuja mãe passaria anos mandando cartas aos sobreviventes, querendo saber o que havia acontecido com seu filho. Nenhum deles jamais conseguiu lhe contar a verdade.

Franz já estava voando a caminho de Graz quando o líder do grupo gritou, pelo rádio:

— Stigler! Volte à base imediatamente!

Afogado em adrenalina, Franz retrucou:

— Sim, senhor! De qualquer forma, já está mesmo na hora de reabastecer!

Franz sabia que o líder do grupo não tinha atacado; em vez disso, ficara sobrevoando a batalha em círculos. Somente uns poucos pilotos corajosos de outros esquadrões haviam descumprido as ordens e seguido a liderança de Franz.

Enquanto voava para casa, atravessando a fumaça que se erguia de Graz, Franz percebeu que poderia ser julgado por insubordinação e, possivelmente, demovido de sua posição de comando. Seus temores se confirmaram quando seu rádio estalou. O líder do grupo deveria ter aterrissado, porque a operadora do rádio chamou Franz e lhe disse para comparecer ao centro de comando assim que pousasse.

No instante em que as botas de Franz tocaram o chão, ele correu para o quartel-general para apresentar seu caso. Ao passar pelo corredor que levava ao escritório do líder, ele ouviu uma voz ribombando, furiosamente contando a alguém o que Franz fizera. Na entrada no escritório, Franz viu Roedel, de braços cruzados, inclinado sobre a mesa do comandante. O líder virou-se para Franz, o rosto rubro. Franz bateu continência para Roedel, que o saudou de volta com um sorriso discreto. Roedel havia pousado com os pilotos de sua equipe, para se rearmarem e se reabastecerem caso mais bombardeiros surgissem. Ele disse a Franz que ouvira as acusações contra ele e agora queria escutar a defesa. Franz contou sua história. Contente, Roedel relembrou ao líder do grupo que todos estavam cansados, e o instou a ir repousar. Roedel dispensou o oficial e pediu a Franz que o acompanhasse. Franz olhou de esguelha para o líder do grupo e viu que o homem fumegava, tendo sido educadamente informado por Roedel de que estava errado.

Uma vez do lado de fora, Franz e Roedel acenderam cigarros e observaram as montanhas ficando mais frias — uma nevasca estava se formando. Sempre que possível, Roedel fumava cigarros norte-americanos, que ele obtinha na troca por comida com as tripulações capturadas dos bombardeiros. Ele iria partir, voltar para Viena com sua equipe, antes que o mau tempo os prendesse em Graz. Roedel alegara dois bombardeiros, dos vinte que o JG-27 afirmaria ter derrubado em trinta minutos. Roedel perguntou quantos Franz havia abatido.

— Quatro, com ajuda — Franz respondeu.

Roedel sorriu e assentiu em aprovação. Ele sabia que quatro vitórias era algo incrível, mas não impossível. Ele tinha voado naquele dia de setembro, na África, quando Marseille alegara dezessete vitórias, muitas das quais Roedel havia testemunhado pessoalmente.

Depois da partida de Roedel, Franz encontrou Mellman e Sonntag na área de descanso do esquadrão. Ele lhes disse que o acompanhassem ao relatório para reportar suas vitórias. Os jovens pilotos presumiram que Franz queria que eles assinassem como testemunhas das vitórias dele. Porém, em vez de preencher pessoalmente os formulários, Franz empurrou uma pilha de papéis na direção de ambos. Ele afirmou estar seguro de que cada um deles havia derrubado um B-24. Os novatos olharam espantados para Franz e admitiram que ficaram com medo de olhar para trás.

— Vocês atiraram, não?

Os dois assentiram.

— Eu vi bombas caindo — Franz disse. — Eram suas.

Com uma canetada, ele validou os relatórios dos dois[62].

Naquela noite, no bar, Mellman e Sonntag recriavam a batalha usando as mãos para representar os aviões, enquanto Franz observava a certa distância. Willi certa vez dissera a Franz que ele jamais receberia uma Cruz de Cavaleiro se não reclamasse suas vitórias. Se Willi

---

[62] Franz recordaria o que fez com as alegações de vitória: "Eu as distribuí. Sabia que eu havia abatido quatro, mas não me importava minimamente. Nós os derrubamos e só isso importava. Estávamos alegres, é claro. Os ataques tinham sido todos na Áustria, então ninguém poderia dizer que nós não os havíamos derrubado, porque os destroços estavam lá. Os rapazes estavam em sua primeira missão. Foi por isso que fiz o que fiz".

pudesse vê-lo agora, doando suas vitórias... Franz sabia que os novatos escreveriam para casa contando aos pais a respeito das vitórias. Seus pais contariam a amigos e vizinhos. Contudo, ao olhar para eles, Franz sentiu uma onda de tristeza. Ele conhecia as probabilidades e eram de que eles não sobreviveriam à guerra. O tempo comprovaria que ele estava certo. Quatro meses mais tarde, Heinz Mellman e Gerhard Sonntag estariam mortos.

* * *

Uma semana depois

Quando Franz e seu esquadrão entraram no salão de baile em Graz, cada um usava o traje de gala e havia trazido uma acompanhante, escolhida entre o amplo suprimento de garotas solitárias da cidade. Todos os cidadãos, pelo visto, tinham aparecido para homenagear os pilotos. Como Franz e os demais haviam derrubado muitos B-24s, os habitantes desconsideraram as bombas que caíram e resolveram dar uma festa.

Sob o teto alto do salão, mesas com comidas quentes aguardavam os homens, enquanto uma banda de sopro tocava melodias alegres, os integrantes portando pequenos chapéus com penachos. Franz dispensou seu esquadrão e disse que fossem se divertir. Os habitantes lhes entregaram copos de vinho tinto.

A acompanhante de Franz se aninhou em seu braço. Era uma moça de dezoito anos que estudava na universidade local. Chamava-se Eva. Franz chegara a ela por intermédio de um amigo que sabia que ele precisava de uma acompanhante para a dança. Eva era aspirante a atriz e linda como uma estrela de cinema. Seu cabelo cacheado era castanho-escuro, seu rosto tinha maçãs salientes e ela vestia uma pesada jaqueta escura com estampa de leopardo na gola. Por baixo, trazia um vestido vistoso com renda de verdade, provavelmente um presente da antiga proprietária da peça.

Eva pediu a Franz que fossem dançar, mas ele respondeu que preferia só olhar. A alegria ruidosa o irritava. Ninguém dançava de rosto colado. Hitler havia chamado a dança romântica de "cafona", ou de mau gosto, e a jogara na ilegalidade, juntamente com músicas como o *swing*, o *jazz* e o *blues*. Porém, mesmo assim, as pessoas ainda sorriam e dançavam. Franz lhes invejava o otimismo, sabendo que aquilo mudaria quando a invasão Aliada chegasse. Mas a personalidade de Eva era forte e carismática; ela não desistiria.

— É só uma dança — ela falou, rindo.

Franz soube que se metera em encrenca no momento em que tomou seu vinho de um gole só e permitiu que a inebriante garota o conduzisse à pista. Ela era charmosa e firme, o tipo de personalidade que desarmava sua natureza teimosa. Ao se separarem naquela noite, Franz sabia que havia encontrado sua alma gêmea.

Alguns dias depois, Franz estava reunido com Mellman, Sonntag e os outros em torno de seu caça. Eles estavam em frente ao nariz olhando para o novo desenho que Franz, bêbado, havia encomendado a um mecânico que fizesse, na noite do baile. O mecânico pintara o desenho de uma maçã vermelha, na qual se enrodilhava uma cobra verde, em alusão ao Jardim de Éden. Acompanhando o desenho estava escrito, em uma letra horrível, "Eva".

— Mas o que é que eu tinha na cabeça? — Franz perguntou em voz alta, enquanto os outros sorriam; eles haviam visto seu líder, como eles próprios, significativamente embriagado.

Nos dias que se seguiram, Franz não teve oportunidade de se criticar e nem de desfazer a encomenda. Um ordenança se aproximou certo dia com um telegrama de trágico conteúdo. O pai de Franz estava morto, levara um coice de um cavalo que estava ferrando para o Exército. Aos sessenta e cinco anos, o velho veterano pagara seu tributo final. Franz voou para casa pilotando seu caça, e viajou com uma expressão pétrea. A guerra lhe tomara o irmão, e agora, o pai. Ele lamentava acima de tudo por sua mãe. Ele sabia que, pelo resto da vida, quando ela se sentasse no fim do dia para tomar sua cervejinha, estaria sozinha.

19
A DERROCADA

Sete meses mais tarde, final de outubro de 1944, perto de Dresden, Alemanha

A fronteira entre os dias e as noites estava borrada para Franz, enquanto ele taxiava ao longo da pista, paralelamente à floresta de pinheiros, para estacionar. Para além de sua asa direita, ele viu a equipe de terra reunida junto à fileira de árvores. Eles estavam esperando que os 109s fossem desligados para empurrá-los para debaixo da vegetação e assim mantê-los escondidos da ronda dos Aliados. O caça de Franz ainda exibia o desenho de "Eva" no nariz. Ele e Eva tinham continuado a se encontrar desde a festa em Graz, mas Franz mantinha certa distância, para que as coisas não se tornassem sérias. Nos meses desde sua permanência em Graz, Roedel havia mudado Franz para a liderança do Esquadrão 8, depois do Esquadrão II, e até mesmo para o comando de todo o Grupo III, por um curto período. Agora, Franz liderava o Esquadrão II na Base Aérea de Grossenhain, na Alemanha Oriental.

Franz acionou o motor, pisou no controle do leme e manobrou até que o nariz do avião ficasse virado para a pista de grama, e a cauda para a floresta de pinheiros, para facilitar o trabalho da equipe de terra. Seu 109 era um novo modelo de G-14. A cobertura do nariz era preta com faixas brancas retorcidas, uma combinação que provocava um efeito hipnótico de giro, um truque de pintura que visava a paralisar os olhos dos atilheiros dos bombardeiros. O leme exibia vinte e sete marcas de vitória, três novas barras brancas desde Graz, que representavam triunfos sobre um P-38, um P-51 e um Spitfire. Franz sabia que Roedel desaprovava aquilo, mas achava que as marcas trariam inspiração aos pilotos novatos. Naqueles dias, eles precisavam de toda a autoconfiança que pudessem obter.

    Franz desligou o motor e abriu a capota. Um mecânico corpulento subiu na asa e o ajudou a se soltar das amarras de segurança. Um após o outro os motores dos aviões foram parando. Todas as capotas se abriram, exceto a de um caça a alguns aviões de distância de Franz. O mecânico ajudou Franz a se pôr de pé e o firmou na asa. Franz estava pálido e se movia com relutância. Ele cumprira três missões naquele dia, tal como fizera todos os dias, durante meses. Ele desceu da asa e foi recebido por outros dois mecânicos, que o ajudaram a se estabilizar em terra firme. Quando a equipe de terra apontou para o *kuebelwagen* que o aguardava, Franz notou o 109 com a capota ainda fechada.

— Ele está dormindo — Franz disse aos mecânicos. — Acordem-no com delicadeza.

* * *

Naquela noite, Franz se debruçou sobre uma mesa em seu escritório para escrever uma carta, conforme fazia na maioria das noites. Ele não estava escrevendo para Eva — o cenho franzido revelava que não. Havia uma garrafa marrom de conhaque e um copo a seu lado, e ele tomava o líquido dourado entre mergulhos da caneta no frasco de tinta. De quando em quando, Franz olhava para a porta, antecipando a batida que ele sabia que viria.

    Durante o verão e o outono, Franz testemunhara o massacre da Força Aérea. Agora, na nova base de Dresden, onde Franz outrora havia treinado cadetes, a Força Aérea havia se tornado esquálida, débil. Franz e seus companheiros ainda pilotavam os velhos 109s, porque Goering não lhes fornecia nada melhor. Os novatos chegavam ao esquadrão com míseros dez voos nos 109s, e não os setenta e cinco que Franz havia feito antes de ser enviado à África. Em seu esquadrão, os recrutas superavam os veteranos na proporção de três para um.

Em uma tentativa de reverter a maré após quatro anos de decisões ruins, Goering decidira exaurir os veteranos como Franz. Agora, de acordo com as ordens de Goering, os pilotos tinham de atacar até ficar sem munição, aterrissar, recarregar as munições e reabastecer, alçar voo e atacar de novo e de novo, até que todos os bombardeiros tivessem deixado o espaço aéreo alemão. O maior sucesso das novas regras de Goering foi destruir os homens, levá-los a crises nervosas e a desmaios dentro das cabines, por entre os zunidos dos motores de seus aviões. Os pilotos começaram a voar embriagados. No Esquadrão de Caças 26, um comandante chegara ao ponto de se matar dentro da cabine, usando uma pistola[63].

Naquela noite na base, como na maioria das noites recentes, Franz escreveu uma carta para os pais de um jovem piloto que fora morto em combate. Ele sempre contava aos pais que seu filho morrera como um herói, porque a verdade era terrível demais para ser contada. O que os novatos sabiam fazer de melhor, agora, era "mirar em voo" — em linha reta e nivelados — até que um caça Aliado surgisse e os reclamasse como vitória.

— O que posso fazer com garotos assim? — Franz sempre se lamentava para seus companheiros veteranos quando eles se embebedavam, à noite.

Ao terminar de escrever a carta, Franz bebera metade da garrafa de conhaque. Quando jogou água no rosto e se olhou no espelho, ele se deu conta de que estava redigindo o mesmo tipo de carta fria e rasa que o esquadrão de seu irmão enviara quando August morrera.

As batidas à porta sempre vinham ao anoitecer. Franz sabia que viriam, naquela noite; de seu grupo de quarenta pilotos, nove haviam sido perdidos na semana anterior. E assim foi. Uma batida ligeira em sua porta pesada. Em seguida, pancadas mais fortes. Quando Franz abriu, teve vontade de atirar os braços para cima. Ele viu um novo piloto de pé, ali, um adolescente de talvez dezessete anos. Os recrutas, atualmente, eram sempre humildes cabos. Aquele viera apresentar-se para o trabalho e informou a Franz seu nome, mas Franz tentou esquecer tão depressa quanto possível o nome do garoto, pelo bem de sua sanidade mental. O rosto do garoto era branco e destituído de marcas de expressão. Ele fazia com que os novatos de Franz em Graz parecessem homens adultos.

---

[63] "Nós estávamos levando uma surra tanto física quanto psicológica, sendo literalmente esmagados até a destruição", Franz recordaria. [*Cap 19, nota 1*]

O novato bateu o salto das botas e tentou parecer corajoso, enquanto fazia a saudação do Partido, de braço esticado. Franz retribuiu à moda antiga, com a mão perpendicular à sobrancelha. Tanta coisa havia mudado desde 20 de julho, quando um antigo oficial do Corpo Africano, coronel Claus von Stauffenberg, tentara assassinar Hitler. Stauffenberg era um católico bávaro que se opunha a Hitler e que tentara matá-lo com uma bomba escondida em uma maleta, mas só lograra ferir o ditador. No fim das contas, Hitler e O Partido prenderam quinhentas pessoas suspeitas de "conspiração", e executaram duzentas delas. O Partido se tornara paranoico. De repente, começaram a enxergar na antiga saudação militar uma forma de resistência, então tornaram a saudação de braço esticado obrigatória. Mas Franz estava cansado demais para se adaptar. A nova continência era como a nova comenda que Berlim lhe dera em 1º de outubro. Chamava-se "Cruz Alemã", embora nem mesmo fosse uma cruz. Tratava-se de uma invenção de Hitler — uma suástica preta envolvida em uma grinalda de louros. Era usada presa à roupa, do lado direito do peito. A Cruz Alemã estava abaixo da Cruz de Cavaleiro em prestígio, e era concedida por seis ou mais atos de bravura. Franz achava ofensivo e engraçado que, após quatrocentas missões de combate, alguém julgasse que ele finalmente tivera seis atos de bravura. Ele era obrigado a usar a tal "cruz", sem direito a perguntas.

Franz convidou o recruta a entrar no escritório e a se sentar, e lhe ofereceu uma bebida de boas-vindas ao Esquadrão II. Forçando um sorriso, disse ao rapaz que ele era sortudo, pois juntara-se ao "melhor esquadrão da Força Aérea". Franz dizia isso a todos os pilotos recém--chegados, para animá-los, embora soubesse que, atualmente, nenhum esquadrão da Força Aérea era nem metade do que ele conhecera quando estava no deserto. Lá, ele servira em um esquadrão de especialistas. Agora, aqueles dias pareciam uma miragem.

* * *

O alvorecer que rompia o horizonte congelado encontrou Franz vestido e observando o céu. Ele sempre rezava para que o tempo estivesse péssimo — de preferência, com chuva de granizo ou nevasca intensa —, qualquer coisa que impedisse seu esquadrão de levantar voo. Ele sabia que seus recrutas teriam de voar naquele dia, talvez duas, três ou quatro missões. Ele desejava que os meninos vivessem mais um dia. A neve, porém, com mais frequência não caía do que caía.

Franz e seus pilotos esperavam sentados em cadeiras sob as árvores atrás de seus aviões. Os mecânicos haviam camuflado as aeronaves com lonas pretas que iam da cabine à cauda, e disfarçado as asas com galhos de pinheiro. Um alto-falante próximo, sintonizado no canal da Defesa Aérea, anunciava quando caças Aliados entravam no espaço aéreo alemão. Naqueles dias, os caças Aliados eram sempre identificados antes dos bombardeiros. Eles vinham na frente, em uma estratégia de derrubar os caças alemães enquanto eles entravam em formação, antes que pudessem atacar. Era uma estratégia devastadoramente bem-sucedida.

Franz olhou para os nervosos pilotos ao seu redor e o que enxergou foi a forma mais primária de bravura. Eles subiriam para um combate sem a mais remota possibilidade de sucesso. Os inimigos enxergavam a mesma coisa. Um piloto de B-17, Joseph Deichl, recordou: "Quando víamos pilotos alemães entrando em fila e começando a passar por nós, pensávamos que eles deveriam estar drogados ou coisa assim, porque eram absolutamente destemidos enquanto se aproximavam na formação"[Cap 19, nota 2]. Goering, no entanto, atribuía a incapacidade dos pilotos de impedir os bombardeios a "covardia". As numerosas baixas não lhe importavam. Ele acusava os pilotos alemães de sabotarem os depósitos de combustível para não terem como voar. Ele disse ao general Galland que ele e os comandantes de seu grupo preferiam "ficar em terra, brincando e jogando" a cumprirem missões. Ao líder do JG-77, Steinhoff, Goering disse: "A força de combate vai lutar até o último homem. Do contrário, que vá para a infantaria"[Cap 19, nota 3]. Goering chegou ao ponto de transmitir uma mensagem aos comandantes de grupo autorizando-os a submeter à corte marcial pilotos que fossem pegos "fugindo de um voo". Se algum piloto fosse condenado, Goering queria que fosse fuzilado na frente dos companheiros.

O "problema" dos pilotos de combate, Goering determinou, devia-se à sua falta de espírito Nacional-socialista, e por isso ele enviou agentes políticos para os esquadrões. Alguns agentes chegaram disfarçados de datilógrafos ou atendentes, cujo trabalho era abrir os ouvidos para a retórica contrária ao Partido. Outros oficiais políticos eram anunciados para as unidades como "oficiais inspiradores", que diariamente conduziam os esquadrões pela leitura do livro de Hitler, *Mein Kampf*. As reações dos pilotos aos oficiais políticos foram semelhantes entre si. "Ninguém aceitou calmamente o fato de ser espionado", um piloto escreveu. "Todos odiamos estes comissários e consideramos sua presença entre nós como uma afronta"[Cap 19, nota 4].

Quando o rádio soltou um aviso de que caças Aliados haviam entrado em céus alemães, Franz e seus camaradas viraram-se para o alto-falante. O alerta servia para informar que pilotos estudantes e pilotos de transporte deveriam voltar à terra imediatamente. Os jovens pilotos de Franz olharam para ele. Eles sabiam que aquele era também o sinal para que eles decolassem — o anúncio sobre os bombardeiros Aliados viria em seguida. Eles mal eram capazes de voar por instrumentos, e apenas dominavam as acrobacias mais básicas. A escassez de combustível devido aos bombardeios Aliados havia encurtado seu período de treinamento. Desde a primavera, a produção alemã de combustível caíra de 175 mil toneladas por mês para apenas 5 mil toneladas, e as unidades de combate, e não as de treinamento, consumiam cada gota. A esta altura da guerra, um piloto britânico começava a combater depois de 450 horas de treino. Um norte-americano entrava na batalha depois de praticar por 600 horas. Os recrutas de Franz chegavam para ele com menos de 150 horas de voo[64].

Franz se levantou.

— Fiquem perto de mim — ele relembrou aos rapazes, antes de ir até seu caça.

Ele já não dizia "e vocês voltarão vivos para casa", pois sabia que aquilo não era mais verdade. Ele vira veteranos demais morrerem ao tentar resgatar novatos de situações completamente sem saída. Desde Graz, Franz fora pessoalmente derrubado mais vezes do que conseguia contar. Em sete meses, ele saltara de paraquedas quatro vezes, e em outras quatro ocasiões pousara seu caça de barriga. Franz ainda tocava o rosário no bolso antes de cada voo. As contas eram agora mais lilases do que pretas. Estavam ficando gastas também. Ainda assim, lá se foi Franz com os homens e meninos do Esquadrão II rumo aos céus onde os demais já voavam.

---

[64] Franz recordaria: "Meus instintos me diziam para protegê-los [aos recrutas] da melhor maneira que eu pudesse. Muitos morreram na primeira vez em que decolaram. Eles simplesmente congelavam, ficavam sentados lá, paralisados, enquanto P-51s e P-47s os faziam em pedaços. Eles não sabiam o que fazer." [Cap 19, nota 5]

* * *

Vários dias mais tarde, 26 de outubro de 1944

O 109 de Franz taxiou lentamente, até parar perto das árvores. O motor silenciou, mas a capota não abriu. Os homens da equipe de terra, ao verem isso, correram para o avião. Um deles escalou a asa, escancarou a capota e viu o para-brisa rachado como uma teia de aranha. No centro havia um buraco do diâmetro do dedo mínimo de um homem.

Ele agarrou Franz pelos ombros e o puxou para si. Franz tombou, inerte, a cabeça pendendo como a de uma boneca de pano. O homem engasgou. Sangue vermelho circundava um buraco com sangue escuro, ressecado, na testa de Franz. Uma bala havia perfurado o vidro supostamente à prova de balas do para-brisa. O homem procurou na parte de trás da cabeça de Franz pelo ferimento por onde o projétil teria saído, mas não encontrou nada. Ele viu que Franz ainda respirava e o arrastou para fora da cabine. Em terra, Franz lentamente recuperou os sentidos e abriu os olhos. Os homens ficaram pasmos — tinham certeza de que um projétil perfurara seu cérebro. Franz abriu a mão. Em sua palma estava uma bala de cobre de 2,5 centímetros com a ponta amassada e recoberta de sangue. Os homens ficaram boquiabertos. De alguma forma, Franz conseguira manter-se consciente por tempo bastante para aterrissar. Somente quando Franz fechou os olhos e desmaiou de novo foi que eles tiveram a ideia de chamar os médicos.

Naquela noite, o doutor limpou o ferimento de Franz e fez uma bandagem. A carga de calibre .50, que viera da metralhadora de um B-17, não perfurara o crânio de Franz, embora tivesse provocado um afundamento horrível em sua cabeça. Franz se levantou, com a intenção de sair, mas o médico o impediu, sabendo que seu crânio estava fragilizado, talvez até estilhaçado.

Franz tentou fingir que não via clarões de luz. Negou ter dor de cabeça. Mas o médico não se deixou enganar. Franz insistiu que não abandonaria seus jovens pilotos, mas o doutor o aconselhou a fazer o contrário, explicando que Franz provavelmente sofrera um traumatismo pelo impacto, um problema que se agravaria com a altitude e o estresse.

— Você está fora — o doutor disse, como se estivesse lhe dando um presente.

Franz implorou ao médico que não reportasse sua verdadeira condição aos oficiais superiores. O médico balançou a cabeça: ele era obrigado.

Ele entregou a Franz um documento que atestava que ele sofrera trauma cerebral, uma condição que poderia levar a um "comportamento hostil". O formulário informava que Franz não deveria "ser responsabilizado por seus atos". Franz relutantemente aceitou a dispensa e se afastou, apoiando-se na parede ao caminhar.

Um dia depois, Roedel ligou. Franz prometeu a Roedel que continuaria a voar, mas Roedel sabia que não. Ele disse a Franz para tirar uma folga do combate e ir para casa descansar. Franz já ouvira falar do balneário às margens do Lago Tegernsee, ao pé dos Alpes, ao sul de Munique. Havia ali um chalé alto, branco, ao estilo alpino, com o nome do balneário, "Flórida", pintado em letras grossas sobre as grandes portas duplas. Casamentos dos pilotos e festas de entrega da Cruz de Cavaleiro frequentemente ocorriam lá. Era um lugar de frivolidade, onde, com o consentimento do comandante, um piloto cansado podia se hospedar e usufruir de bebida, boa comida, uma cama quente com edredom de penas e vista para o lago — um lugar para descansar a cabeça. Um piloto podia ficar ali por semanas ou meses. Se alegasse que seus nervos ainda não estavam bem, ele poderia permanecer pelo resto da guerra. Para amansar Roedel, Franz concordou em se hospedar no Balneário Flórida. Enquanto fazia as malas, Franz viu a faixa cor de areia do JG-27 em que se lia "Afrika", e foi tomado de tristeza. Ele estivera no JG-27 por dois anos e sete meses, antes que uma única e solitária bala o liquidasse. Os homens do lendário Esquadrão do Deserto haviam se tornado seus únicos amigos, e agora ele os estava deixando para trás.

Na época em que a Alemanha precisava de cada piloto de caça, Franz Stigler estava fora da guerra.

* * *

Várias semanas depois, novembro de 1944

Franz ficou surpreso com a destruição à sua volta, conforme o trem em que estava cruzava os subúrbios de Berlim. Ele passou por edifícios que pareciam fatiados, com paredes inteiras arrancadas e o interior eviscerado. As escadas das residências subiam a andares que já não existiam. Crianças brincavam na rua em meio aos destroços. Outras observavam de lado, algumas apoiadas em muletas, outras, aleijadas. Dezesseis bombardeios da RAF haviam provavelmente causado aquela destruição. A 8ª Força

Aérea atacara Berlim no mês de março anterior, antes de mudar o foco para bombardear alvos na França, como preparativos para o Dia D.

As pessoas que viajavam à frente e atrás de Franz estavam silenciosas e deprimidas. Suas roupas estavam puídas e rasgadas. Todos os rostos exibiam a mesma expressão esgotada. Franz ouvira dizer que todas as noites os britânicos mandavam bombardeiros Mosquito[65], de alta velocidade, sobre Berlim — apenas pelo tempo necessário para que as sirenes de alarme soassem e as pessoas saíssem correndo em direção aos abrigos antiaéreos, um expediente psicológico de guerra que impedia a população de dormir. Tinha funcionado.

Agora, aqueles olhos exaustos encaravam Franz, em sua jaqueta de couro preta e calças cinza de aviador. Observavam que suas luvas pretas tinham todos os dedos intactos. Analisavam suas bochechas carnudas e sabiam que ele estava saudável, enquanto as deles próprios estavam encovadas e descarnadas por causa da comida *ersatz* — substituta. O "café" deles era feito de aveia e cevada e escurecido com extrato de carvão. A "carne" e o "peixe" deles eram na verdade simples bolinhos de arroz aromatizados com gordura animal ou óleo de peixe. O "pão" deles era feito com a farinha de castanhas caídas das árvores no chão. Havia casos de pessoas que enriqueciam as rações com seus animais de estimação: coelhos ou gatos domésticos.

O senhor não deveria estar pilotando?, os olhares pareciam perguntar a Franz, sarcasticamente. O quepe escondia a bandagem em sua testa. Ele desviou os olhos, sabendo que jamais conseguiria explicar o que havia visto. Após sua expulsão médica do JG-27, Franz fora para casa e encontrara sua mãe faminta e passando frio, sozinha na casa vazia. O padre Josef a visitava sempre que podia, mas contara a Franz que a pensão de guerra de seu pai, assim como o seguro de vida, tinham parado de chegar. Sua mãe não possuía nenhuma entrada de dinheiro com a qual pudesse contar. As cartas do padre Josef para o escritório dos antigos soldados não recebiam resposta. Então Franz resolvera ir a Berlim, em uma viagem de três dias de trem, para descobrir o que estava havendo com a pensão do pai. Somente depois que sua mãe estivesse novamente assistida Franz se permitiria ir para o Balneário Flórida.

Percorrendo as ruas de Berlim, Franz viu que estavam repletas de pedregulhos pretos amontoados, o resultado da limpeza diária que os cidadãos

---

[65] "Mosquito" no original. (N. da T.)

executavam. Em crateras que tinham sido edifícios, ele viu ratos bebendo água nos pontos em que os canos haviam explodido. Franz adentrou o alto escritório dos antigos soldados, com sua fachada branca agora esburacada pelas bombas. Ali, Franz se sentou em frente a um burocrata que supervisionava as pensões, um homem calvo com um rosto redondo, de óculos, e bochechas caídas. O homem se apresentou como Sr. Greisse. Sobre o peito, ele usava uma suástica redonda, vermelha, do Nacional-socialismo.

O senhor Greisse puxou conversa, perguntando a Franz sobre sua unidade. Franz contou que estava entre missões, mas a caminho do Lago Tegernsee na sequência. O senhor Greisse quis saber qual unidade estava baseada lá, então Franz lhe contou sobre o balneário. O senhor Greisse respondeu que admirava os pilotos de caça e que teria permitido que sua filha mais velha namorasse um, não fosse a mãe da moça ter proibido. Franz sorriu diante do insulto travestido de elogio, bem ciente de que os pilotos de caça haviam ido de heróis a vilões aos olhos da população alemã, devido às calúnias de Goering.

Ao tratar do assunto que levara Franz até lá, o senhor Greisse comentou que era tocante ver um jovem viajar tão longe para cuidar de sua mãe. E então, para surpresa de Franz, acrescentou:

— Hoje em dia, apenas o senhor mesmo pode cuidar dela.

A pensão do pai de Franz e o seguro de vida, o senhor Greisse explicou, haviam sido suspensos, assim como os benefícios de todos os demais antigos soldados, em nome das necessidades da guerra.

Franz olhou com desprezo para a suástica do senhor Greisse.

— O senhor não gosta de mim porque estou no Partido? — Ele perguntou.

Franz respondeu que não tinha nada contra ele, pessoalmente, mas que ele representava as pessoas que haviam posto sua mãe em uma situação difícil. O senhor Greisse se inclinou e aos cochichos contou a Franz que alguns empregos exigiam que a pessoa fosse afiliada ao Partido — ele havia trabalhado com a questão dos veteranos antes que os Nacional-socialistas dominassem o escritório, tal como haviam tomado conta do serviço de correios, da autoridade de transportes e de todas as demais facetas do governo. Franz assentiu, indicando que compreendia.

— Onde o senhor está hospedado?

Franz respondeu que tomaria o trem de volta para casa naquela mesma noite, e o senhor Greisse o alertou para o risco de ficar preso na estação enregelante no caso de um ataque aéreo. O senhor Greisse convidou Franz a ir com ele para sua casa em Postdam, que ficava a uma curta viagem de trem para o sudoeste, nos subúrbios de Berlim. Franz confiou no sorriso do homem e concordou.

Algumas horas mais tarde, Franz chegou à alta e imponente casa de Greisse, em Postdam. Ele se surpreendeu ao constatar que pesados cobertores pendiam do batente em que deveria estar a porta de entrada. Dentro, as janelas tinham sido explodidas. Painéis de madeira haviam sido pregados em seu lugar. Ainda assim, um velho relógio de pêndulo permanecia intocado no corredor, e o senhor Greisse se vangloriou porque o encanamento da casa ainda não tinha sido explodido.

O senhor Greisse apresentou Franz para a esposa, que estava ocupada preparando uma refeição frugal. A filha mais velha tinha saído, mas ele apresentou a mais nova, Helga, uma menina baixa de treze anos e cabelo ruivo-aloirado. A garotinha chamava a si mesma de Hiya e não tinha medo de Franz nem de outros pilotos de combate, porque a irmã já trouxera um para casa antes. Hiya mostrou seu quarto a Franz e lhe apresentou sua coleção de fragmentos de bala. Ela pôs um na mão dele e explicou que trocava as peças com os amigos, dando as de formato inusitado e recebendo outras maiores. Franz notou que as bordas irregulares dos fragmentos refletiam a luz como um prisma.

Franz deixou Hiya e foi conversar com o pai dela. Mais tarde, à mesa do jantar, Hiya surgiu vestindo uma fantasia de índio. Ela construíra um cocar de papelão e o pintara. Havia desfiado a calça para que ficasse parecida com camurça. Sua mãe queria que ela tirasse a fantasia, mas deixou que jantasse vestida como estava, depois de Franz fingir estar impressionado.

Durante a refeição, Hiya mostrou a Franz como agir em um abrigo antibombas. Ela enfiou os dois polegares nos ouvidos e abriu a boca. Franz sabia disso, mas fingiu estar aprendendo. Ele sabia que aquilo era feito para evitar que o choque da explosão estourasse os tímpanos.

Naquela noite, Franz viu Hiya sair da mesa e, sem uma palavra, correr para fora. Os pais não a seguiram e Franz achou aquilo estranho. A mãe começou a soluçar. O senhor Greisse confortou a esposa enquanto explicava a Franz como era difícil, como pais, ter de acordar Hiya noite após noite, pegar a mochila dela e as malas deles, e correr para um abrigo. Ele indagou a Franz:

— O que dizer quando ela pergunta: "Papai, nos Estados Unidos as crianças também estão saindo da cama agora?".

Franz baixou os olhos para a mesa. Depois de alguns minutos de silêncio ele pediu ao senhor Greisse se poderia ir falar com Hiya. O senhor Greisse concordou, ainda abraçando a esposa.

Franz passou pela barreira de cobertores na porta da frente e encontrou Hiya de pé, no frio, olhando para cima. Franz se ajoelhou ao lado dela e olhou para cima também.

— Se dá para ver as estrelas — ela explicou —, quer dizer que os bombardeiros não vêm.

Franz assentiu. Ele sabia que aquilo poderia ter sido verdade no início da guerra, quando os bombardeiros evitavam os céus limpos porque a artilharia antiaérea podia distinguir sua silhueta; agora, porém, nada os intimidava.

— O que você vê para esta noite? — Ele perguntou.

Hiya olhou para cima, constatou que o céu estava claro, virou-se para Franz e disse, com um sorriso:

— Esta noite podemos dormir.

Franz sorriu para a menina, embora seus olhos estivessem tristes.

* * *

Na manhã seguinte, o senhor Greisse acompanhou Franz até a estação de trem. A plataforma estava lotada de pessoas dormindo nos bancos e outras aguardando em longas filas, encarando os próprios pés enquanto enfrentavam os trilhos vazios. Soldados andavam de um lado para outro, causando tumulto em torno dos papéis de autorização.

O senhor Greisse estava indo para Berlim, e Franz, de volta para casa, em Amberg. O senhor Greisse pediu desculpas por não poder fazer nada para ajudar a mãe de Franz. Franz o tranquilizou dizendo que ela ficaria bem, pois ele mandaria seu salário de piloto para ela.

O senhor Greisse apertou a mão de Franz e disse:

— Que a boa sorte o acompanhe.

Franz tocou a dispensa médica em seu bolso. Ele estava a poucos dias de distância de relaxar em uma cadeira no opulento bar do Balneário Flórida, enquanto o resto da Alemanha sofria com o frio. Esta consciência era agora um problema para Franz. Ele conhecera uma garotinha que vivia com medo, sem sono, colecionando cartuchos de projéteis como se fossem brinquedos. Ele sabia que o governo dos 44% a abandonara havia muito tempo. Ele não se juntaria a eles. Seu senso de dever jamais fora para com Hitler ou com O Partido ou Goering, fora sempre para com a Alemanha. Mas agora, nos últimos dias da guerra, a Alemanha tinha um novo rosto — o da garotinha.

— Não ficarei muito tempo em Tegernsee — Franz disse ao senhor Greisse. O senhor Greisse sorriu, compreendendo o que Franz queria dizer.

— Cuide-se — ele disse, antes de se virar e se afastar, sumindo na multidão esfomeada que andava sem levantar os pés.

* * *

Quase dois meses mais tarde, início de janeiro de 1945

A neve foi sendo esmagada sob os pneus do longo carro preto oficial conforme ele desacelerou e estacionou na pequena estância de caça no Lago Wannsee, a sudoeste de Berlim[66]. Um pequeno carro esportivo, e depois um *kuebelwagen* com a capota fechada, seguiam o carro oficial. Homens em casacos compridos se apressaram para fora dos veículos, diminuindo o passo apenas para dar uma rápida olhada em direção ao lago cinza e congelado que se fundia ao céu de inverno. Dentro da estância, palavras perigosas foram verbalizadas, palavras que poderiam gerar consequências fatais, depois que Stauffenberg tentara assassinar Hitler [Cap 19, nota 6].

— Nós estamos convencidos de que podemos pôr um ponto final à devastação aérea e preservar a vida de pessoas inocentes — disse uma voz.

— Temos de examinar a realidade da nossa situação. Hitler precisa ir embora, todos nós sabemos disso, mas Goering precisa ir primeiro — disse outra.

— Traição é a única maneira pela qual podemos explicar o que estamos discutindo aqui.

— Exatamente.

---

[66] Dois anos antes, em uma vila no Wannsee, o general da SS Reinhard Heydrich reunira catorze membros do alto escalão do Partido e oficiais do governo para delinear seu plano para o Holocausto. Mas o Holocausto não era filho apenas de Heydrich. Em 1941, Goering ordenara a Heydrich que formulasse um plano que fosse, em suas palavras, "a solução final para a questão judaica".

* * *

Duas semanas mais tarde, 19 de janeiro de 1945, Berlim

Através de rajadas de neve, as botas pretas de cinco dos mais corajosos homens da Força Aérea Alemã marcharam degraus acima em direção à "Casa dos Aviadores", como o clube da Força Aérea era conhecido. A neve e a iluminação baça do entardecer lançavam um brilho azulado e fantasmagórico sobre as ruas vazias e os homens em seus longos casacos. A Casa dos Aviadores se materializou como uma aparição, com suas altas colunas de mármore e figuras ornamentais esculpidas na fachada do edifício. Os homens eram lendas entre as Forças Armadas da Alemanha: Roedel, Neumann, Luetzow, Steinhoff e um coronel chamado Hannes Trautloft. Eles estavam reunidos para a missão mais arriscada de suas vidas. Eles olharam ansiosos sobre os ombros enquanto os motoristas se afastavam nos carros oficiais. Sabiam que não havia como voltar atrás.

Roedel propusera que eles matassem Goering naquele mesmo dia, mas os outros o haviam demovido da ideia, cientes de uma verdade terrível: matar Goering não resolveria o problema. Eles precisavam que ele se demitisse, que abdicasse do cargo. Stauffenberg poderia ter atirado em Hitler, mas em vez disso usara uma bomba, porque sabia que Hitler poderia ser substituído por alguém igualmente perverso de sua equipe. A mesma regra se aplicava a Goering. Em vez de assassiná-lo, os comandantes decidiram que iriam abordar o segundo homem mais poderoso do Reich e dizer-lhe que estava na hora de ir para casa. Eles desejavam que Goering fosse substituído por Galland, calculando que ele poderia fazer alguma coisa para interromper o bombardeio da Alemanha e, depois de consolidar seu poder, talvez enfrentar Hitler.

Os comandantes entraram em uma sala de conferências com paredes de madeira escura e pinturas dos heróis da Força Aérea, incluindo Goering. Lá, de um dos lados de uma mesa larga, eles aguardaram a chegada de Goering. O aquecedor enchia a sala com um ar quente que cheirava a charuto velho. Os homens começaram a transpirar. Uma intensidade estoica toldava o rosto de Luetzow enquanto ele alisava o cabelo, a mente longe dali. Ele perdera o irmão, Werner, no mar, um ano antes. Luetzow sabia que a própria família — a esposa, Gisela; o filho de quatro anos, Hans-Ulrich; e a filhinha de dois, Carola — sofria sob as mesmas bombas que levavam milhões de outros inocentes a acordar três ou quatro vezes por noite e correr para os abrigos antibombas. O "charme envolvente" do Homem de Gelo havia desaparecido — ele desligara o interruptor e congelara as emoções, exatamente como fazia quando pilotava. Steinhoff permanecia junto à porta como um guarda-costas, enquanto Roedel se deixava ficar à mesa, sentado em uma poltrona de couro, fumando um cigarro atrás do outro. Neumann espiava para fora através de uma janela borrada pela neve, esperando a chegada de Goering. Trautloft, o inspetor dos combates diurnos da Alemanha, tomava uma xícara de café olhando fixamente para a mesa. Seus lábios finos estavam apertados e seus cílios caídos pendiam sobre os olhos azuis, fazendo-os quase desaparecer. Ele se preocupava com a reação de Goering ao vê-lo ali. O Reichsmarschall não fazia ideia que Trautloft havia se unido aos "Extraviados".

Os amigos de Trautloft naquela sala haviam perdido a simpatia de Goering muito tempo antes daquele dia. Eles tinham sido heróis da Força Aérea até que Goering os demovera, nos meses de novembro e dezembro anteriores. O plano de Goering para "restaurar a Força Aérea" por intermédio de um espírito Nacional-socialista mais intenso significava também purgar a oposição. Goering expulsara Galland, general de todos os pilotos de combate, e o substituíra pelo coronel Gordon Gollob, um membro do Partido. Goering chutara Roedel do comando do JG-27 e Steinhoff de seu novo esquadrão, o JG-7. Goering demovera Luetzow e o enviara para cuidar de uma escola de pilotagem. Goering já jogara Neumann na obscuridade, ao designá-lo para liderar pilotos italianos em Verona.

Duas semanas antes, Luetzow convocara aqueles homens, seus companheiros Extraviados, para uma reunião secreta. Eles se encontraram clandestinamente na propriedade de Trautloft no Lago Wannsee. Lá, eles concordaram que a liderança inepta de Goering havia resultado na destruição de suas cidades e no massacre de seus jovens pilotos. Quando surgiu uma solução que poderia salvar as cidades alemãs, Goering a desperdiçara. A solução era uma arma maravilhosa, o caça a jato Me-262, o único avião capaz de voar mais depressa do que os caças Aliados e derrubar bombardeiros. Mas Goering e Hitler tinham uma volúpia por vingança que os cegava para a razão. Em vez de dar o Me-262 para os pilotos de caça, eles haviam transformado o jato em um bombardeiro, uma arma de retaliação.

No chalé de Trautloft, Luetzow e os Extraviados decidiram agir antes que não restasse um único tijolo inteiro em toda a Alemanha. Então Luetzow havia convocado o encontro com Goering sob um pretexto inofensivo, um confronto que posteriormente viria a ser chamado de "Motim dos Pilotos de Caça".

A limusine de Goering, comprida e à prova de balas, guinchou ao frear. Ele saiu do carro ladeado por guarda-costas. Tinha plena consciência do que o aguardava. Rumores sobre o motim haviam vazado. Não por intermédio de Galland; os amotinados tiveram o cuidado de não convidá-lo para o encontro porque sabiam que a SS estava de olho nele, investigando-o por violações à Lei da Subversão, porque Galland os enfurecera ao se opor à proposta de criação de um esquadrão de jatos da SS. No entanto, ele sabia sobre o "motim", e queria acompanhar o desenrolar do confronto. Ele convenceu Trautloft a telefonar para ele da sala de conferências e deixar o fone fora do gancho em uma mesinha ao fundo, de modo que ele pudesse ouvir tudo.

Goering soubera do iminente motim por intermédio do general Karl Koller, seu chefe de pessoal, um homem que os Extraviados haviam abordado em busca de apoio.

Mais tarde seria descoberto que Koller escrevera, em seu diário[Cap 19, nota 7]:

13 de janeiro de 1945, 14h45

Acabo de ouvir que a Força de Combate está sofrendo as dores do parto de uma grave crise de confiança em relação a seu comandante supremo.
    Sentimentos bastante ruins, de fato. As ideias mais incabíveis sendo espalhadas. Ocorrências semelhantes àquelas de 20 de julho [von Stauffenberg] precisam ser evitadas... Falar sobre forçar um comandante supremo a renunciar a seu posto configura motim.

As portas da sala de conferência foram abertas com um único movimento rápido. Steinhoff virou e se viu cara a cara com os olhos azuis de Goering, os olhos do segundo homem mais poderoso da Alemanha. O rosto de Goering estava cansado e inchado. Em suas bochechas havia um ruge cor-de-rosa que parecia tão espalhafatoso quanto o uniforme azul que ele envergava, e que tinha sido criado exclusivamente para ele. As lapelas eram feitas de seda branca e a gola brilhava com o ouro da linha de costura. Ele usava anéis de ouro e suas unhas eram pintadas de esmalte incolor.

Goering, "o Colosso", tomou assento à cabeceira da mesa. Steinhoff e os demais o saudaram. Goering retribuiu com uma meia saudação desanimada. Seus oficiais, incluindo o general Koller, sentaram-se a seu lado. Os companheiros de Luetzow sentaram-se ao lado dele.

Luetzow quebrou o silêncio em um tom de voz calmo.

— *Herr Reichsmarschall*, nós lhe agradecemos por concordar em ouvir os nossos problemas. Devo insistir, porém, para que o senhor me ouça até o fim. Se o senhor me interromper, acredito que este debate será inútil[Cap 19, nota 8].

O olhar de Goering pareceu congelar. Ele encarou Luetzow e depois cada um dos jovens homens que o acompanhavam. Os homens que se opunham a Goering tinham metade de sua idade — em torno dos trinta anos. O grupo de Goering encarava tudo de olhos arregalados, com medo de se mexer e respirar, preparando-se para a próxima explosão de fúria dele.

Luetzow sabia que contava somente com a força da própria astúcia para intimidar o grande intimidador. Tendo os companheiros a seu lado, Luetzow esperava levar Goering a crer que os esquadrões de caças estavam simbolicamente atrás deles, dando-lhes seu apoio. Na verdade, apenas os homens presentes e uns raros confidentes, como Galland, tinham conhecimento do estratagema.

Qualquer outro homem teria derretido sob o olhar fixo de Goering. No processo de levar Hitler ao poder, Goering certa vez fora encarcerado. Atrás das barras ele se portara com tamanha violência que fora mantido separado de outros presos, para a segurança deles. Ex-viciado em morfina, Goering detinha agora poder de vida e morte em um estalar de dedos. Contudo, em vez de recuar, Luetzow aumentou o blefe. Ele deslizou uma lista datilografada sobre a mesa, seus "Pontos de Discussão". Goering empurrou a lista para Koller.

— Ainda há tempo, senhor, de evitar que todas as cidades da Alemanha sejam reduzidas a destroços e cinzas — Luetzow começou.

Luetzow disse a Goering que Galland precisava ser empossado, e os 262s, tirados das forças de bombardeio e empregados imediatamente nas missões dos caças. Luetzow citou um relatório militar que listava sessenta 262s em funcionamento para operações de combate, dos quais cinquenta e dois pertenciam às forças de bombardeio. Outros duzentos dos preciosos jatos estavam parados, destruídos, em pátios ferroviários, porque alguém decidira transportá-los por trem para economizar combustível.

Goering interrompeu Luetzow e o relembrou, sarcasticamente, que os esquadrões de caças estavam em um "estado deplorável". Goering disse a Luetzow, com um esgar, que ao visitar as unidades de bombardeio ele encontrara muito entusiasmo e grande disciplina. Os pilotos de bombardeiros, disse, estavam mais saudáveis que os pilotos de caças, e somavam maior quantidade de veteranos também.

Luetzow interrompeu Goering.

— Isso o senhor já nos disse muitas e muitas vezes. Mas o senhor está esquecendo que nós, pilotos de caça, temos cumprido missões diárias já há cinco anos. Nossos pilotos jovens sobrevivem a um máximo de duas ou três missões de defesa do Reich antes de serem mortos.

Rubro de fúria, Goering gritou:

— Como se o comando da Força Aérea não soubesse!

Luetzow não abandonou sua expressão pétrea, então Goering tentou o escárnio. Ele disse a Luetzow que o verdadeiro problema era a covardia dos pilotos de caça. A Alemanha precisava de homens mais corajosos, ele disse, "famintos para destruir o inimigo" e desafiar os bombardeiros nariz a nariz.

Luetzow retrucou:

— O senhor simplesmente ignorou a existência dos bombardeiros equipados com quatro motores. O senhor não nos deu novas aeronaves nem novas metralhadoras.

— Basta! — Goering berrou.

As palavras de Luetzow haviam-no atingido com força e profundidade. Goering ignorara a ameaça representada pelos bombardeiros Quatro Motores e certa vez havia declarado que os norte-americanos eram bons em fabricar lâminas de barbear, não aviões. Goering mantivera sua Força Aérea pilotando 109s velhos de uma década, e, quando os novos caças FW-190 chegaram, enviara a maioria deles para a Frente Leste, para realizar missões de ataque terrestre. Tinham sido as decisões cegas de teimosia de Goering, mais do que as de qualquer outro homem, que haviam levado as cidades alemãs à devastação.

Steinhoff tomou a palavra para manifestar sua concordância com os pontos levantados por Luetzow. Roedel, Trautloft e Neumann somaram as vozes ao coro. Steinhoff assegurou que o 262 era a última esperança da Alemanha para fazer a diferença nas batalhas aéreas.

Goering respondeu que Steinhoff continuasse sonhando, porque os 262s não iriam para ele nem para os pilotos de caça.

— Irei entregá-los a quem sabe o que fazer com eles — Goering acrescentou, esticando os lábios em desafio.

Luetzow ouvira o suficiente. Esticou o indicador, pronto a dizer a Goering que obviamente não havia nenhuma esperança de chegarem a um compromisso e que, pelo bem da Alemanha, Goering precisava renunciar ao cargo. Ele nunca chegou a pronunciar essas palavras.

Goering se levantou, tremendo de ódio.

— O que está em curso aqui, cavalheiros, é um ato de traição! O que o senhor está tentando, Luetzow? Livrar-se de mim? O que o senhor promoveu configura um motim na mais larga escala!

Goering esmurrou a mesa e começou a xingar, ensandecido. Espuma se acumulava nos cantos de sua boca. Suor pingava das sobrancelhas. Seus olhos e as veias do pescoço pulsavam como se ele estivesse prestes a explodir.

Goering se virou para Steinhoff e berrou:

— Sua carreira está liquidada, assim como a de Galland. Aquele covarde não consegue sequer me encarar!

Virando-se para Luetzow, ele acrescentou, com os lábios trêmulos de ira:

— Quanto ao senhor, Luetzow, eu mandarei que o fuzilem!

Neumann olhou para Roedel. Ambos sabiam que estavam vendo Goering em seus últimos segundos antes de um colapso nervoso[Cap 19, nota 9].

Atirando os Pontos de Discussão de Luetzow ao chão, Goering saiu da sala como um furacão, pisando duro, seguido de seus oficiais, que lançavam olhares sinistros por cima dos ombros.

— Galland será fuzilado primeiro, para servir de exemplo! — Goering gritou, já do corredor.

O silêncio se abateu sobre a sala. Luetzow e os demais, de pé, espalhavam-se pelo ambiente, hesitantes em falar. Steinhoff olhou para a janela, onde a neve derretia em contato com o vidro. O cômodo de súbito pareceu menor e mais quente. Steinhoff passou o dedo pela gola e um pensamento o atingiu. *Eu já me sinto na prisão.*

Trautloft cambaleou até o fone deixado fora do gancho no fundo da sala. Galland ainda estava na linha e, por meio de Trautloft, mandou um recado aos demais.

— Adolf Galland acha que devemos economizar tempo e tirar nossas medidas para o caixão. Ele próprio fez isso antes do Natal[Cap 19, nota 10].

Trautloft desligou o telefone. Ninguém falou.

— E agora? — Steinhoff perguntou.

Os homens olharam para Luetzow, cujos olhos permaneciam firmes. Ele apanhou o casaco e lhes respondeu:

— Ora, bem, vamos comer alguma coisa.

* * *

Goering queria fuzilar Galland, Luetzow e Steinhoff, mas precisava de tempo para formatar uma acusação, pois todos eles eram heróis nacionais. Ele precisava de mais evidências de traição do que aquele simples ato de desafiá-lo. Ele precisava de uma prova de deslealdade contra o povo alemão. Como havia prometido, Goering concentrou sua fúria em Galland primeiro. Ele ordenou que Galland fosse confinado em casa, na fronteira com a Tchecoslováquia, e mandou que a Gestapo descobrisse coisas podres sobre ele, coisas que pudessem ser usadas em tribunal. A Gestapo prendeu o adjunto de Galland, grampeou seus telefones e roubou seu carro esportivo, um BMW. Tendo tanto a Gestapo quanto a SS investigando sua vida, Galland declarou à namorada, uma artista chamada Monica, que se sentia lisonjeado — eles poderiam simplesmente tê-lo assassinado.

Diante do fracasso do motim, Galland e Luetzow tinham certeza de que a Alemanha estava condenada. Eles sabiam também que era apenas uma questão de tempo até que ouvissem uma batida na porta e, atrás dela, encontrassem a Gestapo vindo levá-los ao pelotão de fuzilamento. Uma profunda depressão se abateu sobre ambos. Eles eram prussianos, soldados profissionais que se pautavam por um código antigo, que punha a honra e o cumprimento do dever acima da vida de um indivíduo. Agora eles se viam desonrados e concretamente sem trabalho. A guerra já afastara Luetzow de sua mulher, que não compreendia a devoção dele às Forças Armadas. Para proteger a esposa e os filhos, Luetzow deixou de ter contato com eles. Galland considerava desertar e juntar-se aos Aliados, mas temia que O Partido assassinasse seus parentes em retaliação. Ele confiou à namorada que tinha um plano para estragar o prazer de Goering. Naquela noite, ela o viu limpando sua pistola.

20
O HOSPÍCIO VOADOR

**Quatro dias mais tarde, 23 de janeiro de 1945,
Base Aérea de Lechfeld**

Sob as lâmpadas que pendiam de um vasto hangar de madeira, Franz estava sentado na cabine de um 262, mas uma cabine que não estava ligada a uma aeronave. Ao contrário, tratava-se de uma maquete instalada sobre rodas. Um instrutor, com uma lista de itens, estava inclinado sobre Franz, testando-o com grande velocidade na prática de procedimentos de emergência: Franz girava botões inoperantes, puxava niveladores mortos, recitava números exibidos em mostradores falsos. Outros pilotos, em outras maquetes de cabine, estavam ao redor de Franz, passando pelo mesmo treinamento.

Localizada no sul da Alemanha, Lechfeld era um polo nacional de treinamento em jatos, porque a sede da Messerschmitt ficava em Ausburg, uma cidade próxima. Em vez de se recolher ao Balneário Flórida, Franz tinha ido parar na escola de pilotagem de jatos, depois de muito insistir com Roedel, que lhe concedera a indicação — uma vaga muito desejada pelos pilotos de linhas comerciais longas. Mas a escola de jatos não era o que Franz havia antecipado. Depois de três semanas no curso, que durava oito, ele ainda não se sentara em um 262 de verdade, e havia feito somente duas horas de revigorantes voos nos antigos aviões de dois motores.

Quase de hora em hora, os 262s passavam junto ao hangar correndo para a decolagem, os motores gêmeos estourando como foguetes amarrados às asas. Para grande aborrecimento do instrutor, Franz e seus colegas estudantes abandonavam os exercícios para olhar e se admirar. Alguns chamavam os jatos de "Swallow" e outros de "Stormbird", mas sempre que os viam varrer a base aérea a 925,3 quilômetros por hora, mais rápidos do que qualquer outra coisa nos céus, eles sabiam que os 262s eram a última esperança da Alemanha.

O instrutor interrompeu a aula e mandou que os alunos se reunissem. Ele leu para Franz e os demais um telex enviado por Goering para todas as unidades da Força Aérea. Dizia que Galland, o general de todos os aviadores combatentes, havia renunciado devido a problemas de saúde. Franz fez uma careta, ciente dos rumores segundo os quais Goering teria expulsado Galland.

Goering escrevera o anúncio várias semanas antes, mas guardara-o, à espera de que a Gestapo lhe trouxesse evidências contra Galland. Agora, haviam sido encontradas testemunhas dispostas a jurar em tribunal que Galland admitira que "a guerra estava perdida". Sob a Lei da Subversão, essas palavras, ditas por um general, configuravam traição. Goering sabia que Galland cometeria suicídio antes de passar pela desonra de um julgamento, então mandou a notícia aos pilotos de combate para prepará-los para a morte do general.

Enquanto as palavras de Goering ainda giravam na cabeça de Franz, do outro lado da Alemanha Galland estava carregando a pistola. Galland passaria o resto do dia imaginando como Goering e a máquina de propaganda do Partido iriam distorcer sua morte. Quando forçaram Rommel, a Raposa do Deserto, a se matar, eles disseram que ele havia morrido de embolia. Quando Goering pressionou o general Ernst Udet, um ás sobrevivente da Primeira Guerra Mundial, a se matar, disseram que ele havia morrido em um acidente de avião. Quando o general Hans Jeschonnek, chefe de pessoal de Goering, atirou contra si mesmo, disseram que ele havia morrido de exaustão.

Naquela noite, antes que Galland disparasse o gatilho, seu telefone tocou. Ele atendeu. Quem chamava era o chefe da Gestapo, que implorou a Galland que não se matasse. Hitler teria sabido das intenções de Galland por intermédio dos apelos de sua namorada, e agora Hitler estava furioso com Goering. Hitler tinha certeza de que as fagulhas incandescentes que seriam liberadas com a morte de Galland destruiriam a Força Aérea, cujo estado já era frágil. O ditador ordenara a Goering que impedisse o suicídio de Galland, então Goering ordenara à Gestapo que interviesse. O chefe da Gestapo disse a Galland que Hitler e Goering tinham uma proposta que ele precisava escutar.

* * *

Vários dias depois

Galland saiu de seu carro esportivo na cidade natal de Goering, Carinhall, no leste de Berlim. Goering agiu de modo suspeitamente gentil enquanto conduzia Galland a uma grande sala em cujas paredes se enfileiravam cabeças empalhadas de animais caçados. Ele convidou Galland a sentar e conversou com ele como se fosse um velho amigo. Goering tomou para si o crédito pela intervenção que impedira o suicídio de Galland e desprezou os boatos sobre as acusações de traição. Goering explicou alegremente que Hitler o autorizara a dar um esquadrão para Galland, "para que o senhor possa provar o que vem dizendo sobre o enorme potencial dos 262s". Os olhos escuros de Galland se iluminaram. Goering disse que o esquadrão poderia voar e combater da maneira como melhor aprouvesse a Galland, desde que ele não interferisse em outras unidades.

— O senhor pode recrutar quem quiser — Goering acrescentou —, desde que meus oficiais os aprovem.

Galland assentiu em concordância.

— Leve aquele frouxo deprimido do Steinhoff — Goering falou, com um esgar —, e Luetzow junto [Cap 20, nota 1].

Galland saiu da propriedade de Goering sentindo-se tão feliz quanto o próprio *Reichsmarschall*. Ele sabia por que Goering e Hitler estavam sendo tão generosos: eles queriam que Galland e seus "traidores" ganhassem de novo os céus, onde certamente morreriam em combate.

Galland tinha admitido que a guerra estava perdida e que não desejava vê-la prolongada. Mas ele sabia também que os pesados bombardeios Aliados não teriam fim até que a Alemanha se rendesse, um dia que parecia muito distante para os delirantes — Hitler e Goering — no comando. Goering dissera ao povo alemão que os pilotos de caça os haviam abandonado, mas Galland partiu naquele dia determinado a provar que Goering estava errado.

* * *

Dois meses depois, 17 de março de 1945

No hangar em Lechfeld, uma dúzia de pilotos se reunia em volta de Franz enquanto ele dava uma aula sobre o motor de um jato que repousava em uma estrutura de apoio à sua frente. Um dos pilotos perguntou se Franz poderia lhes mostrar o interior do motor.

— Eu adoraria — Franz respondeu —, mas há partes que vocês não têm autorização para ver.

Os alunos lamentaram. Franz simpatizava com eles.

Depois de se graduar no treinamento de jatos, Franz fora convidado pelos instrutores para ficar e lecionar, já que havia dominado o 262 muito rapidamente. Franz devia aquele sucesso à sua época como piloto comercial, quando comandava aeronaves de vários motores, ao contrário da média dos pilotos de caça, que só tinham treinamento em aviões de um único motor. Após a graduação, Franz esperara juntar-se a uma unidade de caças a jato, mas somente as unidades de bombardeiros a jato, que contavam com a preferência de Goering, possuíam aviões, combustível e vagas para pilotos. Em vez de se juntar a eles, Franz a contragosto permanecera como instrutor, e aguardara.

Ao contrário dos antigos alunos que Franz tinha quando era instrutor de voo, os atuais já não eram cadetes. Eram veteranos de caças e de bombardeiros. Franz explicou aos pilotos que os revolucionários motores Jumo 004, de construção Junkers, eram ao mesmo tempo a vantagem e a maldição do jato. Se de um lado proporcionavam uma confiabilidade incrível, de outro eram também traiçoeiros e mimados.

— Mantenham as mãos longe das válvulas de pressão sempre que possível — Franz disse aos pilotos —, principalmente em grandes altitudes.

Confusos, os homens olharam para ele. Todo piloto sabia da importância de usar a válvula de pressão durante um combate de curta distância. Franz explicou que alterações dramáticas na velocidade interna do motor poderia levá-lo a se apagar como a chama de uma vela. Quando os pilotos perguntaram a Franz por que aquilo acontecia, ele disse que estava proibido de lhes contar os detalhes do funcionamento do motor.

— É segredo — ele acrescentou, de brincadeira, e os pilotos riram.

Na verdade, Franz sabia que os motores eram frágeis como porcelana porque eram feitos com matéria-prima de má qualidade devido à escassez de minerais[67]. Um motor novinho em folha tinha uma vida útil de apenas vinte e oito horas, e motores recondicionados eram bons somente por dez horas antes de precisarem de nova revisão.

Naquela noite, no clube dos oficiais em Lechfeld, Franz estava conversando e bebendo com seus alunos. Um deles era um jovem piloto que havia sido treinado para pilotar bombardeiros, mas jamais entrara em combate.

— Como é, de verdade? — Ele indagou a Franz.

Franz lhe contou com candura o que tinha visto no outono anterior, quando estava baseado perto de Dresden.

— Sinta-se grato por este treinamento — Franz disse ao jovem piloto. — Levo oito semanas para ensinar-lhe algo que poderia ser aprendido em uma hora.

Os pilotos concordaram e riram. Franz já estava na bebida seguinte quando a ideia o atingiu como um raio.

— Cá estamos nós estudando o manual de um motor, enquanto nossos camaradas estão sendo massacrados — ele disse, e os veteranos assentiram, em triste concordância.

Assim como se infiltravam nas linhas de frente dos esquadrões, os agentes políticos também estavam na escola de pilotagem de jatos. Na manhã seguinte, Franz se apresentou no escritório de seu comandante: o novo piloto com quem conversara na noite anterior era um agente político disfarçado. Sem alternativa, o comandante expulsou Franz da escola.

Ao sair do escritório do comandante, Franz olhou para a dispensa médica, seu passe para o Balneário Flórida. Em seguida se lembrou dos rumores que circulavam entre os outros instrutores. Eles tinham ouvido dizer que Galland e seus amotinados estavam formando um esquadrão de 262s na Base Aérea de Brandenburg, a oeste de Berlim. Os instrutores gozadoramente chamavam o esquadrão de "Hospício Voador" e de "Circo de Galland". Mas Franz conhecia Galland, o homem por trás da unidade, e sabia que não havia nada de cômico em relação a ele. Do escritório da escola ele telefonou para Brandenburg e conseguiu falar com Galland. Ele perguntou ao general se poderia juntar-se ao esquadrão.

---

[67] De fato, algumas peças do 262 eram fabricadas por trabalhadores escravos em fábricas subterrâneas. Este crime do Terceiro Reich contra os operários deixava os pilotos de tais jatos à mercê de voarem em equipamentos sabotados ou montados de maneira relapsa.

— Sim, será um prazer tê-lo conosco — Galland respondeu.

Em seguida, explicou o ponto capcioso — Goering autorizara que ele formasse um esquadrão, mas lhe concedera aeronaves insuficientes para que tivessem sucesso.

— Venha, mas traga um jato — Galland disse a Franz.

O coração de Franz se apertou. Ele sabia que era impossível obter um jato sem autorização. Pensando rápido, ele perguntou a Galland se a unidade tinha um nome.

— JV-44 — Galland respondeu[68].

Ele afirmou ao general que de alguma forma tentaria juntar-se ao grupo.

Franz conseguiu que um motorista alistado, mas ainda sem patente, o levasse de carro de Lechfeld para a cidade de Leipheim, uma hora a oeste. Leipheim ficava perto de uma fábrica que produzia 262s e possuía a própria base aérea. No estacionamento da fábrica, Franz vestiu seus trajes de voo. Grandes colunas de fumaça subiam das instalações, na sequência de um ataque que B-24s do 467º Grupo de Bombardeamento haviam realizado naquela manhã[69].

Dentro, na linha de produção, Franz viu um único 262 intacto, apoiado no suporte. O corpo aerodinâmico do caça a jato estava pintado de cinza como um tubarão, e massa de vidraceiro preenchia os pontos de junção. Cruzes pretas desenhadas às pressas decoravam as laterais e as asas. O responsável pela fábrica se aproximou de Franz e perguntou se poderia ajudar.

— Tenho ordens de retirar uma aeronave para a unidade de Galland, a Liga JV-44 — Franz informou.

Confuso, o homem consultou sua lista de pedidos. Ele disse que não tinha aquela ordem de transferência e que nunca ouvira falar de Liga JV-44 nenhuma. Percebendo que o blefe não estava funcionando, Franz admitiu a verdade: que não tinha ordens nem documentos. Franz contou ao responsável que Galland estava formando um esquadrão de ases que haviam se oferecido como voluntários para combater os bombardeiros.

---

[68] Ninguém sabia exatamente por que Galland escolhera a designação "Jagdverband 44/JV-44", ou Liga de Caças 44, embora muitos sugiram que se tratava de uma referência irônica a 1944, o ano em que Goering destruíra os grupos de caças.

[69] O escritório de relações públicas do grupo de bombardeamento escreveria, em seu relatório sobre o ataque: "Fica mais claro a cada dia que o último foco de resistência da Luftwaffe repousa sobre caças de propulsão a jato. O ponto mais seguro para sua aniquilação é a incubadora (...). É por isso que o ataque de Leipheim, o centro de montagem e teste dos Me-262s, representa uma gigantesca batalha aérea, vencida antes que os esbaforidos Chucrutes conseguissem se proteger de um ataque de grandes proporções".

O homem coçou o queixo, ponderando sobre a alegação de Franz. Percebendo que sua oportunidade se esvaía, Franz acrescentou:

— O que é melhor: permitir que eu combata com ela ou vê-la destruída, aqui mesmo, no próximo ataque?

O responsável pela fábrica olhou para a bela máquina e para as instalações fumegantes atrás dela.

— Creio ter encontrado sua requisição — ele disse, com um sorriso.

Franz telefonou a Brandenburg e falou com a Liga 44 para perguntar como estava o tempo e contar que estava a caminho.

Escavadeiras estavam consertando a pista de decolagem da fábrica quando Franz taxiou o jato cinza por entre as crateras deixadas pelas bombas. Com um rugido dos vigorosos motores, ele levantou voo com a aeronave que se dizia ser a última esperança da Alemanha. Ele virou para nordeste para se juntar ao Hospício Voador.

* * *

Quarenta e cinco minutos depois, sobre a Base Aérea de Brandenburg

Do alto, Franz admirou o círculo de torres de artilharia que margeava a base aérea, os cones que mantinham os inimigos a distância. Quando suas rodas tocaram o chão, ele taxiou em direção à torre de controle e aos hangares, onde dúzias de caças 262s estavam estacionados em fila.

Mas os controladores de tráfego aéreo informaram pelo rádio que ele estava se dirigindo ao local errado — a JV-44 ficava do outro lado do campo. Então Franz cruzou a pista e dirigiu até uma distante fileira de árvores, onde cerca de dez 262s estavam estacionados em frente a um pequeno escritório térreo. Franz desligou o motor e deslizou pela asa. Faltavam peças para metade dos jatos à sua volta. O pátio de caças mais parecia um ferro-velho.

— Estou no lugar errado — disse Franz ao primeiro homem da equipe de terra que se aproximou. — Onde é a JV-44?

— O senhor está no lugar certo — o homem respondeu. — Aqui é a JV-44.

Confuso, Franz perguntou onde estava Galland, mas o homem deu de ombros.

Outro homem emergiu do escritório de operações e se aproximou de Franz. Ele usava botas de aviador e calças pretas de piloto, porém, estranhamente, estava também com uma malha de tricô e um gorro. Seus braços oscilavam como pêndulos e ele andava inclinado. Franz pensou que ele parecia um marinheiro cambaleando por um convés em mar revolto.

Quando o homem chegou mais perto, Franz viu que longas mechas de cabelo loiro escapavam do gorro e lhe cobriam os olhos. Franz teve certeza de que o homem era marinheiro.

— Bela máquina! — O homem comentou, exibindo um largo sorriso por cima do queixo forte, intenso; ele usava patentes de major.

— Tem uma hora de idade — Franz respondeu, orgulhoso, batendo continência.

O homem saudou de volta com entusiasmo e se apresentou como major Eric Hohagen, oficial técnico da Liga JV-44. Franz sabia que o oficial técnico era efetivamente o terceiro na cadeia de comando e o responsável por manter os aviões em funcionamento.

Franz já ouvira falar de Hohagen. Ele era uma lenda na Força Aérea. Enquanto Hohagen dava tapinhas no 262 como se a aeronave fosse um cavalo, Franz viu por si mesmo que as histórias sobre Hohagen eram verdadeiras. A sobrancelha direita era mais alta do que a esquerda, o que dava a seu rosto uma expressão permanente de zombaria. Hohagen fora derrubado em 1943, e na queda batera a cabeça na mira da metralhadora, partindo o crânio. Sem alternativa, os médicos haviam substituído os pedaços quebrados do crânio com Plexiglas, antes de fechar e suturar, deixando seu rosto desigual para sempre.

Hohagen perguntou a Franz como ele viera parar na unidade. Franz explicou que ele conhecia Galland desde a Sicília, e que recentemente fora chutado para fora de uma escola de pilotagem de jatos, cortesia de um agente político infiltrado.

— Então o senhor não se dá bem com O Partido? — Hohagen perguntou.

Franz riu. Hohagen perguntou como poderia saber se Franz não era, ele próprio, um agente. Franz deu de ombros. Hohagen contou uma piada que ele chamava de "o teste do agente político".

— Hitler, Goering, Himmler e todos os amigos deles estão em alto-mar — Hohagen falou. — Vem uma tempestade e o navio afunda. Quem se salva?

A boca de Hohagen permanecia aberta, ansiosa, como se ele mesmo quisesse dar a resposta. Franz conhecia a piada.

— A Alemanha.

Hohagen urrou em aprovação. Ele explicou que um infiltrado jamais teria estômago para completar a piada. Franz riu da ironia de um homem que ele julgara ser marinheiro contar uma piada envolvendo o mar. Por toda a Força Aérea, Hohagen era conhecido por seu espírito jovial, por voar usando um casaco de couro amarelo com gola de pele de raposa e por usar botas de cano alto revestidas de pele. No ar, Hohagen era nada menos que um palhaço, mas somava cinquenta e tantas vitórias.

Incomodado com o cenário decadente à sua volta, Franz perguntou onde estavam todos. Hohagen explicou que a JV-44 tinha saído para, lentamente, dar início às operações. A unidade tinha doze pilotos. Um terço dos jatos estava quebrado, porque a JV-44 vinha retirando os aviões recondicionados das oficinas das fábricas. A unidade não possuía alojamento e morava em residências particulares. Sua frota era composta do BMW esportivo de Galland, da motocicleta DKW de Steinhoff e uns poucos *kuebelwagens*.

— É possível obter ajuda do JG-7? — Franz perguntou, tendo visto Esquadrão de Caças 7, um dos poucos a operar com jatos, do outro lado do campo.

Hohagen explicou que servira sob as ordens de Steinhoff no JG-7 até que Steinhoff fora demitido. Hohagen contou também que ele, pessoalmente, havia comandado o Grupo III em campo, mas que o homem que tomara seu lugar, Rudi Sinner, não podia fazer nada para ajudar; eles já haviam pedido. Goering proibira qualquer pessoa de ajudar a JV-44, "os Amotinados". Franz aguçou os ouvidos. Ele contou a Hohagen que conhecia Sinner da África.

— O senhor pode ir lá — Hohagen respondeu. — Mas eu não posso.

Franz não estava entendendo. Hohagen explicou que ficara tão zangado quando Steinhoff fora demitido que havia vandalizado o escritório, destruindo tudo como forma de protesto. Antes que conseguissem prendê-lo, ele havia telefonado ao médico e dito que fosse para lá depressa, pois seus ferimentos na cabeça o estavam transformando em um louco. Em vez de enfrentar a corte marcial, ele fora banido para o hospital, de onde Galland e Steinhoff o haviam resgatado para que se juntasse à Liga 44. O que Hohagen deixou de mencionar foi que, em protesto ao tratamento que Goering dispensara a Steinhoff, ele havia deixado de usar sua Cruz de Cavaleiro naquele dia, a não ser para tirar fotos.

Franz tirou o quepe e mostrou a Hohagen o afundamento em sua testa. Hohagen tirou o gorro e mostrou a Franz a imensa cicatriz. Eles compararam as respectivas dispensas médicas e instantaneamente criaram um vínculo.

Mais tarde, naquele mesmo dia, um BMW esportivo estacionou junto ao escritório. Dele saíram Galland e Steinhoff, resmungando após uma busca infrutífera por mais pilotos. Galland escolhera Steinhoff como o número dois na hierarquia, o chefe operacional que supervisionaria o recrutamento e o treinamento quando não estivesse liderando missões.

— Você deve ter enfurecido alguém! — Galland disse, quando viu Franz.

Franz deu um sorriso culpado enquanto fazia a saudação. Galland explicou que enviara o nome de Franz para Berlim e que ninguém protestara contra a tentativa dele de juntar-se à unidade. Galland contou que Goering estava vetando muitos dos pilotos que ele solicitava, e permitindo que participassem da JV-44 apenas homens que houvessem entrado em conflito com ele ou com O Partido. Goering queria que os Amotinados voassem por tempo suficiente para morrer, mas não o bastante para acabar com os últimos e preciosos veteranos e aviões da Força Aérea. Franz perguntou:

— Seu irmão virá juntar-se a nós?

— Não, ele morreu — Galland disse.

Franz recordava-se do encontro na Sicília que Galland perdera um irmão, mas tinha outro ainda pilotando caças.

— Não, o outro, que estava pilotando um 190 — Franz esclareceu.

— Os dois estão mortos — Galland informou, tão calmamente como se estivesse pedindo uma xícara de chá. — Wutz se juntou a Paul na outra vida há mais de um ano.

Franz se desculpou, mas Galland o interrompeu.

— Não se desculpe quando você passou pela mesma experiência.

Franz percebeu que Galland se lembrara da conversa na Sicília em que ele contara a respeito de August. Naquele momento, as dúvidas de Franz sobre a débil Liga se desfizeram. Independentemente da força ou do sucesso da JV-44, ele soube que ambos estavam lutando pela mesma coisa. Não pelo Reich. Mas por seus irmãos.

* * *

Durante sua primeira semana na unidade, Franz e os demais aguardaram nas proximidades de Brandenburg. Certa manhã Galland partiu em seu carro esportivo rumo ao sul. Steinhoff disse que o general tinha ido procurar uma nova base para a JV-44, tão distante de Berlim quanto fosse possível. Os exércitos norte-americano e soviético estavam prestes a se unir e separar a metade superior da Alemanha da metade inferior. Galland queria que sua unidade estivesse do lado norte-americano, e não do soviético, quando a cortina baixasse.

Franz ficou observando enquanto a equipe de terra pintava em seu avião nu um desenho ondulado, salpicado de verde, que cobria as cruzes pretas da Força Aérea das laterais. Em substituição a cada cruz preta, eles desenharam o contorno branco de uma cruz e, em ambos os flancos, pintaram um algarismo 3 também em branco.

Certa noite, Franz atravessou furtivamente o campo para ir visitar Sinner, que o recebeu bem e convidou a entrar em seu escritório. Franz ficou surpreso ao constatar que Sinner, nos dois anos desde o último encontro de ambos, na Sicília, ainda não ganhara a Cruz de Cavaleiro. Sinner, que sempre se referira a si mesmo como "apenas um soldado comum", deu risada. Franz sabia que Sinner podia ser qualquer coisa, menos "comum". Ele somava quase quarenta vitórias e fora derrubado nada menos de onze vezes.

— Que triste aquilo do urso, não? — Sinner comentou.

Franz afundou na cadeira. Ele sabia que Sinner estava falando de Bobbi, a mascote do Esquadrão 6.

Sinner contou a Franz que ouvira dizer que o antigo esquadrão de ambos fora tão devastado pelas batalhas que durante a retirada para a região central da Alemanha eles precisaram deixar o urso para trás. Não puderam soltar o urso na natureza, pois o animal fora criado por humanos e não sabia caçar. Como pesava 180 quilos, era pesado demais para ser transportado. Quando o zoológico se recusou a aceitá-lo de volta, o esquadrão ficou sem alternativa. Os pilotos e a equipe de terra não conseguiram se forçar a fazer o que precisava ser feito. Franz desviou os olhos, temeroso de ouvir o resto.

— Eles entregaram o urso a uma unidade vizinha, que o levou à floresta e lhe deu um tiro — Sinner concluiu.

Franz permaneceu sentado, paralisado e sem piscar. Vendo isso, Sinner pôs uma mão amigável em seu ombro. Mais tarde, Franz pensaria em quão patética fora a cena, um homem adulto lamentando a perda de um bicho. Mas, para Franz, o assassinato de seu urso simbolizava muito mais do que simplesmente uma morte. Conforme certa vez dissera ao gerente da piscina em Wiesbaden, o urso jamais mordera ninguém.

* * *

Vários dias mais tarde, 31 de março de 1945

Ao amanhecer, Steinhoff conduziu a JV-44 para o céu e comandou a primeira missão *en masse* da Liga. Galland encontrara uma nova base para eles, no aeroporto de Munique, longe de Berlim. Franz e outros oito pilotos seguiram Steinhoff para o sul.

Conforme a *autobahn* passava sob as asas de seu jato, Franz notou que as elegantes autoestradas estavam estranhamente vazias. Os civis alemães não tinham gasolina. A maioria das unidades de caça havia se desintegrado também por falta de combustível, e seu pessoal fora transferido para a infantaria. Franz sabia, porém, que nas florestas às margens da estrada ainda havia vida. Ali operava o que restava da Força Aérea. As unidades agora estacionavam seus caças e até mesmo seus bombardeiros de quatro motores sob os pinheiros. As aeronaves usavam as estradas secundárias para taxiar e a estrada principal como pista de decolagem. Mecânicos consertavam motores em bancos de madeira, e entre as decolagens os caças ficavam escondidos em espaços de passagem sob vias férreas ou outras rodovias. Aqueles membros da Força Aérea, outrora cavalheiros da mais fina estirpe, operavam agora como se fossem guerrilheiros. Ao fugir de Berlim para escapar ao longo braço do Partido, os homens da JV-44 sentiam um *frisson* de liberdade. Eles sentiam que eram o derradeiro esquadrão da Força Aérea, os últimos cavaleiros de um império em desintegração.

Quando os caças sobrevoaram Munique, viraram para o leste em direção à base aérea. Visto de cima, o campo parecia um circuito oval para corrida de cavalos. Na extremidade norte, os terminais e hangares se organizavam em semicírculo como uma arquibancada, em volta do pátio cimentado que servia de estacionamento para os aviões. Um amplo gramado oval ia de leste a oeste, no ponto em que ocorriam as decolagens. Franz conhecia esse campo de sua época como piloto comercial. Voando mais baixo, ele viu que a arquitetura clássica do terminal branco tinha sido desfigurada. Através das estruturas queimadas do telhado, conseguia enxergar poças d'água onde antes era a área de espera dos passageiros. A torre de controle ainda estava de pé no segundo andar do terminal, mas os vidros estavam estilhaçados.

Franz pousou e taxiou até parar em linha com os demais em frente aos dois hangares danificados da base. Os pilotos perscrutaram ansiosamente os céus, esperando ver os caças Aliados, que agora voavam a partir de bases na França e na Bélgica. Com combustível interminável, quantidades infinitas de P-38s, P-47s, Spitfires e P-51s orbitavam sobre a Alemanha, suas sombras desafiando os pilotos alemães a levantar voo e encarar o combate. Galland cumprimentou seus homens e garantiu que eles estavam a salvo em Munique, porque ninguém sabia que eles estavam lá — ainda.

A manhã seguinte, 1º de abril de 1945, estava cheia de otimismo, quando Franz e seus camaradas se apresentaram no novo quartel-general da Liga, uma construção alta, semelhante a um castelo, pouco mais de três quilômetros ao sul do campo. O edifício vazio tinha sido um orfanato, mas as crianças haviam partido fazia muito tempo, levadas para territórios mais seguros. Os pilotos penduraram as pistolas lado a lado em ganchos para casacos e tomaram o café da manhã juntos em um refeitório comprido, sob candelabros. Um contorno na parede marcava o ponto onde costumava haver um grande crucifixo. Em sua refeição matutina os homens se sentavam onde queriam, sargento lado a lado com general. Galland recuperara o velho carisma e Steinhoff levantou um brinde à unidade, "uma pequena tropa esquecida e solitária de banidos e condenados" [Cap 20, nota 2]. Na noite anterior, os pilotos haviam se arranjado em Feldkirchen, um vilarejo a pouca distância a leste da base, onde famílias alemãs lhes emprestaram quartos em que podiam dormir. Galland escolhera acomodações mais apropriadas a um general, e se mudou para um chalé de estilo alpino nas franjas da cidade.

Os homens da JV-44 não perderam tempo e rapidamente se prepararam para a batalha. Eles montaram o quartel-general no orfanato abandonado e esticaram um amplo mapa de guerra sobre a mesa central do cômodo. Sobre o mapa eles colocaram uma lâmina de vidro quadriculado. O mapa mostrava o sul da Alemanha e o norte da Áustria, as áreas que Galland pretendia que a JV-44 defendesse. Uma linha vermelha no mapa mostrava o encolhimento das fronteiras. Os norte-americanos chegariam primeiro ao sul da Alemanha. Eles estavam agora conquistando oitenta quilômetros de território por dia.

Na ponta nordeste da base aérea, os pilotos encontraram um velho barracão que puseram em uso como tenda de comando, onde poderiam se encontrar entre uma missão e outra. Técnicos esticaram uma linha telefônica da tenda até o orfanato para coordenar os voos. Sob o frescor da primavera, os homens pregaram tramas verdes de camuflagem no telhado da tenda. Eles arrumaram cadeiras dobráveis de lona branca e pequenas mesas redondas na lateral da tenda que dava vista para a base. Entre a tenda e o terminal ficava o pátio de estacionamento. Para facilitar o acesso, os pilotos taxiavam os jatos até o pátio e desligavam o motor. Saltando para fora, ajudavam os mecânicos a empurrar as aeronaves para dentro das estruturas fechadas, dispostas em meia-lua.

Um caça FW-190D de nariz alongado aterrissou no campo enquanto os homens trabalhavam. O 190D taxiou para o terminal vazio. Apelidado de "Dora", o 190D tinha uma silhueta elegante e um motor comprido, em linha, onde antes costumava existir um radiador enorme. No terminal vazio, o avião parou, o piloto estava inseguro sobre aonde ir. Em seguida o avião fez uma curva e taxiou através do campo, parando na tenda de comando. O piloto do Dora saiu da aeronave e olhou em volta, claramente desorientado. Usava um casaco longo de couro preto e um quepe quadrado. Os homens riram até perceberem quem era: o coronel Trautloft. O coronel se aproximou e saudou seus companheiros Amotinados. Galland veio dirigindo do orfanato para cumprimentar Trautloft, que lhe entregou uma lista de lugares onde poderiam ser encontrados os suprimentos de que o general precisava para construir a JV-44. Tão depressa quanto havia chegado, Trautloft subiu em seu Dora e partiu, para trabalhar para Galland em segredo.

Galland e Steinhoff analisaram a lista, sabendo que, sem pilotos, jatos e suprimentos eram inúteis. Seus esforços de recrutamento tinham dado em nada até ali, em grande parte devido às interferências de Goering. Então eles decidiram tomar medidas mais drásticas. Naquela noite, dirigiram até o lar de descanso dos pilotos de caça — o balneário. Eles haviam ouvido boatos segundo os quais um dos melhores pilotos da Alemanha estava se recuperando lá, um homem com 195 vitórias.

Na manhã seguinte, esse piloto se sentou à mesa da Liga 44 para o café da manhã. Era o capitão Walter "The Count" Krupinski. Ele fora o companheiro de voo de Steinhoff na Frente Leste. Parecia mais polonês do que alemão, tendo nascido perto da fronteira polonesa. Sua testa era larga; seu queixo, forte, e seus olhos castanhos, redondos e amigáveis. Ele usava calças de montaria de corte evasê, um reforço gozador ao apelido de "O Conde", dado por seus camaradas porque ele tinha um gosto refinado para vinhos, mas vinha de uma origem humilde. Ele era na verdade filho de um soldado.

Apesar de O Conde gozar de sonora reputação, o ás que tomou assento à mesa da JV-44 era uma versão mais tranquila de si mesmo. Ele dera entrada no Flórida para se recuperar de queimaduras obtidas no mês de agosto anterior, e também para viver seu luto. Cinco meses antes, seu irmão mais novo, Paul, morrera em um submarino na costa norueguesa. Desde que perdera o irmão, os olhos do Conde já não tinham o mesmo brilho de vivacidade. "Ele amava a vida em si", dizia o cartão-postal da propaganda alemã sobre o herói aristocrático surgido do povo e que agora usava a Cruz de Cavaleiro. Até a morte do irmão, O Conde tinha amado o vinho, as mulheres e a música. Um ano antes, ele e o maior ás da Alemanha, tenente Erich "Bubi" Hartmann, tinham sido convocados a Berchtesgaden, no sudeste do país, para receber condecorações de Hitler. Os camaradas de Hartmann o chamavam de Bubi ou de Garotinho porque ele tinha um rosto infantil, olhos azuis brilhantes e espesso cabelo loiro. Na noite anterior à cerimônia, O Conde e Hartmann haviam celebrado sua liberdade temporária longe da guerra bebendo champanhe e misturando-o com conhaque. No dia seguinte, bêbados a não mais poder, eles se apresentaram diante de Hitler. Quando o ditador colocou a Cruz de Cavaleiro com folhas de carvalho em seus pescoços, os pilotos cambalearam, incapazes de se manterem eretos. O Conde não conseguiu bater o salto das botas para cumprimentar Hitler porque estava lutando contra a ânsia de vômito. Hitler parou por um momento quando sentiu o cheiro de bebida exalado pelos poros do Conde. Depois que tinham recebido as comendas, O Conde achou que um cigarro poderia ajudá-lo a relaxar. Ele se esqueceu de que Hitler não bebia nem fumava e puxou a cigarreira prateada para acender um. Hitler viu e lhe disse para parar com aquele hábito "nojento". Em vez de punir os pilotos embriagados, porém, Hitler os brindou com seus planos para reverter as perdas que vinham ocorrendo na Frente Leste. Ao saírem da cerimônia, tanto O Conde quanto Hartmann estavam precisando de uma bebida.

— É um doido varrido! — O Conde disse, sobre Hitler.

— Eu te disse, eu te disse! — Hartmann respondeu [Cap 20, nota 3].

Quando Franz conheceu O Conde naquela manhã, sabia que por trás do lendário piloto de modos tranquilos repousava um segredo sombrio. Roedel contara a Franz que O Conde vira Steinhoff matar o piloto soviético preso em seu caça em chamas, e que concordara com o pedido de Steinhoff de atirar também, caso Steinhoff alguma vez se encontrasse em semelhante situação. Todos os pilotos temiam morrer queimados. Franz sofrera queimaduras na Sicília. O Conde fora queimado em um acidente no mês de agosto anterior. Mas Franz se perguntava se O Conde conhecia a reputação dos novos 262s de se incendiarem. Ele duvidava que O Conde soubesse que o combustível do caça a jato era feito de querosene derivado de carvão, e que ficava armazenado em tanques na frente, atrás e abaixo do assento do piloto. Franz ouvira Galland se vangloriando perante homens que não haviam pilotado o 262: "É como se os anjos estivessem empurrando você!". Franz sabia que ele e os pilotos à sua volta já tinham consumido suas nove vidas. Na véspera da batalha, uma nova pergunta atormentava Franz. *O que acontece quando os anjos param de empurrar?*

* * *

Manhã seguinte, 2 de abril de 1945

Os pilotos da JV-44 subiram no topo de um galpão no pátio e de lá observaram o 262 em solo. Olharam para baixo e se maravilharam com a aerodinâmica do jato, que, visto de cima, parecia mais largo e mais baixo. Estavam em vinte, todos pilotos da Liga. Somente nove eram oficiais como Franz. Cada um passara uma vida em horas de combate, mas alguns, como O Conde, nunca haviam se sentado em um jato. Por acordo tácito, todos usavam a jaqueta clássica de couro preto e calças de aviador, de modo a somar tanta virilidade quanto fosse possível.

No pátio de estacionamento sob os pilotos, Galland estava encostado à parede, de braços cruzados. Em seu lugar, Steinhoff, Franz e Hohagen ensinavam a lição. Enquanto Franz e Hohagen estavam de pé embaixo da asa do 262, Steinhoff andava para a frente e para trás em cima dela, com uma ponteira. Mesmo os pilotos que já haviam voado no 262 prestavam atenção, pois o 262 era uma máquina traiçoeira que um piloto jamais poderia dominar completamente.

Steinhoff contou aos homens que pousar o 262 era o momento mais arriscado do voo. No 262, um piloto precisava decidir sobre a aproximação e aferrar-se à decisão tomada. Devido à tendência do motor de desligar em resposta a movimentos muito rápidos, o piloto não podia tornar a acelerar para reganhar altitude e assim compensar uma aproximação falha. Pelo contrário: ele precisava prever qualquer mudança de velocidade com enorme antecipação.

Tendo sido instrutor do 262, Franz conhecia aqueles aparelhos melhor do que qualquer um. Na escola de pilotagem de jatos, as regras o proibiam de contar aos alunos qualquer coisa sobre o funcionamento interno do motor. Agora, enquanto seus camaradas o escutavam atentamente, ele revelou a falha secreta. Contou que as pás do ventilador de resfriamento eram feitas de um metal de baixa qualidade, e que não resistiam ao calor como deveriam. A Alemanha já não tinha acesso a cobalto e níquel para construir lâminas fortes. Se um piloto empurrasse o acelerador muito depressa, o calor do motor aumentaria e derreteria as pás.

— Isto não necessariamente vai matar vocês — Franz disse. — Vai matar o piloto seguinte.

Ele explicou que as pás iriam esfriar e trincar quando a temperatura do motor baixasse, geralmente já em solo. No voo seguinte, as pás do ventilador estariam destinadas a se estilhaçar, provocando uma falha catastrófica no motor. Os camaradas de Franz assentiram. Franz sabia que ele, Steinhoff e Hohagen estavam tentando ensinar em um dia o que na escola de jatos normalmente se ensinava em oito semanas. Mas os homens parados à sua frente não eram pilotos comuns.

* * *

A visão de seus pilotos montados no telhado do pátio de estacionamento inspirou Galland a pegar a lista de Trautloft e arregaçar as mangas. Goering e Hitler com frequência se referiam a Galland, com desprezo, como "o ator" — então, como uma estrela de cinema com conexões de longo alcance, Galland lustrou seu charme encantatório e se pôs a pedir favores, cavando suprimentos da Força Aérea para a JV-44. Bombardeiros He-III vieram das fábricas no norte da Alemanha e descarregaram foguetes experimentais a serem instalados sob as asas. Chegaram caminhões de carga e despejaram partes de motores Jumo 004 para jatos. Perto dos hangares, caminhões-tanque abasteceram o tanque subterrâneo da base aérea com querosene combustível. Galland despachou seus pilotos para as fábricas, e eles voltaram pilotando 262s recondicionados.

O nome do Conde entre os integrantes da JV-44 ajudou Steinhoff a recrutar. Começaram a correr murmúrios entre os esquadrões de caças remanescentes sobre O Conde ter se juntado aos Amotinados. Os pilotos começaram a abandonar suas unidades para se integrar à JV-44; na escola de pilotagem de Trautloft, instrutores testados e aprovados em combate começaram a pedir para ser transferidos para Galland. Trautloft concordava, secretamente empurrando-os para a Liga por baixo das fuças de Goering. Franz observou a Galland que Marseille teria certamente se juntado a eles. Galland concordou, mas relembrou a Franz do profundo desprezo de Marseille pelo Partido e por todos os aspectos do militarismo.

— Ele jamais teria durado até aqui — Galland falou.

Franz assentiu diante daquele reconhecimento de Galland a Marseille. Começaram a circular rumores segundo os quais, para poder integrar a JV-44, era necessário que um piloto usasse a Cruz de Cavaleiro. Ao saber disso Franz deu risada, porque de seu pescoço só pendia uma gravata preta.

21
NÓS SOMOS A FORÇA AÉREA

Três dias depois, 5 de abril de 1945, 9h30

O sol frio mal parecia ter-se erguido sobre a base aérea quando Franz e seus camaradas se reuniram perto da tenda de comando trajando sua indumentária de voo. O solo ao redor deles brilhava por causa do granizo. Os pilotos fumavam nervosamente e se esticavam em espreguiçadeiras tentando aparentar indiferença. Hohagen estava em pé junto a uma janela da tenda de comando com a orelha grudada a uma linha telefônica. Ao contrário dos demais, ele não estava vestido para voar, pois estava coordenando as operações do dia. A cada poucos minutos, ele transmitia uma mensagem do orfanato: as coordenadas dos Quatro Motores pesadões, uma contagem regressiva conforme os bombardeiros se aproximavam do sul da Alemanha.

Franz e seus companheiros sabiam que mil Quatro Motores e seiscentos caças de escolta estavam a caminho. Os homens do radar estavam acompanhando a trajetória desde que eles haviam partido da Inglaterra, e agora as jovens observadoras faziam o monitoramento usando binóculos.

Franz e os demais estavam ansiosos por voar no que seria a primeira verdadeira missão de combate da JV-44 a partir de sua nova base. Não se tratava do batismo de fogo da Liga, porém. Três dias antes, somente umas poucas horas depois de ter aprendido a pilotar o 262, O Conde pegara um jato e fora até o Balneário Flórida para mostrar aos amigos que estava de volta às cabines. Durante o voo, o orfanato lhe passara um rádio dizendo que voltasse, porque P-38s haviam sido identificados nas redondezas. Em vez disso, porém, O Conde atacara os P-38s, achando "que seria bacana" ter uma vitória em sua primeira missão [Cap 21, nota 1]. Mas ele havia superestimado sua velocidade e errara os P-38s, disparando enlouquecidamente, mas falhando todos os tiros.

Agora O Conde estava sentado perto de Franz com os joelhos tremendo. Outros pilotos caminhavam. Franz sentia a mesma ansiedade, uma preocupação inédita, jamais sentida durante a guerra, a questão de quem seria escolhido para voar. Dos dezoito caças da Liga, metade estava sem motor, estacionada no pátio. Os motores estavam em cidadezinhas próximas, em oficinas onde mecânicos os reparavam usando ferramentas outrora empregadas no conserto de automóveis. Apenas sete aviões estavam em condições de voar. Quando Galland e Steinhoff se aproximaram, com roupas de voo, Franz suspirou de alívio. A espera chegava ao fim.

Os pilotos entraram rapidamente em estado de atenção, mas Galland lhes disse para relaxar. Desenrolando um mapa sobre a mesa, pediu que os homens se aproximassem. Apontando, ele explicou que os bombardeiros haviam se dividido em grupos menores com o objetivo de atingir múltiplos alvos por todo o sul da Alemanha. Ele tamborilou no mapa. Steinhoff decolaria primeiro, conduzindo um esquadrão com os cinco jatos mais confiáveis, para interceptar os bombardeiros a leste de Munique. Galland iria liderar uma missão separada, mais tarde, com os jatos que continuassem em condições de voar.

Steinhoff anunciou os pilotos que voariam com ele. O Conde. Tenente Fahrmann. Tenente Stigler. Sargento Nielinger. E só. Hohagen gritou as novas coordenadas para Galland — os pesadões dos Quatro Motores estavam ao alcance.

Galland relembrou aos pilotos o que eles já sabiam: centenas de caças de escolta estariam à espera deles. E lhes contou o que vinham tentando esquecer: que os pilotos de jatos haviam se tornado o principal alvo dos caças Aliados, tanto no ar quanto em paraquedas[70]. Galland acabara de saber pelo Esquadrão de Caças 7 que um dos pilotos deles, o major Rudi Sinner, fora severamente acossado no dia anterior depois de saltar de paraquedas. P-51 Mustangs haviam atingido o jato de Sinner, e ele ficara gravemente queimado no incêndio. Depois de saltar, ele pousou no terreno de um fazendeiro, emaranhado nas cordas do paraquedas. Os Mustangs voltaram e atiraram contra ele, mas erraram a pontaria. Sinner se fingiu de morto até que eles partissem. Estava ferido, mas vivo.

Alguém comentou:

— Portanto: não salte, pois eles vão atirar em você de paraquedas, e não caia, porque eles vão atirar em você em solo. O que fazer, então?

— Não levar tiro nenhum — Franz respondeu, meio de brincadeira.

Os demais pilotos riram. Galland não. Sua expressão seriíssima acabou com a diversão dos outros. Como general dos pilotos de caça, ele vira os corpos dos pilotos que tinham sido atingidos por balas de calibre .50 enquanto planavam em seus paraquedas. Os pilotos atingiam o solo com metade do peso que tinham enquanto flutuavam. Durante a Batalha da Grã-Bretanha, Hitler havia considerado a possibilidade de ordenar a Goering que os pilotos atirassem em inimigos de paraquedas. Hitler perguntou a Goering como ele achava que uma ordem daquelas seria recebida, e Goering pediu a opinião de Galland.

— Eu consideraria isto como assassinato, *Herr Reichsmarschall* — Galland respondeu a Goering, prometendo descumprir tal ordem caso ela viesse a ser emitida.

Goering sorriu e disse: "Esta é exatamente a resposta que eu esperava obter de sua parte, senhor Galland" [Cap 21, nota 2]. Devido à firme adesão de Galland aos próprios princípios, Hitler jamais emitiu a ordem.

Hohagen avisou Steinhoff que era hora de decolar. Galland dispensou os pilotos com uma continência. Steinhoff reuniu Franz e os demais de seu esquadrão. Steinhoff certa vez admitira que atacar os pesados Quatro Motores "era parecido com um suicídio controlado". Agora, porém, ele

---

[70] Conforme a guerra se aproximava do fim, os pilotos de caça norte-americanos sabiam que qualquer piloto alemão ainda em atividade era necessariamente um especialista. Esta consciência levou alguns pilotos norte-americanos (um percentual pequeno, desconhecido) a atirar contra pilotos alemães que estivessem saltando de paraquedas ou depois que pousassem. Eles aplicavam uma lógica pragmática. Não queriam que um *expert* alemão voltasse aos céus para matar a tripulação de dez pessoas de um bombardeiro, um companheiro deles ou eles próprios.

tentava incutir ânimo em seus homens. Ele disse que estivera escutando em um rádio no orfanato às conversas dos bombardeadores, que já não se importavam em guardar silêncio, na certeza de que a Força Aérea Alemã estava liquidada.

— Vamos provar que estão errados — Steinhoff disse.

* * *

Sinalizadores verdes cruzaram a base aérea. Com a torre vazia, este era o sinal para que a equipe de terra liberasse a pista de decolagem. Pelo rádio, da cabine da White 3, Franz ouviu a voz de Steinhoff dizendo a ele e aos demais que ignorassem os sinalizadores e aguardassem até que os motores estivessem aquecidos. Franz se flagrou espiando por cima dos ombros, esperando que os caças inimigos não estivessem baixando no campo. Ele removeu as luvas e entrelaçou o rosário nos dedos. Apenas pequenas manchas de tinta preta restavam nas contas lilases.

Depois de cinco minutos que pareceram cinco anos, Steinhoff deu início aos procedimentos de decolagem, seguido pelo Conde e os outros. Franz guardou o terço no bolso e fechou o zíper. Tornou a calçar as luvas e gentilmente empurrou o manche. O sistema de exaustão dos motores expeliu chamas alaranjadas em formato de cone. A White 3 deslizou pela pista gramada, deixando em seu rastro uma nuvem escura que cheirava a carvão. O 262 guinchou como uma alma penada e ganhou velocidade lentamente, as três rodas girando até perderem a nitidez conforme a pista ia ficando para trás. Franz sabia que o jato precisava percorrer 1.800 metros para atingir os 193 quilômetros por hora necessários à decolagem, por isso segurou o câmbio em posição neutra e manteve o bico para baixo. Adiante, Franz via o perímetro arborizado cada vez maior. Além dele ficavam os campanários das igrejas e os telhados das casas da vila de Feldkirchen. Puxando o controle, Franz suspendeu o nariz do avião. O jato hesitou, o nariz escalando os ares até que todo o corpo da máquina se elevou. Pequenas árvores se curvaram, açoitadas pelo giro ultrarrápido das rodas dos jatos. Com o controle enfiado nas profundezas de seu estômago, o jato começou a acelerar, sugando para dentro dos turbos o ar que seria aquecido e expelido como impulso. Ao contrário do motor de torque do 109, os motores do 262 trabalhavam juntos, resultando em velocidade contínua.

O esquadrão de cinco dirigia-se para nordeste e voava baixo para ganhar velocidade antes de subir a maiores altitudes. O céu em torno deles estava vazio. Franz de repente acreditou no que Steinhoff dissera: "Nós somos a Força Aérea". Através da cabine de plástico do jato, arredondada como uma bolha, Franz via a Baviera a seu redor. A zona rural faiscava, conforme a neve derretia e revelava os pastos verdejantes da primavera. *Uma guerra tão horrorosa jamais foi travada em um lugar tão lindo*, ele pensou.

A 764 quilômetros por hora o esquadrão voou sobre as mulheres que ocupavam os postos de artilharia em volta da base aérea. Os pilotos as chamavam de "Bonecas Artilheiras". A formação passou assoviando por cima de vilas bombardeadas onde mulheres, crianças e velhos correram para vê-los. Eles sobrevoaram colunas de refugiados alemães, alguns dos 2 milhões de cidadãos sem-teto que agora acampavam nos vilarejos e nas margens das estradas do país. Os jatos passaram rasgando pela *autobahn*, o rugido de seus motores ecoando ao longo do cimento, chamando os pilotos abatidos e os mecânicos cansados que se escondiam sob as árvores esperando para se renderem. Os homens foram para a estrada e admiraram, de olhos arregalados, os jatos que voavam sobre os pinheiros, deixando atrás de si um ronco de desafio que lhes acelerava o coração.

As pessoas em terra protegiam os olhos com as mãos, hipnotizadas pela visão de cinco jatos se elevando rumo ao sol. Algumas choravam de orgulho; outras, de tristeza. Algumas sacudiam a cabeça com caretas de reprovação por aquela teimosia tão inútil. Mas todos os que viram os cinco jatos sabiam que eles estavam partindo para combater um inimigo de poder descomunal. Eles viram por si próprios que Goering estava errado, e que a Força Aérea jamais os abandonara. Eles viram a Força Aérea e mais, algo que Goering lhes dissera não mais existir nos céus da Alemanha: bravura.

* * *

Trinta e dois mil pés acima da terra

De seu posto na traseira direita do triângulo da formação de voo, Franz ouviu Steinhoff chamar os bombardeiros em júbilo. Steinhoff conduziu a formação para a esquerda, em direção ao norte, e Franz viu os pesadões. Eles voavam como uma delgada nuvem prateada acima dos campos cultivados. Seus olhos se iluminaram. A nuvem de bombardeiros era diminuta, apenas trinta e poucos aviões, e aparentava estar flutuando para o oeste, entre as cidades de Straubing e Ingolstadt. Comparados aos ataques com 2 mil bombardeiros que os norte-americanos vinham fazendo, trinta bombardeiros eram uma ninharia.

Steinhoff deu início à carga de 804 quilômetros por hora. O método de ataque com o 262 havia sido modificado para compensar a velocidade fulgurante do jato. Os dias de mergulhar, atingir, ascender e repetir pertenciam ao passado. Agora Franz sabia que precisava correr até o bombardeiro, atingi-lo pela lateral ou por trás, subir, fazer a curva e repetir o ataque. Franz abriu o protetor de metal que protegia o gatilho de polegar do 262. Ele apoiou o polegar enluvado no botão marrom que poderia acionar os quatro pesados canhões de 30 milímetros no nariz do jato. Franz costumava repetir a seus alunos o que lhe tinha sido ensinado: que os canhões poderiam "mastigar a asa de um B-17" com apenas cinco bolas. Ele estava pronto a tirar a prova.

Os bombardeiros ainda estavam pequenos e a uma grande distância quando Franz elevou o olhar e esbugalhou os olhos diante do que viu. Voando exatamente sobre ele e seus companheiros, bem acima, estava um bando de caças prateados. Ele conhecia aquela silhueta: nariz comprido, asas retas, caudas estreitas. Ele abatera um daqueles no mês de abril anterior. Era o caça que os alemães chamavam de Flying Cross e que os norte-americanos chamavam de Mustang. Era o P-51 e havia ao menos uma centena deles. Franz sabia que estava encrencado. Em sua voz calma de professor, Steinhoff disse, pelo rádio:

— Problemas acima.

Em geral, um 262 conseguia escapar de um P-51, facilmente voando mais depressa do que ele. Entretanto, se um P-51 estivesse bem acima de um 262, poderia mergulhar e ganhar velocidade suficiente para, durante um curto período, voar alinhado ao jato. Espiando para o alto enquanto protegia os olhos com a mão, Franz viu os P-51s mergulhando, e retirou o dedo do gatilho.

Franz levantou os olhos de novo e viu três P-51s se destacando da formação de mergulho, os bicos apontando diretamente para ele.

Ele sabia que aquela era uma batalha que ele não poderia vencer, e os outros sabiam também. Os jatos à sua esquerda inclinaram-se para a esquerda, e Franz guinou violentamente para a direita. Naquele dia, ele jamais chegaria perto o bastante dos bombardeiros para ver que eles traziam na cauda marcas que ele teria reconhecido, o triângulo com um K do 379º Grupo de Bombardeamento. Girando invertidamente, Franz recorreu por instinto à tática que durante três anos lhe salvara a vida nos 109s. Ele mergulhou.

Apontando a White 3 para a terra, ele a deixou voar como um foguete rasgando a atmosfera. A velocidade o grudou em seu assento. Franz espiou os P-51s que vinham atrás, correndo para alcançá-lo. Outros P-51s se juntaram aos primeiros. Franz empurrou ainda mais o controle, que já vibrava, para acentuar o mergulho. A agulha no indicador de velocidade do ar tremia. Franz sentiu a força da gravidade pressionando seu esterno.

A voz do tenente Fahrmann se fez ouvir pelo rádio:

— Danúbio Um, meu cavalo está manco!

Franz conhecia o código para problemas de motor e soube que os P-51s haviam pego Fahrmann. Segundos depois, ele ouviu Fahrmann dizer que estava pulando.

A White 3 avançava mais e mais depressa em direção a uma camada de nuvens a 20 mil pés de altitude. Os olhos de Franz se encheram de lágrimas. O indicador de velocidade do ar passava dos 965 quilômetros por hora. A linha vermelha do mostrador estava traçada na marca dos 1.005 quilômetros por hora. Quando a agulha chegasse àquele ponto, os controles do jato congelariam, e a aeronave poderia, teoricamente, se desfazer em pedaços.

Franz soube que havia deixado os P-51s para trás quando as nuvens passaram por sua cabine, revelando a velocidade absurda. Graças à gravidade e aos turbos, o 262 se transformara em um projétil capaz de vencer 10 mil pés em segundos. Quando ele atravessou as nuvens, os largos e padronizados campos de cultivo ocuparam seu para-brisa em todas as direções. Franz decidiu que estava seguro, com as nuvens separando-o dos caças lá em cima. Ele tentou reduzir, mas os controles estavam congelados, travados como que por um encanto demoníaco [Cap 21, nota 3].

A cabine mergulhou no silêncio. Apenas o vento uivando contra as asas informava a Franz que ele estava vivo. O ponteiro do velocímetro estremecia sobre a marca dos 1.005 quilômetros por hora. Ele voara para além dos limites do avião, esquecendo-se de uma regra do 262: jamais mergulhar o jato tão rápido que ele já não precisasse da ajuda da gravidade. Agora, a White 3 estava congelada em um mergulho mortal. Franz lutava para puxar o controle, mas ele parecia rígido como uma barra de ferro. Preso ao assento pela pressão, Franz sabia que não tinha como pular. Ele se sentiu gelar quando o pensamento se formou em sua cabeça. *Eu acabei de me matar.* Franz começou a rezar fervorosamente.

Chute o leme! Franz pensou ter escutado uma voz. Mas seus fones estavam mudos. Usando o controle que não se mexia como alavanca, Franz enfiou o salto das botas nos pedais do leme. Ele empurrou o pedal esquerdo com toda a força. A traseira do jato balançou. Ele empurrou o pedal direito. O jato se sacudiu de novo. Franz começou a pisotear os pedais, alternadamente, até que o jato começou a oscilar. De repente, ele sentiu o controle se mexer. O jato havia percorrido 10 mil pés, e depois mais 8 mil. Franz via as fazendas se aproximando, ficando maiores e mais nítidas, com fileiras de cultivo e estradinhas aparecendo. Ele queria puxar o controle de volta imediatamente, mas lutou contra o sentimento de urgência e continuou chutando os pedais. Arfando e gemendo, ele trouxe de volta o controle. Ele tinha certeza de que a estrutura estava prestes a arrebentar.

Lentamente, o nariz da White 3 se estabilizou, e em seguida se ergueu. Cerrando os dentes e conversando com o controle, Franz manobrou o jato no sentido de um arco suave. Ele viu a terra se aproximando, 3 mil pés de distância, 2 mil e então apenas mil pés. Franz sabia que passaria raspando, caso sua arrancada tivesse curvatura suficiente para completar o arco sobre a terra. Ele parou de respirar, mas continuou puxando. Pouco antes que os motores suspensos escavassem o solo, o nariz da White 3 se ergueu e seus motores a impulsionaram para longe da terra.

Recuperando o controle, com o altímetro a zero conforme ele voava paralelamente aos campos, Franz olhou para a esquerda e viu os rostos chocados de um grupo de fazendeiros em pé na mesma altura que ele. Girando e subindo, ele recuperou o fôlego. Então viu algo espantoso. Os fazendeiros estavam apagando as chamas surgidas no meio do feno plantado para os animais. Os motores do jato haviam incendiado a plantação.

Franz sobrevoou os fazendeiros mais uma vez e acenou para pedir desculpas. Os fazendeiros pararam para observar, em total deslumbramento, chocados demais para conseguirem acenar de volta em resposta. As vacas se assustaram com o barulho do jato. Os fazendeiros retomaram o apagar das labaredas. Virando para Munique, Franz passou por uma coluna de fumaça negra que se elevava de Ingolstadt, onde B-17s haviam atingido um depósito de artilharia. Ele abriu o zíper da jaqueta de couro preta. Transpirando, Franz se amaldiçoou por ser tão estúpido e, no mesmo fôlego, agradeceu a Deus por voar com ele. Seus instrutores jamais o haviam alertado para não mergulhar com o 262. Ninguém poderia ter tido a experiência que Franz tivera e voltar para alertar os demais[71]. Franz sabia que não havia retornado daquele mergulho por si. Algo quebrara o encantamento demoníaco, e era uma força muito mais poderosa do que a de seus músculos.

* * *

Quatro dias mais tarde, 9 de abril de 1945, por volta das 16h

Franz enfiou a pá no solo branco e arenoso da base aérea e atirou a terra de lado. Sua trincheira já media um metro e vinte de profundidade, mas ele continuava cavando. Perto dele, a White 3 repousava à sombra do entardecer do outro lado do muro do pátio de estacionamento. Franz trabalhava vestindo o uniforme de piloto, pois sabia que a qualquer momento poderia ser chamado a levantar voo.

Quatro dias antes, os norte-americanos haviam localizado a JV-44. Quando Franz voltou para lá, depois de mal estar recuperado de seu mergulho para a morte, chegou pouco depois de P-51s terem atacado o campo. Todos sabiam que eles iriam voltar. Cavar trincheiras individuais fora ideia de Galland, para que os homens pudessem abrigar-se em um local seguro imediatamente depois de pousarem. Nos outros pátios de estacionamento, a leste da tenda de comando, os demais pilotos — Galland incluído — cavavam trincheiras ao longo dos galpões onde seus jatos ficavam. Franz sorriu ao pensar na ironia

---

[71] Franz recordaria: "Mais tarde, naquele mesmo dia, nós de fato fizemos uma reunião para falar acerca da minha experiência. Lembre-se de que estávamos todos aprendendo sobre aqueles aviões. Foi uma lição bem valiosa". [Cap 21, nota 4]

de estar abrindo uma cova como a que ele chamava de "lar" quando estava na África.

Um som grave e ritmado de metralhadoras congelou os pés de Franz junto à pá. Olhando para oeste, ele viu um P-51 surgir por cima das árvores e em seguida mergulhar e voar baixo, paralelamente ao campo. Outro P-51 apareceu. E depois mais um. Nos narizes, eles exibiam um desenho xadrez em amarelo e preto, a pintura de guerra do 353º Grupo de Bombardeamento. Os caças varreram a extremidade sul da base aérea, suas metralhadoras cuspindo. As balas perfuravam o solo e rasgavam os pátios de estacionamento e as trincheiras. Um jato estacionado explodiu. Artilheiros tombavam mortos sobre suas covas abertas na terra. Os pilotos dos P-51s praticamente abraçavam o solo, a reentrância na barriga das aeronaves quase varrendo a grama. Por toda a Alemanha, pilotos inimigos haviam declarado aberta a temporada de caça às bases aéreas, levando a cabo oito dias consecutivos de ataques dos quais resultaram, alegadamente, 1.697 aeronaves alemãs destruídas.

Sirenes dispararam quando a artilharia do campo despertou e começou a disparar grandes nuvens de fumaça preta. Os P-51s pareciam voar mais depressa do que indicava o som de seus motores, um rugido gutural que ficava ecoando mesmo depois que eles haviam se afastado. Os pilotos dos P-51s continuavam indo para a direção leste após cada ataque, mantendo-se em baixa altitude, sem se elevar nem se inclinar. Franz percebeu que eles conheciam muito bem os equipamentos que pilotavam. A primeira onda mal havia partido quando um segundo grupo de P-51s irrompeu através da fumaça na parte sul da base. Eles cruzaram o campo em direção ao norte a 515 quilômetros por hora e metralharam os aviões estacionados em frente ao terminal. A cada vez, os P-51s vinham de uma nova direção, para confundir a artilharia.

Por um momento, Franz permaneceu imóvel, congelado de choque. Os P-51s estavam destruindo tudo, exceto o lugar onde ele estava. Os homens ao redor de Franz pularam para suas trincheiras, esconderam-se nos pátios e correram para o abrigo antibombas atrás da tenda de comando. Franz afinal recuperou os movimentos, atirou a pá de lado e se jogou na trincheira. Lá de dentro ele espiou para fora, em direção ao céu, e viu labaredas de fogo ricocheteando logo acima. O banho de terra que ele levou deixou claro que ele saltara no momento exato. Uma fração de segundo mais tarde ele viu um esquadrão de P-51s voar exatamente acima de sua cabeça. A força dos estouros arrancou seu quepe. Ele conseguia sentir o cheiro dos escapamentos.

Depois que a artilharia havia expulsado os P-51s para longe, Franz lentamente subiu de sua trincheira. Três dos jatos da Liga queimavam ao seu redor, e os outros haviam sido atingidos pelos projéteis. Franz correu para ver como estavam seus camaradas e, milagrosamente, nenhum fora atingido. Galland se aproximou para inspecionar os danos, e lamentou:

— Eles atirariam até em um cão de rua, se pudessem [Cap 21, nota 5].

Franz subiu nas asas da White 3 e andou de um lado ao outro. Ele sorriu ao constatar que ela estava ilesa.

Uma sirene o fez estancar. Ele pulou do avião para a cova, certo de que os P-51s estavam de volta. Os outros homens ao longo da fila de jatos também se esconderam nos buracos. Somente suas cabeças apareciam, enquanto eles espiavam nervosamente em direção ao céu. Franz esperou pela ordem de decolar, mas a ordem não veio. Ele aguardou na cova próxima à White 3 até ouvir um ruído baixo, vibrante e prolongado, que ele reconheceu de sua época na Sicília — o zunido das vespas metálicas. Franz viu o enxame emergir das nuvens bem altas no céu. Grupos e mais grupos de bombardeiros prateados voavam do sul para o norte. Eram B-17s, duzentos deles.

As artilharias da base aérea e da cidade de Munique dispararam, lançando projéteis a 9 mil metros de altura. Alguns companheiros saíram correndo dos buracos, mas Franz ficou. Ele esperava que Galland viesse correndo dizer-lhe que evacuasse a White 3. Porém, quando ouviu o silvo característico do lançamento de bombas, Franz soube que tal ordem jamais viria. Ele pôs os polegares nas orelhas e abriu a boca, exatamente como a garotinha havia demonstrado em Postdam. Franz apertou os joelhos contra o peito e se enrodilhou no fundo da cova, enquanto lá fora o mundo tremia. A pressão de cada disparo lacerava sua trincheira e lhe jogava terra nas costas. Cada explosão roubava mais ar de seus pulmões e o comprimia mais para baixo. Franz sabia, pela direção da fúria, que os bombardeiros estavam atacando os terminais e hangares onde acreditavam que a JV-44 residia e operava. Ele ouviu vidros se partindo, fogo crepitando e paredes desmoronando. Uma bomba assoviou e caiu girando, mas em meio ao caos Franz não chegou a ouvi-la explodindo[72].

Quando a terra parou de tremer, Franz tirou o braço da frente do rosto, olhou para cima e viu os bombardeiros virando para oeste, indo embora. Ele se suspendeu da cova e enxugou os olhos. Seus camaradas também emergiram, esfregando a cabeça para remover as teias de aranha. Uma fumaça cinzenta se elevava dos terminais ao longo da pista. A lateral da torre fora arrancada e a estrutura vacilava. Os bombardeiros haviam lançado bombas incendiárias, que queimaram o teto dos hangares dos quais, agora, saía uma espessa fumaça preta. Bombas altamente explosivas haviam castigado o concreto da área de estacionamento do terminal bem como a pista de grama, e deixado para trás crateras profundas, brancas, em cujas bordas haviam se formado círculos perfeitos de terra. Nos pátios de estacionamento mais ao sul do campo havia jatos queimando. Quando as sirenes de ataque pararam de gritar, outros gritos puderam ser ouvidos — soluços sufocados de dor vindos da extremidade sul da base. Ali, cinquenta homens e Bonecas Artilheiras estavam feridos. Seis homens haviam sido mortos. Franz viu os sobreviventes caminhando trôpegos entre jatos em chamas. Ao juntar-se aos camaradas em uma corrida para prestar socorro, Franz sabia que, sem uma faísca de esperança, a JV-44 seria aniquilada antes de conseguir fazer qualquer coisa.

---

[72] Um oficial da JV-44, major Werner Roell, estava em Munique quando viu um aviador saltar de paraquedas de um B-17. Roell o encontrou em poder de alguns civis e de um oficial da SS. Antes que o oficial da SS pudesse executar o aviador, Roell o afugentou dali e levou o homem, um norte--americano, para o hospital. "Ele podia estar vestindo um uniforme diferente do nosso, mas ainda era um companheiro, um ser humano", Roell recordaria. [Cap 21, nota 6]

22
O ESQUADRÃO DOS ESPECIALISTAS

Uma semana depois, meados de abril de 1945

Franz e seus camaradas estavam perto da tenda de comando, comendo sanduíches de pão e presunto como faziam todos os dias na hora do almoço. Eles mastigavam em silêncio, exaustos por causa dos bombardeiros britânicos Mosquito, que sobrevoavam Munique e faziam disparar as sirenes de alarme, impedindo-os de dormir. Estavam esgotados da limpeza que faziam após os bombardeios, que não davam trégua. O grupo mal notou o piloto que se juntou a eles, com uma patente de major na ombreira e uma Cruz de Cavaleiro no pescoço. Um dos pilotos viu o estranho, desviou o olhar, caiu em si e olhou de volta. Ele reconheceu o homem de rosto forte e simples que por acaso somava 301 vitórias, três vezes e meia a contagem do Barão Vermelho. O piloto perguntou:

— Barkhorn?

O estranho deu risada e assentiu.

Franz virou-se e viu os famosos olhos azuis de aço de seu antigo aluno de pilotagem, Gerd Barkhorn. Barkhorn já não era um simples cadete. Depois de três anos e meio de combate, principalmente na Frente Leste, Barkhorn surgia diante de Franz como o segundo maior ás da história. Ele estava se apresentando à Liga. Franz e Barkhorn se abraçaram, enquanto os demais se reuniam em volta deles. Barkhorn se vangloriou perante todos de que Franz havia não apenas salvo sua carreira, mas lhe mostrado a primeira mulher nua que vira na vida, nas margens da colônia de nudismo de Dresden.

Barkhorn contou que viera do Balneário Flórida para juntar-se ao grupo. Ele vira os nomes dos integrantes da JV-44 e quisera fazer uma visita, ponderando que, se estava indo visitar, bem poderia ficar para combater. Ele disse a Franz que nunca havia pilotado o 262. Franz prometeu mais uma vez ensinar o antigo aluno.

* * *

Pouco depois da chegada de Barkhorn, Galland reservou uma cadeira a seu lado à mesa de jantar da JV-44. O jantar no orfanato era uma ocasião formal, e a refeição era servida por garçons. Galland queria manter o clima profissional da unidade. Ele e sua equipe — Steinhoff, Hohagen e um ou dois ajudantes gerais, que não eram aviadores — sentavam-se em um dos lados de uma mesa comprida, como em um casamento. Os pilotos ficavam do outro lado da mesa, de frente para eles. Franz olhava repetidas vezes para o assento vazio. Steinhoff estava à direita de Galland. A cadeira vazia ficava à esquerda. Franz se perguntou quem o general estaria esperando. As portas duplas do refeitório abriram-se com um rangido. Um oficial entrou em silêncio, pendurou no gancho da parede sua jaqueta cinza de couro e se aproximou da mesa. Os homens constataram, surpresos, que Luetzow, o Homem de Gelo, havia partido de seu exílio italiano para se juntar à Liga 44.

Ao indicar a cadeira a seu lado, Galland exibia o mesmo sorriso malicioso de sempre. A carranca de Luetzow pareceu se atenuar quando ele ocupou seu lugar à mesa. O moral dos pilotos à sua frente também melhorou, conforme indicavam seus sorrisos. Durante a refeição, Luetzow fez um aceno para Franz, de quem se lembrava da Sicília.

Franz viria a saber que Luetzow viera atendendo a um pedido de Galland, e não por vontade própria de juntar-se à Liga. Ele não combatia fazia três anos, que dirá conhecer o 262. Galland convocara Luetzow para ser seu braço direito, para cuidar de toda a logística e das operações, de maneira que Steinhoff pudesse se concentrar em liderar o esquadrão.

Mas Luetzow insistira que, caso se juntasse a eles, compartilharia os riscos. Ele combateria também.

Steinhoff contemplou a mesa completa da JV-44 e soube que nunca antes houvera uma unidade com tantas lendas, "um corpo de jovens em que cada um sabia tanto a respeito de todos os demais" [Cap 22, nota 1]. Fora do refeitório da JV-44, os colegas dos pilotos passariam a chamar o Hospício Voador de outro nome: o Esquadrão dos Especialistas.

* * *

Na manhã seguinte

Além da fileira de árvores a leste da base aérea, o céu noturno começava a clarear. Usando uma lanterna, Franz conduzia Barkhorn até a White 3. Ele se apressava, sabendo que, com o surgimento do sol, poderiam surgir também P-51s. Franz ia dar a Barkhorn a primeira aula sobre os instrumentos do 262. Bem mais adiante, uma luz saía do avião de Steinhoff, onde ele se ajoelhava na asa por cima de Luetzow, que estava sentado na cabine.

— Onde está a pintura do seu nariz? — Barkhorn perguntou a Franz, apontando a lanterna para o bico da White 3.

Franz explicou que os aviões da JV-44 eram compartilhados entre todos, de modo que não fazia sentido personalizar uma fuselagem. Até mesmo Galland seguia essa regra, e pusera fim à tradição de pintar o Mickey Mouse em seu avião. Barkhorn contou a Franz sobre a mulher, Christl, e disse que pintava o nome dela em todos os aviões que pilotava, para dar sorte. Franz aconselhou Barkhorn a tirar a esposa da cabeça se quisesse vê-la de novo. Franz levantou a capota para que Barkhorn se sentasse. Iluminando o painel de instrumentos com a lanterna, Franz disse a Barkhorn que não se iludisse com a "beleza sinistra" do 262: era uma máquina que não perdoava. Voava tão rápido que um piloto precisava pensar em altíssima velocidade, antecipando cada manobra.

Franz se lembrou, da época da escola de pilotagem, que a mente de Barkhorn era seu pior inimigo. Ele mesmo admitia que, quando começou a combater, cumpriu uma centena de missões sem nenhuma vitória, até que finalmente relaxou. Franz ouvira dizer que os nervos de Barkhorn, ao lado de seus ferimentos físicos, tinham-no despachado para a Flórida.

Franz sabia que qualquer um estava sujeito a sucumbir à pressão. Ele próprio quase sucumbira, não fosse um artilheiro de B-17 tê-lo abatido antes. Franz se preocupava com Barkhorn porque sabia que ele era um homem decente que tinha grande consideração pelos companheiros, a verdadeira razão pela qual ele deixara o balneário e se juntara à JV-44[73].

Franz teria ficado ainda mais preocupado com seu antigo aluno se conhecesse uma história envolvendo Barkhorn e um inimigo. Em algum momento durante os três anos e meio de combate na Frente Leste, ele havia atirado em um caça soviético e feito o avião em pedaços. O caça estava soltando fumaça e se desfazendo. Em vez de acabar de destruir a aeronave, Barkhorn emparelhou com ela. Ele viu o piloto soviético sentado na cabine, congelado de pânico. O piloto olhou para Barkhorn. Barkhorn gesticulou para que o piloto saltasse. O piloto desistira da ideia de saltar, imaginando que seria alvejado se o fizesse. Com o encorajamento de Barkhorn, o homem abriu a cabine, pulou e flutuou de paraquedas, em segurança. O melhor amigo de Barkhorn, Erich "Bubi" Hartmann, que o superava em cinquenta e uma vitórias e era o maior ás da história, perguntou por que Barkhorn arriscara a própria vida ao emparelhar com uma aeronave inimiga para convencer o piloto a saltar. Barkhorn respondera a Hartmann: "Bubi, você precisa lembrar que um dia aquele piloto russo foi o bebezinho de uma linda garota russa. Ele tem direito à vida e ao amor tanto quanto nós" [Cap 22, nota 2].

Depois da aula com Barkhorn, Franz foi conversar com Steinhoff, que tinha as próprias preocupações a respeito de Luetzow. Steinhoff contou que Luetzow não memorizava as lições e não dominava o novo jato, como se sua mente estivesse gritando por cima de seus pensamentos, ensurdecendo-o para tentar mantê-lo afastado da cabine.

* * *

O som alegre de um acordeão ecoou através do orfanato depois do jantar, uma melodia animada que lembrava o antigo tema musical de uma companhia aérea. A canção era *Rhapsody in Blue*, do compositor

---

[73] Franz recordaria: "Ele estava cansado, como estávamos todos, e não exatamente apaixonado pelo 262. Era a pior combinação possível, porque o 262 não podia se importar menos com os seus sentimentos".

norte-americano George Gershwin. Alguém que fosse novo no orfanato teria apurado os ouvidos e pensado: *Será que os norte-americanos chegaram?* A música vinha de uma sala de estar que os pilotos haviam transformado em bar, onde se reuniam todas as noites. Ali, Franz sentava-se em meio aos camaradas e tocava o acordeão tomado emprestado da família que o hospedava.

O Conde, Barkhorn e os outros marcavam o ritmo batendo os pés. Eles pediam a Franz para repetir certas melodias duas ou até três vezes. Todos mantinham uma garrafa de bebida alcoólica ao alcance da mão. Franz tocava obras de Gershwin, seu compositor favorito, e a canção de amor alemã *Lili Marlene*, enquanto os companheiros cantavam junto. De repente, Franz se sentia grato à mãe por tê-lo feito ter aulas, quando criança. Se no orfanato houvesse um órgão ele poderia ter tocado, também.

Franz parou a música quando Steinhoff, Luetzow e o convidado deles, coronel Trautloft, entraram. Franz e os outros ficaram em pé e se puseram imediatamente em estado de atenção, mas em seguida desmoronaram nas cadeiras. Trautloft estava visitando para informar-se com Luetzow sobre as necessidades da JV-44 de novos aviões, depois das recentes perdas.

Steinhoff incentivou Franz a retomar a música. Trautloft pediu que alguém lhe passasse uma garrafa. Trautloft fora outrora um piloto de caça também, e acumulava cinquenta e oito vitórias. Os homens beberam e beberam, exceto Luetzow, que permaneceu sóbrio, observando. Dali a pouco, incapaz de continuar tocando, Franz pousou o acordeão no chão. Trautloft e Steinhoff contaram histórias sobre a Frente Leste. Um a um, os demais pilotos pediram licença para encerrar a noite e se retiraram, até que Franz se viu sozinho com Trautloft, Steinhoff e mais um ou dois companheiros.

— O que vocês vão fazer quando tudo acabar? — Trautloft perguntou aos homens.

Luetzow deu de ombros. Como militar profissional, ele sabia que sua carreira estaria terminada. Ele e os demais presumiam que, após duas guerras mundiais, os Aliados jamais permitiriam que a Alemanha tivesse uma Força Aérea de novo. Steinhoff disse que queria ensinar filologia, a história das línguas, caso o ensino superior fosse permitido depois da guerra. Franz afirmou que, se não tivesse a mãe de quem cuidar, recomeçaria a vida na Espanha. Os outros o olharam com surpresa, e ele esclareceu que só vivera bons momentos lá.

Steinhoff assentiu. Os olhos de Trautloft se estreitaram de seriedade. Ele disse que, se fossem espertos, todos ali fariam como Franz. Baixando a voz até que não passasse de um murmúrio, Trautloft alertou seus companheiros: todo homem na Alemanha seria em breve rotulado pelos crimes cometidos por uns poucos.

— É tudo verdade — Trautloft completou. — Os boatos.

Confuso, Franz olhou para Trautloft, que revelou o que vira em outubro de 1944. Ele era inspetor de combates diurnos quando chegara a seus ouvidos um rumor sobre aviadores Aliados terem sido presos pela SS em campos de trabalho forçado.

Trautloft sabia que a Convenção de Genebra tornava aviadores capturados uma responsabilidade da Força Aérea Alemã, e não da SS. Trautloft decidiu levar a cabo uma investigação particular. Sob o disfarce de inspecionar os estragos causados por uma bomba em uma fábrica próxima, ele pediu à SS que lhe mostrasse, e a um ajudante, o campo de trabalho chamado Buchenwald.

Uma vez do lado de dentro da cerca, o oficial da SS mostrou a Trautloft apenas os aspectos apresentáveis do campo, como os escritórios administrativos e os alojamentos dos guardas. Os internos, a SS informou, eram todos prisioneiros políticos, usados como mão de obra em uma fábrica de munição dentro do campo e em outras nas redondezas.

Trautloft estava prestes a ir embora quando um homem de uniforme cinza com listras pretas gritou para ele por trás de uma cerca. O homem falava alemão, mas afirmava ser um oficial norte-americano. A SS tentou dissuadir Trautloft de conversar com ele, mas Trautloft apontou para a própria patente e manteve o SS afastado.

O norte-americano contou a Trautloft que ele era um dos mais de 160 aviadores Aliados presos ali. Ele falava alemão tão perfeitamente que certamente havia aprendido a língua antes da guerra. Ele disse que ele e seus companheiros tinham sido levados a Buchenwald porque haviam sido capturados enquanto se escondiam com a Resistência Francesa ou enquanto tentavam fugir. Em vez de tratá-los como prisioneiros de guerra, a Gestapo e a SS os haviam rotulado de "aviadores terroristas", o equivalente a espiões, e mandado para Buchenwald, em lugar de entregá-los em um campo de prisioneiros supervisionado pela Força Aérea.

O norte-americano implorou a Trautloft para que resgatasse a ele e a seus camaradas. Contou que muitos homens já haviam morrido de pneumonia ou coisa pior, e que eles suspeitavam que a SS tinha planos de matá-los todos. Ele disse que a SS obrigava algumas pessoas a trabalharem até morrer e que outras eram assassinadas abertamente: crianças, judeus, padres, prisioneiros de guerra soviéticos e outros. O norte-americano apontou para o crematório e falou que eles queimavam os corpos ali.

Trautloft voltou a Berlim profundamente perturbado e rapidamente conseguiu a transferência dos aviadores Aliados para fora de Buchenwald[74].

Trautloft viria a saber posteriormente que resgatara os aviadores Aliados sete dias antes da data de execução agendada pela SS[75]. Mas sua autoridade como coronel da Força Aérea só chegava até aquele ponto. Trautloft era impotente para libertar a multidão de outros prisioneiros de Buchenwald, o campo onde a SS obrigou a trabalhar até morrer ou assassinou abertamente um contingente de 56 mil pessoas.

Franz e os demais ficaram em silêncio. O testemunho de Trautloft os chocava. Franz havia sido exposto à ideia do que era um "campo de concentração" nos anos anteriores à guerra. Tinha sido quando O Partido divulgara Dachau para o mundo e disseminara a ameaça de encarceramento lá por toda a Alemanha. Porém, até escutar o relato de Trautloft como testemunha ocular dos fatos, Franz jamais imaginara que os campos haviam se tornado como Buchenwald.

Franz estava em choque e desanimado, mas não duvidou de Trautloft. Ele vira O Partido transformar a Alemanha em um lugar onde uma pessoa podia ser morta por contar uma piada. O Partido teria ido da prisão de adversários, em 1934, para o massacre de adversários, em 1944? A ideia já não parecia absurda. Franz sabia que poderia ter acabado em um campo, como castigo pelas ações de seu irmão. Steinhoff, Luetzow e

---

[74] Trautloft recordaria: "Meu sangue gelou quando ele me contou aquelas coisas, eu simplesmente não conseguia acreditar". [Cap 22, nota 3]

[75] Em 19 de outubro, os aviadores Aliados foram levados de Buchenwald de trem. Joe Mosher, um piloto norte-americano de P-38 resgatado por Trautloft, descreveu a viagem para o campo de prisioneiros da Força Aérea Alemã (Luftwaffe): "Nós tínhamos certeza de que as condições seriam melhores no lugar para onde estávamos indo, especialmente quando vimos o asco que os oficiais da Luftwaffe demonstraram quando chegaram [a Buchenwald]. Parece irônico, agora, mas os homens da Luftwaffe que nos acompanharam como guardas pareciam nossos salvadores. Nós queríamos desesperadamente ser libertados da Gestapo e da SS e estar nas mãos de homens que ainda honravam a irmandade de seus companheiros aviadores". [Cap 22, nota 4]

Trautloft poderiam ter sido jogados em um campo depois que o motim falhara. Todo homem e toda mulher do país tinha razões para temer os campos, onde cerca de 3,5 milhões de alemães foram presos como "inimigos políticos" do Partido. Mas nunca antes Franz ouvira o que estava de fato acontecendo nos campos e o que poderia ter acontecido *a ele*.

Luetzow e Steinhoff pareciam especialmente transtornados pelo relato de Trautloft. Eles haviam servido na Frente Leste, onde tinham ouvido rumores sobre um novo tipo de campo que apenas a SS conhecia. Os boatos diziam que os campos existiam para exterminar os inimigos do Partido. Assim como duvidavam da maior parte dos boatos que corriam em tempos de guerra, também nos "campos de concentração" eles acharam difícil acreditar[76]. Agora, contudo, o testemunho de Trautloft confirmava os rumores de que um mal maior poderia ser verdade[77]. Após a guerra o mal teria um nome, quando os Aliados abrissem os campos e erguessem o véu de segredo da SS. O que os Aliados revelaram foi o massacre sistemático de judeus e de muitos outros inocentes, e recebeu o nome de Holocausto.

* * *

Dois dias depois, 18 de abril de 1945, por volta das 13h

Dentro da tenda de comando, onde os pilotos penduravam seus paraquedas, Franz se preparava para voar. Calçou as luvas. Fechou o zíper das pernas de suas calças de couro por cima das pesadas botas pretas. Nos dias anteriores, Franz voara em combate contra bombardeiros de médio porte B-26. Agora, preparava-se para uma missão diferente. Franz, por

---

[76] O Museu do Holocausto nos Estados Unidos escreveria: "Eram consideráveis as barreiras psicológicas para a aceitação da existência de um programa nazista de assassinato em massa. O Holocausto não tinha precedentes e era irracional. Era inconcebível que uma nação industrialmente avançada mobilizasse seus recursos para assassinar milhões de civis pacíficos (...). Ao fazer isso, os nazistas com frequência agiram contra os interesses econômicos e militares da Alemanha".

[77] A SS pôs os campos de concentração em operação em 1942. Estes campos, como Sobibor, Treblinka e Auschwitz, existiam para o "eficiente assassinato em massa" de judeus, prisioneiros de guerra soviéticos, poloneses, ciganos e outros. Ao contrário de Dachau, os campos de concentração foram construídos na Polônia, para que ficassem escondidos da população civil e dos militares da Alemanha. A SS manteve os campos de concentração em tamanho segredo, e deixou tão pouca evidência de seus crimes, que negações do Holocausto surgiram nos anos posteriores à guerra. [Cap 22, nota 5]

ser quem mais tinha familiaridade com os 262s, concordara em testar um jato cujo motor fora substituído. Mecânicos haviam ligado o jato e estavam aquecendo os motores. Eles e a aeronave aguardavam não muito longe da tenda de comando.

A tenda foi sacudida. Franz espiou para fora e viu três jatos decolando, liderados por Galland. Steinhoff ia a seguir, conduzindo um esquadrão de três jatos para a posição de decolagem na desgastada pista de grama. Eles carregavam foguetes experimentais, uma dúzia sob cada asa. O jato de Steinhoff parou, os motores vibrando. O Conde encostou atrás da asa esquerda de Steinhoff e outro piloto se posicionou atrás da asa direita. Cerca de três anos antes, em uma de suas mais de novecentas missões, Steinhoff destruíra um avião soviético em chamas para poupar o piloto de uma morte dolorosa. O Conde estivera em sua asa, então, e estava em sua asa novamente agora.

A pista estava áspera, cheia de marcas brancas onde a equipe de terra havia preenchido as crateras. Eles chamavam aquele esforço de "a batalha entre as pás e as bombas". O jato de Steinhoff deu um solavanco e começou a avançar, ganhando velocidade a cada segundo. Os demais o seguiram. Em cerca de três quartos da pista, quando ele havia quase atingido os 193 quilômetros por hora necessários à decolagem, seu pneu esquerdo estourou. O jato deu uma guinada violenta para a esquerda, invadindo a pista do Conde. O Conde estava ganhando os ares quando o trem de pouso esquerdo de Steinhoff entrou em colapso. O motor e a asa esquerda de Steinhoff bateram no chão. O avião ricocheteou devido ao impacto e planou momentaneamente.

Franz correu para a porta da tenda. Ele e os outros viram quando o avião de Steinhoff foi arremessado para o alto. Viram o nariz do avião do Conde voando em direção à cauda do avião de Steinhoff. Um segundo antes da colisão, o jato de Steinhoff caiu pesadamente no chão. As rodas do jato do Conde passaram raspando na cauda do jato de Steinhoff.

Na fração de segundo que seu avião levou para cair, Steinhoff se preparou para o impacto. Ele puxou com força as amarras de segurança, libertando o corpo do assento. Ele sabia que, se o nocaute o deixasse inconsciente, ele morreria queimado. Na frente da cabine ficava um tanque com 750 litros de querosene. Atrás dele ficavam outros 1.250 litros. Sob seus pés ficava um terceiro tanque, este com 140 litros.

O jato de Steinhoff se espatifou contra a terra. O impacto arrancou os dois motores enquanto o corpo da aeronave continuou a escorregar, deixando os motores para trás, na pista. Steinhoff ouviu um *pop* quando o jato se inflamou. O avião seguiu deslizando, deixando um rastro de fogo, até parar.

Ao redor de Steinhoff, o mundo ficou vermelho. Em câmera lenta ele viu um pneu e partes de seu avião tremulando no ar, pairando acima da cabine. Por todos os lados ele via fogo e ouvia o chiado raivoso das chamas.

O tanque de combustível sob os pés de Steinhoff se incendiou, lançando labaredas através dos furos do chão da cabine. Seus pulsos começaram a queimar, nos trechos entre o fim das luvas e o início das mangas. Com luvas, calças e pés em chamas, ele se desvencilhou das amarras em seus ombros.

Os tanques de oxigênio atrás dele se romperam, provocando jatos de fogo como um maçarico. A cabine era o próprio inferno. Steinhoff já não conseguia enxergar a ponta das asas através da cortina de chamas. Parecia que ele havia sido jogado em uma caldeira de lava. O metal das paredes da cabine começou a derreter e gotejar.

Steinhoff abriu a cabine e saltou para a asa. O fogo atingiu em cheio o rosto exposto e seus olhos imediatamente ficaram inchados, a ponto de já não se abrirem. Qualquer outro homem teria caído e morrido. Mas Steinhoff pôs as mãos em garra sobre a face e correu pela asa, seus gritos inaudíveis por entre as explosões da fornalha à sua volta. Os foguetes se incendiaram sob seus pés e se lançaram, batendo contra o chão, aos saltos, antes de explodirem. Steinhoff pulou da asa às cegas.

Bem acima, Galland ouvira os frenéticos gritos do Conde pelo rádio. Ele virou o jato e viu Steinhoff emergir das labaredas "como uma tocha humana". Galland chorou, porque sabia que estava assistindo à morte de seu amigo. Franz viu Steinhoff cambaleando, "uma figura em chamas" [Cap 22, nota 6]. Balas de canhão irromperam atrás dele. Steinhoff caiu no chão, em uma piscina de combustível que queimava. Ele rolou pelas labaredas em agonia.

Franz procurou freneticamente um extintor, mas não encontrou. Ele correu até Steinhoff no encalço de dois mecânicos. Os mecânicos chegaram a Steinhoff primeiro e o arrastaram do fogo, suas mãos queimando no contato com a jaqueta liquefeita. Quando eles o haviam puxado para uma área segura, engasgaram. O rosto outrora magro e admirável de Steinhoff havia derretido.

Franz parou a poucos metros de Steinhoff e arrancou os cabelos diante do horror. Outros dois homens da equipe de terra chegaram correndo em um *kettenkrad* geralmente usado para rebocar os jatos. Recobrando a consciência, Franz ajudou os mecânicos a erguerem Steinhoff até a carroceria do veículo. Em seguida subiu no *kettenkrad* com os mecânicos e juntos baixaram Steinhoff, cujo corpo soltava fumaça, enquanto o motorista partia em alta velocidade.

Franz disse ao motorista para parar na tenda de comando. Ele sabia que a JV-44 não possuía ambulância nem médicos, mas sabia também que eles precisavam fazer alguma coisa — e rápido. Ele gritou para que os homens trouxessem água fria e despejassem sobre Steinhoff. Correu até o telefone e ligou para o Hospital Militar Oberfoehring, em Munique, que distava apenas nove quilômetros. O atendente do hospital afirmou que mandariam uma ambulância.

Quando a água chegou, Franz e os demais puseram Steinhoff no chão. Esvaziaram um balde após o outro nele, e a cada vez ele gemia.

Franz e os outros tentaram despir Steinhoff para que a água chegasse até o corpo, porém, quando tentaram, descobriram que a pele grudara no uniforme. Eles removeram o capacete de voo e descobriram que capacete e couro cabeludo haviam se fundido em uma coisa única. Os dedos de Steinhoff tinham se amalgamado em uma garra. Os homens precisaram serrar as botas. Sentiram violentas náuseas quando viram os músculos dos pés de Steinhoff [Cap 22, nota 7].

Franz ponderou que talvez fosse mais misericordioso dar um tiro no amigo. Olhando em volta à procura da pistola, ele percebeu que a arma ainda estava pendurada no gancho dentro da tenda. Uma voz calma chamou sua atenção. Era Luetzow, que se ajoelhava ao lado de Steinhoff. Enquanto a água continuava a ser derramada sobre seu amigo destruído, Luetzow se aproximou do rosto de Steinhoff, onde antes havia uma orelha, e cochichou algo que ninguém mais ouviu. Steinhoff se aquietou. Luetzow se afastou para que os homens continuassem a despejar água, agora com mais delicadeza. Luetzow se virou e escondeu o rosto. Franz viu Luetzow, "o homem mais estoico e disciplinado" que ele jamais conhecera, começar a chorar. Em silêncio, apenas com lágrimas. Franz começou a chorar. Todos começaram a chorar [Cap 22, nota 8].

Enxugando os olhos com as mãos sujas de cinzas, Franz correu para o telefone e ligou para o hospital de novo, implorando que se apressassem. A ambulância já tinha partido. Levaria uma hora para que os médicos chegassem, seu avanço retardado pela destruição das ruas e pelos bloqueios na estrada. Durante todo o tempo, Luetzow permaneceu ao lado do corpo carbonizado de Steinhoff, que continuava queimando e exalava um odor terrível. Luetzow prosseguiu conversando com ele, repetindo "Ursula", o nome da esposa de Steinhoff. Luetzow cochichava para Steinhoff mesmo enquanto Franz e os médicos suspenderam Steinhoff em uma maca e puseram a maca na ambulância. Quando a ambulância partiu, Luetzow teve um colapso e se afastou, cambaleando.

Minutos depois, Galland e os demais pousaram. Franz foi ao encontro de Galland em seu avião e contou para onde a ambulância havia levado Steinhoff. Galland pulou em seu BMW e correu para o hospital, sozinho. Bem distante na pista de pouso, O Conde, em lágrimas, perguntou ao mecânico de seu avião onde haviam posto o corpo de Steinhoff. O mecânico informou que Steinhoff, surpreendentemente, ainda estava vivo, o que pôs O Conde em um estado de frenesi. Ele correu para a tenda de comando, tremendo ante o que sabia que precisava fazer. Franz, que ouvira de Roedel a história da promessa do Conde a Steinhoff, correu atrás e o interceptou na tenda. O Conde exigiu saber para onde haviam levado Steinhoff. Antes que Franz pudesse impedir os demais de revelar para onde Steinhoff estava indo, alguém respondeu. Antes que O Conde fosse para o hospital, Franz lhe disse:

— Luetzow disse que ele vai sobreviver.

O Conde olhou para Franz com espanto e saiu correndo, o suporte da pistola balançando no cinto.

No hospital, os médicos não permitiram que O Conde se aproximasse de Steinhoff, por mais que ele implorasse. O Conde viu Steinhoff através do vidro de uma sala de cirurgia. Ele sabia que podia invadir o local e fazer o que tinha de ser feito, mas outro pensamento girava em sua mente: a ideia de que Steinhoff poderia sobreviver. O Conde partiu do hospital arrasado, o coldre ainda fechado.

Naquela noite, Franz e os companheiros se reuniram no orfanato, os rostos cinzentos. Eles brindaram a Steinhoff com um conhaque engarrafado na Primeira Guerra Mundial. Depois beberam outra garrafa e uma terceira. Luetzow estava ausente, seu paradeiro ainda desconhecido. Franz e os outros tinham certeza de que Steinhoff não sobreviveria. Barkhorn reuniu os pertences e as medalhas de Steinhoff para que a esposa, Ursula, pudesse recebê-las algum dia [Cap 22, nota 9].

Galland observava tudo a distância. Conforme os pilotos foram se recolhendo, Galland chamou Franz e Hohagen. Franz, embriagado, se apoiava pesadamente em Hohagen, que estava sóbrio, relutante em beber depois de seu ferimento na cabeça. Galland calmamente relembrou a ambos que o trabalho deles não estaria terminado até que a guerra acabasse. O rosto de Galland estava retorcido de dor, mas ele se concentrava no senso de dever para impedir que suas emoções viessem à tona. Galland disse a Hohagen que o estava promovendo ao posto de Steinhoff como chefe de operações, efetivamente o segundo na escala de comando, em igualdade com Luetzow. Virou-se para Franz e informou que estava dando a ele o posto de Hohagen como oficial técnico. Franz assentiu e tentou se endireitar.

Caminhando penosamente e aos tropeços pelas ruas silenciosas que levavam ao seu lar adotivo, Franz já não era apenas um piloto do Esquadrão de Especialistas. Ele se tornara o quarto na linha de comando do esquadrão de caças mais proeminente do mundo. Naquele momento, no entanto, Franz ficaria feliz de jamais ter envergado um uniforme da Força Aérea, se aquilo pudesse ter evitado o que ele testemunhara naquela tarde. Franz ouvira falar que seu irmão morrera sem sofrer. Porém, se Steinhoff sobrevivesse, Franz sabia que a guerra teria transformado o melhor homem entre eles em um monstro. *Se sobreviver,* Franz pensou, *Steinhoff vai morrer de novo e de novo, todos os dias.* No caminho para casa, Franz parou para vomitar. Limpando a boca com a manga, ele torceu para que a família anfitriã estivesse dormindo, de modo que não perguntassem: "O que houve?".

* * *

Quatro dias mais tarde, 22 de abril de 1945

Sozinho, Galland percorreu o caminho de entrada do chalé de Goering, na encosta da montanha lamacenta e coberta de neve chamada Obersalzberg.

À sua esquerda, Galland via o vilarejo de Berchtesgaden no vale ao norte. Ao sul, assomava a imponente Montanha Kehlstein, onde o retiro de Hitler, o Ninho da Águia, empoleirava-se acima das nuvens como um pequeno castelo no topo da montanha. Soldados da Força Aérea portando rifles emergiram da casa de Goering e cruzaram com Galland apressados, carregando grandes caixas de madeira. Outros soldados, de mãos vazias, passaram por Galland e entraram no chalé evitando fazer contato visual.

Galland se preparara para o pior, quando soube que Goering o havia convocado. Dois dias antes, no aniversário de Hitler, o ditador anunciara nada menos do que sua intenção de morrer em Berlim. Com o Exército Soviético a menos de 16 quilômetros de seu *bunker*, Hitler fizera de Goering o responsável pela região sul da Alemanha e por quaisquer forças militares em territórios sulistas que ainda restassem de pé. Galland acreditava que Goering, que agora detinha poder de vida e morte sobre ele, chamara-o para matá-lo. Uma bala faria o que a JV-44 falhara em conseguir.

Dentro da casa onde o *Reichsmarschall* havia outrora fumado seu grande cachimbo e desfilado usando toga e calças de couro de caçador, Goering supervisionava a remoção de sua coleção de arte. Seus homens carregavam porta afora pinturas de valor inestimável e as levavam para um abrigo no meio da floresta. Galland imaginara que encontraria Goering espumando de ódio ou em um estado de ânimo sombrio. Em vez disso, porém, o *Reichsmarschall* o surpreendeu dizendo-se "profundamente deprimido". Goering recebeu Galland com cortesia. Perguntou com genuíno interesse sobre o progresso da JV-44. Galland contou que dois dias antes a Liga lançara o maior número de jatos até então — quinze — em uma missão única. Eles haviam marcado a maioria de suas vitórias naquele dia, tendo abatido três B-26 e danificado outros sete. Galland relutantemente contou a Goering sobre o acidente de Steinhoff.

Goering demonstrou solidariedade e informou a Galland por que o havia convocado: queria reconhecer que estivera errado. Goering admitiu que Galland estava certo sobre o 262 ao afirmar que os jatos pertenciam aos pilotos de caça e não aos pilotos de bombardeiros. E então o maior inimigo de Galland declarou:

— Eu o invejo, Galland, por entrar em ação. Gostaria de ser alguns anos mais jovem e menos corpulento. Se fosse, ficaria satisfeito em me colocar sob seu comando [Cap 22, nota 10].

Galland partiu do chalé de Goering sorrindo, ansioso para contar a Luetzow que, embora a guerra estivesse perdida, o Homem de Gelo e os Amotinados haviam vencido uma batalha.

* * *

Dois dias mais tarde, 24 de abril de 1945, início da tarde

A base aérea nunca estivera tão cheia de atividade. Jato após jato aterrissava na pista gramada de Munique, conforme aviões e pilotos chegavam aos borbotões para se juntar à JV-44. As unidades estavam se desintegrando e os norte-americanos se aproximavam de Lechfeld, levando os pilotos de jato que restavam a vir correndo para o último esquadrão intacto.

Franz percorria a fileira de aeronaves levando uma prancheta. Como oficial técnico, seu trabalho era avaliar o potencial de combate de cada nova fornada que chegava, saber quantas horas de voo tinha cada motor e que peculiaridades cada avião possuía. Treze jatos haviam chegado do Esquadrão de Bombardeiros KG-51. Dezesseis tinham vindo da escola de jatos de Lechfeld. Franz riu quando os instrutores e o comandante que ele conhecera se apresentaram a ele, fazendo a saudação e informando as condições de suas aeronaves.

Com quarenta jatos sob sua responsabilidade, Franz tinha as mãos cheias. Estava tão ocupado que permitira a outro piloto voar na White 3 em uma missão naquela manhã. Franz derrubara vários bombardeiros com a White 3 nas semanas anteriores, um ou dois B-17s e diversos B-26s. Ele já não ficava para vê-los cair e reclamar suas vitórias. Na verdade, Franz já não reclamava vitórias desde o mês de agosto anterior. Para ele, as marcas já não importavam. Ele só queria fazer seu trabalho.

Uma dor de cabeça perseguia Franz pelo campo enquanto ele tentava trabalhar. A dor de cabeça era um tenente jovem, loiro, de rosto meigo. O rapaz disse que seu sobrenome era Pirchan. Ele era um austríaco recém-saído da escola de jatos e que não trouxera nenhum avião consigo. Hohagen havia empurrado Pirchan para Franz. Ele importunava Franz sem descanso, pedindo que o deixasse pilotar um jato apenas uma vez, para que pudesse afirmar ter voado em combate com a JV-44 antes que a guerra acabasse.

— Sem chance — Franz disse. — Não temos tempo para voos de glória. Além do mais, você não quer realmente ir lá para cima — Pirchan deixou cair os braços. — É para o seu próprio bem — Franz acrescentou, dispensando Pirchan com um aceno.

Por volta das 14h, o telefone tocou na tenda de comando. O orfanato estava chamando para uma missão — bombardeiros norte-americanos de médio porte haviam sido identificados aproximando-se de Munique. Ansioso por escapar daquela dor de cabeça, Franz convenceu Hohagen a incluir Pirchan na lista.

Franz foi até o jato de Luetzow, onde encontrou o próprio Luetzow e O Conde, Barkhorn e mais dois. Luetzow iria liderar a missão, na ausência de Galland. Luetzow repassou o plano de voo com seus pilotos. Franz reparou que o Homem de Gelo estava de bom humor — não a ponto de sorrir, mas ao menos ele não estava com o cenho franzido. Bem frescas na lembrança de Luetzow estavam as notícias do dia. Galland recebera um telefonema do *bunker* de Hitler em Berlim. O ministro do armamento de Hitler, Albert Speer, queria que a JV-44 prendesse Goering. Mais importante ainda, as ordens de Speer para Galland estipulavam:

— Peço a você e aos seus homens que executem tudo conforme o que foi conversado, para impedir que Goering voe para onde quer que seja.

Das profundezas do *bunker*, Hitler e Speer suspeitavam que Goering tentaria fazer-se representante da Alemanha e negociar a rendição do país aos norte-americanos.

— O que você vai fazer? — Luetzow perguntou a Galland, quase sorrindo.

— Ignorar as ordens e ficar com a Liga — Galland riu.

Ao ouvir isso, a carranca de Luetzow desaparecera.

Enquanto Luetzow orientava Franz e os demais, uma chama de esperança iluminava seus olhos castanhos. Ele conheceria a guerra a poucos dias de seu fim. Notícias vazadas de Berlim davam conta de que Hitler permaneceria na cidade destruída para morrer, enquanto oito destacamentos do Exército Soviético apertavam o cerco. A SS prendera Goering, porque Galland declinara de fazê-lo. Com seu inimigo Goering preso e Hitler cercado pelas Estrelas Vermelhas Soviéticas, Luetzow sentiu uma ponta de otimismo. Para ele, isso significava servir até a chegada dos tempos de paz.

Quando Franz e os demais seguiram Luetzow rumo aos céus, eles voaram por cima dos destroços carbonizados do jato de Steinhoff, que havia sido arrastado para a lateral do campo. Luetzow estivera certo sobre Steinhoff. Quase uma semana após o acidente, ele ainda estava vivo. O oficial de terra, major Roell, que havia salvo o tripulante de um bombardeiro norte-americano em Munique, visitara Steinhoff no subsolo de um hospital. Ali, sob lâmpadas que balançavam em seus fios presos ao teto, estava deitado Steinhoff, enfaixado da cabeça aos pés, com buracos apenas para os olhos e a boca. Ele estava consciente e alerta.

— Como o senhor está? — Roell perguntara a Steinhoff, no quarto do hospital.

— Bem — Steinhoff respondera.

Roell sabia que aquela era a forma de Steinhoff de dizer "Péssimo!" [Cap 22, nota 11]. Roell contou a Franz e aos outros que Steinhoff perdera as pálpebras. Ele já não conseguia fechar os olhos nem piscar.

O esquadrão estava a noroeste de Munique, a 20 mil pés de altitude, quando um dos pilotos passou um rádio para Luetzow para informar que estava voltando devido a problemas mecânicos. Franz viu o homem se destacar da formação, reduzindo o esquadrão a cinco jatos. Pouco depois, Franz viu os mostradores da White 3 entrando em pane. Olhando para o lado direito do controle, ele observou as duas colunas verticais de mostradores redondos, de bordas vermelhas. A coluna da esquerda representava os sinais vitais do motor esquerdo, e os mostradores da coluna direita, os sinais do motor direito. De súbito e simultaneamente, os mostradores da coluna direita se elevaram e se recusavam a voltar. Certo de que estava à beira de uma catastrófica falha mecânica, Franz puxou o acelerador do motor direito.

— Senhor, creio ter perdido um motor — Franz disse a Luetzow.

Luetzow respondeu a Franz que não corresse nenhum risco e retornasse à base imediatamente. Com relutância, Franz se afastou da formação e tomou o rumo de volta para Munique. Luetzow prosseguiu com a missão, o esquadrão agora reduzido a quatro jatos.

A caminho de casa, Franz ouviu Luetzow chamando o orfanato pelo rádio. Ele relatou contato com os bombardeiros inimigos a cerca de oitenta quilômetros a noroeste de Munique. Os bombardeiros estavam em curso para atacar um dos últimos depósitos de combustível ainda existentes, na floresta perto da cidade de Schrobenhausen.

Luetzow anunciou que estava dando início ao ataque. Ele identificou a presença de caças inimigos e disse aos companheiros para "olhar para cima", porque P-47s estavam mergulhando na direção deles. Franz ouvira dizer que o Homem de Gelo pilotava sem emoção, e agora ele acreditava. O tom de voz de Luetzow jamais se alterava. Luetzow ordenou que a formação se desfizesse. Alguém gritou que estava sendo atacado.

Franz se flagrou inclinando e verificando sua traseira, mesmo estando afastado de onde a batalha estava acontecendo.

Franz ouviu alguém dizer que estava tentando outro voo de ataque. Alguém falou que estava indo para o meio das nuvens. Franz queria voltar e ajudar os companheiros. Ele bateu nos mostradores, mas as agulhas não baixaram.

A voz de Luetzow soou no rádio. Ele estava sendo atingido. Alguém gritou para que Luetzow fizesse manobras de evasão.

Seguiram-se segundos de silêncio. A voz do Conde surgiu informando que eles estavam voltando. Franz reclinou, aliviado. Se eles houvessem perdido alguém, Franz sabia que eles teriam gritado uns para os outros para que procurassem um paraquedas. Mais segundos se passaram. O Conde chamou Luetzow. Luetzow não respondeu. Franz ouviu os pilotos conversando entre si. Ele soube que Luetzow estava com eles. Os demais conseguiam vê-lo na extremidade direita do grupo, ao sul.

— Senhor, deseja entrar em formação? — Alguém perguntou.

Luetzow não respondeu.

— Algum problema, senhor? — O Conde perguntou.

Ainda nenhuma resposta de Luetzow.

— Coronel Luetzow, deseja entrar em formação? — Alguém perguntou mais uma vez.

Nenhuma resposta.

— Senhor, se seu rádio está com problemas, balance as asas — alguém propôs.

Luetzow continuou a voar com estabilidade e em linha reta.

— Há algo errado — alguém afirmou.

— Mas ele está voando tão bem — respondeu outro piloto.

— O rádio dele deve ter sido atingido — O Conde concluiu.

O Conde chamou o orfanato e perguntou se eles estavam em comunicação com Luetzow em outro canal. O Orfanato respondeu que não, mas que tentariam fazer contato. Franz se pegou segurando a respiração entre essas transmissões. Segundos mais tarde, o orfanato respondeu. Não haviam obtido resposta.

O avião de Luetzow se inclinou graciosamente para a direita. Quando estava virado para o sul, em direção aos cumes nevados dos Alpes, suas asas se nivelaram.

O Conde e os demais se chamaram uns aos outros, alarmados.

— O que ele está fazendo? — Uma voz perguntou.

À direita de suas asas, o jato de Luetzow foi encolhendo até mal ser discernível.

— Ele está ferido — O Conde decidiu.

Distante dali, Franz sentiu um nó no estômago.

— Devemos ir atrás dele? — Outra voz sugeriu.

— Mantenham a formação — O Conde ordenou, com voz trêmula.

Todos sabiam que estavam com o combustível baixo, baixo demais para se aventurarem em desvios.

O Conde mais tarde concluiria que balas de P-47 haviam alcançado o jato de Luetzow, atingindo-o e ao rádio atrás dele na fuselagem. Enquanto voava para casa ao lado dos companheiros, Luetzow provavelmente estava sangrando até a morte.

Franz baixou a máscara de oxigênio e respirou profundamente, entre engasgos. Ele sabia que Luetzow jamais desejara juntar-se à JV-44. Mas Luetzow era um homem religioso, da fé luterana, que acreditava na regra que Marseille certa vez verbalizara: "Nós só temos de responder a Deus e a nossos camaradas". Como os demais, Luetzow cometera um erro moral ao servir seu país. Ele responderia a Deus por isso. Luetzow se apresentara à JV-44 movido pelo senso de dever perante seus camaradas.

O Conde observou Luetzow até que ele sumisse. Longe, em sua cabine, Luetzow deve ter percebido que iria morrer, e rumara para as montanhas a fim de morrer sozinho e em paz. Ele possivelmente estava pensando na esposa, Gisela, no filho, Hans, e na filha, Carola. Luetzow chorara por Steinhoff, mas não era homem de chorar por si mesmo. Ele provavelmente estava pilotando com uma expressão pétrea.

O Conde continuou olhando para o sul mesmo depois que a silhueta do jato de Luetzow havia há muito desaparecido na distância enevoada. Muito além da visão do Conde, sobre a cidade medieval de Donauwoerth, dois P-47s alcançaram Luetzow e mergulharam para liquidá-lo de vez. Luetzow deve tê-los visto se aproximando e decidido negar aos pilotos inimigos a gratificação de matá-lo.

A dezenove quilômetros dali, O Conde e os outros viram um clarão alaranjado logo acima da linha das árvores. Quando recobrou o domínio de si, O Conde passou um rádio para o orfanato relatando que vira uma explosão onde Luetzow estivera voando. Ninguém respondeu. Os homens da JV-44 haviam se reunido em volta do mapa na sala do orfanato. Estavam todos escutando. Estavam todos surpresos demais para falar. Os operadores de rádio chamaram o orfanato. Eles vinham acompanhando Luetzow como um ponto branco de luz no radar. O ponto desaparecera.

Os pilotos dos P-47s mais tarde relatariam os momentos finais de Luetzow. Ele havia mirado para adiante e mergulhado do céu em linha reta. Ao atingir a floresta, batera verticalmente. Galland mandaria aviões à procura do local da queda. Todos voltariam com a mesma resposta: Luetzow desaparecera do planeta.

No jantar daquela noite, Franz achou uma tortura encarar os companheiros do outro lado da mesa. Depois de promovê-lo, Galland mudara o lugar de Franz para sentá-lo entre os membros de sua equipe. Ali, Franz havia se sentado ao lado de Luetzow, que por sua vez ficava à esquerda de Galland. Quando Steinhoff se queimara, os homens haviam mantido sua cadeira, à direita de Galland, vazia.

Distraídos, os pilotos empurravam a comida de um lado para o outro nos pratos. Franz não conseguia se forçar a olhar para Galland, que mantinha a cabeça baixa, ciente de que chamara Luetzow da Itália para a morte. Galland estava sentado sozinho naquela noite, com a cadeira vazia de Steinhoff à direita e, à esquerda, a cadeira vazia do Homem de Gelo.

23
OS ÚLTIMOS DOS PILOTOS DE CAÇA ALEMÃES

No dia seguinte, 25 de abril de 1945

O *kettenkrad* rebocou a White 3 do pátio onde estava estacionada para o hangar. Franz preferiu não andar e em vez disso foi de carona sentado na asa. No antigo hangar da Lufthansa ele entregou seu jato aos mecânicos. O hangar se tornara o lugar de trabalho preferido deles, pois já fora bombardeado uma vez e era o último local que os bombardeiros atacariam de novo.

Lá dentro, um rádio gritava as mesmas notícias da guerra dadas pelo rádio dentro da tenda de comando. Todos mantinham um ouvido atento, esperando escutar "Acabou!", para poder voltar para casa ou se render. Após a morte de Luetzow, Galland havia reunido os pilotos no campo e se dirigido ao grupo alinhado em fila.

— Para nós, a guerra acabou — ele disse.

Ele já não ordenaria a ninguém que levantasse voo — os pilotos podiam apenas se oferecer como voluntários.

— Aqueles que desejarem voltar para casa podem ir — ele acrescentou.

Alguns homens agradeceram e foram embora. Um mencionou a noiva, outro, os pais doentes. Mas um terceiro disse:

— Nós vamos lutar até o fim.

Galland piscou e respondeu:

— Tenho orgulho de pertencer aos últimos pilotos de caça da Força Aérea Alemã [Cap 23, nota 1].

Franz mostrou aos mecânicos o motor problemático do jato, que o afastara do voo no qual Luetzow havia sido perdido. O motor não tinha chegado a falhar, mas Franz desejava que tivesse, pois assim ele não precisaria se questionar se poderia ter feito alguma diferença. Apesar de os soviéticos estarem em Viena e de os norte-americanos estarem ao norte de Munique, Franz decidira ficar com Galland e continuar combatendo. Ele sabia que teria um dever a cumprir enquanto bombardeiros de quatro motores estivessem sobrevoando a Alemanha.

Uma voz desafiadora, bombástica, saiu do rádio com estrondo, uma transmissão que vinha se repetindo havia dias. A voz ribombava entre as paredes de tijolos do hangar, rebatia no chão coberto de terra e subia através das vigas queimadas. Tratava-se do último pronunciamento de Joseph Goebbels, o ministro da propaganda de Hitler, e vinha do *bunker* cercado de Hitler em Berlim:

— Eu apelo nesta hora aos defensores de Berlim, em prol das mulheres e crianças da Pátria Mãe! Não temam o inimigo, destruam-no sem piedade! Cada berlinense deve defender sua casa ou seu apartamento! Aqueles que pendurarem uma bandeira branca não terão mais direito à proteção e serão tratados de acordo. Eles são como uma bactéria no corpo de nossa cidade [Cap 23, nota 2]!

Toda vez que ouvia o discurso de Goebbels, Franz abanava a cabeça. A transmissão havia se tornado a sinistra trilha sonora do pesadelo alemão dos últimos dias.

* * *

Enquanto isso, a oeste de Munique

Baixo, sobre a floresta, um bando de P-51s perseguia um 262 cujo motor direito fumegava. Barkhorn estava atrás do controle do jato. Ele sabia que, ante as periclitantes condições de seu avião, não podia lutar contra os P-51s e nem voar mais rápido do que eles. Ele temia saltar e levar um tiro, e portanto decidiu que só lhe restava uma possibilidade. Ele manobrou rumo a uma clareira na floresta para um pouso de emergência.

Quando o jato se aproximou do solo, Barkhorn se livrou das amarras de segurança. Ele vira Steinhoff se queimar e planejava se levantar e sair correndo, mesmo antes que o avião parasse de se mover. O jato tocou o chão, avançou aos pulos pelo pasto e deslizou. Barkhorn ficou de pé e suspendeu a capota. Ele esperou que a velocidade diminuísse, pronto para correr para a asa. Quando os motores começaram a fazer sulcos na terra, o nariz do jato baixou violentamente. O aparelho estancou de súbito. A parada repentina jogou Barkhorn de um lado a outro, e sua cabeça caiu para fora da cabine. Ao mesmo tempo a capota caiu, atingindo-o no pescoço. De alguma forma, o trilho da capota não o degolou, embora tenha atravessado o pescoço e pregado Barkhorn à borda da cabine.

Barkhorn observou o motor esquerdo do jato chiando bem à frente de seu rosto. Ele mexeu as pernas e soube que não estava paralítico. Com os olhos, acompanhou o ruído dos P-51s, que o sobrevoavam em círculos antes de acionar as metralhadoras. Ele se preparou para o som dos disparos, que, entretanto, nunca ocorreram. Em vez de atacá-lo, os P-51s passaram por cima dele e, um após o outro, partiram. Barkhorn espiou o motor, aguardando a fagulha que o queimaria vivo, mas a fagulha nunca se acendeu. Habitantes de um vilarejo próximo encontraram Barkhorn vivo, espetado ao jato em silêncio. Eles o levaram para o hospital, onde ele se recuperou e sobreviveu à guerra para tornar a encontrar Christl, sua esposa.

* * *

No dia seguinte, 26 de abril de 1945

Franz e os companheiros ouviam o rádio junto à mesa enquanto almoçavam na tenda de comando. Para eles, o rádio se transformara em um farol de esperança, em uma estridente contagem regressiva para a rendição. Com voz metálica, o apresentador leu o comunicado do Partido destinado a preparar o povo alemão para a notícia de mais um suicídio forçado. Àquela altura, os pilotos sabiam bem como O Partido operava. O locutor identificou o novo alvo do Partido:

> *O marechal do Reich, Hermann Goering, foi internado, em decorrência de sua prolongada situação cardíaca, que agora entrou em fase aguda. Nesta*

época em que o empenho de todas as forças se faz necessário, ele solicitou dispensa do comando da Luftwaffe e de todas as obrigações a este comando relacionadas. O Fuehrer atendeu ao pedido [Cap 23, nota 3].

Um ronco grave e profundo sacudiu o rádio sobre a mesa. Galland e seu esquadrão de seis jatos estavam voando, mas os homens sabiam que aquele barulho não vinha das turbinas. Era o rosnado gutural de gigantescos motores radiais norte-americanos. Um esquadrão de quatro P-47 Thunderbolts ricocheteou acima de suas cabeças levando foguetes presos sob as asas. As hélices de quatro lâminas provocavam intensas rajadas de vento. Franz e seus camaradas mergulharam para o chão. Escondidos sob as mesas e atrás de cadeiras tombadas, Franz e os outros observaram enquanto os P-47s metralhavam e explodiam a base aérea.

A oeste, um solitário 262 atravessava a nuvem de fumaça deixada pela artilharia e pelas explosões. O motor direito fumegava e o trem de pouso estava baixado. Franz viu que era a White 3. Ele a emprestara a Galland para que fosse combater B-26s. Quando estava acima do campo, Galland desligou ambos os motores, e o jato tocou o solo com um rangido suave. Galland manobrou em direção à tenda de comando enquanto os P-47s voavam sobre ele sem disparar. Os pilotos norte-americanos estavam simplesmente surpresos demais ante a visão de tamanha audácia.

No meio do campo, o pneu dianteiro da White 3 murchou um pouco a cada volta completada, até esvaziar-se totalmente. Fora atingido por um projétil. Desanimado, Galland saiu coxeando do jato, o joelho direito sangrando. Ele fora atingido por fragmentos de munição durante o ataque aos bombardeiros. Foguetes explodiram atrás dele enquanto os P-47s metralhavam em uma direção e depois em outra. Galland mergulhou no primeiro buraco que encontrou. Lá, tivera o seguinte pensamento: como se sentia "miserável" ao saltar "do caça mais veloz do mundo para dentro de uma cratera de bomba" [Cap 23, nota 4].

Um mecânico correu em direção a Galland em um *kettenkrad*. Sem parar, esticou o braço na direção de Galland, que se agarrou ao antebraço do mecânico, girou e embarcou no veículo. O mecânico virou para a tenda de comando enquanto Galland se ajeitava. As balas dos P-47s caíam à volta do *kettenkrad*, provocando furos que cuspiam terra, mas errando tanto o mecânico quanto Galland, que se encolheram para se proteger assim que chegaram à tenda. Franz viu a White 3 repousando solitária no meio do campo, enquanto os caças sobrevoavam e atiravam em tudo, menos nela. Por cima do barulho dos tiros e das explosões, Franz gritou para Galland que nunca mais lhe emprestaria um avião.

— O senhor não cuida direito de brinquedos emprestados! — Franz brincou.

Galland olhou de volta com uma expressão encabulada.

* * *

Um dia depois, 27 de abril de 1945

Quando Franz entrou no hangar para verificar em que condições estava a White 3, os mecânicos rapidamente baixaram o volume do rádio. Franz sabia que eles estavam ouvindo as transmissões inimigas. Ele disse aos homens que não se preocupassem e aumentassem o volume de novo. Ele queria escutar a verdade tanto quanto eles. Queria saber quando iria para casa ou tentaria se render. Eles aumentaram o volume. A tradução alemã de uma transmissão de Londres se fez ouvir.

— As forças de libertação se uniram — o locutor anunciou.

Os norte-americanos e os soviéticos haviam se encontrado no Rio Elba dois dias antes, e dividido a Alemanha ao meio.

Um mecânico entregou um documento para que Franz assinasse. Os mecânicos haviam consertado a White 3 da noite para o dia, depois que Galland a trouxera de volta com balas de um Thunderbolt no motor direito e fragmentos de bala na cabine, os mesmos que haviam atingido a rótula de Galland. Franz rabiscou um visto. Com Steinhoff e Luetzow mortos e Galland com a perna imobilizada por gesso, Franz afirmou a Hohagen que estava disposto a liderar o que restasse dos caças.

Franz se virou e encontrou Pirchan à espera. O jovem estava vestindo seu uniforme cotidiano, não os trajes de voo. Ele afirmou que viera dizer adeus. Pirchan estava deixando a unidade e planejava render-se perto de casa, em Graz. Franz contou que conhecia Graz. Ele esperava que Pirchan fosse importuná-lo, já que vira a White 3 emergir fresca e refeita do conserto no hangar. Em vez disso, Pirchan se virou para sair.

— O que você vai fazer depois da guerra? — Franz perguntou.

— Estudar engenharia, espero — Pirchan respondeu.

Franz havia considerado fazer o mesmo, desejoso de retomar os estudos. Ele desejou sorte a Pirchan.

Quando Pirchan começou a se afastar, Franz percebeu que o rapaz só tinha vindo realmente para se despedir.

— Um voo — Franz gritou para as costas do jovem.

— Sério? — Pirchan indagou.

Franz assentiu[78].

Franz disse a Pirchan que ele poderia usar a White 3 para uma missão de combate com a JV-44, mas havia uma condição:

— Você sabe, faz uns voos em círculos e desce — ele disse. — Eu assinarei seu livro de registros para que isso conte como uma missão de combate.

O jovem austríaco não conseguia parar de balançar a cabeça. Franz sabia que os céus estavam mais seguros do que anteriormente. Os norte-americanos haviam parado de bombardear a Alemanha dois dias antes.

Pirchan se vestiu e sentou na cabine. Franz repassou os instrumentos para se certificar de que Pirchan sabia o que estava fazendo. Ele parecia mais do que preparado. Franz o observou ligar os motores e taxiar para fora do hangar. Franz acendeu um cigarro, recostando-se no terminal da Lufthansa que ele conhecera em 1937. No espaço onde outrora ecoara o riso dos passageiros, Franz agora só ouvia água gotejando. Onde motores radiais haviam rugido, anunciando voos que chegavam de cidades exóticas, ele agora escutava o silvo dos motores da White 3, conforme Pirchan decolava para o leste.

Franz se endireitou rapidamente. Ele pensou ter visto o motor do jato emitir um clarão, como se Pirchan houvesse entrado em pânico e aumentado a velocidade depressa demais. Porém, quando o trem de pouso da White 3 foi sugado para dentro de sua barriga, Franz voltou a se sentar.

Pirchan inclinou o jato para a esquerda, em direção ao norte, e começou a sobrevoar o campo. O jovem piloto mal começara a manobra

---

[78] Franz recordaria: "Eu pensei: 'Faltam poucos dias para que a guerra acabe. Por que não?'. Ele não tinha um avião próprio".

quando Franz ouviu os motores da White 3 de repente se calarem. Do terminal, Franz viu o jato descer verticalmente. Ele acompanhou a trajetória por entre as vigas do teto e através das paredes tombadas, até que a White 3 mergulhou atrás dos telhados e dos campanários de um vilarejo. Ele ouviu um ruído metálico reverberando e viu uma coluna de fumaça preta subindo. Franz se endireitou, de olhos esbugalhados e boca aberta. A brasa do cigarro percorreu todo o caminho até chegar a seus dedos. Quando Franz sentiu a queimadura, atirou fora a bagana e percebeu que não estava tendo um pesadelo.

Um mecânico ligou um caminhão e Franz embarcou. Eles correram até a vila de Oberweissenfeld, ao norte da base. Pirchan caíra entre duas casas. Alguns moradores já o haviam removido do avião e o acomodado sobre um colchão colocado ao lado do jato. A cabeça de Pirchan fora esmagada contra a alça de mira do caça, e seu cérebro estava exposto. Franz o segurou, destroçado pela dor. Pirchan pediu que Franz se despedisse da mãe e da irmã em nome dele. Franz prometeu que faria isso e deu ao jovem piloto um comprimido para aliviar a dor. O rapaz morreu em seus braços.

* * *

Mais tarde, no mesmo dia

Franz entrou nos aposentos de Galland e encontrou o general reclinado em uma cadeira, com toda a perna direita engessada. Galland disse que Franz perdera a cena por pouco: a SS tinha acabado de partir, tendo vindo para prendê-lo. A SS informou que uma revolta católica eclodira em Munique. Os revolucionários estavam transmitindo através do rádio que seu companheiro católico, general Galland, estava com eles. Galland contou a Franz que ficara lisonjeado, mas que não estava a par do levante. A SS só o deixara em paz, Galland explicou, ao verificar que ele estava aleijado. Galland planejava ir para o sul, rumo ao hospital no Lago Tegernsee para onde Steinhoff fora levado.

Franz relatou a morte de Pirchan e disse a Galland que não via necessidade de continuar voando ou combatendo, agora que os norte-americanos haviam suspendido os bombardeios.

— Peço permissão para deixar a Liga — Franz disse.

Galland respondeu que ele podia partir, mas pediu que ficasse mais um dia. Galland revelou que haviam chegado ordens de Berlim, mesmo que os soviéticos já estivessem combatendo dentro dos limites da cidade. O sucessor de Goering queria que ele levasse a JV-44 para Praga, Tchecoslováquia, e continuasse combatendo. Galland contou que iria ignorar a ordem.

O general baixou a voz até um sussurro e contou a Franz que estava planejando entregar a JV-44 para os norte-americanos antes que a guerra acabasse. Franz sabia que isso significava uma deserção e não apenas de um homem, mas de toda a unidade. Galland tinha certeza de que os norte-americanos iriam em breve lutar contra os soviéticos, e de que iriam querer que os pilotos dos 262s estudassem os jatos ou os utilizassem em combate. Galland pretendia render aos norte-americanos as aeronaves da JV-44, seus pilotos e o conhecimento operacional que possuíam. Sugeriu que a JV-44 poderia até mesmo voar para eles.

Franz admirava o otimismo de Galland, mas não compartilhava do entusiasmo. Ele nunca desejara lutar pela Alemanha, que dirá por outra nação.

Galland viu a decepção de Franz e perguntou se ele voaria apenas mais uma missão por ele, como colega. Galland precisava de tempo até conseguir enviar a mensagem para os norte-americanos, mas temia que os jatos fossem todos destruídos em terra antes que ele conseguisse providenciar a deserção. Ele decidira pedir a seus pilotos que, na manhã seguinte, despachassem de balsa todas as aeronaves em condições de voo para Salzburg, Áustria, onde elas estariam mais seguras. Franz sabia que se a SS tomasse conhecimento dos planos de Galland, executaria todos os homens da unidade como cúmplices.

— Eu irei somente até Salzburg — Franz disse a Galland.

Galland sorriu.

— E para onde irá em seguida?

Franz respondeu que não fazia a menor ideia. Galland lhe assegurou que os norte-americanos iriam procurar por ele. Franz não entendeu por que eles haveriam de querê-lo. Galland então explicou:

— Eles vão querê-lo pelo que você tem aí em cima — ele disse, apontando para a cabeça de Franz.

Galland fez uma continência para Franz olhando para cima e Franz retribuiu com uma continência baixando os olhos para o general sentado, em uma reencenação bem próxima da ocorrida quando ambos haviam se conhecido, na Sicília. Os dois sabiam que a JV-44 havia obtido sucesso desde que tinha sido capaz de impedir as bombas de destruírem uma única casa ou de mutilarem uma única criança ou de assassinarem uma única mãe em uma fábrica. A Liga não falhara, havia apenas chegado tarde demais.

— Eu o incluí na lista para a Cruz de Cavaleiro várias semanas atrás — Galland disse, antes que Franz fosse embora. — Se ficar por perto, ainda poderá recebê-la.

O general riu. Ele sabia quão fantasiosa era a ideia de que alguma medalha viria de Berlim. Sabia também que Franz já tomara sua decisão. Franz sorriu e partiu.

* * *

Manhã seguinte, 28 de abril de 1945, Áustria

Franz começou a planejar sua fuga no mesmo instante em que suas botas tocaram o chão no Aeroporto de Salzburg. Abriu uma portinhola na fuselagem do jato e ajeitou no ombro uma sacola repleta de comida em lata. Ele não trazia outras roupas além das que vestia. Olhou para o leste, onde o sol brilhava nos cumes brancos do castelo de Hohensalzburg. Sabia que bem depois daquele ponto estavam os soviéticos.

Olhando para o oeste, ele viu as montanhas cinzentas de picos nevados que assomavam para além do campo. Franz sabia que as trilhas serpenteavam para o sul, na direção de Berchtesgaden, onde Hitler e Goering outrora viviam. Era para lá que os norte-americanos estavam se dirigindo. Franz decidiu que preferiria ser prisioneiro dos norte-americanos a ser prisioneiro dos soviéticos.

Na torre, ele encontrou Hohagen, O Conde e demais companheiros. Alguns planejavam se retirar para as montanhas, mas a maioria pretendia ficar. Antes de sair de Munique, Franz recebera de Galland seus documentos de dispensa e um passe autorizando seu livre trânsito pelos postos de verificação. Hohagen perguntou a Franz para onde ele planejava ir. Franz respondeu que decidira caminhar pelas montanhas, encontrar um chalé e aguardar o fim da guerra. Hohagen o alertou: soldados da SS estavam bloqueando as estradas e as pontes.

— Eles estão enforcando os desertores e qualquer um que julguem que deveria estar combatendo — Hohagen falou, acrescentando que os papéis de Franz poderiam não bastar para protegê-lo. — Fique conosco e espere — Hohagen disse.

Franz sabia que Hohagen queria dizer "espere pela deserção da unidade", mas tinha receio de pronunciar as palavras[79]. Franz disse a Hohagen que, com Galland de molho, a Liga ainda poderia receber ordens de ir combater na Tchecoslováquia. Ele estava indo embora.

— Você vai simplesmente caminhar? — Hohagen perguntou.

Franz assentiu. O plano era seguir para o sul um pouco e depois cortar a oeste para as montanhas. Então algo chamou sua atenção. Um *kettenkrad* passou rangendo, rebocando um dos vinte jatos remanescentes da JV-44 para a floresta que margeava a base. Franz sabia que um *kettenkrad*, com suas esteiras envolvendo as rodas, poderia chegar a qualquer lugar. Hohagen viu que Franz observava o *kettenkrad*.

— Sirva-se quando eles não estiverem olhando — Hohagen sugeriu.
— Eu assumirei a culpa. Se me passarem uma reprimenda ou derem uma punição, posso simplesmente apontar para a cabeça.

Ele e Franz riram.

Cedo, na manhã seguinte, Franz e Hohagen atravessaram furtivamente o campo deserto e coberto de granizo. Dentro de um hangar eles encontraram um *kettenkrad* plenamente abastecido. Franz deu a partida. Por cima do ruidoso motor, estendeu a mão. Hohagen a apertou vigorosamente. Franz engatou a marcha e partiu.

---

[79] Dois dias mais tarde, em 1º de maio, Galland enviou um piloto, o major Willi Herget, em um pequeno avião, para encontrar o general norte-americano Eisenhower. Na ausência de Eisenhower, o general Pearson Menoher recebeu Herget. Herget entregou a carta em que Galland tentava entregar a JV-44 em rendição. Menoher despachou Herget com a missão de informar a Galland onde entregar os jatos, e de oferecer uma escolta de caças da 8ª Força Aérea para acompanhá-los. Galland recebeu a mensagem e enviou Herget de volta para Menoher para esclarecer certos pontos do plano. Herget nunca chegou a seu destino. Forças norte-americanas em terra derrubaram seu avião. Ele foi ferido e capturado, e todos os meios de comunicação entre Galland e Menoher se perderam.

***

Seis dias depois, 4 de maio de 1945

Franz se sentia incomodamente solitário, enquanto dirigia o *kettenkrad* para oeste por uma estrada estreita e cheia de curvas nas profundezas dos Alpes. O caminho seguia por uma passagem na base das montanhas, margeando um riacho congelado. Flocos de neve prendiam-se à beira da estrada, onde pinheiros vergavam ao vento. De quando em quando um carro ou caminhão abandonado surgia na berma, vítima dos perigos de se dirigir no inverno. Franz parava e recolhia o combustível dos tanques dos veículos.

Franz entrara nos Alpes por Hallein, Áustria, vários dias antes, e dirigira até encontrar um abrigo onde outros soldados desobedientes haviam se reunido. Em 1º de maio, ele e os outros se aglomeraram em volta de um rádio que anunciava a notícia pela qual eles tanto haviam aguardado: Hitler estava morto. Ele dera um tiro em si mesmo dentro do *bunker*. No dia seguinte, as forças alemãs começaram a se render, primeiro em Berlim, depois na Itália e, finalmente, em 4 de maio, na Baviera. Decidindo que era seguro se render agora, Franz partiu do abrigo e conduziu seu *kettenkrad* de volta para a estrada deserta que levava para o oeste de Berchtesgaden, onde, segundo se dizia, estavam os norte-americanos.

O *kettenkrad* engasgou. Suas seis rodas dentadas chegaram lentamente à imobilidade. Franz virou para a berma e saiu. Uma espiada no mostrador de combustível bastou para confirmar que ele estava com o tanque vazio. Ele acendeu um cigarro e pegou sua sacola. Tirou de lá seu livro preto de registros e o enfiou profundamente no comprido bolso da calça de couro de aviador. O livro era uma posse valiosíssima, que documentava seus 487 voos de combate. Ele retirou a pistola do coldre e a atirou dentro do *kettenkrad*. Aquilo só poderia lhe trazer problemas. Deixando a pistola e a sacola vazia para trás, Franz começou a andar para oeste em suas pesadas botas.

Franz andava na estrada procurando placas que indicassem Berchtesgaden, mas alguém as havia arrancado. Ele acendia um cigarro no toco do outro. Quando os pinheiros rangiam e se vergavam, ele parava, olhava, e retomava a caminhada. A propaganda do Partido dizia que os norte-americanos seriam vingativos e que, depois de forçar um prisioneiro a trabalhar até quase morrer, ainda o entregaria para a França ou aos soviéticos para novas punições. Franz esperava que isso não fosse verdade. Depois da experiência no deserto, ele teria preferido ser prisioneiro dos britânicos. Franz passou por uma pequena aldeia, com meia dúzia de casas de cada lado de um riacho que fluía suavemente. Ali, na lateral da estrada, ele parou e olhou para cima. Pendurado em um poste de telefone estava um soldado alemão morto usando um uniforme cinza do Exército. Franz olhou para trás, para o caminho que havia percorrido, e pensou, *Talvez isso não tenha sido muito inteligente.* Ele sacudiu a cabeça para expulsar o pensamento. Os norte-americanos não tinham feito aquilo. Eles queriam que os alemães se rendessem, não que fugissem e continuassem lutando.

Franz prosseguiu. Oitocentos metros depois, chegou a uma bifurcação. À direita, a estrada pavimentada continuava por entre as montanhas. À esquerda, uma pequena ponte de madeira cruzava o rio e terminava em uma estrada lamacenta. A estrada de lama contornava a lateral da montanha e estava escurecida pela sombra. Franz se decidiu por ela, calculando que era mais provável que estivesse deserta.

Ele retomou a caminhada, as botas agora chapinhando no barro úmido. Através dos intervalos entre os pinheiros, ele acompanhava o riacho brilhante e a estrada principal para além dele, onde esperava a qualquer momento divisar os tanques norte-americanos. Franz fez uma curva e estancou. No caminho à sua frente estavam vinte ou mais soldados da SS. Ele os reconheceu imediatamente pelas capas camufladas com manchas marrons e verdes. Alguns estavam cavando. Outros estavam montando equipamentos de artilharia por cima das árvores caídas, e apontando seus rifles para o outro lado do riacho, em direção à estrada principal. Uns poucos estavam sentados nas pedras ao pé da montanha, fumando e mexendo em suas pistolas. Franz entendeu que tinham sido eles a enforcar o soldado que ele encontrara mais cedo. Era um recado para que outros alemães ficassem longe. Eles haviam provavelmente plantado minas na estrada principal, aguardando os mesmos tanques norte-americanos que Franz esperava encontrar.

Agora você está lascado, pensou Franz com seus botões, amaldiçoando a decisão de pegar a estrada lamacenta. Ele retomou a caminhada em direção aos soldados da SS. Ele sabia que não poderia voltar, tendo descoberto a emboscada que estavam armando. Ele esperava conseguir dar-lhes uma impressão de completo desinteresse, e passar por eles como um simples transeunte. Franz enfiou a mão no bolso direito e pegou o terço. Fazia muito tempo que seus dedos haviam removido a tinta preta e concluído a transformação das contas negras em pálido tom de roxo. Ao passar pelos primeiros soldados, Franz tentou não olhar suas golas, decoradas com runas prateadas semelhantes a pequenos raios. Aquela era a marca da SS. Alguns usavam quepes com a cabeça da morte bordada acima da aba. Outros usavam capacetes forrados com um tecido que combinava com as capas. Alguns soldados da SS zombaram e fizeram piadas daquele piloto sem avião.

Usando seu amarrotado quepe cinza de oficial, vestindo o puído uniforme de voo e botas pesadas e lamacentas, Franz tinha um aspecto selvagem, porém durão. Alguns soldados da SS encararam-no enquanto Franz passava pelo meio deles. Franz olhou em frente e seguiu marchando.

Ele sabia que os homens dos dois lados dele eram os soldados mais brutos e implacáveis da Alemanha. Nenhum piloto da Força Aérea Alemã, exceto por Goering, seria jamais condenado por um crime de guerra. O mesmo não poderia ser dito dos homens da SS pelos quais Franz passou andando.

A cada passo que o afastava deles, Franz esperava ouvir o som de um rifle sendo engatilhado e sentir uma bala perfurando suas costas. Mas nenhuma foi disparada. Por algum milagre, como se Franz fosse invisível, eles o deixaram viver.

Vários quilômetros adiante, o caminho lamacento se juntou à estrada principal. Ao atingir um ponto iluminado e pavimentado, Franz viu um veículo verde blindado virado para si, o canhão paralelo à estrada. Ele soube que chegara às franjas de Berchtesgaden. O veículo exibia uma estrela branca norte-americana no capô. Franz ergueu os braços em rendição.

* * *

A infantaria norte-americana presumiu inicialmente que Franz era um homem da SS tentando se fazer passar por piloto (para obter um tratamento mais condescendente), por causa da direção da qual viera. Eles tinham sabido o tempo todo que a SS estava lá. No começo, os agentes de interrogatório foram rudes, agindo segundo a suposição de que Franz era um oficial da SS. Depois perceberam que não, e encaminharam Franz aos interrogadores da Força Aérea do Exército Norte-Americano[80].

Os interrogadores da Força Aérea reconheceram Franz imediatamente, tendo recebido a rendição da JV-44 no Aeroporto de Salzburg e a de Galland em Tegernsee. Ao longo dos catorze dias seguintes, Franz foi submetido a numerosos interrogatórios. Os novos interrogadores imediatamente confiscaram seu livro de registros e, superestimando seu valor tecnológico, jamais o devolveram. Quando Franz se sentou para o primeiro interrogatório, concordou em falar aos oficiais norte-americanos sobre o 262, mas estipulou:

— Eu ainda sou um soldado, portanto só posso lhes contar até certo ponto.

---

[80] Franz recordaria: "Quando eles me interrogaram, em poucos minutos souberam que eu não poderia ser da SS, porque lhes mostrei o meu livro de registros".

24
ONDE AS BOMBAS HAVIAM CAÍDO

No ano seguinte, março de 1946, Straubing, Baviera

Os bicos das pesadas botas de voo de Franz arrastavam-se contra as pedras ásperas e reviradas, enquanto três policiais alemães o arrastavam pelas ruas. Dois homens o carregavam, com os braços sob os dele. O terceiro, o oficial encarregado, ia na frente, liderando os outros. Franz recobrou os sentidos. Ele se apoiou nos próprios pés e se equilibrou. Mas os policiais não o soltaram. Atrás de Franz, os trabalhadores das olarias inundavam as calçadas, assistindo ao drama em silêncio. Dos dois lados da rua, as pessoas da cidade observavam Franz com caretas e olhos fundos. Elas permaneciam caladas. A guerra as tornara apáticas a brutamontes uniformizados arrastando um homem para longe.

Franz soube que estava encrencado quando o oficial encarregado fez uma curva e entrou na primeira passagem escura pela qual passaram. Os policiais empurraram-no para esta alameda e o jogaram na escuridão, entre dois edifícios. Franz olhou para a rua de onde tinha vindo, acolhedoramente iluminada, e soube que estivera seguro enquanto permanecera visível para a multidão.

Os policiais eram maiores do que ele. Franz armou os punhos, antecipando uma surra. Os oficiais mexeram em suas golas do modo como um homem faria ao arregaçar as mangas para uma briga. Franz espiou a rua, ponderando sobre uma fuga. Mas sabia que não iria longe com aquelas botas pesadas.

Porém, então, os policiais recuaram um passo, com indiferença. O oficial encarregado apalpou o bolso e tirou um maço de cigarros. Ele ofereceu um a Franz. Franz hesitou. O homem sacudiu o maço.

— Está tudo bem — ele disse.

Franz pegou um cigarro. Um dos outros policiais ofereceu o isqueiro. Franz acendeu; o cigarro era de uma marca norte-americana. Os outros homens acenderam também. Todos balançaram os ombros e pareceram relaxar. Franz se desculpou por ter batido no gerente, e explicou que o homem estava se recusando a lhe dar um emprego porque ele tinha sido um piloto de caça.

— Não se preocupe — o encarregado disse a Franz. — Nós não vamos fazer nada a respeito disso.

Os policiais então começaram a contar o que os três haviam feito na guerra[81]. O encarregado fora responsável por uma bateria de artilheiros. Um dos policiais tinha sido guarda em uma base aérea. O terceiro servira na infantaria.

O encarregado perguntou a Franz sobre sua unidade e onde ele havia combatido. Franz lhe contou. Os homens tinham ouvido falar da JV-44, "a unidade do Galland". O encarregado contou que era de Straubing e que dera um jeitinho de estar ali, cuidando de uma bateria, quando a guerra acabasse. E acrescentou, rindo:

— Eu vi o senhor voando!

Ele explicou que certa vez vira um 262 voando a grande altitude. Franz também riu e respondeu que era possível. O encarregado olhou no relógio e atirou a bagana do cigarro na sarjeta. Os outros policiais fizeram o mesmo.

Com um estalo do salto das botas, o encarregado bateu continência para Franz, sustentando a saudação com a mão alinhada à aba do quepe. Seus homens o imitaram. Os três policiais mantiveram a saudação, os olhos fixos nos de Franz. Em seu casaco surrado e puído e com as luvas sem dedos, Franz levantou a mão até a sobrancelha, bateu com firmeza as pesadas botas de aviador e retribuiu a saudação.

---

[81] Franz recordaria: "Eles eram todos velhos sargentos, a maioria da Força Aérea".

Os policiais giraram nos calcanhares e saíram do beco. Uma vez no sol, eles viraram em direção à olaria para continuar a patrulha. Franz os seguiu, mas virou na direção oposta, para longe da cena do incidente. Ele andou de volta pelo caminho da ida, em direção ao sol e ao longo das ruas onde as bombas haviam caído.

* * *

Durante meses Franz perambulou por Straubing, entregando para a mãe e para Eva todo o dinheiro que conseguisse obter. Finalmente, em 1947, ele encontrou um emprego. Consertava máquinas de costura em um lugar improvável: na Messerschmitt, em Ausburg, perto da antiga escola de jatos em Lechfeld. A indústria fabricante de 109s e 262s já não produzia caças. Depois da guerra, eles haviam passado a usar as mesmas instalações para produzir teares para tricô e máquinas de costura domésticas.

Em 1948, Franz se casou com Eva. Eles se acomodaram juntos à nova vida do pós-guerra. Ao longo dos anos, Franz se manteve em contato com alguns de seus antigos companheiros, incluindo Roedel. No inverno de 1953, eles se encontraram em um bar a meio caminho da casa de cada um, e beberam juntos pela última vez. Franz contou a Roedel que em breve partiria para o Canadá, onde conseguira um emprego de sonho: trabalhar como engenheiro em um novo caça canadense. Roedel tentou convencer Franz a ficar. Ele ouvira rumores segundo os quais a Força Aérea Alemã seria reconstituída em breve. Oficiais que houvessem se destacado durante a Segunda Guerra Mundial seriam convidados a voltar e assumir postos de liderança[82].

Roedel disse a Franz que, se ele ficasse, os dois poderiam se alistar juntos e continuar as respectivas carreiras na nova Força Aérea. Eles voariam ao lado de pilotos norte-americanos e britânicos, e não contra eles. Roedel já conversara com Trautloft e com O Conde, que estavam

---

[82] Em 1949, os Aliados haviam devolvido à Alemanha Ocidental a sua soberania. Eles precisavam de um aliado e sabiam que, se a Guerra Fria esquentasse, a Alemanha seria o campo de batalha. Para impedir que a "onda vermelha" invadisse a Europa, os norte-americanos estavam se preparando para treinar pilotos alemães para comandarem jatos norte-americanos e derrubarem bombardeiros soviéticos antes que eles lançassem suas bombas nucleares na Europa. Com a bênção dos Aliados, um grupo de generais alemães havia se reunido discretamente em 1950 para discutir o renascimento dos militares, que seriam chamados de Força de Defesa Federal ou *Bunderwehr*.

avaliando a oportunidade. Contou que até mesmo Steinhoff, que sobrevivera às queimaduras, estava torcendo para que os Aliados permitissem que ele envergasse o uniforme de novo. Mas Franz respondeu a Roedel que estava quite com sua cota de cumprimento de ordens. Ele bem vira o que cumprir ordens fizera com a Alemanha. O país se tornara um grande terreno pontilhado de estranhas novas montanhas. As montanhas haviam brotado nas imediações das novas cidades, onde os moradores tinham empilhado o entulho que outrora fora sua antiga cidade, antes da destruição provocada pela guerra. A última ordem que Franz cumprira fora a do tenente Pirchan, que lhe pedira para visitar a mãe e a irmã em Graz e transmitir seu adeus. Franz viajara para Graz imediatamente após ser solto pelos norte-americanos, e jamais falaria sobre o episódio.

Franz afirmou a Roedel que desejava construir e pilotar aviões. Era tudo o que ele sempre quisera. Por intermédio de amigos na Messerschmitt, ele conseguira uma oferta para trabalhar no potencial jato canadense chamado "Arrow". O trabalho seria em "carga útil e contrapeso" — caso o jato obtivesse a aprovação do governo canadense para ser fabricado. Vendo o entusiasmo de Franz, Roedel o incentivou a ir em frente e mudar-se para o Canadá. Ele o alertou:

— Você terá de aprender inglês, você sabe.

Franz respondeu que já estava praticando e desejou sorte a Roedel em sua tentativa de se juntar de novo à Força Aérea, "caso volte a existir uma Força Aérea Alemã algum dia". Os dois se despediram com um silencioso aperto de mãos. Depois do que haviam vivido juntos, palavras seriam inadequadas.

Franz achou a experiência de deixar seu país natal mais fácil do que havia imaginado. Na Alemanha, as assombrações da guerra estavam perto de casa. Sempre que passava um avião, Franz se lembrava de seus jovens pilotos. Ele vira o sofrimento nos olhos de seus compatriotas. E se lembrava também de como alguns deles o haviam atacado. Nas florestas e nos campos da Alemanha, Franz enxergava os fantasmas do Holocausto — os crimes de uma minoria jogando na sarjeta a honra de todos os combatentes alemães. Um piloto de caça falou em nome de todas as forças de combate do país, ao escrever: "As atrocidades cometidas sob o signo da suástica merecem as mais severas punições. Os Aliados devem deixar os criminosos a cargo dos soldados alemães para que se faça justiça" [Cap 24, nota 1].

* * *

Vários meses mais tarde, primavera de 1953, Canadá

Quando se mudaram para o Canadá, Franz e Eva se instalaram perto do irmão de Eva, que se mudara para Vancouver, na costa oeste, para trabalhar na indústria madeireira. Lá, Franz aguardou ser chamado para trabalhar no Arrow. Quando o governo canadense aprovou sua produção, no mês de julho, os militares classificaram o jato como *top secret*. Franz perdeu o emprego antes de começar a trabalhar. Ele solicitou uma autorização oficial para ter acesso aos dados sigilosos, mas a permissão lhe foi negada por ele ter sido um oficial alemão. Franz suportou o revés com altivez. Seu cunhado o ajudou a conseguir um emprego em uma estação de derrubada, corte e transporte de árvores nas ilhas Queen Charlotte. Franz trabalhou como mecânico de veículos a diesel, consertando os motores das carretas. Ele vivia em companhia de vinte e sete lenhadores e suas famílias, aprendeu inglês depressa e gostava de trabalhar com as mãos em meio à natureza. Ele e Eva tiveram uma filha, Jovita, mas o relacionamento do casal não duraria. Alguns diriam que uma boa relação exige um sol e uma lua, e Franz e Eva eram ambos solares: fortes e teimosos. O divórcio, em 1954, foi amigável.

Como o emprego pagava bem, Franz permaneceu na estação madeireira após a partida de Eva. A visão das Montanhas Rochosas ao longe, com seus picos nevados, fazia-o lembrar-se dos Alpes da Baviera e da vida que ele amara levar ali. Ele começou a escrever, à noite, para a mãe, para os homens com quem tinha servido e outras pessoas que conhecia.

Em um rompante caprichoso, escreveu para o senhor Greisse, o burocrata gentil que supervisionava o pagamento das pensões, cujo endereço havia guardado. Mas o senhor Greisse não escreveu de volta. Em vez dele, quem escreveu foi a filha, Hiya. Ela contou a Franz que o pai estava doente. Como ele tinha sido membro do Partido, no fim da guerra os soviéticos o haviam trancafiado em um campo. Homem de médio porte antes da guerra, ele fora devolvido à filha, cinco anos depois, pesando míseros quarenta quilos. Hiya era uma menina baixinha de treze anos e cabelo ruivo-aloirado quando conheceu Franz. Agora tinha vinte e três, e estava ansiosa por explorar o mundo. Ela perguntou a Franz sobre o

Canadá. Franz escreveu de volta. Apesar da diferença de quinze anos entre eles, os dois começaram a se corresponder.

Hiya contou a Franz sobre sua vida no pós-guerra, sobre como trocara a porcelana da mãe por comida com fazendeiros locais. Escreveu sobre os soldados soviéticos que haviam se mudado para a casa dela, sobre como lavavam batatas no vaso sanitário, como haviam espatifado os copos de cristal de sua mãe e sobre como se embriagavam e ficavam cantando *Lili Marlene*. "A maioria era boazinha, mas, rapaz, se eles ficassem bêbados, você, sendo uma garota, não iria querer ficar por perto", ela escreveu a Franz. Hiya confidenciou que os soviéticos, no ano subsequente ao fim da guerra, haviam estuprado a maioria das mulheres em Berlim e no entorno da cidade. Ela não diria uma palavra sobre o que acontecera à irmã.

Pela maior parte dos dois anos seguintes, Franz e Hiya se corresponderam semanalmente. De vez em quando, Franz telefonava para ela do único aparelho existente na ilha, no escritório da madeireira.

Em 1956, Hiya embarcou em um avião e viajou para Vancouver, onde ela e Franz se encontraram pela primeira vez em doze anos. O cabelo alourado dela formava cachos acima das orelhas e sua postura era impecável. Ela usava saia azul-celeste e uma blusa de botões brancos que levavam a uma gola alta, e calçava pequenas luvas pretas. Franz viera a conhecer a bela personalidade de Hiya, mas jamais imaginou que a garotinha um dia se transformaria em uma mulher adulta tão linda. O plano deles nunca foi discutido. Um ano após se reencontrarem, eles foram até a prefeitura de Vancouver e se casaram.

Hiya gostou de ir viver com Franz na ilha de Queen Charlotte, onde moravam em um pequeno chalé. Em sua primeira noite juntos na ilha, Franz levou Hiya para fora, para olhar para o céu, como haviam feito na noite em que se conheceram. Ele segurou a mão dela e lhe mostrou a Aurora Boreal, as coloridas luzes do norte. Contudo, quando viu os clarões bruxuleando no horizonte, Hiya caiu em um choro histérico. A Aurora Boreal havia desencadeado em sua mente lembranças de Postdam e de Berlim em chamas. Com o tempo, ela veio a apreciar as luzes, mas nunca enxergou nelas a mesma beleza que Franz admirava.

A mãe de Franz foi visitá-los, apesar de não estar exatamente feliz com a ideia de eles haverem se casado na prefeitura em vez de na igreja. Ela ficou por quatro meses. Quando Franz contava velhas piadas de pilotos durante o jantar, sua mãe sempre o repreendia:

— Franz! Você tem sorte de papai não estar por perto!

A mãe pediu que Franz a acompanhasse à igreja e que comungasse. Ele foi, e confessou ao padre que não assistia a uma missa fazia vinte anos, porque tinha estado em combate. O padre riu, deu-lhe as boas-vindas de volta e acrescentou:

— Neste caso, você está um pouco atrasado para a comunhão.

Franz e Hiya tentaram convencer a mãe de Franz a ficar com eles mais algum tempo, mas ela se recusou. Sentia saudade dos amigos — porém, mais que tudo, tinha saudade da cerveja.

Hiya e Franz raramente falavam sobre a guerra. Certa noite, por acidente, ela descobriu uma história acerca do passado dele. No acampamento da madeireira, as famílias frequentemente davam festas. Em uma delas, Franz exagerou na bebida. Enquanto Hiya o conduzia pelo caminho de volta ao chalé, à luz da lua, eles encontraram uma mamãe urso. Ela estava inclinada sobre uma cerca, rugindo, chamando a cria, que estava do outro lado. Porém, em seu estado de embriaguês, Franz não sabia onde estava.

— É o meu urso! — Ele disse a Hiya, que não entendeu nada. — Tenho que ir lá dizer oi para ele — Franz implorou.

Hiya murmurou que era uma má ideia e reteve Franz. Mas Franz insistiu que era o urso dele e lutou para se desvencilhar. Hiya sabia que ele ia se machucar. Quando não conseguiu mais segurar Franz, ela lhe deu uma bela joelhada no traseiro. Enquanto ele se distraía com a dor nos fundilhos, ela o empurrou para casa e o pôs para dormir. Na manhã seguinte, Franz tomou o café da manhã em pé.

— Eu devo ter me machucado na noite passada — ele lhe disse. — Não sei como, mas não consigo me sentar.

De sua cadeira à mesa, Hiya explicou a origem da dor. Lenta e cautelosamente, Franz se acomodou em uma cadeira em frente a ela, e então lhe contou uma história de guerra sobre um urso adorável.

25

VALEU A PENA?

Vinte e quatro anos depois, 1980, Vancouver

A chegada dos anos 1980 encontrou Franz e Hiya aproveitando alegremente os anos da maturidade, explorando as montanhas de Vancouver e pescando em seus lagos. O tempo reduziu a altura de Franz. Aos sessenta e cinco anos, ele estava mais baixo e mais largo. Suas bochechas caíram, e lhe davam um ar duro quando não estava sorrindo. Ele ainda se vestia todos os dias como se fosse para o escritório, com calça social, camisa de manga longa e uma malha por cima, a aparência de um empreendedor do Vale do Silício, com muitos anos de antecedência. Hiya passara a usar o cabelo curto, mas retivera o charme da juventude, o espírito alemão atrevido e vigoroso só crescendo com o tempo.

Juntos, eles haviam comprado um rancho e criado um pônei da raça Shetland em um estábulo atrás da casa. Franz fumou como uma chaminé até o dia em que sentiu tontura depois de caminhar para alimentar o pônei. Naquela tarde, ele disse a Hiya:

— Eu não fumo mais.

— Desde quando? — Ela perguntou.

— Desde hoje de manhã.

De uma hora para a outra, Franz se livrou com um peteleco de um hábito de quase quarenta e cinco anos. Por diversão, começou a pilotar aviões de pequeno porte, e chegou mesmo a comprar um Messerschmitt 108, um avião de transporte de passageiros de quatro lugares, com linhas elegantes como seu antigo 109. Ele até pintou o 108 como o 109 dos tempos de guerra, e pilotava-o em apresentações acrobáticas, fazendo o papel do "malvado" que os P-51s iriam perseguir céus afora, para delírio da multidão.

Um dia, o velho comandante de Franz, Galland, foi visitá-lo. Quando chegou à soleira de Franz, Galland era uma versão encolhida e mais gentil de sua antiga figura — maior do que a própria vida — dos tempos da Segunda Guerra Mundial. O bigode, sua marca registrada, estava grisalho, e ainda usava o cabelo penteado para trás, só que agora ele estava prateado nas têmporas. Depois da guerra, ele havia encontrado emprego como agente florestal. Cuidara de reservas, de parques e campos de caça, e meditara sobre a guerra. O projetista de aviões alemão Kurt Tank o convidou a se juntar a ele na Argentina, onde estava desenvolvendo um jato para Juan Perón, o ditador do país. Perón precisava de alguém para treinar os pilotos e construir a Força Aérea, e Tank recrutara Galland. Depois deste trabalho temporário, Galland tinha voltado para a Alemanha e participado de competições com Edu Neumann e de apresentações aéreas. Ele foi consultor do filme *A batalha da Grã-Bretanha* e gerenciou a Associação dos Pilotos de Combate Alemães. Ele havia se casado três vezes, constituíra família e com frequência tirava férias com seus antigos inimigos britânicos, os comandantes Robert Stanford Tuck e Douglas Bader.

Galland quis ir caçar com Franz, então Franz tomou emprestado um avião anfíbio Beaver com um médico amigo. Ele levou Galland a uma choupana à beira de um rio no norte do Canadá. Quando Franz taxiou o avião em direção à costa, ele fez uma aproximação rápida demais e acabou encalhado na areia. Galland lhe deu uma bronca por aterrissar tão mal. Franz riu e comentou:

— O senhor tem sempre de ser o general, não é?

Franz não gostava de caçar, mas acompanhou Galland, que abateu um alce. Eles deram a carne a uma tribo de norte-americanos nativos e transportaram a cabeça para Vancouver, de onde Franz despachou os chifres para Galland, na Alemanha. A partir de então, Franz e Galland conversavam por telefone uma vez por semana.

* * *

Cinco anos mais tarde, 1985

Franz olhou incrédulo para o convite que tinha em mãos. A Boeing Company soubera a seu respeito por intermédio de suas apresentações aéreas e o convidara a participar da festa de cinquenta anos da Flying Fortress B-17. Franz ponderava acerca do convite, incerto se deveria comparecer. Ele começou a pensar na guerra de novo. Vinham à tona lembranças desde muito esquecidas. Com os olhos da memória, via o bombardeiro destroçado que deixara escapar. Ele contou a história a Hiya pela primeira vez. A pergunta começou a perturbá-lo de novo, como uma ferida não curada: teria o B-17 conseguido voltar para casa, na Inglaterra? Franz sabia que as únicas pessoas a quem ele poderia perguntar eram os membros da tripulação. Mas as chances eram escassas de que eles tivessem conseguido cruzar o oceano, que dirá terem sobrevivido à guerra. Dos 12 mil B-17s fabricados, 5 mil haviam sido destruídos em combate. Ainda mais parcas eram as chances de que a tripulação, se tivesse sobrevivido, estivesse viva quarenta e um anos depois, ou que fosse possível localizá-la. Franz não tinha nomes a citar. Nem um número de identificação na cauda. Apenas uma lembrança. Ao mesmo tempo, ele sabia que assumira um risco enorme ao ajudar o bombardeiro a escapar, e havia anos que desejava saber: *tinha valido a pena?*

— Você deveria ir à festa e indagar aqui e ali — Hiya aconselhou. — Pode ser sua última chance.

Apesar da relutância, Franz viajou ao Museu da Aviação no aeroporto de Paine Field para participar da festa da Boeing. Mais uma vez, ele era um alemão solitário andando em meio a um enxame de norte-americanos. Cerca de 5 mil antigos pilotos e tripulantes de B-17s compareceram. Franz caminhava nervosamente ao redor de três B-17s que haviam sido levados para lá para que os veteranos dessem uma volta. Ele esperava que seus velhos inimigos o hostilizassem. Ao contrário, os veteranos do bombardeiro — que agora usavam óculos de lentes grossas em grandes armações — reuniram-se em volta dele e o metralharam de perguntas.

— Como você tinha tempo de fazer mira enquanto nos atacava? — Um deles perguntou.

— Só havia uma fração de segundo e depois você tinha de ir fundo — Franz explicou.

— É, você costumava ir fundo para cima de nós! — Outro veterano brincou, ao que Franz riu e respondeu:

— *Ja*, mais ou menos isso.

Franz perguntou a todos os veteranos com quem travou contato se sabiam de um bombardeiro que tinha sido escoltado em segurança por um caça alemão. Ninguém havia jamais ouvido falar de uma coisa daquelas. O coronel Robert Morgan, antigo capitão do famoso B-17 Memphis Belle, estava lá, e Franz o inquiriu. Morgan nunca soubera de nada daquilo, e a simples ideia o fez rir.

Uma equipe de gravação da estação local King 5 estava filmando a festa e entrevistando os veteranos para um especial de TV. Eles filmaram Franz, que descreveu o B-17 que estava procurando, o mais gravemente danificado B-17 que ele havia visto.

— Eu vi um B-17 voar sem leme — Franz declarou ao programa. — Eu o vi voar com metade da cauda arrancada e ainda assim continuar voando.

Franz não conhecia o nome "Ye Olde Pub" nem sabia o nome do piloto, Charlie Brown. Fazia muitos anos que se esquecera da data, 20 de dezembro de 1943 — mas tinha certeza do que tinha visto.

— Nós sabíamos que tínhamos um trabalho a fazer: defender nosso país — Franz disse, em sua entrevista. — E sabíamos que os rapazes naqueles aviões tinham um trabalho a fazer também, porque tinham ordens de encerrar a guerra e o combate era tão feroz.

Franz foi embora da festa da Boeing com novos amigos entre os velhos adversários e com um convite dos veteranos dos Ases Combatentes Norte-Americanos para comparecer às futuras reuniões como convidado. Franz voltou para Vancouver certo de que jamais saberia qual tinha sido o destino da tripulação do B-17.

* * *

Na extremidade oposta do continente, em Miami, Flórida, Charlie Brown refletia sobre sua metade da história do encontro de 20 de dezembro. A vida de Charlie depois da Segunda Guerra Mundial tinha sido idílica.

Durante a faculdade na Virgínia Ocidental ele conhecera uma garota chamada Jackie, uma morena miúda que sempre usava o cabelo preso em um coque caprichado. Ela vinha de uma pequena cidade da Virgínia Ocidental, como Charlie, e o havia conquistado por sua elegância e seus vestidos coloridos. Jackie compreendia bem o que Charlie enfrentara durante a guerra. Ela era uma jovem viúva cujo primeiro marido fora um piloto morto sobre a Europa. Charlie e Jackie se apaixonaram e em 1949 se casaram. Naquele mesmo ano, Charlie regressou à Força Aérea. Fez carreira na Inteligência militar e até serviu em Londres como *attaché* da RAF. Nesse período, ele e Jackie tiveram duas filhas, Carol e Kimberly. Em 1965, Charlie se aposentou precocemente, como tenente-coronel, para ir trabalhar no Departamento de Estado, no sudeste da Ásia, durante a Guerra do Vietnã. Lá, ao longo de seis anos, supervisionou a distribuição de comida e medicamento para os aliados regionais dos Estados Unidos.

Quando se aposentou de uma vez por todas, no início dos anos 1970, Charlie se mudou para a Flórida, comprou uma casa e passou a dirigir um grande Cadillac com o símbolo de asas da Força Aérea nas placas. Charlie parecia ficar mais alto e magro com a idade, e perdeu poucos centímetros de cabelo a partir da testa. Ele usava óculos de lentes amarelas, calças de cintura alta e camisas compridas cujas mangas estavam sempre arregaçadas. Nunca estava sem uma gravata de caubói, com duas cordinhas unidas por um adereço. Toda noite tomava um martíni e sempre carregava no porta-malas um *kit* "de primeiros socorros" composto de gim, vermute, dois copos e um misturador. Como passatempo, Charlie empregava sua paixão por ciência e invenções trabalhando com outros inventores para desenvolver motores a diesel mais ambientalmente corretos, muito antes que esse tipo de pesquisa se tornasse popular. Ele passava horas no campo de golfe, era voluntário na igreja e paparicava Jackie, que ainda usava vestidos coloridos e maquiagem todos os dias. Ela era tranquila, honrada e ótima cozinheira. As filhas de Charlie moravam nas proximidades e apareciam com frequência para jantar. Ele tinha consciência de que levava uma vida maravilhosa.

Naqueles anos dourados, suas lembranças de guerra voltaram à tona. Charlie havia ido a uma reunião de pilotos de bombardeiro em 1957, mas nada além disso. Na época, as memórias eram muito recentes e muito dolorosas. Agora, ele começava a ter pesadelos de novo. Ele sonhava com o 20 de dezembro e o sonho sempre terminava com o The Pub girando rumo à terra em um mergulho fatal do qual ele não conseguiria se salvar. Charlie sempre acordava um segundo antes do impacto. De pé no banheiro, olhando-se no espelho, Charlie tentava dizer a si mesmo que 20 de dezembro estava superado fazia muito tempo. Mas algo nas profundezas de seu íntimo estava devorando seu subconsciente, e ele sabia que não era apenas a queda em espiral do pesadelo. Ele precisava de um encerramento.

Charlie se juntou à Associação do 379º Grupo de Bombardeamento, bem como à associação de seu curso de pilotagem, para se reconectar com os velhos amigos. Na reunião dos pilotos em Las Vegas, em 1985, Charlie e seus colegas de turma sentaram em círculo na suíte de um hotel e trocaram histórias de guerra. Um dos homens na roda era um antigo companheiro de curso de Charlie, o coronel Joe Jackson. Jackson tinha um rosto redondo e amigável e ainda usava o cabelo à moda militar, curto como o de um tripulante. Ele contou suas histórias com marcado sotaque da Geórgia. Jackson fora piloto de bombardeiro na Segunda Guerra Mundial e piloto de caça na Coreia. No Vietnã, havia comandado aviões cargueiros, e suas ações tinham-lhe rendido uma Medalha de Honra. Jackson não contou esta história, mas Charlie e os outros tinham ouvido falar do que ele fizera: pousara um cargueiro em um campo sob intenso ataque inimigo. Como que por milagre, ele tinha conseguido resgatar três controladores de combate da Força Aérea, apanhando-os e levando-os para longe dali. Seu avião tinha voltado com incontáveis buracos de bala e até com uma granada lançada por foguete alojada no nariz.

Charlie surpreendeu os companheiros que bebericavam uísque ao comentar, casualmente:

— Vocês não vão acreditar, mas certa vez um piloto alemão fez uma saudação para mim.

Jackson e os outros ficaram tão curiosos que pressionaram Charlie a contar a história completa. Então Charlie lhes falou sobre o piloto alemão que havia poupado sua vida e a de sua tripulação.

— Você deveria procurá-lo — Jackson instou Charlie. — Ele pode ainda estar vivo por aí.

Charlie sabia que as chances eram escassas. Os pilotos de caça alemães tinham sido varridos do mapa. Como poderia encontrar um piloto inimigo e desconhecido com quem voara durante dez minutos, sem nenhum dos dois terem trocado uma única palavra? Fazia quarenta e dois anos, mas ele ainda se perguntava: *Quem era ele e por que nos deixou ir embora?*

Charlie começou sua busca pelo piloto alemão. Em seu tempo livre, ao longo dos quatro anos seguintes, usou seus contatos na Força Aérea para vasculhar os arquivos norte-americanos e ingleses, e encontrou o relatório de sua equipe pós-ação de 20 de dezembro. Exibia um aviso de acesso restrito, mas não continha nada de sensível. Charlie se lembrava do homem que escrevera o relatório — o desengonçado oficial da Inteligência da Base Aérea de Seething, tenente Robert Harper. Então Charlie entrou em contato com a Associação do 448º Grupo de Bombardeamento e descobriu que Harper morava na Nova Inglaterra. Charlie telefonou para Harper, que se lembrou dele instantaneamente. Harper contou a Charlie que permanecera na Inglaterra por mais um tempo e que depois da guerra se tornara arquiteto. Acrescentou que, depois de se aposentar, começara a pintar. Aquilo deu a Charlie uma ideia.

— Você acha que conseguiria pintar um retrato do nosso avião?

Harper se lembrava do The Pub e concordou.

— Desta vez, seria seguro incluir o alemão? — Charlie brincou.

Harper riu e concordou em retratar o 109 voando emparelhado com o The Pub, sua forma de se redimir por ter escondido a história durante o período de guerra. Harper pintou a cena em aquarela e trombou com um obstáculo. Ele telefonou para Charlie: não sabia que marcas colocar no avião alemão. Charlie tampouco sabia.

— Vamos deixar esta parte sem nada — Charlie disse a Harper. — Para o caso de eu conseguir encontrá-lo.

Charlie lera em uma revista sobre aviação que o piloto alemão mais famoso, general Adolf Galland, havia recentemente promovido o próprio encontro dos seus. Galland se encontrara com seu antigo chefe de equipe, Gerhard Meyer, através de um anúncio veiculado em um boletim chamado *Jaegerblatt*. A *Jaegerblatt* (*Diário do Combatente*) era a publicação oficial da Associação dos Pilotos de Combate Alemães, um grupo de encontros de pilotos atuais e de outras épocas. Charlie escreveu então ao editor da *Jaegerblatt* perguntando se ele publicaria uma breve carta descrevendo o incidente de 20 de dezembro e o piloto que ele estava tentando encontrar. Mas o editor não estava inclinado a ajudar um ex-piloto de bombardeiro, e recusou o pedido. Então Charlie tentou outra via e escreveu para Galland pedindo ajuda. Galland respondeu por carta que nunca ouvira falar de um 109 poupando um B-17, mas que ele mandaria que o editor da *Jaegerblatt* publicasse a carta de Charlie. Galland podia fazer isso porque já fora o presidente da organização. Ele mandou que Charlie enviasse a carta, ao que Charlie obedeceu prontamente.

Em sua carta, Charlie descreveu a hora, o lugar e outras informações gerais a respeito do encontro, no qual "um único Bf-109 fez pontaria em um B-17, não disparou, entrou em formação com ele e acabou voando em sua asa direita". Charlie informou o endereço na Flórida onde poderia ser encontrado. Mas ele não mencionou que o estabilizador horizontal esquerdo de seu bombardeiro fora arrancado nem que seu leme estava quase destruído nem que seu artilheiro da cauda fora morto. Os anos na Inteligência militar tinham feito surgir nele certo ceticismo. Ele preservou os detalhes e um último fato como um segredo a usar em um teste, na eventualidade de algum piloto alemão se apresentar.

* * *

Vários meses mais tarde, janeiro de 1990, Vancouver

Franz olhou para a caixa de correio e viu que a *Jaegerblatt* havia finalmente chegado da Alemanha. Ele foi buscá-la e voltou caminhando penosamente. Uma vez dentro de casa, com suas paredes cheias de esculturas em madeira, relógios de cuco e pinturas retratando montanhas, Franz se jogou na poltrona. Ele leu com grande atenção, procurando descobrir quem havia morrido desde o último encontro. Foi então que viu.

— Hiya!

Hiya veio correndo. Ela presumiu que algo ruim tivesse acontecido — talvez Galland estivesse morto.

— Aqui, olha, é ele! — Franz gritou, mas Hiya parecia confusa. — Aquele que eu não derrubei! — Franz esclareceu.

Por cima do ombro de Franz, Hiya leu, boquiaberta. Tal como Galland prometera, a *Jaegerblatt* publicara a carta de "procura-se" de Charlie. Como se fosse um anúncio, ela ocupava um quarto de uma página preta e branca. Franz se pôs de pé e correu para seu gabinete, revestido de um papel de parede que lembrava velhos jornais. Ele tirou a capa de sua máquina de escrever, inseriu uma folha entre os rolos e rapidamente deu vazão a uma carta que dizia:

18 de janeiro de 1990

Prezado Charles,

Por todos esses anos eu me perguntei o que teria acontecido ao B-17, teria a aeronave se salvado ou não? Como convidado dos Ases Combatentes Norte-Americanos, perguntei muitas vezes, sem resultado. Participei da festa de 50 anos do B-17, e ainda assim [não] obtive respostas sobre ter ou não valido a pena o risco de enfrentar a corte marcial. Estou feliz que você tenha conseguido e que valeu a pena.

Estarei na Flórida em algum momento em junho, como convidado dos Ases Combatentes Norte-Americanos, e certamente seria agradável conversar sobre nosso encontro. A propósito, depois que pousei no Aeroporto de Bremen, peguei um Fieseler Storch emprestado do comando do aeroporto e voei até um B-17 que eu havia derrubado. O campo onde aterrissei não foi muito cooperativo, e acabei de ponta-cabeça ou na hélice. Eu só queria ter certeza de que a tripulação estava sendo tratada corretamente. Meu pouso não foi apreciado, conforme me contaram no refeitório dos oficiais, porque fui forçado a pernoitar para que um dos meus radiadores fosse trocado, por ter uma bala de calibre 50 alojada nele.

Por enquanto,
Horrido

Seu
[assinatura] Franz
Franz Stigler

Cinco dias depois, em Miami, Jackie trouxe a correspondência para Charlie, que estava sentado à escrivaninha, escutando rádio. Ele abriu os envelopes com um abridor de cartas. "Meu Deus", ele murmurou, ao ler a carta, incrédulo. Ele chamou a esposa.

— Será que é ele? — Jackie perguntou.

Raciocinando como um oficial da Inteligência, Charlie observou que Franz não havia pedido nada. Não fornecera o número de telefone nem dissera que ambos deveriam escrever um livro juntos para contar ao mundo sobre o encontro. Ele havia simplesmente sugerido que talvez pudessem se encontrar algum dia, e que estava feliz por Charlie ter conseguido.

— Tenho um pressentimento de que é o cara — Charlie disse à esposa. — Mas não vou alimentar esperanças por enquanto.

Charlie se sentou para datilografar uma resposta para Franz. A meio caminho ele se impacientou e parou.

— Para o diabo com isso — ele disse.

Pegando o telefone, Charlie chamou o serviço de informação. Ele pediu a lista de assinantes de Vancouver e perguntou se havia algum Franz Stigler. A telefonista disse que sim, e deu o número de Franz. Charlie ligou e Franz atendeu.

— *É o senhor Franz Stigler?* — Charlie perguntou.
— *Ja* — *Franz respondeu.* — *Aqui é ele.*
— *O Franz Stigler que voou na Segunda Guerra Mundial?*
— *Ja* — *Franz respondeu, soando confuso.*
— *Franz, acho que nos conhecemos há muito tempo. Aqui é Charlie Brown.*

No começo, a conversa foi estranha e desajeitada. Charlie fez a Franz uma série de perguntas para ter certeza de que ele era realmente o tal. Franz descreveu os danos sofridos pelo bombardeiro. Mencionou o estabilizador ausente. Disse que o leme tinha quase desaparecido. Contou a Charlie que a torre da retaguarda estava destruída. O coração de Charlie parou de bater por um instante. Ele nunca mencionara o estabilizador, o leme ou a torre de artilharia da cauda em sua carta na *Jaegerblatt* — mas Franz sabia de tudo. Então Franz acrescentou:

— Quando eu o deixei ir embora sobre o mar, pensei que você nunca chegaria ao outro lado.

— Meu Deus, é você! — Charlie disse.

Lágrimas corriam por suas bochechas e molhavam o fone. Ele havia propositalmente deixado de mencionar na carta qualquer coisa a respeito de sobrevoar a água. Este era o teste secreto. Charlie mencionara apenas o encontro ocorrido sobre terra. Ainda assim, Franz sabia que os dois haviam voado juntos acima do mar. Muito emocionado, Charlie perguntou a Franz a primeira coisa que lhe veio à cabeça.

— Para que você estava apontando? Você ficava apontando e tentando nos dizer alguma coisa.

— Para que vocês fossem pousar na Suécia! — Franz respondeu, rindo.

— Eu não fazia ideia! — Charlie respondeu. — Do contrário, teria voado para lá e hoje estaria falando sueco!

* * *

No dia seguinte à conversa, Charlie escreveu:

Receber sua carta foi uma das coisas mais arrebatadoras da minha vida. Eu precisava ter certeza e consegui seu número com a telefonista de Vancouver. Minha conversa com você eliminou qualquer dúvida, quando você mencionou ter voado sobre a água conosco. Isso nunca foi anunciando em nenhuma das cartas de busca pelo piloto do 109.

Na carta, Charlie perguntava a Franz sobre as marcas em seu caça, para que seu amigo Robert Harper pudesse completar a pintura. Ele também pediu a Franz que o mantivesse informado sobre a sua vinda ao encontro dos Ases Combatentes Norte-Americanos na Flórida, onde ele esperava que ambos pudessem se encontrar. Charlie encerrou a carta escrevendo:

Tenho a clara sensação de que um poder maior do que aquele dos nossos respectivos governos estava cuidando da maioria de nós em 20 de dezembro de 1943. Dizer OBRIGADO, OBRIGADO, OBRIGADO em nome da minha tripulação sobrevivente e das famílias deles parece ser totalmente inadequado.

Embora ainda tivéssemos uma metralhadora funcionando na torre superior, estávamos concretamente fora da guerra. Estou agradecido não apenas por você não ter provocado nosso fim, mas também por você não ter sacado uma [pistola] Walther P-38 ou um estilingue e acabado conosco, enquanto voava em formação à nossa direita.

Tenho certeza de que sua habilidade e sua ousadia fizeram de você um piloto de caça extremamente bem-sucedido; entretanto, se você repetidamente demonstrasse esse tipo de camaradagem/cavalheirismo e ousadia, sua chance de sobreviver aos combates não teria sido muito grande. Eu me uno a você no profundo sentimento de gratidão por você não ter sido levado à corte marcial por seu cavalheirismo em 20 de dezembro de 1943.

> Com meus mais calorosos
> Cumprimentos,
> [assinatura] Charlie
> Charles L. Brown

Charlie escreveu para Franz sem saber que ele era um ás ou onde ele havia servido. Ele só sabia que Franz era um bom homem. Mas Charlie ainda precisava saber por que Franz o havia poupado. Naquela primavera, Franz teve um problema pulmonar e cancelou a viagem à Flórida. Charlie se ofereceu para viajar para Seattle, se Franz fosse encontrá-lo lá. Franz concordou e os dois agendaram uma data.

* * *

Várias semanas depois, 21 de junho de 1990, Seattle

No dia marcado para o encontro, Charlie andava de um lado a outro no hotel Embassy Suites vestindo um de seus ternos cinza folgados e gravata de caubói. Ele sabia que Franz e Hiya deveriam chegar às 11h30 e que as emoções seriam fortes, então ele arquitetou uma brincadeira. Charlie havia recentemente recebido de Harper cópias concluídas da pintura que mostrava o 109 de Franz voando com o B-17 de Charlie. Harper chamara o trabalho de *A honra suprema*. O talento de Harper tinha vindo de longe. Charlie deu uma cópia para a moça da recepção e pediu:

— Quando o senhor e a senhora Stigler chegarem para se hospedar, você pode, por favor, entregar isto ao senhor Stigler e perguntar se ele é o famoso ás alemão?

A moça concordou em participar da brincadeira.

Charlie observou e esperou a partir de um balcão superior que dava vista para o saguão do hotel. Ao meio-dia, Franz e Hiya apareceram e se aproximaram da recepção. Charlie reconheceu Franz das fotos que haviam trocado. A moça entregou a pintura a Franz e recitou sua fala. Franz olhava em torno freneticamente, sabendo que Charlie tinha de estar por trás da piada. "Já chega", Charlie riu consigo mesmo. Ele tomou o elevador e desceu ao saguão. Franz o viu e correu em sua direção. Os dois antigos inimigos se abraçaram e choraram.

A esposa de Charlie não pudera acompanhá-lo na viagem para conhecer Franz, então ele havia trazido um amigo — Joe Jackson, o agraciado com a Medalha de Honra que fora o primeiro a sugerir que Charlie procurasse Franz. Na manhã seguinte, Jackson se juntou a Franz e Charlie enquanto eles se acomodavam no quarto de hotel de Charlie e conversavam. Jackson havia levado sua filmadora, e gravou o encontro. Ele sabia que estava vendo o próprio desenrolar da história ser escrito[83].

— As chances contra isto eram de um milhão para um — Charlie afirmou à câmera. — Primeiro, de qualquer um de nós sobreviver mais de quarenta e seis anos e, depois, de conseguirmos entrar em contato.

Jackson se interpôs e perguntou a Franz como ele se sentia, finalmente conhecendo Charlie. Franz lutava com as palavras.

— Não foi fácil — ele disse, tentando segurar as lágrimas e começando a fungar. — Eu o abracei.

Secando os olhos com, as mãos, ele deu um tapinha no ombro de Charlie para evitar cair no choro e disse:

— Eu te amo, Charlie.

* * *

Ao longo dos dois dias seguintes, Charlie e Franz resgataram antigas lembranças enquanto passeavam por Seattle. Franz contou a Charlie sobre o irmão, a razão pela qual havia se tornado um piloto de caça. Charlie contou a Franz sobre crescer em uma fazenda e perder a mãe. Charlie ficou sabendo que Franz não estava sem munição ao voar emparelhado com o The Pub, conforme ele havia imaginado. Franz revelou exatamente o oposto, as armas estavam completamente carregadas. Charlie descobriu também que o homem que o poupara não era um piloto qualquer. Era um dos maiores ases da Alemanha, um homem que servira no Esquadrão dos Especialistas. Charlie quis saber mais sobre a JV-44. Franz respondeu

---

[83] "Foi tão incrível, uma experiência absolutamente única", Charlie recordaria. "Eu achava que tinha mais chances de ganhar na loteria do que de encontrá-lo vivo, quarenta anos depois." O filme de Jackson com o encontro de Charlie e Franz está disponível no *website* do autor.

que muitas das histórias eram dolorosas demais — mas prometeu dar a Charlie um livro sobre a Liga. Ao partir, Charlie disse a Franz e a Hiya:

— Vocês vão gostar de saber que o nosso B-17, Ye Olde Pub, nunca mais lançou bombas sobre a Alemanha.

De volta à sua casa em Miami, Charlie contou a Jackie:

— Foi como encontrar um membro da família, um irmão que você não via há quarenta anos.

— Você descobriu por que ele o poupou? — Ela perguntou.

Charlie assentiu.

— Eu era idiota demais para me render — Charlie disse. — E Franz Stigler era cavalheiro demais para nos destruir.

Depois de conhecer Franz, Charlie nunca mais teve pesadelos com "o giro".

* * *

Depois de ter conhecido Charlie, Franz conversou com Galland por telefone. Franz admitiu para Galland que deixara o B-17 escapar. Tudo que Galland teve a dizer foi: "Só podia ser você". Galland contou que havia ordenado à *Jaegerblatt* que publicasse a carta de Charlie. Franz sentiu que Galland não estava nem emocionado nem bravo porque ele deixara o bombardeiro escapar. Na realidade, Galland tinha sentimentos contraditórios, tendo perdido os irmãos mais novos na guerra. Mesmo quarenta e seis anos depois, ele considerava o ato de Franz uma negligência no cumprimento do dever — e, ainda assim, a coisa certa. Franz e Galland continuariam a conversar toda semana até a morte de Galland, em 1996.

A notícia do encontro entre Charlie e Franz circulou até alcançar as manchetes. A *Jaegerblatt* veiculou a história sob o título "Um ato de cavalheirismo nos céus da Europa". Franz começou a receber da Alemanha telefonemas que traziam sempre a mesma mensagem.

— É Franz Stigler?

— *Ja*.

— Seu porco imundo! — E desligavam.

Outros começavam com:

— Você é o Franz Stigler que não derrubou o B-17?

— *Ja*.

— Traidor! — E desligavam.

As chamadas abalavam Hiya, mas Franz lhe disse:

— Você precisa entender que as pessoas estavam sendo mortas pelos B-17s, e que as pessoas que telefonam podem ter perdido a família toda em um bombardeio.

Conforme a história do encontro entre Franz e Charlie circulava pela América do Norte, estações de TV do Canadá e dos Estados Unidos veiculavam matérias com chamadas que diziam "Por que este ás da Luftwaffe poupou a tripulação de um bombardeiro norte-americano, arriscando-se a conhecer o pelotão de fuzilamento de Hitler?" e "Uma atitude surpreendente, um mistério que permaneceria sem resposta por décadas... Uma história para este feriado do Dia do Armistício da qual você não vai se esquecer tão cedo". Embora fossem amplamente bem recebidas, as histórias não foram apreciadas por todo mundo. Franz recebeu telefonemas de seus vizinhos canadenses, chocados ao descobrir que "o inimigo" vivia entre eles.

— É Franz Stigler?

— *Ja.*

— Vá embora, seu nazista de uma figa — e desligavam.

— Eles nunca vão compreender — Franz dizia, para acalmar Hiya.

* * *

Dois meses mais tarde, 13 de setembro de 1990, Massachusetts

O câmera, o produtor e o técnico de som com seu microfone aéreo, pedalaram para trás, conduzindo Charlie e Franz em seu giro de inspeção ao B-17 cor de oliva pousado na pista de alcatrão banhada pelo sol. Charlie andava devagar para acompanhar Franz, que claudicava apoiado em uma bengala. Os dois conversavam enquanto a câmera registrava cada detalhe.

Charlie usava uma jaqueta azul de vinil descorada com insígnias da Força Aérea. Alfinetes metálicos do B-17 recobriam o boné azul, que combinava com a jaqueta e exibia um emblema da 8ª Força Aérea no centro. Ao lado de Charlie, Franz usava uma jaqueta azul-marinho e calças cáqui, sem alfinetes nem insígnias. Mas na cabeça ele tinha um boné azul com um emblema quadrado que circundava um B-17 bordado em amarelo e o título "O 379º Grupo de Bombardeamento".

Velhos veteranos e suas famílias caminhavam em torno e por dentro do bombardeiro, posando para fotografias nas torres laterais de artilharia e sob a rampa de lançamento de bombas. Uma reunião do 379º Grupo de Bombardeamento estava em andamento. Charlie e os veteranos no 379º haviam chamado Franz a comparecer como convidado deles. Eles haviam lhe dado o boné que ele agora usava. Um dia, fariam de Franz um membro honorário do 379º Grupo de Bombardeamento.

A equipe estava filmando para o programa *This Morning*, da CBS News. Na época em que o mundo estava concentrado na iminente guerra no Golfo Pérsico, o âncora e repórter Wayne Freedman tomara conhecimento de outra grande história — uma narrativa de interesse humano sobre redenção que ele posteriormente rotularia de "A história de um encontro de guerra que só ocorreu devido à compaixão de um inimigo".

Em torno do bombardeiro, os veteranos do 379º e suas famílias se mantinham em respeitoso silêncio enquanto Charlie, Franz e a equipe de filmagem andavam em volta do avião.

— Este parece ótimo em comparação ao seu — Franz disse espontaneamente a Charlie, que riu em concordância.

Na sombra sob a asa do bombardeiro, Hiya e a esposa de Charlie, Jackie, que tinham acabado de se conhecer, observavam.

Depois que a equipe da CBS baixou as câmeras e partiu, Charlie e Franz ficaram por ali, com as esposas, papeando. Charlie olhava sobre o ombro periodicamente, em direção a um hangar meio às escuras, como se estivesse esperando alguém. Finalmente, dois velhos veteranos emergiram do hangar e, mancando, aproximaram-se do pequeno grupo reunido sob a asa. Não era uma cena especial para uma reunião: dois veteranos com suas esposas, filhos e filhas atrás deles. Mas os homens que se aproximaram de Charlie e Franz eram especiais. Charlie os conhecia. Franz não.

— Franz, há dois cavalheiros que gostariam de conhecer você — Charlie disse, tentando esconder um sorriso.

Ele puxou Franz de sob a asa em direção à luz. O primeiro veterano a se aproximar de Franz era o antigo artilheiro da torre de barriga de Charlie, Sam "Blackie" Blackford, cujo amplo bigode estava grisalho e cuja cabeça já não tinha cabelos, a não ser tufos prateados acima das orelhas. Blackie chorava enquanto apertava vigorosamente a mão de Franz, e se recusava a largar. O segundo veterano era o operador de rádio de Charlie,

Dick Pechout, cujo cabelo ficara branco, mas cujos olhos ainda eram pura meiguice por trás da armação de tartaruga dos óculos. Charlie pôs os braços sobre Franz e Blackie, abraçando-os. Blackie veio abaixo. Entre soluços, ele agradeceu a Franz por ter-lhe poupado a vida e afirmou que, graças a Franz não ter puxado o gatilho contra ele, seus filhos e netos tinham tido a oportunidade de conhecer a vida. Pechout silenciosamente envolveu Franz e os demais, e os quatro ficaram entrelaçados.

As lágrimas de Blackie levaram Franz ao choro e o choro de Franz provocou o pranto caudaloso de Charlie. No começo, as famílias dos veteranos e os outros idosos do 379º mantiveram certa distância. Depois, quando já não aguentavam mais, eles convergiram para o lacrimoso grupo formado por seus maridos ou pais ou avôs ou companheiros.

Visto de cima, deve ter sido engraçado, um círculo de pessoas aninhadas em volta de um pequeno homem no centro, abraçando-o e se abraçando uns aos outros por entre fungadas e risadas. Mas todos naquele dia deviam algo a Franz Stigler, o homem no meio. Por causa dele, vinte e cinco homens, mulheres e crianças — os descendentes de Charlie, Blackie e Pechout — tiveram a chance de viver, para não mencionar os filhos e netos dos demais tripulantes de Charlie.

Mas Franz achava que tinha sido ele a ganhar um presente. Quando presenteou Charlie com um livro sobre o Esquadrão dos Especialistas, Franz escreveu uma mensagem na folha de rosto, palavras tranquilas que o mundo jamais ouviria. Quando a lia, Charlie escutava a voz de Franz.

Em 1940, perdi meu único irmão, um piloto de interceptação noturna.
Em 20 de dezembro, quatro dias antes do Natal, tive a oportunidade de salvar da destruição um B-17 tão severamente danificado que era assombroso que ainda voasse.
O piloto, Charlie Brown, é, para mim, tão precioso quanto meu irmão era.
Obrigado, Charlie.
Seu irmão,
Franz.

De cima, o círculo de pessoas se fundiu em um abraço perto da asa do bombardeiro, tornando-se uma massa única, maior e mais extraordinária conforme as lacunas entre elas desapareciam.

Posfácio

Em 1955, os Estados Unidos e seus aliados receberam formalmente a Alemanha Ocidental na NATO e ressuscitaram a Força Aérea Alemã. Em reconhecimento aos honrados serviços que prestaram a seu país durante a Segunda Guerra Mundial e pela ausência de afiliação ao Partido, os seguintes oficiais foram reintegrados a seus antigos postos e tiveram carreiras de sucesso na Força Aérea Alemã.

Gerhard "Gerd" Barkhorn se aposentou como general de três estrelas.

Gustav Roedel se aposentou como general de uma estrela.

Hannes Trautloft trabalhou como inspetor geral e se aposentou como general de três estrelas.

Erich Hohagen se aposentou como general de uma estrela.

Walter "O Conde" Krupinski se aposentou como general de três estrelas.

Erich "Bubi" Hartmann juntou-se à nova Força Aérea depois de dez anos como prisioneiro de guerra em campos soviéticos, e posteriormente se aposentou como coronel.

Johannes "Macky" Steinhoff juntou-se à nova Força Aérea e subiu de patente apesar da severa desfiguração resultante de suas queimaduras. Ele serviu como comandante da Força Aérea e se aposentou em 1974 como general de quatro estrelas. Em 1997, o Esquadrão Alemão de Caças 73 recebeu o nome honorário de "Steinhoff", um dos poucos esquadrões a ser chamado pelo nome de um homem. Hoje, o Esquadrão Steinhoff voa par a par com o Esquadrão Richthofen, assim chamado em homenagem ao Barão Vermelho.

* * *

Em 1957, em uma reunião do 379º Grupo de Bombardeamento, Charlie revelou a verdadeira idade para sua tripulação. Os Calados ficaram surpresos, mas não ofendidos. Eles ponderaram que Charlie fizera um bom trabalho em levá-los de volta para casa, o único critério que importava.

* * *

Charlie nunca mais teve contato com Marjorie depois da guerra, mas soube que ela havia se casado e que jamais parou de voar.

* * *

Nos anos subsequentes a seu encontro, Franz e Charlie viajaram pela América do Norte contando sua história para qualquer clube civil, museu aeronáutico ou unidade militar que os requisitasse. Este foi o último serviço que prestaram na construção de um mundo melhor. A mensagem deles era simples: inimigos são melhores como amigos.

Franz Stigler sucumbiu à doença em março de 2008. Pouco antes de falecer, pediu a Hiya que seu corpo fosse cremado, mas que ela mantivesse as cinzas por perto. "Prometo que não serei um estorvo", ele lhe disse. Depois de cinquenta e dois anos de casamento, ele morreu nos braços de Hiya.

Charlie Brown faleceu em novembro de 2008, oito meses depois de Franz.

Antes da morte de Charlie, a Força Aérea Norte-Americana concluiu uma longa investigação sobre os eventos de 20 de dezembro de 1943 e acerca das ações de Charlie e sua tripulação. A Força Aérea determinou que os oficiais militares tinham errado na forma como haviam conduzido o caso sessenta e quatro anos antes. Em abril de 2008, A Força Aérea convocou Charlie a comparecer na sede do governo da Flórida e lhe concedeu a segunda mais alta medalha por heroísmo do país — a Cruz da Força Aérea. A Força Aérea também presenteou o último tripulante vivo da equipe de Charlie, Albert "Doc" Sadok, com a Estrela de Prata, e atribuiu postumamente uma Estrela de Prata a cada um dos oito membros já falecidos da tripulação.

Hoje, somadas nove Estrelas de Prata e uma Cruz da Força Aérea, a tripulação do Ye Olde Pub permanece como uma das mais condecoradas equipes de bombardeiro da história.

Franz Stigler nunca recebeu a Cruz de Cavaleiro, mas, conforme ele mesmo sempre dizia, recebeu algo muito melhor.

* * *

```
Franz Stigler                           Surrey, Jan.18/90
Surrey, B.C.
V3W 4P8
C a n a d a
```

Dear Charles,

All this years I wondert what happend to the B17, dit she make it or not. As I am aguest of the American Fighter Aces, I inquired time und again, but without any results. I have been a guest at the 50th universary of the B17, und I kould still find any answers, wheter it was worth to risk a Court Marshal. I am happy now that you made it, and that it was worth it.

      I will be in Florida sometimes in June as guest of the Am. Fighter Aces and it sure would be nice to talk about ouer encounter. By the way after I landet at Bremen Airport, I borrowed the Fieseler Storch from the airport Commander to fly out tu a B17 wich I shot down. The field I landet in just was not cooperating and I stood on My head or prop. I just wonted to be sure, tha the crew was treated correctly. My landing was not appreciated, I have been told in the Off. Mess, as I was Forced to stay overnight to have one of my radiators changed, Wich had a 50 cal. bullet stuck in it.

      For now

        horrido

         yours

        Franz Stigler

18 de janeiro de 1990

Prezado Charles,

Por todos esses anos eu me perguntei o que teria acontecido ao B-17, teria a aeronave se salvado ou não? Como convidado dos Ases Combatentes Norte-Americanos, perguntei muitas vezes, sem resultado. Participei da festa de 50 anos do B-17, e ainda assim [não] obtive respostas sobre ter ou não valido a pena o risco de enfrentar a corte marcial. Estou feliz que você tenha conseguido e que valeu a pena.

    Estarei na Flórida em algum momento em junho, como convidado dos Ases Combatentes Norte-Americanos, e certamente seria agradável conversar sobre nosso encontro. A propósito, depois que pousei no Aeroporto de Bremen, peguei um Fieseler Storch emprestado do comando do aeroporto e voei até um B-17 que eu havia derrubado. O campo onde aterrissei não foi muito cooperativo, e acabei de ponta-cabeça ou na hélice. Eu só queria ter certeza de que a tripulação estava sendo tratada corretamente. Meu pouso não foi apreciado, conforme me contaram no refeitório dos oficiais, porque fui forçado a pernoitar para que um dos meus radiadores fosse trocado, por ter uma bala de calibre 50 alojada nele.

Por enquanto,

Horrido

Seu
[assinatura] Franz
Franz Stigler

Pilot Class 43-D Association, Inc.
A Non-Profit Organization

January 24, 1990

Mr. Franz Stigler
Surrey, B. C.
V3W 4P8
Canada

Dear Franz,

Receiving your letter was one of the greatest thrills of my life. Although I normally try to anticipate events and prepare myself for a variety of circumstances, I was ecstatic at receiving your letter and totally unprepared to write this response; so if you will bear with me here goes.

First, do not be discouraged by the mass of data you find enclosed with this letter. Once you have read THE 13 MINUTE GAP and then THE 13 MINUTE GAP-REVISITED you will be able to better understand my interests. I will also enclose the first two stories of an Anthology I am compiling which will also provide additional background. And finally, I will enclose just a bit on my combustion research efforts, especially as they relate to diesel engines.

When I read your letter and saw your photo's I was so elated that all I could think of was that perhaps your actions related to another aircraft. I had to know for sure and obtained your telephone number from the Vancouver operator. My conversation with you totally dispelled any doubt, when you mentioned going over the water (North Sea) with us. That has never been advertised in any of the letters seeking the 109 pilot. Do you remember the exact area where we exited the coast?

I know that you realize that the probability of each of us surviving for these forty six plus years since Dec. 20, 1943 is in and of itself incredible. Further, our being able to identify and communicate with each other at this time is nothing short of a miracle. My most sincere congratulations to your fighter pilot association and especially to your wonderful newsletter which provided the vehicle for our correspondence.

Now for a few specific comments, observations, questions, etc.:

  1) I would appreciate your further comments as to the reason that you did not fire at us during the encounter. I felt that perhaps you were one of the pilots who had previously engaged us, were out of ammunition, and finally saluted/waved as an act of respect/camaraderie. If you had ammunition the alternative

24 de janeiro de 1990

Sr. Franz Stigler
Surrey, B. C.
V3W 4P8
Canadá

Querido Franz,

Receber sua carta foi uma das coisas mais arrebatadoras da minha vida. Embora eu normalmente procure me antecipar aos eventos e me preparar para as mais variadas circunstâncias, fiquei paralisado ao receber a carta e totalmente despreparado para escrever esta resposta; então, se você não se importar com isso, aqui vai.

    Primeiramente, não fique desanimado com a quantidade de informação que vai encontrar junto com esta carta. Uma vez que você tiver lido *The 13 minute gap* e depois *The 13 minute gap – Revisited*, você compreenderá melhor meu interesse. Vou também anexar as duas primeiras histórias de uma antologia que estou compilando e fornecer informações que as contextualizem. Por fim, enviarei também alguns resultados da minha pesquisa sobre combustão, especialmente os que se referem a motores a diesel.

    Quando li a sua carta e vi a sua foto fiquei tão assombrado que só conseguia pensar que talvez seu gesto se referisse a outra aeronave. Eu precisava ter certeza e consegui seu número com a telefonista de Vancouver. Minha conversa com você eliminou qualquer dúvida quando você mencionou ter voado sobre a água (o Mar do Norte) conosco. Isso nunca foi anunciando em nenhuma das cartas de busca pelo piloto do 109. Você se lembra do ponto exato em que saímos da costa?

    Sei que você percebe que a probabilidade de nós dois sobrevivermos por estes mais de quarenta e seis anos desde 20 de dezembro de 1943 é, em si e por si mesma, inacreditável. Além disso, sermos capazes de nos localizar e nos comunicar é nada menos do que um milagre. Meus mais sinceros cumprimentos à sua associação de pilotos de caça e em especial ao seu maravilhoso boletim, que funcionou como veículo para a nossa correspondência.

Agora, algumas explicações, observações e perguntas específicas:

1) Eu gostaria que você comentasse as razões pelas quais não atirou contra nós durante o nosso encontro. Imaginei que você talvez fosse um dos pilotos que haviam anteriormente nos atacado, que estava sem munição e que havia acenado/saudado como um gesto de respeito/camaradagem. Se você tinha munição, a alternativa era que você tinha sentido que, em decorrência dos danos excessivos à nossa aeronave, nós não conseguiríamos voltar para a Inglaterra. Neste caso, o aceno/saudação seria somente para nos desejar sorte. Durante a nossa conversa, você mencionou que tinha pensado que tentaríamos chegar à Suécia. Se tivéssemos conseguido nos comunicar e você tivesse me sugerido isso, hoje eu falaria sueco. Conforme a história demonstra, eu era um comandante muito, muito inexperiente, e tinha acabado de completar 21 anos. Felizmente, a ideia de ir para a Suécia em lugar de enfrentar o Mar do Norte jamais me passou pela cabeça. Você gostará de saber que "167" nunca mais tornou a voar em combate.

2) Depois que nós a muito custo conseguimos chegar à Inglaterra e pousamos em Seething, os mortos foram removidos e os sobreviventes feridos fizeram sua prestação de contas. Mais tarde, quando voltei ao avião, um dos altos oficiais e eu estávamos inspecionando a parte quase destruída da cauda. Ele me perguntou: "Tenente, por que raios você tentou trazer uma aeronave tão destruída de volta para a Inglaterra?", e eu respondi: "Bem, senhor, eu tinha na equipe um homem morto e outros três gravemente feridos, que teriam pouca ou nenhuma chance de sobreviver se pulassem de paraquedas; e <u>felizmente</u> eu não conseguia enxergar a traseira da aeronave, por isso não tinha uma noção clara de seu verdadeiro nível de destruição". Ele respondeu: "Meu jovem, eu vou recomendá-lo para receber a mais alta honraria da nação". O resto da história está coberto pelas narrativas *Gap*.

3) Como você poderá comprovar pela história e pela pintura *A honra suprema*, presumiu-se que você era um dos pilotos que haviam nos atacado antes, embora a cor de sua aeronave parecesse diferente. A esta altura, não vejo razão para alterar o título; entretanto, o texto será mudado. Um dos pontos que mais reforço nas narrativas é o fato de ter tantos dados precisos quantos é possível obter. A falta das marcas exatas no Bf-109 é tudo o que vem me impedindo de ter a pintura transformada em litografia. Em complemento às marcas simbólicas, você estava na verdade voando na minha asa direita. Bob Harper, o pintor, tomou uma licença artística para mover você um pouco para a frente, de modo a obter uma perspectiva melhor e aumentar o tamanho do 109. Tal como conversamos, por favor, por favor, providencie para mim O MAIS RÁPIDO POSSÍVEL AS MARCAS REAIS DA SUA AERONAVE. Já que você teve a melhor vista aérea da nossa aeronave, obtida durante sua audaciosa inspeção, eu teria o maior interesse em conhecer suas observações acerca dos danos visíveis do avião. E também, **qual era a sua patente?** Obrigado.

4) Depois de ler o relato *Gap* básico, diga-me o que acharia da ideia de escrever sobre aquele dia (20 de dezembro de 1943) em sua vida, em complemento às linhas que registrei. Acredito que, diante de tudo que vazou agora, seria uma conclusão fantástica para as narrativas *Gap*.

5) Por favor, mantenha-me informado sobre os detalhes de sua visita de junho a Fort Lauderdale com os Ases Combatentes Norte-Americanos.

6) Com sorte, um ou mais dos quinze Bf-109 e FW-190 do ataque sobreviveram à guerra. Os 190s tinham a ponta das asas e o nariz pintados de amarelo e azul e pareciam um circo. Os Bf-109s eram cinza com borda azul. Talvez você pudesse ajudar na localização de algum dos sobreviventes. O interesse pela história realmente cresceria muito se nós pudéssemos obter a perspectiva de um dos pilotos de caça sobre o embate, e talvez abordar a frustração deles por não nos liquidar. Tenho a clara sensação de que um poder maior do que o dos nossos respectivos governos estava cuidando da maioria de nós em 20 de dezembro de 1943.

Dizer OBRIGADO, OBRIGADO, OBRIGADO em nome da minha tripulação sobrevivente e das famílias deles parece ser totalmente inadequado. Embora ainda tivéssemos uma metralhadora funcionando no posto superior, estávamos concretamente fora da guerra. Estou agradecido não apenas por você não ter provocado nosso fim, mas grato também por você não ter sacado uma Walther P-38 ou um estilingue e acabado conosco, enquanto voava em formação à nossa direita. Tenho certeza de que sua habilidade e sua ousadia fizeram de você um piloto de caça extremamente bem-sucedido; entretanto, se você repetidamente demonstrasse esse tipo de camaradagem/cavalheirismo e ousadia, sua chance de sobreviver aos combates não teria sido muito grande. A propósito, presumo que você não voava em formação com aeronaves inimigas como um procedimento regular. Na realidade, você alguma vez chegou a fazer isso antes ou depois do nosso casual encontro aéreo? Eu me uno a você no profundo sentimento de gratidão por você não ter sido levado à corte marcial por seu cavalheirismo em 20 de dezembro de 1943.

Nós dois deveríamos ser gratos à senhora Shirley Haskell, de Dallas, Texas, por ter-me presenteado com um ótimo livro chamado *Signed with their honor*, de Piet Hein Meijering, um autor holandês. Na sequência escrevi a Piet Hein e ele, por sua vez, contatou o general Galland, que escreveu ao editor do boletim da sua associação. Isto é, ainda e de fato, UM MUNDO PEQUENO, CHARLIE BROWN. Se você não leu o livro de Piet, avise-me, e eu lhe mandarei um exemplar. É uma pena que você não seja citado no livro dele, já que, infelizmente, ele não sabia do seu gesto para lá de incomum.

Espero que você aprecie os resultados do grande empenho em pesquisa que uma dúzia de pessoas dedicou. Meu esforçado relatório, amador e enviesado, deixa muito a desejar, mas com sorte os resultados extraordinários irão compensar qualquer falta de profissionalismo na apresentação. Espero que você e os seus apreciem.

Como diriam meus colegas da RAF, "MUITO BEM, DEUS O ABENÇOE E SIGA EM FRENTE".

Com meus mais calorosos cumprimentos,

[assinatura]
Charles L. Brown
Anexos: página 4

THE UNITED STATES OF AMERICA

TO ALL WHO SHALL SEE THESE PRESENTS, GREETING:
THIS IS TO CERTIFY THAT
THE PRESIDENT OF THE UNITED STATES OF AMERICA
AUTHORIZED BY TITLE 10, SECTION 8742, UNITED STATES CODE
HAS AWARDED

THE AIR FORCE CROSS

TO
SECOND LIEUTENANT CHARLES L. BROWN

FOR
EXTRAORDINARY HEROISM IN MILITARY OPERATIONS
AGAINST AN OPPOSING ARMED ENEMY
20 DECEMBER 1943
GIVEN UNDER MY HAND IN THE CITY OF WASHINGTON
4 FEBRUARY 2008

OS ESTADOS UNIDOS DA AMÉRICA

SAIBAM TODOS QUANTOS O VIREM QUE O PRESENTE CERTIFICA QUE O PRESIDENTE DOS ESTADOS UNIDOS DA AMÉRICA, AUTORIZADO PELO TÍTULO 10, SEÇÃO 8742 DO CÓDIGO DOS ESTADOS UNIDOS, ENTREGOU A CRUZ DA FORÇA AÉREA AO SEGUNDO-TENENTE CHARLES L. BROWN, POR EXTRAORDINÁRIO HEROÍSMO EM OPERAÇÕES MILITARES CONTRA UM INIMIGO ARMADO EM 20 DE DEZEMBRO DE 1943. CONCEDIDO POR MINHA MÃO NA CIDADE DE WASHINGTON EM 4 DE FEVEREIRO DE 2008.

O AMIGO ALEMÃO

CITATION TO ACCOMPANY THE AWARD OF

THE AIR FORCE CROSS

TO

CHARLES L. BROWN

The President of the United States of America, authorized by Title 10, Section 8742, U.S.C, awards the Air Force Cross to Second Lieutenant Charles L. Brown for extraordinary heroism in military operations against an armed enemy of the United States as a B-17 Pilot over Germany, 20 December 1943. On this date while attacking a heavily defended target over occupied Germany, Lieutenant Brown's aircraft sustained severe flak damage, including destruction of the Plexiglas nose, wing damage, and major damage to the number two and four engines. Lieutenant Brown provided invaluable instructions to the co-pilot and crew requiring the number two engine to be shut down. He then expertly managed to keep the number four engine producing partial power. This action enabled his crew to complete the improbable bombing run and bomb delivery on this important strategic target. Immediately upon leaving the target, severe multiple engine damage prevented maintaining their position in the formation. During this extreme duress, the demonstrated airmanship displayed by Lieutenant Brown could only be described as crucially pivotal to the aircraft's survival and displayed by only more seasoned and experienced aviators during the War. His violent, evasive tactics to counter the multiple enemy efforts to destroy their airplane directly contributed to his crew and his aircraft's survival. Alone and outnumbered, the aircraft was mercilessly attacked by the enemy in which crew difficulties were compounded when discovered only three defensive guns were operational, the others frozen in the -75 degree Fahrenheit temperatures. The results of this brief, but devastating aerial battle was one crew member dead; another critically wounded that would require amputation of his leg; serious damage of the third engine; the complete destruction of the aircraft's left elevator and stabilizer; the inoperability of bomber's oxygen and communications systems; and the complete shredding of the rudder by enemy fire that produced a death roll of the plane as it spiraled helplessly out of control causing the entire crew to temporarily lose consciousness. Miraculously, prior to ground impact, Lieutenant Brown and the co-pilot regained consciousness and managed to regain full flight control by pulling the heavily damaged aircraft out of its' nose-dive. Although managing to recover this aircraft from certain doom, the crew's plight was further complicated when a lone German fighter witnessed the maneuver, now attempted to force the crippled aircraft to land. Displaying the coolness, courage and airmanship of more senior pilots, he boldly rejected the enemy fighter's attempts at a forced landing and directed the struggling aircraft to the North Sea. While attempting this improbable, treacherous return to home station, Lieutenant Brown's command and control was instrumental to the remaining crew's survival. While in the cockpit, he provided the essential engine control, fuel management, and piloting skills necessary to the cockpit team during their hazardous, yet miraculous return of the aircraft's perilous crossing of the North Sea back to home station in England. Through this extraordinary heroism, superb airmanship, and aggressiveness in the face of the enemy, Lieutenant Brown reflected the highest credit upon himself and the United States Army Air Corps.

CITAÇÃO A ACOMPANHAR O PRÊMIO DE CRUZ DA FORÇA AÉREA PARA CHARLES L. BROWN

O presidente dos Estados Unidos da América, autorizado pelo Título 10, Seção 8742 do Código dos Estados Unidos, entrega a Cruz da Força Aérea ao segundo-tenente Charles L. Brown, por extraordinário heroísmo em operações militares contra um inimigo armado dos Estados Unidos, como piloto de um B-17 sobre a Alemanha, em 20 de dezembro de 1943. Nesta data, enquanto atacava um alvo pesadamente protegido sobre a Alemanha ocupada, a aeronave do tenente Brown sofreu severos ataques de artilharia, incluindo a destruição de seu nariz de Plexiglas, estragos na asa e danos em grande escala aos motores números dois e quatro. O tenente Brown forneceu instruções de valor inestimável ao copiloto e à equipe, orientando que o motor número dois fosse desligado e então habilmente gerenciando o motor número quatro para que continuasse a oferecer um funcionamento parcial. Esta ação possibilitou que sua equipe completasse o improvável ataque a bombas e as lançasse naquele importante alvo estratégico. Imediatamente após deixar o alvo, severos e múltiplos danos aos motores impediram que eles mantivessem sua posição na formação. Sob essa ameaça extrema, a habilidade e o conhecimento evidentes exibidos pelo tenente Brown somente poderiam ser descritos como crucialmente fundamentais para a sobrevivência da aeronave, e apenas seriam demonstrados ao longo da guerra por aviadores mais maduros e experientes. Suas violentas táticas de evasão para conter os múltiplos esforços do inimigo para destruir seu avião contribuíram diretamente para a sobrevivência da equipe e da aeronave. O inimigo atacou impiedosamente a aeronave solitária e em desvantagem numérica na qual as dificuldades da tripulação aumentaram quando se descobriu que apenas três armas de defesa estavam operacionais, tendo as outras se congelado à temperatura de 23,8 graus negativos. Os resultados desta breve, porém, devastadora batalha aérea foram um membro da tripulação morto; outro criticamente ferido, e que viria a ter a perna amputada; danos acentuados ao terceiro motor; a completa destruição do elevador e estabilizador esquerdo da aeronave; o não funcionamento dos sistemas de oxigênio e de comunicação e a total ruína do leme por fogo inimigo, o que provocou um giro mortal do avião, que caiu em uma espiral incontrolável, levando toda a tripulação a uma perda temporária de consciência. Milagrosamente, antes do impacto contra o chão, o tenente Brown e o copiloto recobraram a consciência e conseguiram retomar o pleno controle do voo, tirando a aeronave destroçada de seu mergulho de cabeça. Apesar do resgate da aeronave de seu fim certo, o apuro da tripulação se agravou quando um solitário caça alemão testemunhou a manobra e tentou forçar a combalida aeronave a pousar. Demonstrando a frieza, a coragem e o conhecimento dos pilotos mais experientes, ele rejeitou as tentativas do caça inimigo de fazer um pouso forçado e conduziu a aeronave, que se debatia, rumo ao Mar do Norte. Enquanto se empenhava em um improvável e traiçoeiro retorno à base, o comando e o controle do tenente Brown foram imprescindíveis para os tripulantes remanescentes. Enquanto esteve na cabine, ele administrou o controle dos motores, gerenciou o combustível e demonstrou as habilidades de pilotagem necessárias à equipe durante a arriscada e ainda assim milagrosa volta da aeronave, ao longo de sua perigosa travessia pelo Mar do Norte, em seu retorno para a base na Inglaterra. Por meio deste extraordinário heroísmo, habilidade suprema e agressividade em face do inimigo, o tenente Brown derramou os mais elevados créditos sobre si e sobre a Força Aérea do Exército Norte-Americano.

Agradecimentos

Meus agradecimentos vão para as pessoas a seguir por sua ajuda com *A higher call* (*O amigo alemão*).

Para Charlie Brown, por abrir as portas para esta história épica quando eu bati. A devoção de toda uma vida à sua equipe tornou este livro possível. Para Franz Stigler e Helga Stigler, por acolherem este estranho em suas vidas e dividirem histórias que eram fascinantes para mim — e dolorosas para vocês. Que o mundo lhes conceda a paz que vocês merecem.

Para Natalee Rosenstein, a minha editora no Berkeley Publishing Group, que acreditou no poder transcendental desta história. Obrigado por apostar neste autor de primeira viagem. À minha editora no Penguin Group, Leslie Gelbman, e à equipe dela, obrigado por dar luz verde para compartilhar este livro com o mundo.

Às filhas de Charlie, Carol Dawn Warner e Kimberly Arnspiger. Aos filhos de Sam Blackford — Paul Blackford e Chris Blackford —, a Richard Sadok (o filho de Al Sadok) e ao afilhado de Franz Stigler Jim Berladyn. As recordações, fotos e diários que vocês compartilharam enriqueceram imensamente este livro.

Para Larry Alexander, um autor experiente e jornalista que me ajudou a carregar uma montanha de pesquisas e elaboração de textos para completar este livro. Desde desenterrar manuais de voo de B-17s até encontrar pilotos de P-40s para entrevistar, sua orientação foi um presente.

Para David Harper, do Eagle's Nest Historical Tours, meu guia e contato para assuntos alemães. Desde me levar aos locais da Segunda Guerra Mundial na Alemanha até veicular anúncios em jornais alemães procurando descendentes de Willi Kientsch, sua ajuda foi instrumental. Você é um dos maiores guias de turismo da Europa, por uma boa razão.

Para Byron Schlag, o jovial veterano artilheiro traseiro de B-17 que me levou com ele à Inglaterra para um passeio pelas bases de bombardeio da

8ª Força Aérea durante um encontro deste grupo. Obrigado por ser meu mentor para a 8ª Força Aérea durante tantos anos.

Para o professor Colin Heaton, o especialista norte-americano em pilotos alemães da Segunda Guerra Mundial. Autor de *The German aces speak*, Colin estava estacionado na Alemanha nos anos 1980 como soldado do Exército Norte-Americano. Naquela época ele entrevistou inúmeros pilotos alemães, entrevistas preciosas que ele dividiu comigo para que eu pudesse conhecer seus amigos — os ases.

Para Robert Forsyth, historiador britânico e uma das maiores autoridades mundiais em JV-44. Quando Franz Stigler deu de presente a Charlie um livro sobre a JV-44, ele escolheu o livro de Robert, *JV-44*. Em complemento a responder abertamente às minhas perguntas, Robert abriu sua galeria de fotos e compartilhou muitas das raras imagens da JV-44 que aparecem neste livro.

Para o doutor Kurt Braatz, que escreveu a biografia de Gunther Luetzow, *Gott oder ein Flugzeug* (*God or an airplane*) e traduziu elementos-chave deste livro para me ajudar a entender Luetzow, um homem amplamente esquecido cujo legado Braatz trabalha para manter vivo.

Ao sargento mestre Craig Mackey e à equipe da Air Force Historical Research Agency, obrigado por fornecerem o serviço mais profissional de pesquisa e arquivo que jamais encontrei.

Ao meu grupo de leitores críticos, Matt Hoover, Pete Semanoff e Justin Taylan: as suas considerações tornaram este livro melhor.

Às adoráveis garotas austríacas e alemãs que me ajudaram de longe, Julia Loisl (pela tradução), Jaqueline Schiele (que me ajudou na busca pela família de Willi Kientsch) e Carolin Huber (que me ajudou a localizar o túmulo de August Stigler). Agradecimentos especiais à Carolin por contribuir com seu olhar atento e por avaliar criticamente o manuscrito sob uma perspectiva alemã. A palavra "brilhante" não descreve apropriadamente o trabalho que vocês fizeram.

Ao proeminente artista da aviação John D. Shaw, cujas pinturas ornamentam este livro, obrigado por usar suas pinceladas magistrais para disseminar esta história.

Aos compositores cujas partituras foram a estimulante trilha sonora da minha digitação, a Michael Giacchino por sua *Medal of honor: Allied assault*, a Hans Zimmer por sua canção *Woad to ruin* e aos meus talentosos amigos da banda Airborne Toxic Event.

Aos historiadores, especialistas e amigos que compartilharam seus *insights*: Robin Barletta, Bianca Del Bello, Christer Bergström, Steve Blake, Andy Boyd, Cheryl Cerbone, Dr. Thomas Childers, Mark Copeland, Ferdinando D'Amico, Patricia Everson, Wayne Freedman, Uwe Geifert, Wilhelm Göbel, Jon Guttman, Greg Johnson, Matt Hall, Mike Hart, Roger Hesse, Kelly Kalcheim, Julee MacDonald, Carl Molesworth, Carina Notzke, Gordon Page,

William S. Phillips, Andrew Rammon, Christopher Shores, Vince Tassone, Odette Trellinger, John Weal, Rick Willett, Bob Windholz e Paul Woodadge.

Ao meu professor de Inglês da faculdade, senhor G, David Friant, que editou nossa revista durante uma década sem pagamento nem compensação, apenas para ajudar um bando de garotos a desenvolver seus talentos — qualquer coisa que eu tenha aprendido sobre escrever, devo a você.

Aos veteranos da Segunda Guerra Mundial cujos conselhos e correções contribuíram para um livro melhor. À pilota WASP Betty Blake, ao piloto de B-24 Joe Jackson, ao piloto de P-40 Jack Pinkham, ao bombardeador de B-24 William Reichle, ao rádio-operador de B-17 George Roberts, ao piloto de Bf-109 Kurt Schulze e ao artilheiro Otto Wittenburg. Agradecimentos especiais aos conselheiros históricos cardinais deste livro, o piloto de B-17 John Noack e o piloto de Me-262 Jorg Czypionka, que trabalharam comigo do início ao fim. John pilotava um B-17 no sangrento segundo ataque a Schweinfurt e foi posteriormente derrubado no Mar do Norte e feito prisioneiro, enquanto que a carreira de Jorg seguiu paralelamente à de Franz Stigler. Jorg era um instrutor de voo transformado em comandante de 109 que mais tarde pilotou 262s em combate — com uma diferença: ele pilotava jatos à noite, como combatente noturno. Não apenas Jorg conheceu Franz Stigler depois da guerra como, também, teve ele próprio um encontro muito particular com um piloto do Spitfire britânico (uma história por demais incrível para este pequeno espaço, então eu a publiquei, juntamente com outros conteúdos extras, no meu *website*: www.ValorStudios.com).

Aos meus pais, Robert e Karen Makos, e às minhas irmãs, Erica Makos e Elizabeth Makos. Eu sempre procurei por vocês em primeiro lugar para ter uma leitura crítica ou uma opinião, para obter encorajamento ou uma avaliação do meu nível de adesão à realidade. Consigo trabalhar mais e dormir melhor sabendo que tenho vocês na minha vida, sempre me empurrando para a frente.

Ao meu irmão, Bryan Makos, meu braço direito e crítico mais implacável. Você trabalhou com quase todas as pessoas creditadas acima, deixando-me livre para escrever. A sua tarefa não era nada fácil: reunir fatos históricos, histórias e recursos humanos distribuídos por três continentes, oito países e ambos os lados de uma guerra mundial. Seu nome não está na capa. Seu trabalho talvez passe despercebido. Mas poucas pessoas poderiam ter feito o trabalho que você realizou, se é que alguma conseguiria.

Por fim, agradeço aos meus avós, os veteranos da Segunda Guerra Mundial Mike Makos e Francis Panfili. Quando alguém me pergunta como me interessei por história — foi graças a vocês. As apresentações aéreas às quais vocês levaram a mim e ao Bryan quando éramos crianças, as miniaturas plásticas de aviões da Segunda Guerra que vocês construíam para nós, seus velhos álbuns de fotografias, seus emblemas e alfinetes de uma época passada: quem teria imaginado que levariam a isto?

Para saber mais

Para ver raras aeronaves da Segunda Guerra Mundial tais como as descritas neste livro, o autor convida os leitores a explorarem estes ótimos museus e organizações aeronáuticos. O asterisco (*) indica os lugares em que um B-17 ou Bf-109 está disponível para exibição pública.

    The Collings Foundation (Stow, Massachusetts)*
    USS Intrepid Museum (Nova York, Nova York)
    Air Mobility Command Museum (Dover, Delaware)*
    National Air and Space Museum (Washington, DC)*
    The Military Aviation Museum (Virginia Beach, Virginia)*
    The Mighty Eighth Air Force Museum (Pooler, Georgia)*
    Museum of Aviation (Warner Robins, Georgia)
    Fantasy of Flight (Polk City, Florida)*
    Stallion 51 (Kissimmee, Florida)
    Air Force Armament Museum (Eglin AFB, Florida)*
    National Museum of the United States Air Force (Dayton, Ohio)*
    Grissom Air Museum (Peru, Indiana)*
    Yankee Air Museum (Belleville, Michigan)*
    The Air Zoo (Portage, Michigan)
    Museum of Science and Industry (Chicago, Illinois)
    EAA Experimental Aircraft Association (Oshkosh, Wisconsin)*
    National Naval Aviation Museum (Pensacola, Florida)
    USS Alabama Museum (Mobile, Alabama)
    National WWII Museum (New Orleans, Louisiana)
    Eighth Air Force Museum, (Barksdale AFB, Louisiana)*
    Lone Star Flight Museum (Galveston, Texas)*

Commemorative Air Force Gulf Coast Wing (Houston, Texas)*
Cavanaugh Flight Museum (Addison, Texas)
Airman Heritage Museum (Lackland AFB, Texas)*
Commemorative Air Force Museum (Midland, Texas)
The Liberty Foundation (Tulsa, Oklahoma)*
Strategic Air and Space Museum (Ashland, Nebraska)*
Wings Over the Rockies Air and Space Museum (Denver, Colorado)
Spirit of Flight Museum (Erie, Colorado)*
Hill Aerospace Museum (Hill AFB, Utah)*
Pima Air and Space Museum (Tucson, Arizona)*
Commemorative Air Force Arizona Wing (Mesa, Arizona)*
Flying Heritage Collection (Everett, Washington)*
Museum of Flight (Seattle, Washington)*
Evergreen Aviation and Space Museum (McMinnville, Oregon)*
Tillamook Air Museum (Tillamook, Oregon)
Wings of Freedom (Milwaukie, Oregon)*
Planes of Fame (Chino, California, e Valle, Arizona)*
Palm Springs Air Museum (Palm Springs, California)*
Lyon Air Museum (Santa Ana, California)*
March Field Museum (Riverside, California)*
Castle Air Museum (Atwater, California)*
San Diego Air and Space Museum (San Diego, California)
Imperial War Museum (Londres e Duxford, Inglaterra)*
The American Air Museum (Duxford, Inglaterra)*
Royal Air Force Museum, Hendon (London, Inglaterra)*
Vintage Wings of Canada (Quebec, Canadá)
Canada Aviation and Space Museum (Ontario, Canadá)*
Messerschmitt Foundation (Munique, Alemanha)*

Notas

Capítulo 3
1. Paul Berben, *Dachau*: 1933–45, 81–82.
2. Entrevista de Colin D. Heaton e Jeffrey Ethell com Franz Stigler.

Capítulo 4
1. Christopher Shores e Hans Ring, *Luftkampf zwischen Sand und Sonne*, 194.

Capítulo 5
1. Franz Kurowski, *German Fighter Ace Hans-Joachim Marseille*, 142.
2. Robert Tate, *Hans-Joachim Marseille: An Illustrated Tribute to the Luftwaffe's "Star of Africa"*, 83.

Capítulo 6
1. Colin D. Heaton e Anne-Marie Lewis, *The German Aces Speak*, 155.

Capítulo 8
1. Entrevista de Colin D. Heaton com Gustav Roedel.
2. Jeffrey Ethel, *P-38 Lightning*, 21–23.

Capítulo 9
1. Colin D. Heaton e Anne-Marie Lewis, *The German Aces Speak*, 127.
2. Heinz Knocke, *I Flew for the Fuhrer*, 97.
3. Entrevista do autor com o doutor Kurt Braatz.
4. Idem.
5. Johannes Steinhoff, *Messerschmitts Over Sicily*, II.
6. Colin D. Heaton e Anne-Marie Lewis, *The German Aces Speak*, 29–31.

7. Elliott Arnold e Richard Thruelsen, *Mediterranean Sweep: Air Stories from El Alamein to Rome*, 103.
8. Comunicado à imprensa do 79º Grupo de Caças, junho de 1943.
9. Franz Stigler, "Massacre do Domingo de Ramos", *Luftwaffe: Deadly Aces, Deadly Warplanes* I, nº I (1989): 16–21, 96. Na ausência do livro de registros de Franz, seu pouso na água foi erroneamente atribuído neste artigo a 18 de abril, quando de fato ocorreu em 10 de junho. Franz se refere a um cabo que foi abatido com ele e que posteriormente voltou à Sicília de balsa. Isto está correto. O homem era o cabo Karl Burger, que foi abatido em 10 de junho.
10. O diálogo que se segue entre Steinhoff e a Gestapo corresponde a Johannes Steinhoff, conforme relatado a Colin D. Heaton.
11. Beth Griech-Polelle, *Bishop von Galen: German Catholicism and National Socialism*, 80.
12. Entrevista de Colin D. Heaton e Jeffrey Ethel com Franz Stigler.
13. Johannes Steinhoff, *Messerschmitts Over Sicily*, 181.
14. Speer, *Inside the Third Reich*.

Capítulo 10
1. Entrevista de Colin D. Heaton e Jeffrey Ethel com Franz Stigler.

Capítulo 13
1. Harry Crosby, *A Wing and a Prayer*, 39.
2. Elmer Bendiner, *Fall of the Fortresses*, 91.
3. Entrevista da Air Force Historical Research Agency com o general Maurice Preston.
4. Philip Kaplan e Rex Alan Smith, *One Last Look*, 197.
5. Elmer Bendiner, *Fall of the Fortresses*, 13.
6. Idem, 73.

Capítulo 15
1. Frank Geary, *Courage, Faith, Culminate in Brotherhood of Friendship Among Former Enemies in Skies Over WWII Europe*, Jax Air News (1998): 14–15.
2. Idem, 14–15.

Capítulo 16
1. Rudolph Herzog, *Dead Funny: Humor in Hitler's Germany*, 167–168.

Capítulo 17
1. Elmer Bendiner, *Fall of the Fortresses*, 206.
2. Idem, 114–115.

Capítulo 18
1. Joseph Mizrahi, *Knights of the Black Cross*, 63.
2. Idem, 55.

Capítulo 19
1. Joseph Mizrahi, *Knights of the Black Cross*, 64.
2. Entrevista de Joseph Deichl, "A última missão", King 5 TV, Seattle, 9 de outubro de 1985.
3. Johannes Steinhoff, *The Final Hours*, 21.
4. Willi Heilmann, *I Fought You from the Skies*, 150.
5. Joseph Mizrahi, *Knights of the Black Cross*, 63-64.
6. O diálogo que se segue é uma compilação das memórias de Johannes Steinhoff, *The Final Hours*, e da entrevista de Colin D. Heaton com Gustav Roedel.
7. Johannes Steinhoff, *The Final Hours*, 95.
8. O diálogo que se segue entre Luetzow e Goering corresponde às memórias de Johannes Steinhoff, *The Final Hours*.
9. Colin D. Heaton e Anne-Marie Lewis, *The German Aces Speak*, 168.
10. Idem, 168.

Capítulo 20
1. Robert Forsyth, *JV 44: The Galland Circus*, 102.
2. Johannes Steinhoff, *The Final Hours*, 127.
3. Colin D. Heaton e Anne-Marie Lewis, *The German Aces Speak*, 58.

Capítulo 21
1. Robert Forsyth, *JV 44: The Galland Circus*, 147.
2. Philip Kaplan, *Fighter Aces of the Luftwaffe in World War 2*.
3. Colin D. Heaton, *The Me 262 Stormbird: From the Pilots Who Flew, Fought, and Survived It*.
4. Idem.
5. Robert Forsyth, *JV 44: The Galland Circus*, 164.
6. Idem, 165.

Capítulo 22
1. Johannes Steinhoff, *The Final Hours*, 139.
2. Trevor Constable e Raymond Toliver, *Horrido! Fighter Aces of the Luftwaffe*, 139.
3. Entrevista de Colin D. Heaton com Johannes Trautloft.
4. Joseph Moser, *A Fighter Pilot in Buchenwald*, 123-124.

5. United States Holocaust Memorial Museum, "The Holocaust," Holocaust Encyclopedia, http://www.ushmm.org/wlc/en/article.php?ModuleId=10005144.
6. Colin D. Heaton e Anne-Marie Lewis, *The German Aces Speak*, 135. Alguns autores posicionaram Franz no ar no dia do acidente de Steinhoff quando ele, de fato, estava se preparando para voar. A razão para essa confusão é fácil: nenhuma lista oficial de voo da JV-44 sobreviveu à guerra, então o registro de quem voou em qual dia só podia ser determinado a partir das lembranças dos veteranos. Quando fãs e historiadores perguntavam a Franz: "Você estava voando no dia em que Steinhoff caiu?", Franz respondia: "Sim, claro". Isto se deve ao fato de que ele efetivamente voou naquele dia, após o acidente de Steinhoff.
7. Colin D. Heaton, *The Me 262 Stormbird: From the Pilots Who Flew, Fought, and Survived It*.
8. Idem.
9. Ibidem.
10. Robert Forsyth, *JV 44: The Galland Circus*, 229.
11. Idem, 188.

Capítulo 23
1. Adolf Galland, *The First and the Last*, 299.
2. Joseph Goebbels, "25 April 1945: Last Broadcast", YouTube.
3. Levi Bookin, "April 26, 1945", What Happened Today?, http://dailytrh.tripod.com/0426.html.
4. Adolf Galland, *The First and the Last*, 301.

Capítulo 24
1. Heinz Knocke, *I Flew for the Fuhrer*, 187.

Referências

Algumas palavras a respeito de fontes e autenticidade. É importante notar que Franz Stigler cumpriu 487 missões de combate durante a Segunda Guerra Mundial, e Charlie Brown, vinte e nove. Ambos tinham documentados o horário, o dia e o lugar de cada missão em seus livros de registro, mas apenas o de Charlie sobreviveu à guerra. Em maio de 1945, interrogadores norte-americanos tomaram o livro de registros de Franz e o objeto nunca mais foi visto. Quando comecei minhas entrevistas com Franz e Charlie, fazia quase cinquenta e nove anos desde o fim da guerra. Ambos dividiram suas memórias comigo com o maior nível de detalhe que foram capazes de se lembrar. Eles também compartilharam histórias incríveis que haviam escrito nos anos anteriores, muitas das quais nunca tinham sido publicadas. Combinando esses relatos e os registros da época da guerra e usando as fontes abaixo, reconstruí a linha do tempo, os eventos e as histórias de cada veterano com a maior acuidade possível. Também tomei a liberdade de traduzir as palavras e nomes alemães para seus equivalentes em inglês, bem como converti o sistema métrico para o sistema imperial de medidas.

Fontes primárias incluem entrevistas, cartas, diários e relatos impressos dos veteranos da Segunda Guerra Mundial Franz Stigler, Charlie Brown, Al Sadok, Sam Blackford, Dick Pechout, Hiya Stigler, Bill Reichle, Joe Jackson, Viktor Widmaier, John Noack, George Roberts, Betty Blake, John Whitley, Kurt Schulze, Jorg Czypionka, Otto Wittenburg, e outros, numerosos demais para listar.

379th Bomb Group (H) WWII Association, Inc. *Anthology Volume One: November 1942–July 1945*. Paducah, KY: Turner Publishing, 2000.
379th Bomb Group (H) WWII Association, Inc. *Anthology Volume Two: November 1942–July 1945*. Paducah, KY: Turner Publishing, 2000.

Arnold, Elliott, and Richard Thruelsen. *Mediterranean Sweep: Air Stories from El Alamein to Rome*. Nova York: Duell, Sloan and Pearce, 1944.

Baker, David. *Adolf Galland: The Authorised Biography*. Londres: Windrow & Greene, 1996.

Bekker, Cajus. *The Luftwaffe War Diaries*. Nova York: Ballantine Books, 1966.

Bendiner, Elmer. *Fall of the Fortresses*. Nova York: G.P. Putnam's Sons, 1980.

Berben, Paul. *Dachau: 1933–1945*. Londres: Comite International De Dachau, 1980.

Bookin, Levi. "What Happened Today? April 26, 1945." 10 de setembro de 2011. http://dailytrh.tripod.com/0426.html.

Boyne, Walter. *Messerschmitt Me 262: Arrow to the Future*. Atglen, PA: Schiffer Publishing, 1994.

Braatz, Kurt. *Gott oder ein Flugzeug*. Alemanha: Neunundzwanzig Sechs Verlag, 2005.

Caidin, Martin. *Me 109*. Nova York: Ballantine Books, 1968.

Caldwell, Donald. *JG26: Top Guns of the Luftwaffe*. Nova York: Ivy Books, 1991.

Childers, Thomas. *In the Shadows of War: An American Pilot's Odyssey Through Occupied France and the Camps of Nazi Germany*. Nova York: Owl Books, 2004.

Constable, Trevor, and Raymond Toliver. *Horrido! Fighter Aces of the Luftwaffe*. Nova York: Ballantine Books, 1970.

Coppa, Frank. *The Papacy, the Jews, and the Holocaust*. Washington, DC: The Catholic University of America Press, 2006.

Crosby, Harry. *A Wing and a Prayer*. Nova York: HarperCollins, 1993.

Cull, Brian, et al. *Spitfires Over Sicily*. Londres: Grub Street, 2000.

Ethel, Jeffrey. *P-38 Lightning*. Nova York: Crown Publishers, 1983.

Forsyth, Robert. *Jagdverband 44: Squadron of Experts*. Nova York: Osprey Publishing, 2008.

Forsyth, Robert. *JV-44: The Galland Circus*. Reino Unido: Classic Publications, 1996.

Freedman, Wayne. *This Morning*. CBS, Nova York, 26 de setembro de 1990.

Freeman, Roger. *The Fight for the Skies*. Nova York: Cassell & Co., 1998.

Freeman, Roger. *The Mighty Eighth: A History of the Units, Men and Machines of the US 8th Air Force*. Londres: Cassell & Co., 2000.

Freeman, Roger, and David Osborne. *The B-17 Flying Fortress Story*. Londres: Arms & Armour, 1998.

Galland, Adolf. *The First and the Last: The German Fighter Force in World War II*. Londres: Methuen, 1955.

Geary, Frank. *Courage, Faith, Culminate in Brotherhood of Friendship Among Former Enemies in Skies Over WWII Europe*, Jax Air News, 8 de outubro de 1998, 14–15.

Geary, Frank. *German Air Ace 'Knighted' for Sparing Ye Olde Pub*, Jax Air News, 20 de agosto de 1998, 12–14.

Goebbels, Joseph. "25 April 1945: Last Broadcast." Discurso, 21 de abril de 1945. YouTube, 20 de julho de 2011.

Griech-Polelle, Beth. *Bishop von Galen: German Catholicism and National Socialism.* New Haven, CT: Yale University Press, 2002.

Hammel, Eric. *Air War Europa.* Pacifica, CA: Pacifica Press, 1994.

Heaton, Colin D., and Anne-Marie Lewis. *The German Aces Speak.* Minneapolis, MN: Zenith Press, 2011.

Heilmann, Willi. *I Fought You from the Skies.* Nova York: Award Books, 1966.

Herzog, Rudolph. *Dead Funny: Humor in Hitler's Germany.* Nova York: Melville House, 2011.

Hoffmann, Peter. *The History of the German Resistance: 1933–1945.* Quebec: McGill-Queen's University Press, 2001.

Kaplan, Philip. *Fighters Aces of the Luftwaffe in World War 2.* Reino Unido: Pen & Sword Books Limited, 2007.

Kaplan, Philip, and Rex Alan Smith. *One Last Look.* Nova York: Abbeville Press, 1983.

Kaplan, Philip, and Jack Currie. *Round the Clock.* Nova York: Random House, 1993.

Knoke, Heinz. *I Flew for the Fuhrer.* Londres: Greenhill Books, 1991.

Kurowski, Franz. *Hans-Joachim Marseille.* Atglen, PA: Schiffer Publishing, 1994.

"The Last Mission," King 5 TV, Seattle, 9 de outubro de 1985.

MacDonogh, Giles. *After the Reich: The Brutal History of the Allied Occupation.* Nova York: Basic Books, 2009.

Mizrahi, Joseph. *Knights of the Black Cross.* Granada Hills, CA: Sentry Books, 1972.

Moser, Joseph, and Gerald Baron. *A Fighter Pilot in Buchenwald.* Bellingham, WA: Edens Veil Media, 2009.

Murawski, Marek. *Luftwaffe Over the Desert from January till August 1942.* Polônia: Kagero Publishing, 2010.

Price, Alfred. *The Last Year of the Luftwaffe: May 1944 to May 1945.* Londres: Arms and Armour Press, 1991.

Ring, Hans, and Christopher Shores. *Fighters Over the Desert.* Nova York: Arco Publishing, 1969.

Ring, Hans, and Christopher Shores. *Luftkampf zwischen Sand und Sonne.* Alemanha: Motorbuch Verlag, 1978.

Rudel, Hans Ulrich. *Stuka Pilot.* Nova York: Ballantine Books, 1958.

Scutts, Jerry. *Bf 109 Aces of North Africa and the Mediterranean.* Londres: Osprey Publishing, 1994.

Shuck, Walter. *Luftwaffe Eagle: From the Me 109 to the Me 262.* Reino Unido: Crecy Publishing, 2009.

Steinhoff, Johannes. *The Final Hours: The Luftwaffe Plot Against Goering*. Dulles, VA: Potomac Books, 2005.

Steinhoff, Johannes. *Messerschmitts Over Sicily*. Mechanicsburg, PA: Stackpole Books, 2004.

Stigler, Franz. "Palm Sunday Massacre", *Luftwaffe: Deadly Aces, Deadly Warplanes* 1, nº 1 (1989): 16–21, 96.

Toliver, Raymond, and Trevor Constable. *Fighter General: The Life of Adolf Galland*. Atglen, PA: Schiffer Publishing, 1999.

United States Holocaust Memorial Museum. "The Holocaust", Holocaust Encyclopedia. http://www.ushmm.org/wlc/en/article.php?ModuleId=10005144, acessado em 4 de junho de 2011.

Verfasser, D. "Rationing in Germany". Publicação *on-line*, 9 de novembro de 2009. AxisHistory.com Forum Index–Life in the Third Reich & the Occupied Territories, 16 de novembro de 2011. http://forum.axishistory.com/viewtopic.php?f=46&t=159844.

Weal, John. *Jagdgeschwader 27'Afrika'*. Reino Unido: Osprey Publishing, 2003.

LEIA TAMBÉM:

HANS BAUR, QUE ERA A SOMBRA DO DITADOR NO CÉU, REVELA DETALHES DOS MOMENTOS INFERNAIS QUE INCENDIARAM A EUROPA E AMEAÇARAM O MUNDO

Um livro que faltava sobre as duas guerras mundiais e o inferno do nazismo. C. G. Sweeting resgata nas páginas deste *O piloto de Hitler* o testemunho privilegiado de um homem fiel ao ditador alemão mesmo depois dos dez anos de sofrimento em masmorras e campos de prisioneiros da União Soviética. Hans Baur era a sombra de Hitler no ar. Amava o Führer e os aviões. Tudo sobre os horrores da guerra está aqui.

O QUE ERA HITLER, AFINAL DE CONTAS?

Nesta biografia equilibrada e imparcial de Adolf Hitler, Fernando Jorge, consagrado biógrafo de Aleijadinho, Santos Dumont e Paulo Setúbal, reconstitui a trajetória do Führer em toda a sua dimensão monstruosa e também humana, desde a pobreza na sua Áustria natal, a tentativa frustrada de se tornar pintor, seu encantamento com o pangermanismo e o antissemitismo da época, até sua ascensão ao poder supremo na Alemanha, causando a Segunda Guerra Mundial, cujo saldo foi de milhões de mortos e uma destruição sem precedentes, que só teve fim com o suicídio dele numa casamata sob as ruínas de Berlim. Buscando nas deformidades do caráter do ditador a verdadeira origem da selvageria nazista, o autor nos deleita com a beleza de sua prosa e com a abrangência de sua erudição, tintas multicoloridas com que pintou este retrato fidedigno e irretocável da pior tirania da História.